LETTRES
D'UN
VOYAGEUR
ANGLOIS.

TOME PREMIER.

LETTRES
D'UN
VOYAGEUR
ANGLOIS
SUR
LA FRANCE, LA SUISSE ET L'ALLEMAGNE.

Traduit de l'Anglois de M. MOORE.

*Strenua nos exercet inertia : navibus atque
Quadrigis petimus bene vivere. Quod petis, hic est.*
Hor.

TOME PREMIER.

A GENEVE,

Chez ISAAC BARDIN, Libraire.

M. DCC. LXXXI.

LETTRES
D'UN
VOYAGEUR ANGLOIS
SUR LA
SUISSE ET L'ALLEMAGNE.

LETTRE PREMIÈRE.

Paris.

Mon cher Monsieur,

Vous serez surpris de recevoir une lettre de ma part datée de Paris, ne vous ayant jamais laissé entrevoir que mon intention fût de passer la mer.

LETTRE I.

Lorsque vous quittâtes Londres au commencement de l'été, vous vous apperçûtes combien j'étois affecté des pertes que j'avois essuyées au jeu; nous étions l'un & l'autre très-affligés de la triste situation à laquelle cette maudite passion avoit réduit plusieurs de nos amis: vous vous rappellerez, sans doute, aussi la résolution que je formai au moment de votre départ pour la campagne, & lorsque les premières impressions étoient encore fraîches; mais il me reste à vous apprendre, que j'eus l'imbécillité de me laisser séduire, & de reprendre mon premier train de vie avant que le mois, où j'avois fait vœu de ne plus toucher de dés, fût écoulé.

Après un dîné assez animé, je me laissai entraîner: les convives étoient tous gros joueurs: j'eus bientôt oublié mes résolutions, je perdis d'abord une bagatelle, je m'échauffai par degrés, & finis par perdre une somme qui excédoit de beaucoup toutes celles que j'avois perdues jusqu'alors.

J'essaierois en vain de vous décrire les différens mouvemens dont je fus agité, en réfléchissant à ma foiblesse & à ma sottise:

LETTRE I.

l'amertume que j'éprouvois n'auroit pu être compensée par le gain même le plus considérable.

Peu de jours après, M..... qui avoit ouï parler de mes pertes, vint me voir, accompagné d'un petit courtier juif. Vous savez, que j'avois eu l'imprudence d'avancer à cet homme une somme assez forte sur son simple billet, c'est-à-dire, sur un assez mauvais effet : il l'a acquitté néanmoins, & cela de la manière du monde la plus commode, en me le gagnant avec un millier de livres sterlings de plus que je lui redevois, & dont il venoit me rafraîchir la mémoire, ajoutant que, comme il se pourroit que je n'eusse pas dans le moment cet argent, qui lui étoit absolument nécessaire, il avoit amené avec lui cet honnête courtier, qui m'en procureroit à un intérêt tout-à-fait raisonnable.

Choqué de son procédé, & trouvant les propositions du juif telles que vous pouvez les imaginer, je dis sèchement à M.... que je ne serois pas, à beaucoup près, aussi long-tems son débiteur pour ces mille livres sterlings, qu'il avoit été le mien pour une somme beaucoup plus considérable, que je les lui paierois sans avoir recours à son ami, après quoi je les ai congédiés, convaincu que l'un n'étoit pas moins juif que l'autre.

Je me suis adressé, dans cet état de détresse, à plusieurs personnes auxquelles j'avois avancé assez d'argent dans les jours de ma prospérité, & dont les billets étoient échus.

Plusieurs, pour s'excuser, ont eu recours à des subterfuges, ont parlé d'incidens imprévus qui les mettoient dans l'impossibilité de s'acquitter pour le présent; j'ai pourtant su depuis qu'un de ces infortunés, le même soir qu'il avoit refusé de me donner de l'argent, avoit perdu le double de la somme qu'il me devoit, & l'avoit payée sur le champ.

Les ressources que je me promettois, m'ayant en partie manqué, j'ai eu recours à M. P.... de la Cité, qui m'a fourni à l'intérêt usité & sous l'hypothèque spéciale de mes biens, toutes les sommes nécessaires pour acquitter mes dettes.

. Les rentes qui me restent suffiront pour me faire vivre décemment, & d'une manière

LETTRE I.

conforme au plan économique que je me suis formé, duquel je me promets bien de ne pas m'écarter jusqu'au moment où je parviendrai à libérer mes biens.

Je me suis promis de ne plus jouer de ma vie. Si jamais je venois à enfreindre ma promesse, je consens volontiers que vous me regardiez comme une ame foible, incapable de résolution, indigne de votre amitié, & le dernier des mortels.

Trop convaincu, cependant, de l'instabilité de mes résolutions, j'ai pris le parti d'éviter les tentations auxquelles je n'ai pas jusqu'alors eu la force de résister, & je me suis servi, auprès de notre ami, des motifs les plus forts pour l'engager à suivre mon exemple.

Il n'a fait que rire de mes exhortations : m'a dit que je m'alarmois sans raison ; qu'un instant de bonheur rétabliroit mes affaires ; que mes craintes étoient mal fondées ; que le mot *ruine* produisoit le même effet qu'un canon chargé à poudre, dont le bruit effrayant n'avoit aucunes suites fâcheuses ; qu'au pis aller, tout ce qui pouvoit en arriver, seroit que je fusse ruiné ; que la position d'un homme dans cette situation, loin d'être aussi affreuse que je l'imaginois, étoit préférable à toutes sortes d'égards, au misérable plan économique que je m'étois formé.

Il a fini par l'énumération de tous ceux qui vivoient aussi agréablement que nos compatriotes les plus opulens, quoique tout le monde convînt qu'ils étoient totalement ruinés. Il m'a cité entr'autres le Ch. F.... qui, quoique au-dessous de ses affaires, n'en étoit pas moins chéri de ses amis, & dont les grandes qualités étoient tout aussi admirées que s'il eût été très-riche.

Pour toute réponse à ces beaux raisonnemens, je me suis contenté de lui dire que si l'exemple de ce jeune Gentilhomme n'influoit que sur l'esprit des gens aussi bien partagés que lui du côté des talens, la fureur du jeu seroit peu dangereuse & ne ruineroit presque personne : mais que ceux qui ne devoient la considération dont ils jouissoient qu'à leurs richesses, ne devoient jamais s'exposer à les perdre avec la même légéreté qu'il avoit pu le faire, lui, dont la fortune, comparée à son génie, étoit d'une si petite conséquence : que, comme il n'étoit pas en mon pouvoir d'imiter M. F...., dans les choses pour lesquelles il étoit si justement loué, je ne chercherois jamais à suivre son exemple dans celles pour lesquelles il étoit tout aussi justement blâmé : car le même brasier, capable de réduire en cendres un morceau de bois, n'a d'autre effet sur une guinée que de la fondre, encore conserve-t-elle sa valeur intrinsèque, quoiqu'elle perde sa forme & son empreinte.

Voyant qu'il m'étoit impossible de persuader notre ami, & de le faire changer de sentiment, nous nous sommes séparés ; peu après j'ai cru qu'il étoit prudent de m'éloigner de mes anciennes connoissances, de me défaire de mes habitudes, & d'éviter les lieux que j'avois constamment fréquentés, pour ne pas retomber dans mes premières erreurs.

Après avoir laissé mes ordres pour la vente de ma maison & de mes meubles de Londres, ainsi que pour celle des chevaux que j'avois en campagne, j'ai congédié tous mes domestiques, à l'exception de deux, avec lesquels je me suis rendu dans cette capitale, où me voici heureusement arrivé depuis peu de jours.

Je compte ne pas tarder à m'approcher des provinces méridionales de ce royaume; je n'ai cependant point encore décidé le lieu où je me fixerai : ce qu'il y a de certain, c'eſt que je ne compte pas m'éloigner à une plus grande diſtance de l'Angleterre, que je n'aie arrangé certaines affaires.

Je reſterai à Paris juſqu'à ce que je reçoive des nouvelles de chez moi : ſi par haſard vous étiez appellé à Londres, M. H...., mon procureur, vous donneroit toutes les informations que vous pourriez deſirer relativement à ma ſituation préſente; à tout événement, donnez-moi de vos nouvelles, je loge à l'hôtel de Tours, rue du Paon, fauxbourg Saint-Germain.

LETTRE II.

Paris.

Votre départ pour Londres, immédiatement après la réception de ma lettre, me fait craindre que l'intérêt que vous daignez prendre à moi ne vous ait engagé ſeul à faire ce voyage. Je vous aſſure, mon ami, que je suis on ne peut pas plus tranquille. Je me suis familiarisé dans le moment avec ma situation, & suis convaincu que je vivrai des rentes qui me restent, tout aussi satisfait & aussi heureux que je l'étois lorsque j'en avois cinq fois davantage.

En suivant réguliérement le plan que j'ai adopté, je suis certain d'acquitter toutes mes dettes en peu d'années. Quelques-uns de ceux auxquels j'ai prêté de l'argent, me rembourseront dès qu'ils le pourront; il peut même arriver des événemens qui me mettront en état de me libérer plutôt. En conséquence, je ne suis point actuellement dans le cas de me prévaloir de vos offres obligeantes. Supposé que mon attente fût trompée, comptez que je ne ferai aucune difficulté d'avoir recours à vous.

Je vous envoie ma procuration qui vous autorise à agir en mon nom: tandis que, par votre moyen, je suis libre de me rendre partout où il me conviendra, sans m'astreindre, comme auparavant, à ne pas m'éloigner; je sens combien vous allez être gêné, mais c'est votre faute, n'en accusez que votre trop de complaisance : je n'en dirai pas davantage sur cet article.

Lettre II.

Vous exigez si positivement, que je vous écrive de tous les endroits où je ferai quelque séjour, que je commence à croire que vous parlez sérieusement, & je me fais un devoir de vous contenter.

Je sais que vous n'attendez pas de moi un détail bien exact des églises & des palais que je verrai : quel que soit le plaisir qu'on prenne à les considérer soi-même, la description qu'on en fait ne sauroit en causer un bien vif aux autres.

Il est des pays, qu'avant mon retour en Angleterre je serai peut-être dans le cas de visiter une seconde fois, dont l'aspect cause la plus vive sensation, de la beauté desquels il est très-difficile de donner une juste idée par de simples paroles. Le pinceau a bien plus d'énergie que la plume ; souvent le paysage est oublié avant que l'on ait eu le tems d'en lire la description en entier.

Les mœurs, les usages & les caractères particuliers des différens peuples me fourniront vraisemblablement les principaux matériaux de la correspondance que vous voulez que j'entretienne avec vous ; j'y joindrai les réflexions qui naîtront du sujet ; je vous

LETTRE II.

préviens qu'à cet égard, je prétends avoir les coudées franches : & quoique le style de mes lettres doive probablement prendre une teinte des différens pays d'où je les écrirai ; cependant, si je me mets dans la tête de m'appesantir sur les ruses ou même sur les friponneries d'un procureur au moment où vous vous attendrez à me voir vous entretenir du système politique d'un premier ministre, ou si je vous fais l'histoire d'une vieille femme, lorsque vous desireriez ardemment des anecdotes sur un général d'armée, vous ne devez ni vous fâcher ni me blâmer ; car si vous ne me donnez pas la liberté d'écrire sur les sujets qui me conviendront, & de les traiter à ma manière, la correspondance que vous exigez deviendroit une véritable servitude pour moi, & par conséquent ne sauroit être un amusement pour vous ; au lieu que si vous me laissez en pleine liberté, sans m'imposer la moindre gêne, elle m'occupera agréablement, & me servira d'excuse pour avoir renoncé à ces parties de plaisir que la plupart de ceux qui y assistent s'obstinent à prolonger, en affectant de sourire & en bâillant malgré qu'ils en aient. Combien ne se trouve-t-il pas de gens qui ne savent pas sortir de cette plate situation, qui y persévèrent plusieurs nuits de suite, s'imaginant que l'heure du sommeil n'est point encore arrivée ? Ne vous seriez-vous jamais trouvé dans ce cas-là, sans aucun attrait qui vous engageât à rester où vous étiez, ou sans aucune raison assez forte qui vous portât à vous retirer ? Ne demeuriez-vous pas dans une espèce de léthargie, d'état passif, jusqu'au moment où la foule vous entraînoit, & vous poussoit vers votre équipage ? Et lorsque vous étiez rendu dans votre appartement, & que la faculté de penser vous étoit revenue, ne vous apperceviez-vous pas que vous aviez passé les dernières heures dans une apathie absolue, sans nulle sensation, privé de toute espèce d'idée ?

Je vous remercie de l'offre que vous me faites de Dupont ; je sais combien il vous est utile, je connois sa dextérité, & son intelligence dans ses fonctions de valet de chambre ; par conséquent, je sens tout le prix du sacrifice que vous vouliez me faire. Si j'étois assez égoïste pour l'accepter, l'inclination que j'ai pour votre ancien ami Jean suffiroit pour m'en empêcher : il est sûr que Dupont vaut vingt fois Jean ; mais pour cet emploi je n'oublierai jamais son attachement pour moi, & ses longs services ; d'ailleurs je suis si fort accoutumé à ce domestique, qu'un autre ne me conviendroit sûrement pas autant que lui, fût-il beaucoup plus habile. Je suis même, en quelque sorte, redevable à son manque de talens, parce qu'il me met dans le cas de faire, par moi-même, bien des choses par lesquelles d'autres ont recours à leurs gens. Combien de nos connoissances paroissent n'être en état d'agir, qu'après que leurs laquais les ont mis en mouvement. Leurs mains sont aussi peu propres à leur rendre le moindre service que s'ils étoient nés paralytiques. Pour se déshabiller, il faut qu'ils aient recours à leurs valets, & ils ne peuvent se coucher sans eux : le matin, s'ils s'écartent par hasard, le maître est obligé d'attendre & de rester à s'ennuyer dans le lit, comme une tortue couchée sur la table de cuisine d'un alderman.

LETTRE III.

Paris.

JE commence à soupçonner que mon séjour à Paris sera plus long que je ne l'avois d'abord imaginé.

Il y a quelques jours que j'ai été à la comédie Italienne, où, tandis que je goûtois tout à mon aise les plaisantes naïvetés de mon vieux ami Carlin, le marquis de Fontanelle, que vous avez vu à Londres, est entré dans ma loge : ... il s'est avancé avec toute la vivacité Françoise, & m'a donné des marques, non équivoques de son amitié & du plaisir qu'il avoit de me rencontrer. Il m'a fait, tout d'une haleine, mille questions relativement aux amis qu'il a laissés en Angleterre ; & sans attendre ma réponse, il a ajouté : Mon cher ami un tel, ma chère amie une telle, la belle A..., la charmante B...., & toi, mon cher enfant, te voilà donc à Paris...., j'en suis extasié......, le diable m'emporte.....

LETTRE III.

M'appercevant que nous attirions sur nous les yeux des spectateurs vêtus superbement, & n'osant espérer que le Marquis fût plus tranquille de quelque tems, je lui ai proposé de sortir. Il y a consenti sur le champ, en disant : « Vous avez raison ; il n'y a per- » sonne ici, c'est un désert.... » (vous observerez, soit dit en passant, que la salle étoit pleine).... « Je suis venu, comme » vous voyez, en polisson....; tout le » monde est au colisée...., allons..... » Nous sommes montés dans son vis-à-vis : il a ordonné au cocher d'aller comme tous les diables. Les chevaux nous ont mené ventre à terre, & la langue du Marquis a été encore plus vite.

En arrivant, je lui ai proposé de monter au balcon, d'où nous pourrions voir distinctement la compagnie qui étoit dans la salle, & nous entretenir tout à notre aise. « Eh bien » oui, m'a-t-il répondu, nous nous niche- » rons, comme le diable boiteux, dans un » coin, pour critiquer tout le monde. »

Une dame parfaitement bien faite, dont la phisionomie avoit quelque chose de majestueux, a fixé mon attention : j'ai demandé au

Marquis s'il ne la trouvoit pas très-belle?....
Il m'a répondu, « comme ça, assez froide-
» ment : .... nous sommes avantageusement
» placés pour elle. C'est un tableau fait pour
» être vu de loin..... » J'ai loué alors la
blancheur excessive de sa peau..... « C'est
» pour plaire à l'amant du jour, a-t-il
» reparti, & quand un autre qui préféreroit
» le puce se présenteroit, à l'aide d'un peu
» d'eau chaude, elle sauroit se conformer
» à son goût. »

J'ai ensuite remarqué deux dames extrêmement parées, & dont la recherche dans
les ajustemens excédoit toutes les modes;
on jugeoit aux traits de leurs visages, malgré
tout l'art qu'elles avoient évidemment employé pour cacher le ravage des années,
qu'elles avoisinoient la cinquantaine.

A peine le Marquis les a-t-il apperçues,
qu'il s'est levé subitement. « Ah! parbleu,
» a-t-il dit, ces deux antiquités sont des
» parentes à moi...., pardon pour deux
» minutes, il faut que je m'approche d'elles
» pour les complimenter sur leurs appas.
» Les vieilles femmes, a-t-il ajouté, qui
» ont la rage de passer pour jeunes, sont
» de

» de tous les animaux les plus vindicatifs,
» sur-tout lorsqu'on les néglige ; & j'ai des
» raisons particulières pour ne pas me brouil-
» ler. » Alors il m'a quitté ; & après avoir
fait quelques tours de salle avec elles, il
est revenu me joindre, & a repris sa première
place. « Je me suis assez bien tiré de ce pas,
» a-t-il dit, je leur ai fait entendre que
» j'étois engagé avec un Lord, que j'aurois
» l'honneur de leur présenter un de ces
» jours. » En même tems j'ai remarqué un
jeune officier attaché à leurs pas, dont toutes
les espérances d'un prochain avancement
ne sont fondées que sur leur crédit ; il m'a
paru qu'il restoit aussi opiniâtrément collé à
ces deux figures de tapisserie, & qu'il les
gardoit aussi soigneusement qu'il auroit gardé
son drapeau un jour d'action.

Un jeune homme est entré dans la salle :
son air, le bruit qu'il a fait, son ton décisif
& tranchant, annonçoient sa qualité & son
importance. Le Marquis m'a appris que
c'étoit M. le Duc de.... qu'il étoit absolument nécessaire que je lui fusse présenté :
que sans cet avantage on ne sauroit vivre
à Paris ; il a ajouté : « il est un peu fat,

LETTRE III.

» infiniment bête; au demeurant le meilleur
» fils du monde. »

Une belle dame, qui paroiſſoit attirer les yeux de toute l'aſſemblée, a paru enſuite. Elle a fait négligemment le tour du coliſée entourée d'un grouppe de petits maîtres, dont les regards étoient fixés ſur elle ; ils n'agiſſoient qu'en conſéquence des impreſſions qu'elle leur donnoit, ſemblables aux ſatellites des planètes, gouvernées uniquement par leur influence. Elle, de ſon côté, étoit on ne peut pas plus tranquille, & voyoit, ſans émotion, les empreſſemens de ceux qui l'environnoient. Elle ſourioit à l'un, faiſoit un ſigne de tête à l'autre, ſe penchoit vers un troiſième, donnoit un coup d'évantail à un quatrième, éclatoit de rire en fixant un cinquième, & parloit à l'oreille d'un ſixième. Elle s'acquittoit de ces différens exercices avec l'aiſance d'une actrice conſommée, & la dextérité d'un joueur de gobelets. On voyoit qu'elle étoit perſuadée que perſonne ne méritoit autant qu'elle l'attention des ſpectateurs ; qu'elle avoit ſeule le droit d'étaler ſes charmes, d'avoir des airs, de développer ſes graces, & que le reſte de la compagnie n'avoit rien de mieux à faire qu'à la bien regarder & l'écouter avec admiration.

« Cette drolesse-là, a dit le Marquis, est
» jolie au moins ; & c'est pour cela qu'on
» croit qu'elle a de l'esprit : on a même
» tâché de répéter ses prétendus bons mots;
» mais ils ne sont tels que dans sa bouche :
» elle est plus vaine que sensible, grand
» soutien pour sa vertu ! Au reste, elle est
» femme de qualité, ce qui lui donne une
» hardiesse si heureuse, qu'elle jouit des
» prérogatives de l'effronterie sans être pré-
» cisément effrontée. »

J'étois étonné de voir avec quelle amertume il dirigeoit sa satyre contre une femme de cette figure ; & j'ai soupçonné que quelque raison particulière l'indisposoit contre elle. Dans cette supposition, je me disposois à le plaisanter, lorsqu'il s'est levé tout-à-coup, en s'écriant: « Voilà M. de...., le meilleur
» de mes amis.... Il est charmant...., de
» l'esprit comme un diable.... Il faut que
» vous fassiez connoissance. Allons.....
» Descendons. » En finissant, il m'a poussé vers l'escalier, & me faisant hâter le pas, il

LETTRE III.

m'a présenté à M. de .... sur le pied d'un philosophe anglois, qui s'entendoit beaucoup mieux aux courses de chevaux que le grand Newton, & qui avoit assez de goût pour le quinze. M. de .... m'a reçu à bras ouverts, & en moins de dix minutes nous nous sommes trouvés les meilleurs amis du monde. Il nous a engagé, le Marquis & moi, à souper chez lui, où nous avons trouvé nombreuse compagnie.

La conversation a été enjouée & animée. Il y avoit parmi les convives des gens de beaucoup d'esprit, & des femmes très-aimables, qui ne se sont retirées qu'en même tems que nous; elles ont dit leur avis sur toutes les matières dont on s'est entretenu, sans excepter celle de littérature : peu semblables en cela à nos dames angloises qui s'imaginent, en pareille occasion, devoir garder le silence. Celles-ci, au contraire, n'ont pas hésité, & ont, sans aucun scrupule, exposé leur façon de penser. Celles qui avoient quelque connoissance du sujet en question, ont parlé avec la plus grande précision, & avec plus de grace que les hommes : celles qui n'en avoient aucune notion, ont badiné si agréablement sur leur ignorance, qu'elles nous ont tous convaincus qu'une femme, sans être lettrée, peut être une femme charmante.

Je me suis retiré chez moi, après avoir passé une agréable soirée, beaucoup plus satisfait que je ne l'étois en Angleterre en la passant à boire ou à jouer.

LETTRE IV.

Paris.

IL y a un mois que je suis à Paris, mon séjour est déja plus long que je ne me l'étois d'abord proposé : cependant mon départ me paroît encore plus éloigné à présent qu'il ne l'étoit à mon arrivée.

Fontanelle ne m'a presque point quitté; il est généralement goûté, fréquente les meilleures maisons; il suffit d'être présenté par lui pour être bien reçu.

A peine m'arrive-t-il de dîner une seule fois au logis, & je n'y passe la soirée qu'autant que cela me convient : c'est un parti que je prends quelquefois, sans quoi je craindrois de perdre tout-à-fait le goût de la société.

J'ai eu peu ou point de difficulté à m'exempter de jouer. Dès que j'ai eu fait part à Fontanelle du nouveau plan que j'avois adopté, il s'est chargé de me faciliter les moyens de le suivre. Rien ne prouve mieux le crédit dont il jouit dans la bonne compagnie, que d'y faire recevoir un individu dénué de titres, & qui a renoncé à toute espèce de jeu.

Il est lié aussi intimement avec quelques gens de lettres des plus distingués, dont il m'a procuré la connoissance : plusieurs de ceux dont vous admirés les ouvrages sont admis chez les gens de la première qualité qui les reçoivent de la manière la plus affable.

Vous auriez peine à imaginer l'influence de cette classe de personnes à Paris. Leurs décisions font, non-seulement la réputation des livres d'arts & de sciences, mais elles influent même considérablement sur les mœurs & la façon de penser des gens en place, sur celles du public en général; & ne laissent pas, par conséquent, d'avoir quelque part aux mesures du gouvernement.

LETTRE IV.

Il en est de même, à certains égards, de la plupart des cours de l'Europe ; mais, si je ne me trompe, plus à Paris que par-tout ailleurs ; parce que les gens de lettres tiennent les uns aux autres par le moyen des différentes académies dont ils sont membres, & des sociétés particulières qu'ils fréquentent en conformité des usages & du goût général de la nation.

Comme les sentimens & la conversation des gens de lettres influent, jusques à un certain point, sur les opinions & sur la conduite des personnes du bon ton : les manières de ces derniers ont un effet plus visible sur l'air, les façons & la conversation des premiers, qui sont en général aisées & polies ; également éloignées de cette timidité pédantesque qu'on contracte dans la retraite, & de cette suffisance révoltante si familière aux places académiques ou aux premières dignités ecclésiastiques. A Paris, les pédans de Molière n'existent plus qu'au théâtre.

Il se trouve actuellement dans ce pays nombre de savans distingués, qui ne se font remarquer que par leur enjouement & la facilité avec laquelle ils savent se prêter au ton des différentes sociétés : leurs raisonnemens sont simples, ils n'affectent jamais un air avantageux, & sont, à toutes sortes d'égards, aussi polis que les gens du monde.

Il faut avouer que la politesse & l'honnêteté ont percé dans tous les rangs, & quoiqu'elles ne soient pas exactement les mêmes, on les retrouve cependant chez le dernier ouvrier aussi-bien que chez les grands. C'est un trait caractéristique de génie de la nation Françoise, beaucoup plus marqué que la frivolité, l'étourderie & l'inconstance dont on a taxé, dans tous les tems, les habitans de ce pays.... Ce phénomène me paroît réellement singulier ; & on ne voit point que la politesse, particulière par-tout ailleurs aux gens d'un certain rang, se soit communiquée comme ici à ceux de tous les états. L'homme en place est poli avec ses inférieurs ; le riche avec le pauvre ; le mendiant même, en implorant des secours, a quelquefois le ton d'un homme comme il faut ; & s'il n'obtient pas ce qu'il demande, il est sûr, du moins, qu'on le refusera avec un air d'humanité, sans insulter à sa misère, sans dureté.

Un étranger nouvellement débarqué, peu

au fait de la langue, dont l'accent vicieux paroit ridicule à l'oreille d'un François, cet étranger qui ouvre à peine la bouche sans faire une faute de grammaire ou d'idiôme; eh bien! il est écouté avec attention, avec bonté; on ne s'en moque jamais, fit-il les solécismes les plus choquans, même l'équivoque la plus risible.

Je crains, disois-je hier, que la phrase dont je viens de me servir ne soit pas françoise : Monsieur, me répondit-on, cette expression n'est pas françoise effectivement; mais elle mériteroit de l'être.

Fût-on habillé de la manière la plus éloignée de la mode du jour, malgré le respect que les François ont pour elle, ils ne manqueroient pas pour cela à la politesse. Lorsque quelqu'un se montre aux promenades publiques, vêtu singuliérement, on ne le suit point, on n'a point l'air de se moquer de lui : on le laisse tranquillement passer, sans paroître y faire attention, & on ne se retourne, pour satisfaire la curiosité qu'une figure extraordinaire a fait naitre, que lorsqu'elle est un peu éloignée.

Cette délicatesse m'a souvent frappé par

les exemples journaliers dont j'ai été témoin de la part de la populace, ou plutôt du commun peuple; car il y a réellement très-peu de Parisiens que l'on puisse ranger dans la première classe.

Toutes ces remarques, sur les mœurs & le caractère des nations en général, sont sujettes à des exceptions.

J'ai ouï citer des exemples de postillons, & de cabaretiers maltraités par des militaires, & de paysans opprimés par leurs seigneurs ou par les intendans; ces preuves de l'abus du pouvoir & de l'insolence des gens en place existent par-tout : si elles sont tolérées, c'est la faute du gouvernement : le caractère national est une chose, la nature du gouvernement en est une autre : je ne prétends point affecter celui de ce pays-ci ; au contraire, je suis convaincu que nulle part en Europe, la fureur du souverain, la naissance, la fortune & la profession des armes, ne font jouir de prérogatives aussi marquées qu'en France, & que nulle part aussi on n'en abuse moins pour faire sentir sa supériorité, & traiter durement ses inférieurs.

LETTRE V.

Paris.

UN Anglois de bonne foi, quelle que soit sa naissance, ne sauroit voir, sans indignation, que tout est arrangé dans ce royaume au plus grand avantage du sujet riche & puissant, & qu'on n'y a que peu ou point d'égard pour la classe inférieure des citoyens: tout annonce cette triste vérité, & c'est la première chose dont on est frappé en entrant à Paris.

Il me semble avoir lu quelque part que la régularité avec laquelle la ville de Londres est éclairée, & ce pavé élevé des deux côtés des rues pour la sûreté & la convenance des gens de pied, paroissoient indiquer que la classe du peuple étoit tout aussi considérée par le gouvernement que celle des riches & des grands. Paris, au contraire, est irrégulièrement & mesquinement éclairé, &, à l'exception du pont-neuf, du pont-royal & des quais qui se trouvent dans l'intervalle, on n'y rencontre nuls trottoirs; de forte que les malheureux piétons font obligés de fe traîner le moins mal qu'il leur eft poffible, en fe réfugiant derrière les pilliers ou dans les boutiques qui fe préfentent fur leur route, pour éviter d'être écrafés par les voitures, qui, s'approchant auffi près des maifons que les cochers le jugent à propos, les pouffent devant eux à-peu-près comme le chaume eft chaffé par le vent.

Il faut convenir que l'état monarchique (car les François n'aiment pas qu'on nomme le leur defpotique, & il eft inutile de chicaner fur un mot,) a fi fort étendu fes prérogatives, qu'il a tout-à-fait négligé le gros de la nation, & ne fait s'occuper que d'un petit nombre d'individus, qui, étant élevés en dignité, frappent feuls les yeux de la cour qu'ils fréquentent affiduement.

Le mot de *peuple* en France, eft une efpèce d'injure. Un homme du peuple fignifie un être groffier & fans éducation. Un homme *comme il faut*, ne veut pas dire non plus un homme de bon fens ou qui ait des mœurs, mais fimplement un homme de condition ou vivant noblement, un homme du monde ; car on peut être un homme comme il faut, & se trouver d'ailleurs dénué de toutes les qualités propres à honorer l'humanité. Il est certain que le gouvernement laisse la classe des bourgeois & du peuple en quelque manière sans protection, exposée aux injustices & à l'insolence des grands qui sont considérés dans ce royaume comme au-dessus des loix, quoiqu'infiniment subordonnés au monarque.

Mais la douceur des mœurs françoises, le caractère enjoué & sociable de la nation ; les manières affables & aisées des maîtres avec leurs domestiques suppléent aux défauts, corrigent les erreurs du gouvernement, & rendent la condition des gens du commun, sur-tout à Paris, préférable à celle où ils se trouvent en plusieurs autres royaumes de l'Europe ; & beaucoup plus supportable qu'elle ne le seroit si le caractère national du François étoit semblable à celui des autres peuples.

J'ai été interrompu par Mylord M.... qui arriva hier au soir. Je n'ai pu me dispenser de l'avoir à dîner. Fontanelle est entré un instant après lui, & se trouvant sans engagement, il a promis d'être de la partie.

Vous connoissez par vous-même combien il est pénible de soutenir la conversation avec Mylord M.... elle dégénère ordinairement en soliloque de la part de celui qui l'entreprend, ou elle finit tout-d'un-coup : en conséquence, j'ai été charmé que le Marquis ait bien voulu m'aider à en faire les honneurs. Il a été on ne peut pas plus gai, il a souvent adressé la parole à Mylord ; qu'il a tâté sur toutes sortes de sujets, sur le vin, les femmes, les chevaux, la politique & la religion. Il a ensuite chanté des chansons à boire, & a vainement cherché à l'engager à faire chorus. Tout a été inutile.... Il a admiré son habit, loué son chien, & dit mille choses obligeantes des Anglois. Cela n'a servi de rien. Mylord est resté sur la réserve, & a gardé un silence opiniâtre jusqu'à la fin ; après quoi il est sorti pour aller à l'opéra.

« Ma foi, a dit le Marquis, cet homme-là
» a de grands talens pour le silence. »

LETTRE VI.

Paris.

J'ai fait mention, dans une de mes précédentes, de la politesse françoise, comme partie essentielle & frappante du caractère national : sa loyauté, son amour & son attachement pour la personne de ses rois est une autre chose.

Quoiqu'un Anglois, durant le règne de son roi, voie ses vertus d'un œil jaloux : à sa mort il ne manque jamais de lui rendre justice.

Un Allemand, en observant le plus profond silence sur les foiblesses de son prince, exalte les talens dont il est doué, beaucoup plus qu'il n'admireroit ces mêmes qualités dans toute autre personne.

Un Turc ou un Persan n'ose contempler son empereur qu'avec crainte & respect, c'est pour lui un être supérieur, aux volontés duquel son devoir le soumet comme aux loix de la nature, ou aux décrets de la Providence.

LETTRE VI.

Il n'en eſt pas de même d'un François ; & quoiqu'il ſache que ſon roi eſt de la même trempe & ſuſceptible des mêmes foibleſſes que les autres hommes, tandis qu'il fait l'énumération de ſes défauts & en plaiſante tout en s'en plaignant, il ne lui en eſt pas moins attaché par un ſentiment qui tient également de l'amour & du reſpect, eſpèce de préjugé d'affectation tout-à-fait indépendant du caractère du Monarque.

* Le mot *Roi* excite dans l'eſprit d'un François des idées de bienfaiſance, de reconnoiſſance & d'amour, en même tems que celles de pouvoir, de grandeur & de félicité.

Les François accourent en foule à Verſailles les dimanches & les fêtes, regardent leur roi avec une avidité toujours nouvelle, & le voient la vingtième fois avec autant de plaiſir que la première.

Ils l'enviſagent comme leur ami, quoi-qu'ils

* Je rends le mot *King*, par celui de Roi : ces deux mots ne ſont cependant point l'équivalent l'un de l'autre, le Roi fait lui-même, & fait faire aux autres ce qui lui plaît. Le *King* ne ſauroit faire ce qui lui plaît, & fait au contraire ce qui plaît aux autres.

LETTRE VI.

qu'ils n'en soient pas connus, & comme leur protecteur, quoique rien ne soit plus à redouter pour eux qu'un exempt ou une lettre de cachet, & comme leur bienfaiteur en gémissant sous le poids des impôts.

Ils louent & donnent une grande importance aux actions les plus indifférentes de sa part; ils pallient ou excusent ses foiblesses; ils imputent ses erreurs ou ses fautes à ses ministres ou à d'autres mauvais conseillers, qui, ainsi qu'ils l'affirment avec confiance, ont, pour quelque vue condamnable, cherché à lui en imposer, & perverti la droiture de ses intentions.

Ils répètent avec complaisance les moindres choses qu'il a dites, dans lesquelles ils cherchent à remarquer quelque étincelle de génie ou la moindre apparence de bon sens.

Les circonstances les plus minutieuses, relatives au Monarque, deviennent importantes: s'il mange peu ou beaucoup à dîner, l'habit qu'il porte, le cheval qu'il monte, toutes ces particularités fournissent matière à la conversation des assemblées de Paris, & sont l'objet le plus intéressant des correspondances de la capitale avec les villes de province.

S'il arrive que le roi ait une légère indifpofition, tout Paris, toute la France eft alarmée, comme fi elle fe voyoit menacée de quelques fléaux : paroître s'intéreffer ou s'entretenir fur tout autre fujet avant que celui-ci ait été parfaitement éclairci, feroit une indifférence repréhenfible.

Lors de la revue de la maifon du roi, ceux des fpectateurs, à portée de voir Sa Majefté, ne font aucune attention aux manœuvres des troupes; leurs yeux font conftamment fixés fur le prince.... « Avez-vous » vu le roi ?.... Tenez..... ah !.... voilà » le roi.... Le roi rit..... Il faut qu'il foit » content..... J'en fuis charmé...., ah ! il » touffe !.... a-t-il touffé !.... oui parbleu, » & bien fort.... J'en fuis au défefpoir.»

A la meffe, c'eft le roi & non le prêtre qui eft l'objet de l'attention publique. En vain celui-ci élève-t-il l'hoftie, les yeux du peuple ne voient que le monarque chéri.

Les pièces, même les plus applaudies au théâtre, (plus fréquenté à Paris que les églifes,) fufpendent à peine leur attention; un fouris du roi fait oublier les plaintes d'Andromaque & la vaillance du Cid.

LETTRE VI.

Ce grand attachement ne se borne pas seulement à la personne du monarque, il s'étend à toutes les branches de la famille royale; on s'imagine, dans ce pays, que chacun des individus qui la composent a un droit héréditaire à tous les avantages & à toutes les jouissances dont l'humanité est susceptible : & si quelque cause, morale ou physique, vient à les traverser ou à en interrompre le cours, ils sont universellement plaints. Le contretems le plus ordinaire, le moindre chagrin qu'ils éprouvent, sont regardés comme quelque chose de très-sérieux, on en est plus affecté que du plus grand malheur qui surviendroit à tout autre particulier. On se lamente comme si l'ordre universel se trouvoit interrompu, & qu'un astre, ennemi par sa maligne influence, eût suspendu le suprême degré de félicité auquel le rang du prince ou de la princesse leur donne un titre incontestable.

Toutes ces attentions paroissent sincères, nullement affectées, & point intéressées; du moins de la part du gros de la nation, qui ne sauroit jamais se flatter d'être connu de ses princes, ni d'en recevoir personnellement aucune faveur.

Lettre VI.

Cette idée philosophique que les rois n'ont été établis que pour la convenance des sujets auxquels ils sont responsables de leur administration, & qui ont droit de leur demander compte de leurs injustices & de leur tyrannie, est tout-à-fait opposée au préjugé adopté de cette nation. Si l'un de leurs rois venoit à se conduire d'une manière assez imprudente & assez arbitraire pour occasionner un soulèvement, & que les révoltés devinssent les plus forts, j'ai peine à croire qu'ils pensassent à changer la forme de leur gouvernement & à limiter le pouvoir de la couronne, comme on le fit en Angleterre à l'époque de la révolution, dans la vue de prévenir le retour de pareils abus. J'imagine qu'ils se borneroient uniquement à placer un autre prince de la maison de Bourbon sur le trône, en le laissant jouir des mêmes prérogatives que son prédécesseur ; après quoi ils mettroient bas les armes satisfaits, s'il leur donnoit sa parole royale, c'est-à-dire inviolable, de les gouverner plus équitablement.

Les François paroissent si charmés & si fort éblouis du lustre & de la splendeur de

LETTRE VI.

leur monarchie, qu'ils ne sauroient souffrir l'idée de la moindre limitation qui porteroit atteinte au pouvoir de leur roi, & rendroit son influence moins dangereuse. Ils préfèrent de lui laisser toute sa vigueur, & ne craignent point de s'exposer eux & leurs biens à en devenir les victimes.

Ils envisagent le pouvoir du roi, source de leur esclavage, comme s'ils en étoient eux-mêmes revêtus. Ce fait, tout difficile à croire qu'il vous paroîtra, n'en est cependant pas moins vrai; leur vanité en est flattée, ils se font une gloire de maintenir son autorité intacte & sans bornes.

Ils vous disent, avec complaisance, que l'armée du roi se monte, en tems de paix, à environ deux cens mille hommes. Un François est aussi vain des palais, des jardins superbes, du nombre de chevaux, & de toutes les appartenances de la royauté, qu'un Anglois pourroit l'être de sa propre maison, de son jardin & de son équipage.

Lorsqu'on leur parle de l'opulence dont jouit l'Angleterre, des fortunes immenses de quelques-uns de ses citoyens, de l'aisance de ceux du moyen état, de la protection & de l'honnête nécessaire dont le commun peuple est assuré, au lieu d'être mortifiés par la comparaison, ils s'en dédommagent par l'idée que leur cour est plus brillante que celle d'Angleterre ; que le duc d'Orléans & le prince de Condé ont une maison plus considérable que les fils de nos rois.

Lorsqu'on leur cite la liberté qui règne dans les débats de notre parlement, & celle avec laquelle on parle & on écrit contre la conduite du roi ou contre les mesures du gouvernement, & les formes qu'on est tenu d'observer avant de punir ceux qui se portent aux derniers excès contre l'un ou contre l'autre, ils paroissent indignés, & s'écrient d'un air triomphant : « C'est bien autre chose » chez nous vraiment ; si le roi de France » avoit à faire à ces Messieurs-là, il leur » montreroit à vivre. » Ils ajoutent, que leurs ministres s'embarrasseroient fort peu des formes ou des preuves ; qu'il leur suffiroit que quelqu'un fût soupçonné pour qu'il fût enfermé à la Bastille : & élevant la voix, comme si ce qu'ils viennent de dire étoit une preuve du courage ou de la magnanimité

du ministre, ils concluent ainsi, « ou peut-
» être feroient-ils condamner ces drôles-là
» aux galères perpétuelles. »

LETTRE VII.

Paris.

IL feroit, je crois, superflu d'observer qu'il se trouve nombre de gens en France qui pensent tout différemment de ceux dont j'ai parlé dans ma dernière lettre, & qui ont des idées justes sur le but & la nature des gouvernemens, ainsi que des sentimens nobles & éclairés sur le droit naturel. Les ouvrages de Montesquieu y sont justement & universellement admirés : cela seul suffiroit pour prouver ce que j'avance, plusieurs auteurs qui ont écrit depuis, & la conversation de ceux qui se piquent de philosophie & de raisonner juste, fait assez voir qu'ils pensent comme cet illustre écrivain.

Ceci n'empêche cependant pas que le sentiment dont j'ai fait mention dans ma précédente, ne soit le plus généralement reçu, il prévaut chez les François, & prouve à quel point leurs idées, relativement au gouvernement civil, diffèrent de celles de nos compatriotes.

J'ai ouï un Anglois, devant un cercle de François du second ordre, faire l'énumération des avantages de notre constitution, & leur expliquer les moyens qu'elle emploie pour protéger efficacément les gens de leur espèce, & rendre inutile les crédits & les mauvaises intentions des courtisans; ajoutant que le plus petit marchand, & le dernier ouvrier en Angleterre, pouvoit se procurer sur le champ & sans peine une entière satisfaction, & la réparation la plus complette des torts que les plus grands seigneurs auroient pu lui faire.

Eh bien ! quelle impression croiriez-vous qu'une pareille déclamation ait faite sur cet auditoire ? Vous vous imaginerez vraisemblablement qu'il aura admiré cette constitution, & souhaité que celle de France lui ressemble.... Point du tout. Il a plaint les grands ; il a paru fâché qu'ils eussent si peu d'influence. L'un d'eux a observé que la noblesse étoit peu de chose chez nous,

LETTRE VII.

tandis qu'un autre, en branlant la tête, a ajouté : « Tout cela n'eſt pas naturel. »

Lorſqu'on leur a aſſuré que le roi d'Angleterre ne pouvoit pas, de ſa propre autorité, mettre un ſeul impôt ; qu'il falloit pour cela la concurrence du parlement, que celle, ſur-tout, de la chambre des communes étoit indiſpenſable, & que les gens de leur état étoient admis dans cette dernière aſſemblée ; ils ont répondu avec une eſpèce de ſatisfaction : « cependant cela eſt aſſez beau ! » Mais lorſque le patriote Anglois, s'attendant à une approbation complette de leur part, a continué à leur apprendre que le roi même n'avoit pas la faculté d'attenter le moins du monde à la liberté du moindre de ſes ſujets, que ſi, lui ou ſes miniſtres oſoient l'eſſayer, on pouvoit obtenir contr'eux en juſtice des réparations & des indemnités ; le mot *diable* eſt ſorti de toutes les bouches. Ils ont oublié leur propre ſituation, les égards dûs au peuple ; & revenant à leur penchant naturel pour le roi, tous ont prétendu qu'il devoit être chez nous le plus opprimé & le plus malheureux des mortels. L'un d'eux s'adreſſant au politique Anglois, lui a dit : « Tout

» ce que je vois, Monsieur, c'est que votre
» pauvre roi est bien à plaindre. »

L'intérêt qu'ils prennent à la félicité & à la gloire de la royauté en général, s'étend, en quelque façon, à toutes les têtes couronnées du monde entier; mais cette passion, relativement à leur monarque, paroît être la plus vive & la dominante de leur cœur; elle les suit jusqu'au tombeau.

Un soldat François, couvert de blessures, étendu sur le champ de bataille de Dettingen, demanda, un moment avant d'expirer, à un officier Anglois, comment il croyoit que l'affaire se termineroit; celui-ci lui ayant répondu que les troupes angloises avoient remporté la victoire : « mon pauvre roi, repliqua le soldat mourant, » que fera-t-il ? »

Quant à moi, mon ami, quoique je souhaite bien sincèrement à Sa Majesté toutes sortes de prospérités, cependant si la moindre inquiétude à ce sujet troubloit mes derniers momens, ce seroit une forte preuve que mes propres affaires spirituelles & temporelles, les vôtres, ainsi que celles de mes autres amis, seroient dans le meilleur état.

Adieu.

LETTRE VII.

P. S. Il y a plusieurs jours que je n'ai pas vu le marquis de Fontanelle. Il m'a appris, dès notre première entrevue, que pour complaire à sa mère qui étoit impatiente de le voir marié, il faisoit la cour à une jeune personne de condition. Il a ajouté qu'il ne pouvoit rien refuser à sa mère « parce qu'elle » étoit le meilleur enfant du monde : » que d'ailleurs la jeune personne étoit très-jolie & fort aimable, & qu'il en étoit amoureux fou. Il m'a dit depuis que tout étoit arrangé, qu'il comptoit être dans peu l'homme le plus heureux du monde, & auroit bientôt l'honneur de me présenter à son épouse. Lorsque je l'aurai vue je ne manquerai pas de vous dire ce que j'en pense..... Cependant, quelle qu'elle puisse être, je suis fâché que Fontanelle pense si-tôt à se marier : un François à vingt-cinq ans n'est pas, à beaucoup près, aussi raisonnable qu'un Anglois peut l'être à quinze.

LETTRE VIII.

Paris.

Nous sommes dans la plus grande disette de nouvelles. Je n'ai rien de particulier, relativement à mes propres affaires, à vous mander; je veux néanmoins remplir l'engagement que j'ai pris avec vous. Ainsi me voici prêt à vous écrire sans savoir encore sur quelle matière, dans l'espérance que les sujets se présenteront à mesure que j'avancerai.

Quel que soit le jour sous lequel le préjugé, en faveur du gouvernement monarchique, se présente aux yeux du philosophe; & quoique, de toutes les passions, l'amour pour son roi, uniquement parce qu'il est roi, soit peut-être la plus puérile ; ceux cependant qui en font les objets doivent le regarder comme méritoire.

Aucun des peuples actuellement existans, ou de ceux qui ont ci-devant existés, n'ont jamais eu un si juste droit à la reconnoissance

LETTRE VIII.

& à l'affection de leur souverain que les François ; ils partagent son contentement, ses chagrins les affligent, ils tirent vanité de son pouvoir, se glorifient de ses bonnes qualités & sont indulgens pour ses défauts. Ils sacrifient sans peine leur nécessaire pour lui procurer le superflu, ils sont prêts en tout tems à exposer leurs jours pour le rendre victorieux.

On s'imagineroit, sans doute, qu'un roi qui ne chériroit pas de pareils sujets, seroit un monstre d'égoïsme & d'insensibilité, surtout s'il les négligeoit & refusoit d'employer quelques-uns de ses momens à faire leur bonheur : les François, cependant, jusqu'à Henri IV, n'ont eu aucun monarque qui ait mérité ces égards, & de tous leurs rois c'est celui pour lequel ils en ont eu le moins.

Des trois frères qui l'ont immédiatement précédé, le premier étoit valétudinaire, aussi foible d'esprit que de corps ; le second, un monstre de superstition & de cruauté ; & le troisième, après une aurore qui sembloit annoncer un règne brillant, devint tout-à-coup efféminé, & finit par s'abandonner à un genre de débauche monstrueux qui déshonora

LETTRE VIII.

le reste de sa vie. Leur mère née Italienne les gouverna tous trois, elle dépouilla tout sentiment d'humanité, & sourde à la voix des remords, elle n'eut d'autre guide que son intérêt & la politique la plus perfide.

Les princes qui ont succédé à Henri IV, aussi-bien que ceux qui ont régné avant lui, se sont conduits de façon que, comparés à ce grand roi, les talens & les grandes qualités de celui-ci acquierrent un nouveau lustre, & brillent d'un double éclat.

Malgré tous les motifs qui doivent engager les rois de France à faire le bonheur de leurs sujets, il se passera peut-être encore bien des siècles avant que la nation soit assez fortunée pour en obtenir un animé de cette passion, au point où l'étoit Henri IV. Il est rare de rencontrer un caractère tel que le sien, où l'héroïsme & l'amabilité se trouvent si heureusement réunis. Il faudroit, par conséquent, un concours de circonstances bien peu ordinaire pour que ces dons devinssent le partage de l'héritier d'un trône. L'éducation de Henri fut tout-à-fait différente de celle que l'on donne aux autres rois. Il fut formé à la dure école de l'adversité; son

LETTRE VIII.

esprit s'exerça & acquit une force surnaturelle par l'usage continuel qu'il fut dans le cas de faire du courage & de la prudence. Les maux qu'il éprouva, suite de l'horrible tyrannie sous le joug de laquelle il gémit long-tems, & les souffrances des malheureux dont il fut témoin, le rendirent humain. Ayant eu besoin d'amis, il en connut le prix, & son cœur devint susceptible d'amitié.

Les difficultés & les dangers font souvent éclore des qualités qui, sans elles, seroient toujours restées ignorées : elles contribuent à former le courage en ranimant ces étincelles de vertu, qu'une vie passée dans l'oisiveté n'auroit pas manqué d'étouffer.

Ceux qui, dès leur plus tendre enfance, n'ont pas eu occasion de s'appercevoir qu'il leur manquât quelque chose, qui ont peu d'ambition, & qui, par conséquent, ont été rarement dans le cas d'exercer leurs facultés, reconnoissent ordinairement qu'elles languissent & s'affoiblissent, par la même raison qu'un bras deviendroit graduellement moins fort, & à la fin tout-à-fait inutile si on le portoit long-tems en écharpe.

Tout le monde conviendra que les facultés

de l'esprit, ainsi que les muscles, sont relâchées par l'oisiveté, & que l'exercice leur communique de nouvelles forces. J'imagine, qu'à quelque chose près, la même analogie subsiste entre les qualités corporelles & celles du cœur. Je soupçonne qu'il est assez naturel que la bienfaisance, la pitié, la reconnoissance, croupissent généralement au milieu de la paresseuse insensibilité d'une ame qui n'a jamais été exposée à des infortunes réelles.

On ne sauroit partager les maux qu'on n'a jamais ressenti, & auxquels on croit n'être pas exposé : en conséquence, on a remarqué que ceux que la fortune a constamment favorisés, & qui ont passé leur vie dans les plaisirs des cours, deviennent ordinairement tout-à-fait insensibles aux peines des malheureux : l'homme le moins sensible que j'aie jamais connu, totalement dénué d'amitié, de reconnoissance & même de toute affection naturelle, est un être à qui il n'étoit rien arrivé de fâcheux, & dont le bonheur n'avoit été troublé par aucun accident.

Tandis que les gens de cette espèce n'ont d'attention & de sensibilité que pour eux-mêmes, il arrive qu'ils se croient fort humains

&

LETTRE VIII.

& plus compatiffans que perfonne; cette perfuafion eft uniquement fondée fur la fenfibilité qu'ils ont éprouvée à la lecture des aventures malheureufes & fictives d'un héros de roman, ou fur ce qu'ils ont verfé quelques larmes infructueufes à la repréfentation d'une tragédie.

Si à ces fymptomes ils joignent l'heureufe circonftance d'avoir, dans l'occafion, contribué d'une guinée aux collectes générales, ou l'avantage de s'être défaifi de quelque monnoie pour fe débarraffer des importunités de ceux qui imploroient leur charité, ils croient alors avoir porté la bienfaifance auffi loin que l'idée qu'ils fe font formés de cette vertu peut s'étendre.

Ils ne connoiffent rien au-delà, & ils fe garderoient bien de faire aucun autre effort, de différer la moindre partie de plaifir, même de fe donner le moindre mouvement qui pût intérrompre leur repos pour s'acquitter du devoir le plus effentiel, je ne dirai pas en faveur d'un ami, de pareilles gens n'en ont point, mais envers leurs femblables.

Cette règle, comme prefque toutes les autres,

LETTRE VIII.

fouffre plufieurs exceptions; en général, ceux qui ont été en *butte aux traits & aux viciffitudes de l'aveugle deftinée*; ceux qui ont fait l'épreuve de l'indifférence méprifante des hommes, & reffenti, à un certain degré, ce *que les malheureux reffentent*, font doués de la véritable fenfibilité, & partagent réellement la fituation de l'infortuné.

Non ignara mali, miferis fuccurrere difco.

Comme dit Didon, obligée de fuir de fa patrie, parlant à Enée qui venoit d'être témoin de la deftruction de la fienne.

Didon & Enée!.... par quel hafard fe trouvent-ils ici! Il m'auroit été auffi difficile de le prévoir que d'imaginer le fujet d'un des effais de Montaigne d'après fon titre. Je crois qu'il étoit d'abord queftion de quelque chofe relatif à la France;.... mais vous ne fauriez exiger que j'effaie de reprendre un fil qui m'eft échappé depuis fi long-tems.

Adieu.

LETTRE IX.

Paris.

JE vous ai mandé, par ma précédente, que mon ami Fontanelle étoit sur le point de se marier. Il sort de chez moi où il a paru si gai, que j'ai pensé qu'il avoit une heureuse nouvelle à m'apprendre, « me voilà au dé- » sespoir, mon cher ami, » m'a-t-il dit en éclatant de rire.... Vous êtes, lui ai-je répondu, l'homme le plus satisfait que j'aie jamais vu dans une pareille situation.... Il m'a informé alors que le vieux Marquis de P.... père de sa maîtresse, avoit rendu visite à sa mère, & qu'après je ne sais combien de complimens & de circonlocutions, il lui avoit fait entendre que certains événemens inopinés le mettoient dans l'impossibilité d'avoir l'avantage de devenir le beau-père de son fils, & l'a prié de lui dire, combien toute sa famille, & lui en particulier, étoient fâchés de l'incident qui les privoient du plaisir & de l'honneur qu'ils s'étoient promis de cette alliance. Ma

LETTRE IX.

mère, a-t-il ajouté, a fait son possible pour découvrir la raison de ce changement ; ses efforts n'ont abouti à rien. Le vieux Marquis s'est contenté de l'assurer que ces détails seroient tout aussi désagréables qu'inutiles, ... après quoi il a pris congé avec les expressions les plus polies & les plus affectueuses.

Fontanelle m'a fait ce récit de l'air du monde le plus dégagé & le plus riant, au point que je n'ai su que penser. Mon cher Marquis, lui ai-je dit, il est heureux que je me sois trompé ; car vous saurez que j'imaginois que vous étiez fort amoureux.... « Vous » avez raison, mon ami, m'a-t-il répondu, » je l'aimois infiniment.... » Comment infiniment, lui ais-je réparti, & vous paroissez si content au moment où vous allez la perdre ! .... « Mais vous autres Anglois, a-t-il » continué, vous avez des idées si bizar- » res ; .... aimer infiniment, cela veut dire » aimer comme on aime , ... tout le monde » aime ainsi quand on ne se hait pas.... » Mais je vous conterai toute l'histoire. »

Ma mère, la meilleure femme qui existe, & que j'aime de tout mon cœur, m'avoit assuré que ce mariage la rendroit tout-à-fait

LETTRE IX.

heureuse; mes oncles, toutes mes tantes, les
cousins, les cousines jusqu'à la dixième génération ont dit de même. J'ai de plus été informé
que la demoiselle, son père, tous ses parens,
desiroient sérieusement cette affaire : la fille
d'ailleurs est passablement jolie. Ils voudront
tôt ou tard me marier, j'ai pensé qu'il valoit
autant s'y résoudre à présent que plus tard;
pourquoi se refuser à une chose qui plaît à
tant de gens, & qui ne m'est nullement désagréable? Sûrement, lui ai-je répondu, cela
auroit été déplacé de votre part, & il étoit
fort heureux que vous eussiez le cœur libre,
& que vous la préférassiez à toute autre.

Vous vous trompez, mon ami, a-t-il
réparti, j'en préférois plusieurs à celle-ci,
une sur-tout qu'il est inutile de nommer,
mais que j'aime.... que j'aime.... Comme
on aime, ai-je dit, en l'interrompant....
Non parbleu! a-t-il ajouté avec chaleur,
comme on n'aime pas.... Bon Dieu! donc,
me suis-je écrié, comment pouviez-vous
penser à en épouser une autre?.... Cela
n'empêche rien, a dit froidement le Marquis,
je ne peux pas l'épouser celle-là, elle m'a
gagné de vitesse, parbleu, elle a déja subi

LETTRE IX.

le joug; par conséquent, elle ne pouvoit pas trouver mauvais que j'obligeasse ma mère & mes parens, d'ailleurs c'est la meilleure enfant du monde.

Cela me paroît ainsi, lui ai-je dit, ... oh! pour cela oui, mon cher, a-t-il réparti, c'est la bonté même. Je suis cependant charmé, après tout, que l'affaire se soit terminée sans qu'il y ait eu de ma faute; & quoiqu'il fût possible qu'elle vînt à se renouer par la suite, je ne laisserai pas d'en profiter; un mariage reculé est toujours autant de gagné sur le repentir. En finissant il a fait une pirouette, & a chanté entre ses dents:

« Non, tu ne l'auras pas, Colin, &c. »

Voilà, mon ami, le portrait d'un François amoureux. ... Dès que Fontanelle m'a eu quitté j'ai écrit cette petite scène, sur laquelle je vous laisse faire vos réflexions.

Adieu.

LETTTE X.

Paris.

Vous avez souvent ouï dire que les François étoient peu sincères, & qu'empressés à vous faire des offres de service, rien n'étoit moins réel que leur amitié.

Nos compatriotes sur-tout en prennent cette idée, parce que les manières des François sont, généralement parlant, plus affables que les nôtres. Ce que les François regardent comme de simples politesses, passeroit en Angleterre pour flatterie, peut-être pour bassesse.

Leur langue abonde en expressions flatteuses que l'on prendroit pour des complimens, ils les débitent avec une étonnante profusion & une grande volubilité; mais elles ne signifient guère autre chose que ce qu'un Anglois entend lorsqu'il termine sa lettre en disant, qu'il est votre très-humble & très-obéissant serviteur.

Non-seulement un François qui aborde, en

accablant de complimens l'étranger qu'il rencontre, prétend ne point outre-passer les bornes de la politesse ordinaire, mais il est encore persuadé que cet étranger n'attend rien de plus de sa part: ses compatriotes connoissent parfaitement la force de ses expressions, & il croit que tout le monde les connoît aussi-bien qu'eux; il n'a pas la moindre intention de tromper personne; mais si quelqu'un les prend au pied de la lettre, & croit qu'à la première vue il ait réellement conçu pour lui la plus tendre amitié, il sera bien éloigné de son compte, sur-tout s'il prétend en exiger des preuves.

Il n'a cependant nulle raison d'accuser les François de fausseté ou d'avoir manqué aux devoirs de l'amitié.... Il n'en est du tout point question dans tout ceci. Ils n'ont jamais voulu lui faire entendre autre chose, si ce n'est qu'ils seront toujours prêts à l'admettre chez eux comme connoissance .... & il auroit été du devoir de son maître de langue de l'instruire de la véritable signification de ces mots.

Il est vrai que si ces mêmes mots étoient littéralement traduits en Anglois, & que nous nous en servissions entre nous, la

LETTRE X.

personne à laquelle ils seroient adressés auroit lieu d'imaginer que celui qui les lui adresseroit auroit des égards tous particuliers pour lui, ou chercheroit à le tromper, parce que la politesse d'usage en Angleterre n'en admet point de semblables.

Une des causes des idées défavorables & injustes que les différens peuples conçoivent souvent les uns contre les autres, vient du peu d'indulgence qu'ils ont mutuellement pour les modes & les usages que le hasard a introduit chez eux.

Vous me direz, peut-être, que cette profusion de complimens, naturelle aux François, semble trancher la question, & prouve qu'ils sont moins sincères que leurs voisins. Par cette même raison, nous devrions conclure que le commun peuple de chaque nation, qui use le moins dans ses discours d'expressions flatteuses, a le plus de respect pour la vérité & une idée plus juste de l'amitié que les gens du second & du premier rang ; j'ai cependant peine à croire que ce paradoxe fasse jamais fortune.

Ces expressions flatteuses & polies qui ont prévalu dans toutes les langues modernes, font peut-être superflues ou même absurdes; mais elles sont si généralement reçues que, les plus honnêtes gens, tant Anglois que François, ne peuvent se dispenser d'en faire usage, avec cette différence cependant que, dans la langue des premiers, la dose en sera moins forte que dans celle de ceux-ci; & dans l'une ni dans l'autre elles ne sont, ni près de là, des preuves d'amitié.

C'est une plante qui, dans tous les climats, ne croit que lentement. Heureux celui qui parvient à s'en procurer dans le lieu même où il réside constamment. Les voyageurs qui ne font que passer dans un pays, ont à grand peine le tems de la cultiver ; si l'on leur présente quelques fleurs, quoique précoces & crues hors de saison, ils doivent les recevoir avec reconnoissance, & ne pas être fâchés de ce que les gens du pays gardent soigneusement les plus précieuses pour leur propre usage.

De tous les voyageurs, les jeunes Anglois, du premier & du second rang, sont ceux qui ont le moins de droit à trouver à redire à la manière dont on les reçoit dans les pays qu'ils visitent ; ceux d'entr'eux qui paroissent portés à former des liaisons avec les habitans ; en témoignant même les moindres attentions, sont accueillis plus volontiers que ceux de tout autre pays. Mais un très-grand nombre de nos compatriotes n'ont jamais ce desir : ils paroissent, au contraire, fuir leur compagnie, & recevoir avec peine leurs avances. Ceci vient en partie des préjugés dont ils sont imbus contre tout, de quelle nation qu'il soit, en partie de leur timidité ou de leur réserve naturelle, sur-tout de leur indolence & de l'aversion qu'ils ont pour tout ce qui a un air de cérémonie & pour toute espèce de gêne. D'ailleurs, ils évitent de parler une langue qu'ils ne parviennent jamais à bien prononcer.

En conséquence, ils forment ordinairement des sociétés ou des cotteries où ils n'admettent que leurs compatriotes ; ils en bannissent toute cérémonie, & ils s'y permettent les plus grandes libertés, tant dans leur façon de se mettre que dans la conversation. Ils s'y affermissent mutuellement dans tous leurs préjugés, condamnent d'une voix unanime, & ridiculisent les mœurs & les coutumes des autres pays, ne trouvant rien de bien que dans le leur.

Le but qu'on devroit se proposer en voyageant est entiérement manqué & perverti par cette méthode, & plusieurs Anglois passent quatre & cinq ans hors de chez eux sans avoir que rarement, pendant tout ce tems, fréquenté d'autre compagnie que celle de leurs compatriotes.

Voyager en France & en Italie, pour n'y vivre qu'avec des Anglois, & uniquement pour pouvoir dire que l'on y a été, est une véritable absurdité ; je n'en connois qu'une qui puisse lui être comparée, c'est la manie de ceux qui adoptent avec enthousiasme les modes, les sottises, les goûts & les mœurs de ces nations, pour les transplanter en Angleterre où elles ne sauroient prospérer, & où elles paroissent toujours peu naturelles. Car un Anglois, revenu de ses voyages, malgré tous ses efforts pour les imiter, sera toujours aussi différent d'un François ou d'un Italien, qu'un de nos mâtins d'un singe ou d'un renard : & si jamais ce chien posé & sérieux vouloit imiter l'agilité de l'un ou la subtilité de l'autre, nous en ferions certainement beaucoup moins de cas que nous n'en faisons dans son état naturel.

Je ne crois cependant pas que l'on tombe auffi fréquemment dans cette dernière extrémité que dans la première. Il eft plus dans le caractère anglois de méprifer les étrangers que de chercher à les imiter. Nous n'avons que peu d'exemples du contraire ; un petit nombre d'étourdis, qui reviennent tous les hivers du continent, méritent peu qu'on les cite comme faifant exception à la règle générale.

LETTRE XI.

Paris.

IL y a déja trois femaines que votre connoiffance B.... eft à Paris. Je ne conçois pas comment il a fait pour y refter fi longtems ; car il a la plus mauvaife opinion des François.

Je le vois rarement, parce que la compagnie que je fréquente lui déplaît. Il a les plus forts préjugés contre les mœurs françoifes en général ; leurs politeffes lui paroiffent des impertinences ; quand on lui en fait, il s'en défie, & s'imagine qu'on cherche à le filouter.

Ce matin nous avons été, lui & moi, voir la revue des gardes françoises, par le maréchal de Biron leur colonel. La foule étoit grande, & nous avons eu assez de peine à nous placer convenablement. Un vieux officier d'un grade supérieur a prévenu quelques personnes qui étoient devant nous, & leur a dit : « ces deux Messieurs sont étrangers ; » sur quoi ils se sont sur le champ rangés, & nous ont laissé passer.... Ces gens, lui ai-je dit, ne vous paroissent-ils pas bien honnêtes ?.... Oui, m'a-t-il répondu ; mais dans le fond, ils ne sont rien moins que sincères.

Nous sommes revenus par les boulevards, où une foule de bourgeois, en habits des dimanches, se réjouissoient ; les jeunes, en dansant des cotillons ; les vieux, en battant la mesure & applaudissant les danseurs, tous paroissoient avoir oublié le passé, s'embarraser peu de l'avenir & n'être occupés que du présent.... Ces gens lui ai-je dit, paroissent très-heureux.... Heureux ! s'est écrié B...., s'ils avoient le sens commun ou qu'ils sus-

LETTRE XI.

fent réfléchir, ils fe trouveroient très-à plaindre. Pourquoi donc?.... Le miniftre ne pourroit-il pas, s'il le jugeoit à propos, faire enlever une demi-douzaine de ces gens-là & les camper à Bicêtre?.... Cela eft vrai, lui ai-je réparti; certainement cet événement pourroit arriver; cependant j'avoue que je n'y penfois pas plus qu'eux.

Peu de jours après fon arrivée, nous nous rencontrâmes dans une maifon où l'on nous avoit tous deux invités à dîner. Il s'y trouvoit une vieille dame, femme de condition, auprès de laquelle un jeune officier qui avoit pour elle les plus grandes attentions étoit placé.... Il lui fervoit les mets qu'il croyoit lui être les plus agréables, rempliffoit fon verre avec foin, & lui adreffoit ordinairement la parole.

Comme ce jeune homme m'a dit B.... fe moque de cette pauvre vieille! morbleu, fi elle étoit ma mère, je ne manquerois pas de lui en demander fatisfaction.

Quoique B.... entende le François & le parle beaucoup mieux que nombre d'Anglois, il n'a point cherché à lier converfation avec perfonne, il n'a pas tardé à fe retirer, &

depuis n'a plus rien accepté. Il trouve ordinairement quelqu'un de nos compatriotes qui dîne & passe la soirée avec lui à son auberge.

Après la revue d'aujourd'hui nous sommes restés ensemble, & n'ayant l'un ni l'autre aucun engagement, je lui ai proposé, pour varier la scène, de dîner à la table d'hôte de l'hôtel de Bourbon ; ma proposition l'a d'abord révolté.... Ils vont me tourmenter, a-t-il dit, par leurs maudits complimens :... mais lui ayant fait observer que nous ne devions pas nous attendre à beaucoup d'égards & de politesses à une table d'hôte, il y a consenti.

La chose s'est cependant passée tout différemment que je ne l'imaginois & qu'il l'avoit souhaité : on a eu pour nous, dès l'instant de notre entrée, les plus grandes attentions ; tous se sont empressés à nous offrir les meilleures places, nous étions toujours servis les premiers, chacun s'empressoit à se priver de ce qui paroissoit de notre goût pour nous l'offrir ; en un mot, on nous traitoient avec distinction. Après les femmes, le premier titre, à Paris, c'est celui d'étranger.

Sur

LETTRE XI.

Sur les quatre heures nous nous sommes promenés B.... & moi dans le jardin du palais-royal.

Il n'y avoit aucune réalité dans toutes les simagrées, a-t-il dit, que ces gens ont fait à notre occasion.

Il me paroit pourtant, lui ai-je répondu, que c'est toujours quelque chose d'être traité poliment & avec un air affectueux par gens qui ne nous connoissent point, & savent seulement que nous sommes Anglois, c'est-à-dire, souvent leurs ennemis.

Mais leur politesse, a-t-il réparti, n'est que forfanterie.... Et en quoi, je vous prie, consiste la politesse?... Tout ce qu'un François fera en votre faveur, sera de tâcher de vous amuser & de vous faire passer agréablement le tems que vous resterez dans son pays. Et appellez-vous cela forfanterie? je ne pense pas de même.... nous avons dans la vie de si fréquentes occasions de nous tourmenter & de nous chagriner, que je ne saurois m'empêcher de vouloir du bien & même d'avoir de la reconnoissance pour ceux qui me procurent la faculté d'oublier mes peines.... ces gens, en les adoucissant, contribuent à ma félicité.

LETTRE XI.

Mais ces François, a-t-il repliqué, dans le fond du cœur, se soucient fort peu de vous. . . . Et que m'importe, lui ai-je réparti ?.... Qu'ai-je à faire de leurs cœurs.... Compteriez-vous trouver dans chaque connoissance agréable un véritable ami ?

Mais cette nation est très-intéressée, même ceux d'entr'eux qui prétendent être vos meilleurs amis, ont leur vue en vous accueillant.

Ce n'est-là, lui ai-je réparti, qu'une assertion, & point du tout une certitude. ... Si vous aviez besoin d'argent, ils se garderoient bien de vous avancer un louis d'or, a-t-il ajouté, fût-ce même pour vous tirer du plus grand embarras.

J'espère, lui ai-je dit, n'être jamais dans le cas d'en faire l'épreuve : . . . . mais si nous ne formions des liaisons que dans de pareilles vues, ce seroit précisément imiter leur prétendue conduite. D'ailleurs, les facultés & les occasions d'obliger nos connoissances & nos amis, & de leur rendre des services essentiels, se présentent rarement ; mais ces attentions & ces politesses, qui adoucissent le commerce de la vie & rendent la société agréable, sont à la portée de tout le monde ;

tous les jours, chaque inftant, il fe trouve des circonftances qui invitent à en faire ufage, fur-tout avec les étrangers......
Maudit foit leurs politeffes, a-t-il dit, ce font de vrais finges.... J'abhorre les François.... ce font nos ennemis, & une nation fauffe, trompeufe & perfide.

Mais, ai-je dit en l'interrompant, comme en paffant la mer, nous ne nous fommes pas propofés de venir les combattre, nous fufpendrons, pour le préfent, toute hoftilité jufqu'à un tems plus convenable; en attendant, fi rien ne vous empêche, allons à la comédie.

Il y a confenti, & la converfation en eft reftée-là.

Vous favez que B.... eft un des plus honnêtes hommes qu'il y ait au monde, & que fous des dehors agreftes & groffiers, il cache un des meilleurs cœurs que l'on puiffe trouver. Sa conduite eft la fuite d'un malheureux préjugé qui lui eft commun avec bien des gens, qui penfent que l'exceffive politeffe & une certaine gentilleffe apparente font généralement accompagnées de fauffeté & de l'indifférence la plus réelle;

E 2

même d'un méchant caractère ; comme si la nature humaine, semblable au marbre, ne pouvoit se polir que proportionnellement au degré de dureté qu'elle posséderoit.

C'est certainement faute de réflexion, & d'après un examen superficiel du cœur humain qu'on s'est formé cette idée. Car la grossiéreté ne prouve pas mieux la probité, que la politesse n'indique le contraire : .... & en réduisant l'une & l'autre à leur valeur, il est clair que la dernière est préférable à toutes sortes d'égards à la première.

Mais, pour en revenir aux François, je pense qu'un étranger peut, sans scrupule, profiter de tous les agrémens que leurs prévenances procurent ; quoique persuadé d'ailleurs que ces intentions n'ont aucun rapport à sa personne, & ne font que le résultat de leur vanité & de leur amour-propre. Il lui sera facile de reconnoître que tandis que son ami le Parisien l'accable d'honnêtetés, & par les égards dont il l'honore dans toutes les occasions où son intérêt n'est point compromis, il ne cherche, dans le fond, qu'à étaler sa politesse & à donner à la compagnie, dont il cherche à mériter les éloges, la plus

LETTRE XI. 69

haute idée de ses progrès dans le grand art de savoir vivre. ... Quoiqu'assuré qu'il ne s'humilie que pour s'élever, pourquoi se plaindroit-il d'une victoire accompagnée d'avantages réels pour lui ? pourquoi blâmer une cause dont les effets lui sont si utiles ?

Si les auteurs ou les prédicateurs pouvoient, par leurs exhortations, déraciner l'égoïsme du cœur de leurs auditeurs, & les engager à aimer véritablement leur prochain comme ils s'aiment eux-mêmes; cet heureux changement seroit, sans doute, bien desirable. Mais jusqu'à ce que cet événement arrive, gardons-nous de condamner ces formules & ces attentions qui constituent une espèce d'amitié & de bienveillance artificielles, qui produisent, à plusieurs égards, dans la société les mêmes effets qu'ils produiroient si elles étoient sincères.

Les gens qui aiment le jeu & qui n'ont point d'argent, sont obligés de se servir de jettons. Vous & moi, mon ami, tandis que nous jouerons ensemble, nous n'aurons aucun besoin de ce signe. ... Je suis persuadé que, de part & d'autre, nous sommes honnêtement pourvus de ce précieux métal.

E 3

LETTRE XII.

Paris.

Lorsque nous fûmes B.... & moi à la comédie, ainsi que je vous l'ai mandé par ma dernière, nous trouvâmes beaucoup de monde à la porte du spectacle : & ce ne fut qu'après bien des peines que nous parvînmes à nous y procurer des places. La pièce que l'on y représentoit étoit le siège de Calais, dont la fable est fondée sur une tradition populaire, qui ne sauroit être intéressante que pour les François, parce qu'elle n'est que flatteuse.

Vous ne sauriez vous imaginer la foule qui accourt tous les jours pour la voir ; elle a eu tout autant de succès à Versailles qu'à Paris.

Un petit nombre de critiques, cependant, prétendent qu'elle est sans aucune espèce de mérite, & qu'elle ne doit son succès qu'à la nature du sujet fait pour plaire au peuple, plutôt qu'à aucune beauté réelle dans les

LETTRE XII.

vers que l'on assure être très-mal écrits.

Lorsqu'elle a été derniérement représentée devant le roi, Sa Majesté ayant remarqué que le duc d'Agen, loin d'applaudir, sembloit témoigner du dégoût, se tourna de son côté, & lui dit : « Vous n'applaudissez pas ? vous » n'êtes donc pas bon François, M. le » Duc ?.... » A quoi celui-ci répondit :... « Je serois bien fâché de n'être pas meilleur » François que tous les vers que nous venons » d'entendre. »

Quoique très-complaisans à tout autre égard, les Parisiens se conforment rarement, en matière de goût, aux décisions de Versailles. Il arrive souvent qu'une pièce de théatre, qui a été jouée à la cour devant la famille royale avec le plus grand succès, est ensuite honteusement sifflée au fauxbourg St. Germain. Ce sont les Parisiens qui, pour tous les ouvrages de génie, donnent le ton aux courtisans, & dictent la loi au souverain.

Dans les autres pays de l'Europe, il est quelquefois arrivé que des princes doués de talens supérieurs ont échauffé les esprits de leurs sujets des étincelles de leur génie, & dispersé les nuages de barbarie dont l'ignorance avoit couvert leurs états.

Depuis le commencement de notre siècle, un grand empire qui avoit été plongé dans les ténèbres de l'ignorance la plus crasse; éclairé pendant la paix par l'étude & par les arts; en tems de guerre, instruit dans cette science meurtrière par le vaste génie & les leçons de l'un de ses rois; il lui est redevable du pouvoir & de l'éclat dont il jouit actuellement.

Un autre état bien moins considérable que le premier, est devenu plus récemment encore une puissante monarchie par les efforts surprenans, la constance & la magnanimité du roi qui occupe aujourd'hui si glorieusement le trône; son amour pour les sciences & pour les arts a attiré quelques-uns des premiers génies de l'Europe à sa cour, d'où le goût & les connoissances doivent graduellement se répandre dans le reste de ses possessions qui en avoient été privées jusqu'à présent.

Dans ces occurrences, & dans plusieurs autres qu'on pourroit citer, les princes ont eu un génie bien supérieur à celui d'aucuns de leurs sujets. Le trône a été souvent la

Lettre XII.

source d'où les sciences & les connoissances ont découlé, & d'où elles se sont communiquées aux extrémités de l'empire.

Il n'en n'a jamais été de même en France, où ce n'est point le roi qui police le peuple ; .... mais le peuple qui rafine les mœurs, humanise le cœur, & s'il n'est pas excessivement borné, éclaire l'esprit du roi.

Télémaque & plusieurs autres ouvrages du même genre, ont été composés dans cette intention ; on lui insinue, dans plusieurs dédicaces & dans des remontrances, d'une manière adroite & détournée, les plus excellentes leçons.

Par les applaudissemens marqués & plus qu'ordinaires que les spectateurs donnent à certains morceaux des pièces représentées devant lui, ils lui font connoître les sentimens de la nation, relativement aux opérations du ministère.

En lui attribuant les qualités qu'il ne possède pas, ils tâchent de lui inspirer le desir de les acquérir ; ils essaient, par les louanges, de l'encourager à la vertu. Considéré sous ce point de vue, le dessein de la statue équestre, que la ville de Paris a érigée à l'honneur de Louis XV, a peut-être été suggéré par un motif plus salutaire que celui de la flatterie, auquel on s'accorde assez généralement à l'attribuer. Elle a été commencée par Bouchardon, il mourut au moment où elle étoit déja bien avancée; Pigale a ensuite été chargé du soin de la finir.

Le cheval est placé sur un piédestal très-élevé : quatre figures se trouvent aux angles en façon de cariatides, représentant quatre vertus ; la force, la justice, la prudence & l'amour de la paix : les ornemens sont tous de bronze.

Les deux petits côtés du piédestal sont ornés de lauriers dorés & d'inscriptions sur le devant du côté des Thuilleries, on lit celle qui suit :

LUDOVICO XV.
OPTIMO PRINCIPI,
Quod
AD SCALDUM, MOSAM, RHENUM,
VICTOR.
PACEM ARMIS
PACE
SUORUM ET EUROPÆ
FELICITATEM
QUÆSIVIT.

Lettre XII.

Les larges côtés du piédestal sont décorés de trophées & de bas-reliefs. L'un représente Louis, donnant la paix à l'Europe. L'autre le montre dans un char de triomphe, couronné par la Victoire, & conduit par la Renommée vers un peuple qui se soumet.

Quand on se rappelle que l'inscription & les emblêmes sont allégoriques à la conclusion de l'avant-dernière guerre & à la nature des inscriptions que l'on place ordinairement sous les statues des rois, l'on ne trouvera rien de trop flatteur dans celle que je viens de citer ; la morale en est, que l'amour de la paix est une des plus grandes vertus dont un prince puisse être doué.... & c'est certainement la meilleure que l'on ait jamais inculquée à un monarque.

Les sculpteurs & les connoisseurs font beaucoup plus de cas de la figure du cheval de ce monument, que de celle du roi. Mais le grand défaut de ce grouppe, quoique les figures soient toutes plus grandes que le naturel, c'est que, du centre de la vaste enceinte où elles sont placées, elles paroissent fort au-dessous.

Les beaux esprits parisiens n'ont pas manqué

de se prévaloir d'une si belle occasion pour exercer leur veine. Parmi le grand nombre d'épigrammes qui ont paru sur ce sujet, en voici deux qui m'ont paru devoir être conservées :

> Bouchardon est un animal,
> Et son ouvrage fait pitié,
> Il place les vices à cheval,
> Et met les vertus à pied.

> Voilà le roi comme il est à Versailles,
> Sans foi, sans loi & sans entrailles.

L'une & l'autre me paroissent injustes ; elles donnent l'idée de dispositions vicieuses & d'une cruauté naturelle qui n'ont jamais été reprochées à Louis XV, dont le véritable caractère est, pour le dire en peu de mots, celui d'un homme doux, facile, abandonné à la mollesse, pour ne rien dire de plus.

J'ai vu une autre inscription pour cette statue que l'on répandoit dans le public ; elle n'est pas longue, la voici :

STATUA STATUÆ.

Vous imaginez bien que si les auteurs de ces épigrammes étoient découverts, ils seroient sévérement punis. Les dangers de cette espèce sont peu capables de contenir les habitans de cette ville, & de les empêcher de composer & de répandre de pareilles pasquinades, toujours bien accueillies de la nation dont elles font les délices.

J'imagine, dans le fond, que c'est plutôt esprit de vengeance que saine politique, qui engage à réprimer les saillies de ce genre; car si ce sentiment ne s'exhaloit pas de cette façon, il pourroit avoir des effets plus fâcheux.

Adieu.

LETTRE XIII.

Paris.

JE dînai hier chez le chevalier B..., nous étions autant d'hommes que de femmes. C'est l'intime ami de Fontanelle, sa maison, qui n'est éloignée que de quelques lieues de Paris, est charmante; le Marquis en fait tout autant d'usage que le propriétaire.

Le Chevalier est très-riche, & il dépense ses revenus, qui, ménagés avec économie, le mettent dans le cas de vivre somptueusement. Il y a déja bien des années qu'il est marié, sa femme est on ne peut pas plus aimable, tout concourt à rendre leur union heureuse, il ne leur manque que des enfans. Ils tâchent de s'en consoler, en bonne compagnie; & ce qui est très-singulier pour ce pays-ci, c'est que la société du mari se trouve précisément la même que celle de la femme.

Fontanelle, quoique beaucoup plus jeune que l'un & l'autre, est le favori de tous les deux ; ils sont toujours enchantés lorsqu'il leur amène quelques-uns de ses amis.

La partie d'aujourd'hui a été proposée par Mad. de M...., riche veuve, fort admirée ici, dont je veux en passant vous donner une idée; .... car n'allez pas vous imaginer que j'entreprenne de vous décrire l'être de tous les êtres le plus difficile à peindre,.... une belle Françoise.

Mad. de M.... a passablement d'esprit ; plus de beauté, & une portion de vivacité qui surpasse l'un & l'autre : .... si quelque chose pouvoit être comparé à ces perfections, je vous parlerois de sa vanité. Elle rit continuellement, & montre des dents admirables.

Lettre XIII.

Elle parle beaucoup, toujours d'un ton haut & tranchant, ce qui n'est pas aussi sensé; car ses décisions ont moins d'éclat que ses dents, sa voix est même un peu rude..... Elle est reçue par-tout avec des marques d'attention & de respect, dont elle en est surtout redevable à sa naissance.... Elle est goûtée & suivie des hommes; c'est l'effet de sa beauté. Les femmes même la recherchent vraisemblablement, parce qu'elle a ses foiblesses comme une autre.

On croit qu'elle a du goût pour Fontanelle; ainsi, pour prévenir les mauvais propos, elle m'a prié de la venir prendre à son logis pour la conduire ensuite chez le Chevalier.

Je l'ai trouvée à sa toilette, en consultation avec un officier-général & deux abbés, relativement à une coëffure qu'elle venoit d'inventer.... Elle étoit en même tems ingénieuse & brillante, & au moyen de quelques petits changemens, elle a reçu la sanction de ces Messieurs, grands connoisseurs, qui ont prédits qu'elle seroit sur le champ reçue de tout Paris, où elle deviendroit la seule à la mode, & feroit le plus grand honneur à Mad. de M....

Elle a quitté son miroir, s'est levée, & faisant une pirouette, s'est écriée d'un air satisfait :.... Allons donc, mes enfans,.... à la gloire.... Et comme elle se préparoit à donner ses ordres pour le départ, un laquais est entré ; & a dit que Mad. la Comtesse acceptoit son invitation, & auroit l'honneur de diner chez elle.

J'essaierois en vain de vous donner l'idée du changement subit que cette nouvelle a occasionné sur la phisionomie de Mad. de M.... Si on lui avoit appris la mort de son père, ou celle de son fils unique, elle n'auroit pas été plus atterrée. « Est-il possible, s'est-elle écriée avec les accens du désespoir, » qu'on puisse être si bête !....» Elle a rappellé le laquais, & s'est fait redire une seconde fois la réponse de Mad. la Comtesse.... Rien n'étoit plus clair,....elle viendroit sûrement,.... nouvelle exclamation de sa part.... L'avez-vous fait inviter, lui ai-je demandé, pour aujourd'hui ?.... Certainement, m'a-t-elle répondu.... Je ne pouvois tarder plus long-tems.... Elle est arrivée dimanche passé.... Je lui ai fait faire mon compliment, la priant de me faire l'honneur

de

LETTRE XIII.

venir dîner aujourd'hui chez moi : & voyez, l'horrible femme (avec une impolitesse ou une ignorance totale & sans exemple des usages) me fait dire qu'elle viendra.

Il est réellement très-ridicule, lui ai-je dit, qu'elle ait si mal interprété votre message.... N'est-il pas vrai, a-t-elle ajouté, pouvois-je croire qu'elle en agiroit d'une manière si barbare, & correspondroit si mal à ma civilité?....

Cette femme tient à quelques parens à moi en province. Dès que j'ai su qu'elle étoit à Paris, je me suis fait écrire à sa porte. Elle s'est présentée chez moi le lendemain.... J'avois ordonné à mon suisse de lui dire, toutes les fois qu'elle se présenteroit, que j'étois sortie ; il n'y a pas manqué.... Cela est tout simple, & selon les règles. Cette femme a vingt ans de plus que moi, & nous ne saurions nous convenir.... Elle devroit s'être apperçue que mon invitation n'étoit qu'une simple politesse d'usage.... Si elle avoit su vivre, elle n'auroit pas manqué de s'excuser. De cette façon, nous aurions continué de part & d'autre à nous visiter, à dîner, à souper ensemble, & à être pendant

toute notre vie fur un excellent pied; ....
mais cette preuve de fa fottife finit toutes
nos liaifons.... Allons.... il n'y a point
de remède.... Je foufrirai pour cette fois; ....
ce fera mon purgatoire.... Adieu.... mille
chofes à Mad. B.... faites-lui part de cet
horrible accident.

Après lui avoir témoigné mon regret de
ce fâcheux contretems, qu'elle avoit fi peu
mérité, j'ai pris congé, fuis forti, & ai été
rejoindre Fontanelle, auquel j'ai conté le
malheur qui nous privoit de la compagnie
de Mad. de M....

Il ne m'en a pas paru, à beaucoup près,
auffi affecté qu'elle; il m'a juré qu'il étoit
convaincu que la Comteffe n'avoit accepté
l'invitation que par pure malice; qu'il favoit
qu'elle avoit eu connoiffance de notre diné
chez le chevalier de B...., & qu'elle avoit
certainement faifi cette occafion de tourmenter Mad. de M.... J'ignore comment
ces deux bonnes amies auront paffé leur
tems; pour nous, notre diné chez le Chevalier a été très-amufant,.... le Marquis a
conté la trifte aventure de Mad. de M....
& du charmant tête à tête qu'elle avoit occa-

sionné.... Il a été si animé, il a peint avec tant d'enjouement & de graces le chagrin de cette pauvre dame, qu'il nous a presque dédommagés de son absence.

LETTRE XIV.

Paris.

Quoique la douceur des mœurs françoises tempère & adoucisse en quelque façon, ainsi que je vous l'ai observé dans une de mes précédentes, la sévérité de leur gouvernement; la condition du peuple n'en est cependant pas moins dure.

Lorsqu'on réfléchi sur les prodigieuses ressources de ce royaume, sur ses avantages bien supérieurs à ceux des autres pays, relativement à son sol, sa température & sa situation, l'industrie & le génie de ses habitans, attachés par affection à leur roi & soumis à leurs loix, on s'imagineroit naturellement que le gros de la nation devroit être à son aise, & que la misère y seroit aussi peu connue que dans tout autre pays d'Europe. Je ne parle point de cette misère idéale ou de comparaison, fille de l'envie & de l'avarice, dont les plus riches citoyens des villes de Londres & d'Amsterdam peuvent être susceptibles, ou de celle que le luxe & la dissipation produisent dans les grandes villes, mais de cette véritable misère qu'éprouve la partie laborieuse d'une nation, lorsque son industrie ne sauroit suffire à lui procurer les choses nécessaires à la vie.

Les deux premières sont le résultat des vices & de l'extravagance des individus....; la dernière est l'effet d'un mauvais gouvernement.

La première est assez ordinaire à Londres où il y a une plus grande circulation de richesses que dans aucune ville du continent. La dernière s'apperçoit peu dans nos villes de province.

Le contraire arrive presque toujours en France, où les habitans les plus misérables de la capitale sont souvent moins à plaindre que les paysans les plus laborieux. Les premiers, en servant le luxe ou en tirant parti des folies des grands & des riches,

LETTRE XIV.

parviennent à obtenir le nécessaire, & font même quelquefois fortune ; tandis que le paysan ne sauroit, qu'avec beaucoup de peines & de travaux, se procurer une subsistance chétive & précaire.

Pour se former une juste idée de l'opulence de l'Angleterre, il faut visiter ses provinces, & voir comment la noblesse, la bourgeoisie, & sur-tout les fermiers & les paysans, vivent en général. Le luxe des premiers & l'abondance qui règne dans les dernières classes, ne sauroit qu'étonner tout étranger qui en est le témoin.

Dans le cas où l'on voudroit connoître l'opulence de la France, & la voir sous le point de vue le plus favorable, il faudroit rester dans la capitale ou ne visiter qu'un petit nombre de ses villes commerçantes ou à manufactures, & entrer rarement dans le château du seigneur ou dans la cabane du paysan : l'on ne trouvera dans l'un que quelques meubles surannés, & dans l'autre on sera effrayé de la misère qui y règne.

Une année de mauvaise récolte ou une culture mal dirigée occasionnera, à certaines époques, la disette & la cherté du bled qui fera souffrir le peuple; mais lorsque sous plusieurs règnes, & pendant nombre d'années, la misère est constante parmi les paysans d'un royaume tel que celui de France, cette preuve est certainement la plus complète de l'incurie, & par conséquent de la mauvaise administration. Cependant, quoique les François se plaignent souvent, ils n'accusent jamais le gouvernement, jamais le roi; toujours les ministres.

Quoique l'enthousiasme & l'affection que le peuple François a une fois témoignée pour son roi Louis XV soient fort diminués, ils ne sont pourtant pas anéantis. Il est vrai que quelques courtisans, que l'on taxe de favoriser ses passions, sont détestés presqu'autant que méprisés.

Le luxe insultant des maîtresses est en horreur au peuple; mais en censurant la conduite du maître, ceux même qui sont persuadés que leur obscurité les met à l'abri du châtiment, n'emploient jamais les expressions dont d'autres peuples font ordinairement usage en pareille occasion, comme *maudite soit sa folie, ... sa foiblesse, ... ou son opiniâtreté.* Non, leurs plaintes sont

toujours mêlées de regrets affectueux,....
ils difent: « Il eſt naturellement bon,....»
& lorſqu'ils apperçoivent fur fon viſage des
marques d'ennui & de chagrin, qui font les
fuites de fa fatiété & d'un eſprit incapable
d'application; ils s'écrient: « Mon Dieu,
» qu'il eſt triſte!.... N'eſt-il pas lui-même
» malheureux?.... Comment pourroit-il
» penfer à nous? »

Je fuis convaincu que, malgré le mécontentement qui prévaut actuellement en France, le roi pourroit regagner tout-d'un-coup l'eſtime & l'affection de fes fujets; il ne faudroit que chaſſer fes miniſtres & éloigner de fa perſonne quelques-uns de fes vils courtifans. Une lettre-de-cachet qui les exileroit ou les feroit enfermer à la Baſtille, feroit enviſagée comme une heureuſe révolution dans le gouvernement, & la nation fe garderoit bien de defirer autre choſe; elle fe contenteroit d'une fatisfaction obtenue par le moyen de ce fatal inſtrument, arme la plus dangereufe dont la tyrannie puiſſe jamais faire abus.

Sur le pied où les choſes font à préfent, il n'exiſte, felon moi, aucun corps en France qui jouisse, proprement parlant, de la moindre prérogative. Les princes, la noblesse & le clergé, ont réellement certaines distinctions qui leur donnent une espèce de supériorité sur les autres sujets ; mais pour des droits ils n'en ont point, ou, ce qui revient au même, aucun qui puisse les protéger ou qu'ils puissent défendre contre le souverain, toutes les fois qu'il plaira à celui-ci de les usurper ou de les anéantir.

Un François vous dira, que les parlemens ont le droit de porter leurs remontrances au pied du trône.... Ce privilège est réellement d'un grand prix ; le conseil de la ville de Londres est aussi en possession de ce précieux droit, & nous savons tous l'utilité qu'il en retire. Il ressemble au pouvoir dont *Owen Glendower* se glorifioit, ... « d'évo-» quer les esprits du centre de l'abyme : ....» mais le malheur étoit qu'il avoit beau les évoquer, aucun ne paroissoit, tous étoient sourds à sa voix.

Il est, je le sais, loisible au parlement de Paris de faire des remontrances, & il en a fait avec toute la force & toute l'énergie possible : il est sûr que si l'éloquence avoit

LETTRE XIV. 89

quelque empire sur le pouvoir arbitraire, ses griefs auroient été redressés.

Quelques-unes de ces remontrances sont, non-seulement des modèles sublimes de diction, mais on y découvre encore un esprit de liberté & de patriotisme digne de notre chambre des communes.

La résistance des membres du parlement de Paris aux volontés du roi, lui fait le plus grand honneur *. Il est certain que les jurisconsultes François ont marqué des sentimens plus nobles & plus courageux, ont fait de plus grands efforts contre le despotisme qu'aucun autre ordre de l'état. J'ai, par consé-

* L'auteur semble vouloir comparer ici deux choses qui n'ont rien de commun entr'elles: les parlemens en France sont des cours créées par le roi, qui rendent la justice au nom du roi, qui sont composées d'officiers du roi, qui remontrent avec la permission du roi; & qui, en définitive, sont toujours obligées de faire la volonté du roi : la chambre des communes, au contraire, composée des représentans de la nation, est une portion essentielle de la souveraineté, du pouvoir législatif, &c. Pour qu'une loi soit *loi* en Angleterre, il faut le concours réuni de la volonté du roi, & de la volonté des deux chambres; en France, le roi seul est le législateur.

quent, vu avec la plus grande surprise & la plus juste indignation, que l'on parût ici se faire une étude de les tourner en ridicule.

Jamais on n'y met un homme de robe sur le théatre que l'on ne lui donne quelque travers marqué; cette conduite, en flattant le roi & les courtisans, dont les magistrats cherchent à restreindre le pouvoir, devroit exciter l'indignation du peuple, en faveur duquel ce corps s'est employé avec tant de zèle; car en s'opposant aux usurpations, il y avoit tout à risquer, & rien à gagner pour lui.

Ceux qui, dans notre isle, contrarient les vues de la cour, n'y courent, graces à Dieu, aucun risque.... Ils peuvent invectiver, aussi long-tems qu'ils le jugent à propos; si, d'un côté, ils n'ont rien à redouter; de l'autre, il est évident qu'ils n'ont rien à espérer. L'opposition avoit, jusqu'à présent, été regardée comme un moyen sûr de parvenir aux dignités: « mais tout est changé; » que l'on fasse l'énumération de ceux qui, avec un mérite très-ordinaire, sont parvenus, à force de bassesses & de sollicitations, à se faire employer, & qu'on compare leur nombre à celui de ceux qui, ayant véritablement

LETTRE XIV.

du génie & de l'éloquence, ont voulu forcer à les placer; après cela, si quelqu'un imite ces derniers, ce seront sûrement d'autres motifs que ceux de l'intérêt qui le guideront, ou il faudra qu'il se soit furieusement trompé dans son calcul.

La sûreté, & même l'existence du parlement de Paris, dépendant entiérement du bon plaisir du roi, & n'ayant pour sa défense d'autres armes offensives ou défensives que l'équité, la raison & les argumens, il étoit facile de prévoir son sort.... il a été tel que l'est toujours celui de ceux qui n'ont que de pareilles ressources;.... ses membres furent disgraciés & le parlement aboli. Ce parti parut violent, les exilés pasèrent pour des martyrs: la nation fut étonnée & affligée; à la fin, s'étant remise de sa surprise, sa douleur s'affoiblit, & ce qui est assez ordinaire dans toutes les calamités publiques;.... quelques couplets satyriques & gais suffirent pour lui faire tout oublier.

LETTRE XV.

Paris.

IL y a quelques jours que mon ami Fontanelle passa chez moi, & que lui ayant dit que je n'avois pris aucun engagement pour la journée, il me proposa de monter en carosse, & d'aller faire une petite course dans les environs de Paris, où nous dinerions tête à tête, & d'où nous reviendrions ensuite assez tôt pour le spectacle.

A peine avions-nous fait une lieue, que j'apperçus un jeune drôle, d'une assez jolie figure, en vieux uniforme. Il étoit sur l'herbe sous un arbre à quelques pas du grand chemin, & s'amusoit à jouer du violon. Nous nous sommes apperçus, quand nous avons été proche, qu'il avoit une jambe de bois, dont les fragmens étoient épars autour de lui. Camarade, que fais-tu-là? lui a dit le Marquis.... Je suis en chemin pour retourner à mon village mon officier, lui a répondu le soldat.... Mais, mon pauvre ami, il te faudra bien du tems avant d'arriver au terme de ton voyage, si tu n'as d'autre équipage que celui-là, a repris le Marquis en montrant les morceaux de sa jambe de bois?... J'attends mon équipage & toute ma suite, a-t-il dit, & je suis bien trompé si ce n'est pas eux que j'apperçois à la descente du côteau.

Nous avons effectivement découvert une espèce de tombereau, tiré par un cheval, dans lequel étoit une femme & un paysan qui le conduisoit. Tandis qu'ils s'avançoient, le soldat nous a dit qu'il avoit été blessé en Corse, ... qu'on lui avoit coupé la jambe, ... qu'avant son départ pour cette expédition, il avoit été fiancé avec une jeune personne du voisinage, ... qu'on avoit différé la célébration des noces jusqu'à son retour; .... mais que lorsqu'il avoit paru, avec une jambe de bois, tous les parens de la fille s'étoient opposés au mariage.... Que la mère, qui étoit veuve lorsqu'il commença sa recherche, l'avoit toujours favorisé; mais qu'elle étoit décédée pendant son absence.... Que cependant la jeune fille, qui l'aimoit toujours, l'avoit reçu à bras ouverts, & avoit consenti à quitter ses parens

LETTRE XV.

pour le suivre à Paris, d'où ils comptoient partir par la diligence pour se rendre au lieu de sa naissance où son père, qui étoit encore vivant, résidoit.... Que dans la route de Paris sa jambe de bois s'étoit rompue, ce qui avoit obligé sa maîtresse à le quitter, & à se rendre au premier village pour s'y procurer une voiture qui l'y transportât, & qu'il se proposoit d'y séjourner jusqu'à ce que le charpentier lui eût fait une autre jambe.... C'est un malheur, a-t-il ajouté, mon officier, mais il sera bientôt réparé; & voici mon amie !....

Elle a sauté en bas du tombereau, a saisi la main que son amant lui présentoit; & lui a dit avec un sourire affectueux .... qu'elle avoit rencontré un excellent charpentier, qui avoit promis de lui faire une jambe qui ne se casseroit point; qu'elle seroit prête dès le lendemain, & qu'alors ils pourroient, dès que cela leur conviendroit, se remettre en chemin.

Le soldat a reçu ce compliment de sa maîtresse comme il le méritoit.

Elle paroissoit âgée d'environ vingt ans, elle étoit belle & bien faite;.... c'étoit une brune dont la phisionomie annonçoit de la sensibilité & une aimable vivacité.

LETTRE XV.

Vous devez être bien fatiguée, ma chère, lui a dit le Marquis.... On ne se fatigue pas, Monsieur, en travaillant pour ce qu'on aime, a-t-elle repliqué.... Le soldat lui a baisé la main d'un air tendre & galant.... Lorsqu'une femme a une fois donné son cœur, a dit le Marquis en se tournant de mon côté, ce n'est pas une jambe de plus ou de moins qui la fera changer.... Ce ne sont pas aussi ses jambes, a dit Fanchon, qui ont fait impression sur mon cœur. Dans le cas où elles en auroient fait un peu, il n'y auroit eu rien d'extraordinaire dans votre façon de penser; mais allons, a-t-il dit en m'adressant la parole.... Cette fille est tout-à-fait charmante.... son amant a tout l'air d'un brave garçon; .... ils n'ont que trois jambes à eux deux, & nous en avons quatre; .... si vous y consentez, nous leur donnerons le carosse, & nous les suivrons à pied jusqu'au premier village, où nous verrons ce qu'on pourra faire en leur faveur.... Jamais proposition n'a été plus de mon goût que celle-là.

Le soldat a d'abord fait quelques difficultés avant de monter dans le vis-à-vis......
Allons, allons, mon ami, a dit le Marquis,

je suis colonel, & tu dois m'obéir; monte sans tant de raisons, & ta maîtresse en fera de même.

Entrons, mon bon ami, a dit la jeune personne, puisque Monsieur veut bien nous faire cet honneur.

Une fille comme vous en feroit au plus brillant équipage de France: je ne desirerois rien avec tant de passion que de pouvoir vous rendre heureuse, a ajouté le Marquis.... Remettez-vous-en à moi de ce soin, mon colonel, a réparti le soldat.... Je suis heureuse comme une reine, a dit Fanchon.... La voiture est partie, le Marquis & moi l'avons suivie.

Voyez combien nous autres François sommes heureux à peu de frais, m'a dit le Marquis; il a ajouté en souriant, on m'a assuré que le bonheur étoit plus cher en Angleterre. Mais, lui ai-je répondu, combien de tems ces pauvres gens le conserveront-ils?.... Ah! pour le coup, s'est-il écrié, cette réflexion est bien d'un Anglois, ... c'est réellement ce que je ne saurois vous dire au juste, pas plus que le tems que vous, ou moi, avons encore à vivre; mais je pense que ce seroit

une

une grande folie de s'affliger toute sa vie, parce que l'on ignore si le bonheur sera toujours notre partage, & que l'on est assuré de mourir un jour.

En arrivant à l'auberge où nous avions ordonné au cocher de s'arrêter, nous y avons trouvé Fanchon & le soldat. Après avoir demandé du vin & quelque chose à manger.... Je vous prie, ai-je dit à ce dernier, de quoi comptez-vous vivre, vous & votre femme ?... Un homme qui a trouvé moyen de subsister pendant cinq ans de sa paie, ne doit pas être embarrassé pour le reste de sa vie..... Je joue passablement du violon, a-t-il ajouté, & peut-être, relativement à son étendue, n'y a-t-il pas un seul village dans toute la France où les mariages soient aussi fréquens que celui où nous allons nous établir.... Je n'y manquerai jamais d'occupation.... Et moi, a dit Fanchon, je sais tricotter des filets pour les cheveux & des bourses de soie, raccommoder les bas: d'ailleurs mon oncle a deux cent livres entre les mains qui m'appartiennent ; & quoique beau-frère du bailli, & volontiers brutal, il faudra bien qu'il les rende jusqu'au dernier fou.... Et moi, a repris le foldat, j'ai quinze livres dans ma poche & deux louis que j'ai prêté à un pauvre fermier pour l'aider à payer la taille, & qu'il me rendra dès qu'il le pourra.

Vous voyez, m'a dit Fanchon, que nous ne fommes point à plaindre.... Ne ferons-nous pas heureux, mon bon ami; (a-t-elle continué en regardant fon amant de l'air du monde le plus tendre) fi nous ne le fommes pas, ce fera bien notre faute?.... Si vous ne l'étiez pas, ma douce amie, a réparti le foldat avec beaucoup de chaleur, je ferois bien infortuné.... Jamais je n'ai rien éprouvé de pareil..... les larmes étoient prêtes à couler des yeux du Marquis.... Ma foi, m'a-t-il dit, ceci eſt une comédie larmoyante.... Enfuite fe tournant du côté de Fanchon; venez ici, ma chère, jufqu'à ce que vous puiffiez vous faire rendre vos deux cent livres, & que mon ami que voilà ait été payé de fes deux louis, acceptez cette bourfe que je vous donne. Il lui en a effectivement remife une pleine d'or.... J'efpère que vous continuerez à aimer votre mari & à en être aimée; .... ne manquez pas de me donner de tems en tems de vos nouvelles, & de me procurer les occafions de vous obliger? Voici mon adreffe. Mais fi jamais vous me faites le plaifir de venir me voir à Paris,.... ne manquez pas d'amener votre mari avec vous : je ferois fâché de vous eftimer moins, ou de vous aimer plus que dans ce moment. Que je vous voie quelquefois; mais, je vous le répète, ne venez jamais fans votre mari.... Je ne craindrai jamais, a dit le foldat, de la laiffer feule avec vous.... Elle ira vous voir tout auffi fouvent qu'elle voudra, fans que je l'accompagne.

C'eft en vous expofant témérairement, (à ce que m'a conté votre fergent) mon bon ami, que vous avez perdu la jambe, a dit Fanchon à fon amant en fouriant, M. de Fontanelle n'eft que trop aimable : je fuivrai fon avis à la lettre ; & lorfque j'aurai l'honneur de lui rendre vifite, ce ne fera jamais qu'avec vous.

Le ciel vous béniffe tous les deux, mes chers amis; puiffe celui qui chercheroit à troubler votre félicité, ne connoître jamais le bonheur.... Camarade, je me charge de te trouver une occupation plus lucrative que celle de joueur de violon. En attendant restez ici jusqu'à ce qu'un carosse, qui vous conduira ce soir à Paris, vienne vous y prendre; mon laquais vous y procurera un logement & le plus habile tourneur pour vous faire une jambe neuve. Lorsque vous serez équipés convenablement, vous viendrez me voir avant votre départ. Adieu honnête camarade; comporte-toi bien avec Fanchon: elle me paroît mériter ton attachement. Adieu, Fanchon; je serai charmé si j'apprends dans deux ans que vous aimiez autant Dubois que vous l'aimez à présent. Il a, en finissant, secoué la main de Dubois, a salué Fanchon, m'a poussé dans le carosse, & nous sommes partis.

En retournant à Paris, il s'est étendu plusieurs fois en éloges sur la beauté de Fanchon; j'ai soupçonné qu'il pourroit avoir des vues sur elle.

Je connoissois sa façon de penser, & il y avoit peu de tems que je l'avois vu sur le point d'épouser une femme, après qu'il s'étoit, disoit-il, arrangé avec une autre.

Pour m'éclaircir sur ce sujet, je lui ai fait quelques questions en badinant.

LETTRE XV.

Non, mon ami, a-t-il dit, jamais je ne ferai la moindre tentative contre la vertu de Fanchon.... Quoique je la trouve très-jolie, & que sa beauté soit de l'espèce qui est le plus de mon goût, cependant je suis plus charmé de sa constance pour le brave Dubois que de toute autre chose:.... si elle venoit à y renoncer, elle perdroit à mes yeux son plus grand mérite. Si elle avoit eu pour mari un vieillard de mauvaise humeur & jaloux, & qu'elle eût cherché quelqu'un propre à l'en dédommager, le cas auroit été différent; mais son cœur est fixé sur son ancien amant Dubois, qui paroît être un honnête homme; & j'ose assurer qu'il la rendra heureuse. Si j'avois la moindre envie de tenter l'aventure, ce seroit vraisemblablement sans succès:.... sa constance, qui s'est soutenue contre une longue absence & contre un boulet de canon, seroit sûrement à l'épreuve des airs, du faux brillant & du jargon d'un petit maître.... J'aime au moins le penser, & je suis bien décidé à ne point faire une pareille tentative.

Jamais Fontanelle ne m'a paru aussi véritablement aimable qu'alors.

Le même soir B.... est venu au logis, &

y a soupé avec moi. J'étois encore trop plein de l'aventure de Fanchon & de Dubois pour ne pas lui en faire part, ainsi que des détails de la conduite du Marquis à leur égard.... Votre Fontanelle, m'a-t-il dit, est un honnête garçon, faites en sorte que nous dînions avec lui demain..... Soit dit en passant, a-t-il ajouté après une petite pause, ces Fontanelle ne seroient-ils pas originaires de la Grande-Bretagne?.... Il me semble que j'ai ouï parler de ce nom dans la province d'Yorck.

Adieu.

LETTRE XVI.

Paris.

JE suis toujours mal à mon aise lorsque j'entends affirmer que les hommes ne font jamais rien que par des vues intéressées. Je soupçonne que ceux qui soutiennent un pareil système, juge du cœur des autres d'après le leur. Cette conclusion est cependant peut-être toute aussi fausse que l'assertion générale; car j'ai ouï affirmer (peut-être par affectation) à gens désintéressés qui, lorsqu'ils étoient poussés à bout, ne soutenoient leur argument qu'en pervertissant le sens naturel de la langue.... Ceux, disoient-ils, qui se portent à quelque action généreuse, ou qui paroit d'abord désintéressée, y sont poussés par des motifs d'intérêt ou par leur amour-propre,.... par la satisfaction qu'ils en ressentent eux-mêmes.... Il y a des gens chez lesquels ce sentiment est si fort, qu'ils ne sauroient rencontrer un objet de pitié sans chercher à le soulager.... Il est sûr que ceux qui pensent ainsi, se soulagent eux-mêmes en soulageant l'infortuné.

Cela est on ne peut pas plus vrai ; mais n'est-ce pas une singulière assertion de prétendre que l'on n'est pas bienfaisant, parce qu'on ne sauroit s'empêcher de l'être ?

Supposons que deux hommes se trouvent près la boutique d'une fruitière, dans la rue de St. James, & qu'en dedans de cette boutique on ait exposé à la vue quelques ananas, qu'une pauvre femme tenant dans ses bras un enfant à la mamelle, pleurant de faim, vienne à passer, que l'un des deux entre dans la boutique & y paie une guinée d'un ananas qu'il dévore ensuite tranquillement & tout à son aise, tandis que cette pauvre misérable lui demande un liard pour acheter un morceau de pain.... & qu'elle l'implore en vain: non que cet homme fasse cas d'un liard; mais il faudroit qu'il prît la peine de mettre la main dans sa poche: .... la misère de la femme ne lui en cause aucune ; son ami a par hasard une guinée dans sa poche, il la lui donne, & retourne au logis où il dîne lui & sa famille avec des côtelettes de bœuf.

Sans prétendre blâmer la conduite du premier, il me semble que l'on peut hardiment décider que l'emploi que le second a fait de sa guinée a dû lui procurer plus de satisfaction que l'autre n'en a éprouvé de l'usage qu'il a fait de la sienne.... On ne me persuadera jamais que le motif qui a engagé l'un à s'en défaire, fût aussi louable que celui de l'autre.

Quelques jours après l'aventure, dont je vous ai fait part par ma dernière, j'ai trouvé Fontanelle & B.... à l'opéra. Deux jours auparavant, s'étant, en conséquence du desir que B.... m'en avoit témoigné, rencontrés chez moi, ils avoient fait connoissance.... J'ai été enchanté de les voir ensemble sur un si bon pied.

Fontanelle nous a invité à venir passer une heure à son logis avant de nous coucher,.... nous y avons consenti.

Il nous a dit que nous aurions le plaisir de voir Fanchon en habit des dimanches, & Dubois avec sa jambe neuve; .... qu'il avoit chargé son laquais de les inviter avec deux ou trois amis à souper.

Le Marquis parloit encore, lorsque son carosse a paru devant la porte, où se trouvoit en même tems une dame bien connue qui attendoit son équipage.

B.... a feint tout-d'un-coup de se rappeller une affaire d'importance, & nous a prié de l'excuser, qu'il falloit absolument qu'il retournât chez lui.

Le Marquis a sourit, ... a serré la main de B.... en disant: « C'est apparemment » quelque affaire qui regarde la constitution; » vivent les Anglois pour le zèle patrio- » tique! »

Lorsque nous sommes arrivés au logis du Marquis, les domestiques & leurs convives étoient réunis dans le petit jardin derrière l'hôtel, dansant au clair de la lune au son du violon de Dubois.

Lui & Fanchon ont été invités par le Marquis à venir boire un verre de vin dans son appartement.... Le pauvre homme avoit peine à retenir ses larmes à la vue de son généreux bienfaiteur.... il a tâché d'exprimer sa reconnoissance, la voix lui a manqué, & il lui a été impossible d'articuler un seul mot.

Vous n'avez pas à faire à des ingrats, M. de Fontanelle, a dit Fanchon, mon mari est plus touché de votre bonté qu'il ne l'a été de la perte de sa jambe, ou de la cruauté de mes parens.... Ensuite, de l'air le plus sérieux du ton de la reconnoissance & avec le langage de la nature, elle a témoigné combien son mari & elle étoient pénétrés de ses bienfaits ; elle a sur-tout fait mention des vingt louis qu'il avoit reçu ce même soir de sa part..... Ma chère., a dit le Marquis, vous cherchez à ériger en saint un pauvre pécheur, & pour y mieux réussir, vous lui attribuez des vertus qu'il n'a pas. Je n'ai nulle connoissance des vingt louis dont vous me parlez..... Si fait bien moi, a repliqué Dubois ; car je les ai dans ma poche.... Le Marquis a continué à foutenir qu'ils ne venòient point de lui.... Alors le foldat nous a appris qu'il étoit venu vers les une heure après midi pour rendre fes devoirs à M. de Fontanelle ; mais que ne l'ayant pas trouvé au logis, il s'en retournoit à fon auberge lorfqu'il avoit apperçu dans la rue un Monfieur qui le fixoit avec beaucoup d'attention , qui n'a pas tardé à l'aborder , & à lui demander fi fon nom n'étoit pas Dubois ? s'il n'avoit pas perdu une jambe en Corfe ? & lui a fait d'autres queftions auxquelles ayant répondu affirmativement, l'étranger lui avoit gliffé vingt louis dans la main, en difant, que cela l'aideroit à meubler fa maifon.... Dubois, dans le fort de fon étonnement, s'eft écrié :.... Mon Dieu ! voilà encore M. de Fontanelle ;.... fur quoi il lui a répondu : Oui , il m'a chargé de vous remettre cet argent ; & l'a quitté fans rien dire , & a bientôt difparu.

Nous avons tous été également furpris de cette aventure fingulière : en nous informant plus particuliérement de la figure de l'étranger, je me suis persuadé que ce ne pouvoit être que B....

Je me suis rappellé, que lorsque je lui avois conté l'histoire de Dubois, il en avoit été très-affecté. Vous savez qu'il n'est pas de ces gens qui éprouvent infructueusement des sensations de cette nature, ou les évaporent en sentimens infructueux. Il sait en faire un bon usage.... Ainsi, ayant rencontré fortuitement Dubois dans la rue, il lui aura fait ce petit présent de la manière dont on vient de le dire ; & ayant ensuite appris que Dubois & Fanchon se trouvoient chez Fontanelle, il n'a pas voulu y venir, pour éviter toute explication.

Si notre ami B.... étoit un de ces hommes à systêmes, ou dont la charité fût réfléchie, il auroit pensé que, comme on avoit déja pourvu aux besoins du soldat, & qu'il étoit sous la protection immédiate d'un homme généreux, il étoit inutile qu'il se mêlât de ses affaires ; .... & il auroit vraisemblablement gardé ses vingt louis pour quelque autre occasion, ou pour quelqu'un qui en auroit eu un besoin plus pressant.

Il se trouve des gens dans le monde (parmi

lesquels il y en a sans doute de très-utiles & de très-respectables) qui, avant de rien décider dans les occasions même les moins importantes, réfléchissent mûrement & pèsent le pour & le contre, qui, dans toutes leurs actions, sont dirigés par les convenances & par les notions généralement reçues sur ce qui est de devoir. Il faut le juste calcul de la valeur des droits qu'une connoissance, un parent ou un ami peuvent avoir à leurs bienfaits, & tâchent d'y satisfaire à la première demande, comme ils se piqueroient d'acquitter une lettre-de-change à son échéance. Ils tiennent un régistre exact de leurs revenus, & y proportionnent leurs dépenses, & entendant, au moins une fois par semaine, assurer de la manière la plus solemnelle qu'il viendra un tems où l'on retirera un gros intérêt des charités qu'on fait aux indigens, ils risquent annuellement dans cette espérance une petite partie de leur superflu ; & lorsqu'ils parviennent au terme de leur carrière, leurs os sont décemment déposés dans un cimetière.

Il y en a une autre espèce qui ne compte jamais, qui se laisse généralement guider par les impulsions du cœur, qui ignore absolument tout ce qui s'appelle calcul, & ne sait ce que c'est que livre-de-comptes. A peine consulte-t-elle sa raison dans les connoissances qu'elle fait, & sans l'impulsion du cœur, elle ne forme pas la moindre intimité. Elle exerce des actes de bienfaisance, sans se douter que ce soit un devoir, uniquement pour se satisfaire, & les oublie peut-être comme elle oublie les autres plaisirs dont elle a joui.

Quant aux charités fortuites, elles sont aussi naturelles aux gens de ce caractère que leur propre existence, & ils ne se glorifient pas plus de l'un que de l'autre; c'est plutôt chez eux l'effet de l'instinct que celui de la réflexion.

La première de ces deux classes est, sans contredit, la plus utile à la société; ses affaires seront certainement plus sagement conduites, & elle sera moins exposée que les autres à des embarras & à des difficultés. Avec tout cela, je ne saurois m'empêcher de préférer la dernière; car presque tous les amis que j'ai eu jusqu'à présent étoient de cette classe.

LETTRE XVII.

Paris.

EN réfléchissant à l'enjouement naturel & à l'étourderie des François, je me suis souvent étonné du goût de la nation pour leurs tragédies, qui, en général, sont tout-à-fait vuides d'action, ne sont composées que de longs dialogues & d'éternelles déclamations, & exactement modélées d'après le code le plus sévère de la législation critique.

Les gens les plus sensés & les plus spirituels des deux sexes y courent en foule, & préfèrent cet amusement à tout autre; ils y prêtent l'attention la plus suivie & la plus sérieuse: on croiroit qu'un amusement aussi grave, aussi régulier & aussi uniforme, seroit plus dans le goût d'une nation aussi phlegmatique & aussi mélancolique que l'Angloise, que dans celui des François dont le caractère distinctif est la gaieté & la légéreté.

Un auditoire anglois veut dans la tragédie

des décorations, du mouvement & beaucoup d'incidens, & a une aversion insurmontable pour les dialogues & les longs discours : quels beaux que soient les sentimens que l'on y déploie, & quelle recherchée qu'en soit la diction.

On croiroit qu'à cet égard les deux nations auroient changé de caractère : il seroit peut-être difficile de rendre raison, d'une manière un peu satisfaisante, de cette différence : je me garderai bien de l'entreprendre. Un François termineroit la dispute, en disant que les spectateurs Parisiens ont le goût plus juste & plus rafiné que ceux de Londres ; que les uns sont amusés & charmés par la poésie & les sentimens nobles & relevés : tandis que l'on ne parvient à réveiller l'attention des autres que par le bruit, les gardes, les processions, les trompettes, les combats & les meurtres.

Ils paroissent penser qu'une action & une élocution naturelle seroient incompatibles avec la dignité, & ils s'imaginent que le héros doit prouver la grandeur de son ame par ses regards farouches, ses gestes dédaigneux, le son creux de sa voix. Un dialogue simple

simple & familier, comme celui d'Hamlet avec son ancien camarade d'école Horatio, leur semble bas, trivial & peu convenable à la dignité du cothurne.

Mais si dans la vie ordinaire la simplicité de mœurs n'est pas inconsistente avec la véritable grandeur, je ne vois pas pourquoi l'acteur, qui représente un héros, affecte toujours dans ses gestes & dans ses mouvemens une dignité peu commune, dont il est vraisemblable qu'on n'a jamais fait usage dans aucun siècle, ni parmi aucun ordre de gens.

La simplicité de mœurs est cependant si éloignée d'être inconsistente avec la grandeur d'ame, qu'elle en est assez ordinairement l'apanage. Les François auroient quelque raison d'adopter ce sentiment; car deux des plus grands hommes que leur nation ait produits, se sont distingués par la simplicité de leurs mœurs: Henri IV. & le maréchal de Turenne étoient aussi célèbres par elles que par leur courage & leurs autres vertus héroïques.

Combien n'étoient-ils pas réellement supérieurs, par leur mérite & leurs talens personnels, au superbe Louis XIV, qui affecta toute sa vie une grandeur qu'il ne posséda jamais, jusqu'au moment où le malheur mit son ame au niveau de celles des autres hommes ! Alors, oubliant sa pompe & renonçant aux faux brillans, il fut véritablement grand, & mérita, pour la première fois de sa vie, l'admiration des gens sensés. Dans sa correspondance avec Torcy, les lettres de Louis (que l'on sait aujourd'hui bien certainement être de lui) prouvent cette vérité; & l'on y remarque une force, une vérité & une grandeur d'ame qu'il a rarement montré dans ce qu'on nomme le comble de sa gloire.

Ce que Louis étoit dans le plus haut point de sa prospérité (comparé à Henri pour les qualités essentielles d'un roi & d'un héros) est précisément ce qu'est Lekain comparé à Garrick comme acteur.

Le théatre françois ne peut actuellement se glorifier que d'une seule actrice digne d'être comparée à Mad. Yates, ou à Mad. Barry.

Dans la comédie, les acteurs François excellent; & cette nation, en tout tems, a pu

LETTRE XVII. 115

en citer un plus grand nombre de bons que l'on n'en trouve sur nos théatres.

Le caractère national & les mœurs des François, leur donnent peut-être l'avantage à cet égard; d'ailleurs ils ont bien plus de ressources pour se pourvoir d'acteurs de tous les genres. Dans toutes les grandes villes marchandes & de manufactures, dont il y a un grand nombre en France, il y a des spectacles permanens. Il en est de même de toutes les villes frontières, & dans celles qui ont une garnison de deux ou trois régimens.

Il se trouve aussi des troupes de comédiens François dans toutes les cours du Nord, dans toutes les grandes villes d'Allemagne, & chez quelques princes d'Italie. Ce sont des académies où l'on forme des sujets pour le spectacle de Paris.

J'imagine, sur-tout, que dans la comédie noble, les acteurs François surpassent les nôtres. En général, ils ont plus l'air gens du bon ton.

Il n'y a pas une si grande différence entre les mœurs & la conduite des personnes du premier rang, ceux du second & du dernier état en France qu'en Angleterre. Les comédiens en conséquence, qui s'étudient à saisir les façons de celles du premier & des plus à la mode, n'ont pas dans l'un de ces pays une tâche aussi difficile à remplir que dans l'autre.

Vous rencontrerez rarement un laquais Anglois qui pût passer pour homme de qualité ou du grand monde; en conséquence, peu de ceux qui ont été dans ce cas paroissent sur notre théatre. Mais à Paris on trouve plusieurs valets de place, si polis, si complétement au fait de toutes les petites façons, de toutes les phrases à la mode & des airs e usage dans le beau monde, qu'équipés décemment, vêtus à la dernière mode & pourvus d'un brillant équipage, ils passeroient dans plusieurs cours de l'Europe pour des gens de distinction, très-polis,.... bien aimables,.... tout-à-fait du bon ton, de beaucoup d'esprit; & qu'il n'y auroit que la cour de France où quelques étrangers qui auroient eu occasion d'observer, & assez de pénétration pour distinguer l'aisance & la politesse naturelle, si familière aux seigneurs François, qui pussent reconnoître la supercherie.

LETTRE XVII.

Nous n'avons aucun acteur à Londres qui, pour un rôle de petit maître du bon ton, vif, pétulant & aimable, pût être comparé à Molé.

La supériorité des François, dans la comédie du genre noble, est encore plus marquée relativement aux actrices. Nous en avons eu très-peu en Angleterre en état de rendre avec vérité les rôles de Milady Betty Modish, dans le *Mari négligent*; ou de Millamant, dans le *Train du monde*: on imite aisément l'absurdité grossière, l'extravagance & la sottise; mais l'élégante coquetterie, la vivacité, l'enjouée, l'agréable affectation de ces deux caractères si finement imaginés exigent de plus grands talens. Je crois cependant, d'après plusieurs rôles de la même nature que je leur ai vu jouer, qu'il y a actuellement sur le théâtre françois nombre d'actrices qui les rendroient parfaitement; &, à l'exception de Mesdames Barry & Abington, je n'en connois aucune en Angleterre en état de donner une juste idée de ce que Congrève a mis dans celui de Millamant.

Ce qu'il y a d'étonnant, c'est que Mad. Abington excelle aussi dans des caractères précisément l'opposé de ces premiers ; ceux, par exemple, d'une fille de province, gauche & mal élevée : il ne se trouve peut-être point de jeune demoiselle en France semblable à la Miss Prue de Congrève ; mais si l'on y rencontroit plusieurs originaux de cette espèce, aucune actrice Françoise n'en présenteroit une aussi excellente copie qu'elle.

Dans la comédie d'un genre moins relevé, les acteurs François sont délicieux : je ne saurois me former l'idée de rien de plus parfait que Préville dans un grand nombre de ses rôles.

Les opéra comiques que l'on représente à la comédie Italienne y sont exécutés d'une manière bien supérieure à celle dont les pièces de ce genre le sont à Londres. Leurs ballets valent aussi beaucoup mieux. Leur façon de représenter ces petites pièces est si légère & si gentille, que nos chanteurs & nos danseurs, en comparaison, paroissent en quelque manière lourds & ridicules.

Quant aux pièces purement Italiennes, on n'en joue plus que trois fois par semaine, & les François paroissent ne plus s'en soucier. Carlin, le célèbre arlequin, est le

LETTRE XVII.

seul qui les soutiennent. Vous connoissez l'étonnante naïveté & toute la magie du comique de ce célèbre acteur, qui fait que le spectateur oublie l'extravagance du drame pour ne s'occuper que de l'acteur.

Une figure avantageuse, un air gracieux, une voix sonore, une mémoire à toute épreuve & un jugement sûr, sont des qualités dont un acteur ne sauroit absolument se passer. La sensibilité & l'art d'exprimer les mouvemens du cœur par l'organe de la voix & du visage, lui sont aussi on ne peut pas plus nécessaires. Il paroît par conséquent injuste de mépriser une profession qui exige tant de talens réunis; tandis qu'on en estime nombre d'autres dans lesquelles nous voyons tous les jours des gens qui n'ont pas même le sens commun se distinguer & y acquérir de la célébrité.

Ce préjugé règne avec encore plus d'empire en France qu'en Angleterre. Lekain se trouva par hasard dans une compagnie où il fut question de la pension que le roi venoit d'accorder à un vieux comédien: un officier présent, regardant fixement Lekain, témoigna son indignation de ce qu'on accordoit une récompenfe de cette conféquence à un gueux de comédien, tandis qu'on ne lui donnoit rien. Eh! Monfieur, lui dit Lekain, comptez-vous pour rien la liberté de me parler comme vous le faites?

LETTRE XVIII.

Genève.

J'ÉTOIS fi preffé pendant la dernière femaine de mon féjour à Paris, qu'il ne m'a pas été poffible de vous écrire.

Mille affaires qui auroient pu être beaucoup mieux arrangées, & peut-être bien plus facilement fi elles l'euffent été à mefure qu'elles fe préfentoient, fe font trouvées arriérées par ce maudit penchant qui me porte toujours à remettre au lendemain ce que je pourrois faire fur le champ; & il eft caufe que je les ai renvoyées jufqu'à la dernière femaine où, étant fort occupé, tout s'eft fait à la hâte.

J'ai fouvent admiré, fans être capable d'imiter ceux qui ont l'heureux talent d'en-

LETTRE XVIII.

tremêler les amusemens & les occupations sérieuses.

Les plaisirs & les affaires font un contraste qui donne une pointe aux premiers, & fait que l'on les goûte mieux.

Pour passer la vie d'une manière agréable, il ne faut pas assez aimer les plaisirs pour leur sacrifier les affaires importantes, ni ne pas assez aimer les affaires pour leur sacrifier les plaisirs. Il faut les entremêler, & alors on aura un spécifique infaillible contre l'ennui, & on évitera la satiété & la fatigue que l'usage constant de l'un des deux seul ne manqueroit pas de faire éprouver.

Ayant tenu bon contre les sollicitations & les plaisanteries de Fontanelle, j'ai pris congé de lui, de B.... & de mes autres amis de Paris.

En traversant Dijon, Châlon, Mâcon & un charmant pays plus agréable à voir qu'à décrire, je suis arrivé le quatrième jour à Lyon.

Après Paris, cette ville est la plus belle qu'il y ait en France; vivifiée par l'industrie, enrichie par le commerce, embellie par l'opulence & par sa situation, au milieu d'un pays fertile & au confluent de la Saone

& du Rhône. On estime le nombre de ses habitans à deux cent mille. Son théatre passe pour le plus beau qu'il y ait France ; on y trouve les mêmes amusemens qu'à Paris, il est vrai qu'ils n'y sont pas aussi rafinés.

Les mœurs & la conversation des marchands & des manufacturiers ont toujours été regardées comme assez extraordinaires. Il est sûr qu'il y a une différence bien frappante à cet égard entre les habitans des villes de commerce & de manufactures d'Angleterre & ceux de Westminster. Je n'en ai pas trouvé une aussi marquée entre les mœurs & la manière de vivre des négocians de Lyon & celles des courtisans de Versailles même.

La différence que j'ai remarquée entre les uns & les autres m'a parue peu considérable. Il est cependant vraisemblable qu'un François y en auroit apperçu une que j'étois incapable de saisir. Un étranger ne fait pas attention à l'accent d'un Anglois, d'un Ecossois, d'un Irlandois qui parlent notre langue : peut-être même confond-il les mœurs & les manières des habitans de Bristol & celles de ceux de la place de Grosvenor, quoique leurs nuances soient très-frappantes pour un Anglois.

LETTRE XVIII.

Après m'être arrêté peu de jours à Lyon, j'ai eu la plus grande impatience de m'avancer vers le Midi, & de me fixer dans le voisinage de la Méditerranée. Un événement imprévu, dont il est inutile de vous instruire, m'a décidé à commencer par faire une course à Genève où j'ai séjourné ces trois dernières semaines sans avoir la moindre envie d'aller ailleurs; mon principal but étant toujours d'éviter toutes les occasions de dépense, & de chercher à passer mon tems aussi agréablement qu'il me sera possible sans déroger aux règles économiques que je me suis prescrites : il me semble que je pourrois tout aussi bien remplir ces deux objets ici que par-tout ailleurs.

Les amusemens que l'on peut se procurer dans cette ville sont, je l'avoue, en petit nombre, peu vifs & peu variés : cependant mes heures s'écoulent doucement; & quoique les plaisirs ne contribuent point à les faire paroître courtes, la langueur ne me les fait point trouver longues, & elles ne sont point troublées par le remords.

Je me suis vu si souvent & si cruellement trompé dans mes plans de bonheur, qu'un changement de lieux m'avoit fait concevoir que, sans quelque forte raison, je ne troquerois pas la satisfaction dont je jouis à présent contre les prétendus amusemens que je pourrois goûter dans une autre ville que celle-ci.

J'ai enfin appris par ma propre expérience (peu de gens profitent de celle des autres) que la plus grande partie des chagrins qui nous tourmentent viennent de notre facilité à nous former de trop belles idées des plaisirs que nous nous promettons & de notre indifférence pour ceux qui sont à notre disposition, négligeant je ne sais combien de jouissances qui ne dépendent que de nous, laissant interrompre notre repos & notre tems s'écouler sans en tirer aucun parti, uniquement dans l'attente de posséder des biens imaginaires qui ne nous paroissent tels que parce que nous les voyons dans l'éloignement, & que nous n'obtiendrons vraisemblablement jamais; & supposant même que nous vinssions à les acquérir, ils changeroient de nature & n'auroient plus rien d'attrayans. Young a dit avec raison, « que » nous fuyons le moment présent comme

» un mari fuit fa femme, qu'il néglige uni-
» quement parce qu'elle eft fa femme. »

C'eft ainfi que le diable fe plaît à tromper les hommes & à les priver, non-feulement des douceurs de cette vie, mais encore de celles de la vie à venir; leur faifant d'abord préférer celles du moment à celle d'un état futur, & les plaifirs mondains éloignés à ceux qui fe trouvent à leur portée & fous leur main.

Je conclus de tous ces apophtegmes, que je refterai à Genève jufqu'à ce que j'en fois plus ennuyé que je ne le fuis à préfent.

LETTTE XIX.

Genève.

LA fituation de Genève eft, à plufieurs égards, auffi heureufe qu'il foit poffible de la defirer ou de l'imaginer. Le Rhône, fortant du plus beau lac qu'il y ait en Europe, traverfe le milieu de la ville, qui eft entourée de fertiles champs cultivés par l'induftrie & les travaux éclairés des habitans.

LETTRE XIX.

La longue chaîne de montagnes connue sous le nom du Jura d'un côté, avec les Alpes, les Glacières de Savoie & la tête toujours couverte de neiges du Mont-blanc de l'autre, terminent le paysage le plus varié & le plus charmant qui puisse s'offrir à la vue.

Outre ces avantages de leur situation, les citoyens de Genève jouissent d'une liberté sans licence & d'une sécurité qu'ils ne se sont point procurée par les horreurs de la guerre.

Le grand nombre de gens-de-lettres qui y sont nés ou qui s'y sont fixés, les mœurs honnêtes, les fortunes aisées & les dispositions sociales des Genevois en général, font de cette ville & de ses environs une douce retraite pour un homme dont l'esprit est tourné à la philosophie, qui ne veut que des délassemens simples & ordinaires, qui n'a aucun attachement décidé pour un pays plutôt que pour un autre, & qui, souhaitant se dérober au tumulte & au grand monde, cherche un asyle sûr & tranquille où il puisse pour le reste de ses jours

Ducere solicitæ jucunda oblivia vitæ.

Comme l'éducation y est aussi soignée que

peu coûteuse, les citoyens des deux sexes sont très-instruits. Je ne crois pas qu'il y ait un pays au monde qui produise un si grand nombre de gens (pris sans distinction dans tous les rangs & dans toutes les professions) dont l'esprit soit aussi cultivé que le leur.

Il est assez ordinaire de trouver de simples ouvriers qui, dans les momens de loisir que leur laissent leurs occupations, se délassent en lisant les œuvres de Locke, de Newton, de Montesquieu, & d'autres ouvrages du même genre.

Lorsque je parle du peu qu'il en coûte pour l'éducation, ce n'est que relativement aux gens du pays; car, pour les étrangers, tout est assez cher à Genève. Il est vrai qu'il en est de même de tous les pays que les Anglois fréquentent. Si lorsqu'ils y arrivent les choses y sont bon marché, elles n'y restent pas long-tems sur ce pied.

Le gouvernement étant démocratique de sa nature, il inspire à chaque citoyen une grande idée de son importance. Il est persuadé que personne dans la république n'oseroit l'opprimer ou même le mépriser impunément.

LETTRE XIX.

Rien ne me paroît plus avantageux dans un gouvernement, que lorsque l'homme le plus puissant est dans le cas de ménager le plus foible. Cette prérogative est une de celles dont jouit le Genevois ; le dernier citoyen y possède de certains droits qui le font considérer des gens en place : d'ailleurs la connoissance qu'il en a, fait qu'il se respecte lui-même ; ce sentiment, restreint dans de justes limites, contribue à le faire respecter des autres.

La tournure de l'esprit humain ne nous permet pas d'espérer que les hommes agiront toujours par des vues désintéressées & uniquement dirigées au bien public ; en conséquence, la plus excellente forme de gouvernement est celle dans laquelle l'intérêt personnel se trouve intimement lié à l'intérêt général : cela se rencontre plus aisément dans une petite république que dans une grande monarchie. Dans la première, les gens d'esprit & de probité sont facilement distingués & appellés aux grandes charges par les vœux & l'admiration de leurs concitoyens : dans la dernière, les premières places sont remplies au gré du

prince

LETTRE XIX.

prince & des caprices de sa maîtresse ou de ceux des courtisans qui, étant le plus en faveur, l'approchent de plus près ; ce qui leur procurant l'occasion de saisir l'instant favorable, ils s'en prévalent pour eux-mêmes ou pour les gens qui leur sont attachés. Montesquieu a dit, qu'un sentiment d'honneur produisoit le même effet dans une monarchie, que le patriotisme dans une république. Il faut pourtant observer que le premier, suivant l'acception moderne de ce mot est généralement particulier à la noblesse ou aux gens du second rang ; tandis que le patriotisme est un principe plus universel, & propre à tous les membres d'un état.

Autant que je suis capable d'en juger, l'esprit d'indépendance & de liberté, tempéré par des sentimens de décence & d'amour de l'ordre, influe d'une manière assez remarquable sur les membres de cette heureuse république.

Avant de les connoître, je m'étois imaginé que ce peuple étoit fanatique, mélancolique, & aussi peu sociable que les Puritains d'Angleterre & les Presbitériens d'Ecosse, pendant les guerres civiles & les règnes de

Charles II & de son frère. L'expérience m'a démontré que je m'en étois formé une fausse idée.

J'ose assurer qu'il n'y a pas une seule ville en Europe où l'esprit du peuple soit moins gouverné par la superstition, & moins susceptible d'enthousiasme & de fanatisme qu'à Genève. Si Servet vivoit encore au milieu d'eux, il y seroit en sûreté & à l'abri de toute persécution. Je suis convaincu que le clergé actuel n'a pas plus le penchant que le pouvoir d'inquiéter personne pour de simples opinions spéculatives. Le pape lui-même, s'il choisissoit Genève pour retraite, pourroit, s'il le vouloit, y vivre tout aussi tranquillement qu'au Vatican.

Les ecclésiastiques de Genève sont en général sensés, instruits & tolérans, ils tâchent d'inspirer à leurs auditeurs du goût pour les vérités du christianisme, & ils cherchent à les en convaincre par leur éloquence & la régularité de leurs mœurs.

Les gens des différens états de cette ville sont remarquables par leur assiduité à fréquenter les saintes assemblées & à s'acquitter des autres devoirs religieux. Le dimanche

LETTRE XIX.

est observé avec la plus grande décence, sur-tout pendant les heures consacrées au service divin; mais dès qu'elles sont passées, les amusemens ordinaires recommencent.

Les promenades publiques sont remplies de gens de tous états dans leurs plus beaux habits... Les différentes sociétés, & ce qu'on nomme ici *cercles*, s'assemblent dans des jardins & dans des maisons particulières;.... on y joue aux cartes, aux boules, & l'on fait des parties de lac dans lesquelles la musique n'est pas oubliée.

Il y a ici un usage universellement reçu, tout-à-fait particulier à cette ville: les pères & les mères forment des sociétés pour leurs enfans dès leur plus bas âge ; ces sociétés sont composées de dix, douze personnes & davantage, d'un même sexe & à-peu-près du même état & du même âge. Ils s'assemblent une fois par semaine dans les différentes maisons de leurs parens, qui régalent tour-à-tour la compagnie de thé, de caffé, de biscuits & de fruits : après quoi on les laisse s'entretenir en toute liberté.

Ces liaisons durent autant que la vie; & quelles que soient les vicissitudes que leurs différens membres éprouvent par la fuite dans leur fortune ou dans leur situation, dans le cas même où ils en formeroient de nouvelles ou de plus relevées, ils n'abandonnent jamais entiérement cette première société ; mais continuent jusqu'au dernier moment à passer chaque année un petit nombre de soirées avec les compagnons de leur jeunesse & leurs premiers amis.

La classe la plus opulente des citoyens possède des maisons de campagne dans les environs de la ville, où ils passent une partie de l'année. Toutes ces maisons sont très-propres, il y en a même plusieurs de magnifiques. Un avantage qu'elles ont, bien supérieur à tous ceux des maisons de plaisance des plus grands seigneurs, situées dans toute autre partie du monde, est la belle vue dont presque toutes jouissent.... Les jardins & les vignes du district de la république,.... le Pays-de-Vaud,... Genève & son lac,.... une quantité innombrable de maisons de plaisance,.... des châteaux, des bourgs & des petites villes qui occupent les bords du lac,.... les vallées de Savoie & les cimes élevées des Alpes, sont des objets que l'œil apperçoit tout-à-la-fois & sans aucun effort.

LETTRE XIX.

Ceux que leur fortune ou leurs occupations empêchent de passer l'été à la campagne, forment fréquemment des parties sur le lac, dinent & passent la soirée dans quelques-uns des villages des environs, où ils s'amusent à danser au son des instrumens qu'il leur est facile de se procurer.

Quelquefois ils forment des cercles de quarante à cinquante personnes, achètent ou louent en commun une maison & un jardin dans le voisinage de la ville où ils s'assemblent toutes les après midi pendant l'été, boivent du caffé, de la limonade & d'autres liqueurs rafraichissantes, s'y entretiennent familiérement, s'amusent à jouer aux cartes ou aux boules; ce dernier jeu ressemble peu à celui auquel nous donnons ce nom en Angleterre : car ici, au lieu d'un terrein plat & soigneusement égalisé, ils choisissent souvent celui qui est le plus inégal & le plus raboteux. Le joueur se garde bien de faire rouler sa boule, il la lance de manière qu'elle demeure fixée où elle tombe en sortant de sa main ; & si elle se trouve bien placée, celui qui joue ensuite cherche à la chasser de manière à l'éloigner, tandis que la sienne reste à la place d'où il l'a débusquée: .... plusieurs d'entr'eux sont on ne peut plus adroits à ce jeu, qui en général est plus compliqué & plus intéressant par la manière dont ils le jouent qu'il ne l'est en suivant celle que nous avons adoptée en Angleterre.

Ces cercles ne se séparent ordinairement qu'à la nuit & au moment où le tambour des remparts les rappellent à la ville: c'est celui où l'on ferme les portes; après quoi personne ne peut plus entrer ni sortir: l'officier qui commande la garde n'ayant pas le pouvoir de les ouvrir sans un ordre des syndics, qu'ils n'accorderoient que dans des cas uniques, & où il seroit question du salut de l'état.

LETTRE XX.

Genève.

LA douceur du climat, l'extrême beauté de la campagne & les mœurs sociables de ses habitans ne sont pas, selon moi, les seuls avantages qui me font aimer ce pays.

LETTRE XX.

Trois familles Angloises résident actuellement sur un même côteau dans le voisinage de la ville : avec une pareille société, il n'est aucun endroit de la terre qui ne fût agréable.

La maison de M. N.... est un temple consacré à l'hospitalité, à la douce gaieté & à l'amitié.

Notre ami M. U.... est logé tout auprès. Il est tel que vous me l'avez annoncé, vif, sensible & obligeant; j'ajouterai que je le crois plus heureux que vous ne l'avez jamais connu, ayant depuis lors contracté un mariage avec une des femmes les plus respectables qui existent.

Leur plus proche voisin est M. L.... & sa famille. Ce gentilhomme, sa femme & ses enfans forment le tableau le plus frappant de félicité domestique que j'aie jamais vu. Il est lui-même un homme du meilleur goût, d'un excellent esprit, & fait très-bien vivre.

Ces trois familles vivent dans la plus grande intimité avec les habitans de Genève & avec leurs compatriotes : ils font, dans ce moment, du côteau de Cologny, l'un des plus agréables séjours qu'il y ait peut-être dans le reste du monde.

Les Anglois qui résident en ville les visitent fréquemment, & s'y lient avec les gens du pays de la meilleure compagnie.

On m'a assuré que nos jeunes Anglois n'avoient jamais été sur un pied aussi sociable & aussi intime avec les citoyens de cette république que dans ce moment; ils en sont redevables à l'affabilité de ces trois familles, & à la faveur populaire qu'un de nos grands seigneurs, qui réside ici avec sa femme & son fils depuis plusieurs années, a su se concilier.

Je vous ai déja dit que tous ceux qui habitoient la ville devoient faire ensorte de finir leurs visites au moment du coucher du soleil, sans quoi ils seroient sûrs de n'y pouvoir rentrer; .... les Genevois étant on ne peut pas plus jaloux des ennemis extérieurs, ainsi que des intérieurs de leur indépendance. Cette jalousie s'est transmise d'une génération à l'autre, depuis la tentative que fit le duc de Savoie en 1602 pour s'emparer de leur ville.

Il fit avancer son armée au milieu d'une nuit très-noire, dans le tems d'une profonde paix, jusqu'aux portes de la ville; appliqua de longues échelles contre les remparts &

LETTRE XX. 137

contre les murs, & ayant surpris les sentinelles, plusieurs centaines de soldats Savoyards étoient déja entrés dans la ville, & le gros de l'armée les suivoient, lorsqu'ils furent apperçus par une femme qui appella au secours & répandit l'alarme.

Les Genevois s'éveillèrent, saisirent les premières armes qui leur tombèrent sous la main, attaquèrent vivement & courageusement les assaillans, en tuèrent un grand nombre dans les rues, chassèrent les autres de la porte ou les précipitèrent du haut des remparts; & le petit nombre de ceux qui demeurèrent prisonniers, eurent dès le lendemain matin la tête tranchée sans autre forme de procès.

Les Genevois célèbrent tous les ans l'anniversaire de cet événement, comme un jour d'action de graces & de réjouissances.

On le nomme le jour de l'Escalade, & on prêche dans toutes les églises.... Les prédicateurs, dans cette occasion, à la fin de leurs sermons, font une énumération de toutes les circonstances de cette heureuse délivrance, rappellent à leurs auditeurs ce qu'ils doivent à la Providence divine & à la valeur de leurs ancêtres qui les ont sauvés d'une manière si extraordinaire d'un esclavage civil & religieux, leur présentent le tableau des bénédictions toutes particulières dont ils jouissent, & les exhortent aussi pathétiquement qu'il leur est possible à veiller à la conservation de leur liberté, à rester attachés à leur religion & à la transmettre dans toute sa pureté, ainsi que leurs autres privilèges, à leur postérité.

La soirée du jour de l'escalade se passe en visites, en festins, en danses & en toutes sortes d'amusemens; car les Genevois commencent ordinairement toutes leurs réjouissances publiques par des actes de dévotion, ... observant en cela la maxime du Psalmiste.... *de joindre le tremblement à la joie.*

L'état entretient une garnison de six cent mercenaires qui montent tous les jours la garde & s'acquittent des autres fonctions militaires. Il ne s'en remet cependant pas entiérement à eux de la sûreté de la république.... Tous les citoyens sont soldats : on les exerce toutes les années au printems pendant deux mois. Durant tout ce tems ils sont en uniformes, & à l'expiration les syndics les passent en revue.

LETTRE XX.

Comme ils ne tirent aucune folde & que leurs officiers font leurs compatriotes, on auroit tort de prétendre que ces troupes fuffent auffi exercées & fiffent leurs évolutions avec la même dextérité que de véritables foldats qui n'ont point d'autres occupations & qui font difciplinés avec foin.

Ils ont cependant une apparence refpectable aux yeux même des fpectateurs défintéreffés, dont le nombre eft pourtant peu confidérable ; la plus grande partie étant compofée de leurs parens, de leurs femmes & de leurs enfans. De forte que j'ofe affirmer qu'il n'y a point de troupes dans le monde qui, dans une revue générale, foient auffi univerfellement applaudies que celles de Genève.

Un étranger même tout-à-fait indifférent, faifant attention aux liaifons fubfiftantes entre les miliciens & les fpectateurs, à la tendreffe, à l'enthoufiafme & aux différens mouvemens du cœur, que l'on lit fur les vifages des derniers, aura de la peine à y être infenfible : …. mais revêtiffant les fentimens de ceux dont il eft environné, il finira par éprouver les mêmes fenfations &

par voir les troupes de Genève du même œil que ses citoyens eux-mêmes les regardent.

Genève, ainsi que tous les états libres, est exposée à l'esprit de faction; le repos public y est souvent troublé par des dissentions politiques: sans entrer dans le détail de celles qui l'agitent dans ce moment, je vous dirai en général qu'une partie des citoyens est accusée par l'autre de vouloir faire tomber le pouvoir entre les mains d'un petit nombre de familles, & de chercher à y établir l'aristocratie. Ils traversent toutes les mesures qu'ils supposent tendre à ce but, & sont accusés par leurs adversaires d'avoir des desseins criminels & séditieux.

Il est très-difficile à des étrangers qui résident ici pendant quelque tems d'observer une exacte neutralité: les Anglois, sur-tout, sont plus portés que tout autre à se déclarer pour l'un ou pour l'autre parti; & comme jusqu'à présent le gouvernement n'a point cherché à les gagner, ils sont généralement de celui de l'opposition.

Me promenant une après midi avec un jeune seigneur qui a un penchant décidé pour la philosophie & l'histoire naturelle, auquel il a joint la plus forte passion pour la liberté civile; nous passâmes près d'un jardin où l'un de ces cercles qui soutiennent les prétentions du Magistrat s'assemble *. Je lui proposai d'y entrer. Non, me répondit ce Seigneur avec indignation, je serai bien fâché de me trouver un instant dans une pareille société, je regarde ces gens-là comme les ennemis de leur patrie.

Parmi les citoyens même, les altercations politiques sont fréquentes & souvent très-vives.

LETTRE XXI.

Genève.

Quoique cette république jouisse depuis long-tems de la plus profonde paix, & qu'il y ait peu d'apparence qu'elle soit troublée de long-tems, les citoyens de Genève ne sont pas le peuple qui aime le moins la

* Cette manière de penser est vraisemblablement de Milord M...., un peu exagéré dans son goût pour la démocratie, à tous autres égards infiniment respectable.

Tome I.

pompe qui en eſt ordinairement une ſuite.

Ce goût décidé ſe manifeſte ſur-tout dans ces fêtes qu'ils nomment *militaires*, dont ils font leurs délices, & qu'ils ſaiſiſſent toutes les occaſions poſſibles de célébrer.

Il y a peu de jours que j'aſſiſtai à une de ces fêtes, qui fut donnée par le roi de l'arquebuſe à ſon acceſſion au trône.

Ce rang ſi communément envié, n'eſt ni tranſmis par droit héréditaire ni ne s'obtient point par élection, on n'y parvient que par l'adreſſe & par le mérite réel.

Une guerre avec cette république, ſemblable à celle de Troye, doit néceſſairement occaſionner un ſiège : en conſéquence, l'habileté à manier le canon & l'arquebuſe y eſt de la plus grande utilité. Pendant pluſieurs mois de chaque année, un grand nombre de citoyens font preſque tous les jours occupés à tirer à un but placé à une diſtance convenable.

Tout citoyen a droit, en payant une rétribution très-modique, d'eſſayer ſon adreſſe dans cet exercice ; & après un nombre convenable d'expériences, le plus adroit tireur eſt déclaré roi.

LETTRE XXI.

Il y avoit près de dix ans que ce couronnement n'avoit pas eu lieu, le dernier roi ayant paisiblement joui du trône pendant tout cet intervalle. Mais cet été M. Moyse Maudry a remporté l'avantage sur tous ses compétiteurs, & a été d'une voix unanime déclaré son successeur.

Il a été conduit à son logis du champ de bataille par les syndics au milieu des acclamations du peuple. Quelque tems après, au jour de sa fête, on a formé un camp dans une plaine située hors des murs de la ville & dans son voisinage.

Là toutes les forces de la république, tant cavalerie qu'infanterie, ont été rassemblées & divisées en deux corps d'armée. Elles devoient se livrer bataille en l'honneur de sa majesté, tous les combattans ayant d'avance étudié leurs rôles.

Ce drame ingénieux & militaire étoit de l'invention d'un grave ministre du St. Evangile, qu'on assure avoir des talens marqués pour cette science.

Afin que les dames & les gens de distinction, qui ne devoient avoir aucune part à l'action, pussent jouir de ce spectacle tout à leur aise &

en sûreté, on leur avoit construit un grand amphithéatre à une distance convenable du champ de bataille.

Tout se trouvant en état, les syndics, le conseil, les étrangers de distinction, les parens & les favoris du roi se sont assemblés au palais de sa majesté, qui est une chétive maison retirée, située dans une petite rue fort étroite dans la partie la plus basse de la ville. C'est de-là que le roi marchoit le premier au milieu des deux plus anciens syndics.

Au second rang étoit le duc d'H.... au milieu des deux derniers.

Après eux suivoient mylord H...., le prince Gallitzin,.... M. Cl..., fils de Milord Cl...., M. Gr...., fils du dernier ministre, M. H. L...., & plusieurs autres Anglois de distinction qui avoient été invités à la fête.

Après eux venoit le conseil des vingt-cinq, & la marche étoit fermée par les amis & les parens de sa majesté.

Elle a traversé dans cet ordre partie de la ville, précédée d'une bande de musiciens qui jouoient des airs militaires.

Lorsque la compagnie a été rendue dans
la

LETTRE XXI.

la plaine où les troupes étoient rangées, elle a été saluée par leurs officiers; & ayant fait le tour des deux armées, le roi & toute sa suite se sont placés sur l'amphithéatre préparé à cet effet.

Il y avoit déjà quelque tems que les troupes témoignoient leur impatience d'en venir aux mains: lorsque le roi a été assis, il n'a plus été possible de les contenir: elles ont demandé à grands cris à leurs officiers de les conduire à la gloire; .... on a donné le signal.... Elles se sont avancées pour s'attaquer avec la plus grande intrépidité.... Sachant qu'elles combattoient sous les yeux de leur roi, de leurs syndics, de leurs femmes, de leurs enfans, de leurs mères & de leurs grand'mères, elles se sont bien gardées de marquer de la frayeur.... Elles paroissoient braver le feu le plus vif & le mieux soutenu. Le bruit du canon, loin de les intimider, ne servoit qu'à les animer; &, semblables au cheval dont Job fait mention, ils s'écrioient au milieu du bruit des trompettes ah, ah!

L'ingénieux auteur de la feinte bataille avoit eu soin de la varier par différens incidens.

L'une des deux armées avoit placé une embuscade derrière quelques arbres pour surprendre l'ennemi : .... cette ruse a eu le plus heureux succès ; quoique les deux armées & les spectateurs eussent vu placer ce détachement.

Un convoi de vivres, s'étant avancé vers l'une des deux armées, a été attaqué par un parti de l'autre ; & après une vive escarmouche, la moitié des chariots a été enlevée par les assaillans : .... le reste est demeuré aux troupes pour lesquelles il paroissoit d'abord avoir été destiné.

Un pont de bois a été brusquement attaqué, & défendu avec beaucoup de bravoure ; à la fin il a été détruit par les deux armées : car, dans la chaleur de l'action, les combattans ayant oublié si ce pauvre pont leur appartenoit ou s'il étoit aux ennemis, je n'ai jamais compris comment il s'est trouvé précisément au centre des combattans ; puisque, dans toute l'étendue du champ de bataille, il n'existoit ni rivière, ni ruisseau, pas même un simple fossé.

La cavalerie, des deux côtés, a fait merveille...., Il seroit difficile de décider lequel des deux généraux s'est le plus distingué. Leurs habits à l'un & à l'autre étoient couverts de galons; car les loix somptuaires étoient suspendues dans cette occasion, afin de donner à l'action tout le brillant dont elle étoit susceptible.

Comme aucun de ces braves généraux n'a voulu convenir qu'il eût été défait, le révérend auteur du projet n'a pas pu en rendre la catastrophe aussi décisive & aussi intéressante qu'il se l'étoit proposé.

Tandis que la victoire voloit également suspendue entre les combattans, un héraut est arrivé de l'hôtel-de-ville pour annoncer que le diné étoit prêt. Cette nouvelle est bientôt parvenue aux oreilles des guerriers; elle a produit sur eux un effet pareil à celui que produisirent les Sabines, se précipitant entre leurs ravisseurs & leurs parens. . . . . La fureur des soldats Genevois s'est tout-à-coup ralentie : les deux armées, à la vue de ce qu'elles chérissoient le plus, ont suspendu leur animosité; on a mis les armes bas, on s'est embrassé, & on est redevenu ami.

Ainsi s'est terminé le combat; j'ignore quel effet le récit pourra produire sur vous, pour moi je vous avoue qu'il m'a si complétement fatigué que je n'ai pas la force de vous entretenir du festin ; je remets à une autre ordinaire à vous en parler.

LETTRE XXII.

Genève.

La même compagnie qui avoit accompagné le roi au champ de bataille, l'a suivi dans le plus bel ordre de là à l'hôtel-de-ville, où on avoit préparé un magnifique festin.

Cette fête, d'abord militaire & champêtre, a alors absolument changé de nature, l'hôtel-de-ville & les rues voisines, où l'on avoit dressé plusieurs tables pour un grand nombre d'officiers & de soldats, sont devenus le lieu de la scène.

Le roi, les syndics, la majeure partie des membres du conseil & tous les étrangers ont dîné dans la salle de l'hôtel-de-ville : les autres appartemens, ainsi que les cours, étoient aussi pleines de monde.

Le carnage du dîné a été plus considérable

LETTRE XXII.

que celui du combat ; à quelques autres égards le festin a été presqu'aussi guerrier.

On avoit placé une timbale au milieu de la salle ; à chaque santé le timbalier battoit une marche militaire qui étoit sur le champ répétée par les tambours & les trompettes du dehors, & suivie du bruit du canon des remparts.

La première santé qu'on a bue a été la prospérité de la république : .... dès qu'elle fut annoncée par le premier syndic, toute la compagnie se leva, tenant tous l'épée nue d'une main & leur verre plein de vin de l'autre.

Après l'avoir bue, ils ont croisé leurs épées; cérémonie qui se pratique toujours dans chaque cercle ou cotterie où se donne un dîné à l'occasion de quelque réjouissance publique toutes les fois qu'il en est question.... C'est un ancien usage par lequel chaque citoyen s'engage à prodiguer son sang pour l'état.

Après avoir été près de deux heures à table, on a pratiqué une nouvelle cérémonie qui m'a parue très-singulière dans une pareille fête. Cent grenadiers, le sabre à la main, se sont avancés d'un pas grave au milieu de la salle; ce qui leur a été d'autant plus facile que la table étoit disposée en forme de fer à cheval; il se trouvoit un espace vuide au centre capable de les contenir.

Ils ont demandé la permission de porter une santé: dès qu'elle leur a été accordée, chaque grenadier, par un mouvement bien compassé, a tiré de sa poche un grand gobelet, qui ayant été sur le champ rempli de vin, l'un de ces grenadiers, au nom de tous les autres, a porté la santé du roi Moyse I. Son exemple a été suivi par ses camarades & par toute la compagnie: cette santé a été célébrée au bruit des tambours, des trompettes & de l'artillerie.

Lorsque les grenadiers ont eu bu cette santé & deux ou trois autres, ils ont fait à droite, & sont sortis de la salle avec la même gravité qu'ils y étoient entrés, & ont été reprendre leurs places aux tables dressées dans la rue.

Peu après un homme singuliérement vêtu est entré dans la salle, & a distribué à ceux qui étoient à table quelques feuilles imprimées qui paroissoient sortir de dessous la presse.

LETTRE XXII.

Il s'est trouvé que c'étoit un vaudeville composé à l'occasion de la fête, fort gai, plein d'esprit & de bon sens, où l'on faisoit avec enjouement l'énumération des avantages dont jouissoient les citoyens de Genève, & par lequel on les exhortoit à la concorde, à profiter de leur industrie & à l'amour de la patrie.... Cette chanson a été chantée par celui qui l'avoit apportée, & répétée par un grand nombre d'assistans qui ont fait chorus.

A notre descente de la salle de l'hôtel-de-ville, nous avons trouvé les soldats mêlés avec leurs officiers, assis encore aux tables dressées dans les rues, & entourés de leurs femmes & de leurs enfans.

Ils n'ont pas tardé à se lever, & s'étant séparés en différentes compagnies, ils se sont répandus dans les champs, sur les remparts & dans les jardins où ils ont continué à s'amuser jusqu'à la nuit à danser au son des instrumens.

Quoique cette fête ne fût qu'un tableau bien imparfait des manœuvres usitées en tems de guerre & de l'élégance d'un festin royal, il en formoit cependant un bien frappant d'égalité, de joie, de concorde & de zèle patriotique.

On y voyoit tous les habitans d'une ville, de tout un état même si vous voulez, réunis, & ne formant ainsi qu'une même famille étroitement & tendrement liée, spectacle peu commun & enchanteur pour une ame sensible.

Si cette foible esquisse peut vous procurer la moitié de la satisfaction que cette scène m'a fait éprouver, mes deux longues lettres ne vous ennuieront pas.

LETTRE XXIII.

Genève.

QUELQUES citoyens de Genève ne se font aucun scrupule de plaisanter sur les forces peu respectables de leur petite république, & prétendent qu'il est tout-à-fait ridicule à une ville aussi peu considérable d'imaginer qu'elle seroit en état de se défendre. L'idée de vouloir résister à la France ou à la Savoie leur paroit absurde.

LETTRE XXIII.

Ils semblent se complaire à mortifier leurs concitoyens, en les assurant qu'en cas d'attaque tous leurs efforts seroient vains & leur garnison hors d'état de soutenir un siège de dix jours.

Ces politiques déclament contre l'inutilité des fortifications, & plaignent l'argent qu'il en coûte pour leur entretien & celui que l'on perd en occupant nombre d'ouvriers à manier des fusils inutiles, au lieu de leur laisser faire usage des outils de leurs différentes professions.

Si j'étois citoyen de cette république, je serois très-outré contre ces mécontens qui, cherchant à décourager leurs compatriotes, empoisonnent les sources de leur satisfaction.

Je suis persuadé que la garnison, toute peu considérable qu'elle est, soutenue par le zèle des habitans & réglée par la discipline que leur position peut admettre, suffiroit à les préserver d'un coup de main ou d'insulte, & leur procureroit les moyens de défendre la ville contre les attaques de l'un de ses voisins jusqu'au moment où elle pourroit être secourue par les autres.

Indépendamment de ces considérations,

les remparts sont de charmantes promenades, commodes pour les habitans & un véritable ornement pour la ville.

Ses exercices & les revues de la milice forment un spectacle agréable & innocent pour les femmes & pour les enfans, & contribuent à la santé & au plaisir des miliciens même, leur donnent en général une noble assurance en leur faisant sentir toute leur importance. Après tout, je suis convaincu que les fortifications & la milice de Genève produisent plus de satisfaction que l'on ne sauroit s'en procurer avec tout l'argent qu'il en coûte dépensé d'une autre manière & appliqué à tout autre usage.

C'est, selon moi, beaucoup plus que tout ce qu'on pourroit alléguer en faveur de la plus grande partie des troupes réglées du continent de l'Europe, dont le grand nombre maintient le despotisme du prince & devient un poids très-onéreux pour les pays qui sont obligés de les soudoyer & dont la discipline, au lieu d'exciter des sentimens agréables, ne sert qu'à inspirer de l'horreur.

Les individus qui composent ces armées sont exposés aux plus sévères châtimens &

LETTRE XXIII.

malheureux eux-mêmes, ils font la cause des maux de leurs concitoyens par la tyrannie qu'ils exercent à leur tour sur eux.

Mais l'on dira, sans doute, qu'ils défendent la nation contre les ennemis du dehors.... Hélas! un conquérant étranger pourroit-il leur occasionner plus de maux qu'un pareil défenseur?.... Lorsque celui qui se nomme mon protecteur m'a dépouillé de mes possessions, je ne saurois lui témoigner de reconnoissance lorsqu'il m'assure qu'il me protégera & me préservera des autres brigands.

La meilleure sûreté qu'ait cette petite république de conserver son indépendance est fondée sur la jalousie de ses voisins.

Elle n'a point à redouter que le malheur que la Pologne a essuyé depuis peu lui arrive jamais.... Genève est en fait d'état un si petit atôme, qu'il n'est presque pas susceptible d'être divisé.

Il sert cependant d'une espèce de barrière aux cantons Suisses, sur-tout à celui de Berne qui ne consentiroit certainement jamais à le voir passer entre les mains des rois de France ou de Sardaigne.

Cette acquisition seroit de bien peu de

valeur pour le premier, & il vaut mieux pour le second que la république reste dans sa position actuelle libre & indépendante, que si elle retournoit sous sa domination & redevenoit sujette aux mêmes loix que ses autres provinces.

Car à peine Genève seroit-elle en son pouvoir, que les plus opulens de ses citoyens l'abandonneroient & se transporteroient eux, leurs familles & leurs richesses en Suisse, en Hollande ou en Angleterre.

Le commerce & les manufactures périroient avec le patriotisme & l'indépendance des habitans, & la ville de Genève, actuellement florissante, heureuse & éclairée, deviendroit, ainsi que les autres villes de Savoie & de Piémont, le centre de l'oppression, de la superstition & de la misère.

Dans cette situation elle ajouteroit bien peu aux revenus du roi, tandis qu'actuellement les paysans de sa dépendance se rendent chaque jour de marché en foule à Genève où ils trouvent le débouché avantageux des productions de leurs métairies : par ce moyen leurs terres ont plus de valeur & les propriétaires sont plus à leur aise, quoique les impôts y soient plus forts que dans aucune autre partie de la Savoie.

Par conséquent, cette république, dans son état actuel d'indépendance, est plus utile au roi de Sardaigne que si elle lui appartenoit en propre.

Si un négociant opulent acquéroit un petit terrein d'un pauvre seigneur, y bâtissoit une maison considérable & y traçoit de vastes & superbes jardins, entretenoit un grand nombre de domestiques, employoit une partie de ses revenus en bonne chère & en festins, la consommation de sa table & les divers articles qu'il achéteroit des vassaux de ce seigneur contribueroient sûrement à les enrichir & les mettroient en état de lui payer une plus grosse rente de ses fermes. En conséquence, ce propriétaire agiroit directement contre ses intérêts s'il cherchoit par des procès, par des chicanes mal fondées ou par la force, à déposséder ce négociant de cette maison & de ces jardins.

La république libre & riche de Genève est précisément, à l'égard du roi de Sardaigne, ce que l'homme opulent seroit à l'égard du pauvre seigneur.

Je reffens une vraie fatisfaction en reconnoiffant que la ftabilité de cette petite fabrique, élevée par mes amis les citoyens de Genève, n'eft point fondée feulement fur l'équité & la modération de fes voifins ou fur quelqu'autre bafe auffi mobile, mais fur une colonne durable & folide, celle de leur propre intérêt.

LETTRE XXIV.

Genève.

JE fuis de retour depuis quelques jours d'un voyage que j'ai fait aux Glacières de Savoie, au pays de Valais & dans quelques autres diftricts du centre des Alpes.

Tout ce que j'avois ouï raconter des Glacières avoit excité ma curiofité, tandis que l'air de fupériorité que fe donnoient quelques-uns de ceux qui avoient fait ce voyage fi vanté piquoient journellement ma vanité.

A peine pouvoit-on citer un fait fingulier ou curieux fans que quelqu'un de ces gens-là

LETTRE XXIV.

ne vous dit d'un air méprisant : .... mon cher Monsieur, ... cela est fort bien ; mais croyez-moi, tout cela comparé aux Glacières est bien peu de chose.

A la fin j'ai pris le parti de ne pas m'en rapporter entièrement à leur parole ; j'ai trouvé heureusement quelques personnes qui pensoient de même. La partie étoit composée du duc d'H...., de M. U...., de M. G...., de M. K.... & de moi.

Nous sommes partis de Genève le 3 Août de très-bonne heure & avons déjeûné à la Bonne-Ville, petite ville du duché de Savoie, située au pied du Mole & sur les bords de l'Arve.

Le sommet du Mole, à ce qu'on nous a assuré, est élevé d'environ quatre mille six cent pieds anglois au-dessus du lac de Genève, au confluent du Rhône. Ce dernier est d'environ douze cent pieds au-dessus du niveau de la Méditerranée. Quant à cette assertion, je m'en rapporte à ce que l'on m'en a dit, malgré l'air de supériorité que s'est arrogé celui qui m'a fait part de cette importante découverte.

De Bonne-Ville nous nous sommes rendus

à Cluse par un chemin assez passable & très-amusant, à cause de la singularité & de la variété du paysage que l'on découvre. Les objets changent d'aspect à mesure qu'on avance, car le chemin va toujours en tournant, suit les différentes positions des montagnes & passe au travers des rochers qui, dans plusieurs endroits, sont suspendus d'une manière effrayante & paroissent menacer d'écraser les passans par leur chûte.

Les montagnes dominent & se resserrent si fort près de cette petite ville de Cluse, que, me trouvant dans la principale rue, je crus que les deux extrémités en étoient exactement fermées; & dans les endroits où quelques-unes des maisons étoient tombées en ruine, la place qu'elles avoient laissée vuide à une distance peu éloignée sembloit à l'œil avoir été remplie par une montagne.

Cependant, en quittant Cluse, nous avons trouvé un grand chemin pratiqué le long des bords de l'Arve & flanqué de part & d'autre par des côteaux fort élevés dont les côtés opposés correspondoient si parfaitement, qu'on s'imagineroit qu'ils auroient été séparés par quelque commotion extraordinaire.

En

LETTRE XXIV.

En d'autres endroits un côté de ce défilé n'est qu'un rocher perpendiculaire, si parfaitement poli qu'il ne paroît point avoir été détaché naturellement, mais par art, & avoir été travaillé du haut jusqu'en bas avec le ciseau ; puisque toute la partie du côté qui lui est directement opposé est couverte de la plus belle verdure.

Le passage entre les montagnes s'élargit à mesure que l'on avance, & la scène est diversifiée par des vues tout-à-fait pittoresques.

Avant d'entrer dans la ville de Sallenche, il faut traverser l'Arve, qui, dans cette saison, est beaucoup plus large qu'en hiver, étant grossie par la fonte des neiges des Alpes qui viennent s'y joindre.

Cette rivière prend sa source dans la paroisse d'*Argentière*, située au-delà de la vallée de Chamouni, elle est peu après grossie par les torrens qui découlent des glaciers du voisinage, & finit par mêler ses eaux froides & troubles avec celles du Rhône peu après la sortie de ce fleuve du lac de Genève.

Le contraste de ces deux rivières est on ne peut pas plus frappant, les eaux de la première étant aussi pures & aussi limpides que celles de la seconde sont troubles & chargées de limon. Le Rhône, peut satisfait de cette jonction, semble retarder, autant qu'il le peut, de joindre ses eaux à celles de cette compagne bourbeuse. Deux milles au-dessous du lieu de leur jonction, on distingue encore la couleur de leurs eaux ; elle se perd ensuite graduellement, & finit par être absolument la même jusqu'à la fin de leur course.

Nous passâmes la nuit à Sallenche, & ne pouvant nous servir de voitures pendant la route qui nous restoit à faire, nous les renvoyâmes à Genève, avec ordre aux cochers de faire le tour du lac & d'aller nous attendre à Martigny dans le Valais.

Nous fîmes prix avec un muletier de Sallenche pour qu'il nous fournît des mulets pour nous porter au travers des montagnes jusqu'à Martigny. Il y a une bonne journée de chemin de Sallenche à Chamouni, ce qui ne vient pas tant de l'éloignement que de la difficulté des chemins ainsi que des montées & des descentes rapides qu'on trouve dans toute cette route.

Quelques-unes des montagnes sont couvertes de sapins, de chênes, de foyards &

de noyers, mêlés de pomiers, de pruniers, de cerisiers & d'autres arbres fruitiers; de sorte que nous avons, pendant presque toute la matinée, voyagé à l'ombre.

Outre la fraicheur que cet ombrage occasionnoit, il m'a encore été très-agréable pour une autre raison. Le chemin étoit dans quelques endroits si à pic, que j'ai souvent craint que quelqu'un de nous ne tombât. J'ai, par conséquent, réfléchi avec satisfaction que ces arbres pourroient nous arrêter dans notre chûte, & empêcher que nous ne roulassions jusqu'au bas.

Il nous restoit encore, après que nous avons été privés de leurs secours, à traverser plusieurs montagnes escarpées; nous n'avions plus alors d'autre parti à prendre que de nous en remettre à la prudence de nos mules: pour moi j'ai bientôt été convaincu que, dans toutes les occasions douteuses, il étoit beaucoup plus convenable de s'en fier à elles qu'à foi-même; car toutes les fois que, dans les cas épineux, il s'agissoit de se décider, & que la mule & moi étions d'avis différens, dès que je m'opiniâtrois à vouloir qu'elle se conformât à ma volonté, je ne manquois jamais de m'en repentir, & me voyoit souvent forcé à retourner au lieu où la dispute avoit commencé & à prendre le chemin qu'elle avoit d'abord voulu suivre.

Rien de si singulier que la prudence de ces animaux à la descente de ces rochers : ils avancent quelquefois la tête, s'arrêtant au bord des précipices pour examiner avec attention & s'assurer du chemin le plus facile, & ils finissent toujours par choisir le meilleur. M'étant convaincu en plusieurs occasions de cette vérité, j'ai mis la bride sur le col à ma mule, & me suis abandonné à sa conduite sans penser à la contrarier le moins du monde.

Cette méthode est certainement la meilleure, & celle que je recommande à mes meilleurs amis de suivre dans tous les voyages qu'ils entreprendront & dans lesquels ils auront ces bêtes pour compagnes.

Nous nous sommes reposés quelque tems pendant la plus forte chaleur du jour dans un village nommé *Serve*, très-agréablement situé ; & grimpant de-là par la route la plus escarpée & la plus raboteuse que nous eussions encore rencontrée, nous avons passé près d'une montagne dans laquelle on nous

LETTRE XXIV.

a dit que se trouvoit une riche mine de cuivre que les propriétaires avoit abandonnée depuis long-tems.

Comme nous traversions un petit village, j'ai vu plusieurs paysans qui entroient dans une église.... C'étoit la fête de je ne sais quel saint.... Les pauvres gens s'étoient à demi-ruinés à acheter des feuilles d'or;.... tout étoit doré.... La vierge étoit vêtue d'une robe neuve de papier doré;..... l'enfant qu'elle tenoit dans ses bras étoit également brillant, tout, à l'exception de sa perruque qui étoit du plus beau blanc & avoit certainement été poudrée ce même matin, étoit couvert de ce riche métail.

Ce spectacle, que le peuple contemploit avec autant de vénération qu'il auroit pu en témoigner aux personnes même qu'il représentoit si elles avoient été présentes, m'a paru si ridicule que j'ai eu peine à m'empêcher de rire.

En levant les yeux au plafond, j'ai vu une chose encore plus extraordinaire, c'étoit un portrait de Dieu le père porté sur un nuage & vêtu comme un pape avec la thiare sur la tête. Tout homme sensé est nécessairement choqué de cette parure, à moins que frappé de son excessive absurdité il ne prenne le parti de s'en amuser & d'en plaisanter.

Nous sommes arrivés vers les six heures du soir dans la vallée de Chamouni, & avons trouvé à nous loger dans un petit village nommé le *Prieuré* : la vallée de Chamouni a environ six lieues de longueur & près d'un milie anglois de largeur ; elle est entourée de très-hautes montagnes. Dans les intervalles que celles-ci laissent entr'elles, les corps immenses composés de neige & de glace que l'on nomme *glaciers*, descendent du mont Blanc qui est leur source, & viennent remplir un de ses côtés.

A celui qui est à l'opposite du glacier, se trouve le mont *Brevent*, dont le sommet est élevé de cinq mille trois cent pieds anglois du fond de la vallée. Plusieurs voyageurs, plus curieux & redoutant moins la fatigue que nous, grimpent sur cette montagne d'où ils observent le glacier. Comme il n'y a entre-deux que la vallée étroite, & qu'à l'exception du mont Blanc, elle domine sur tous les objets qui se trouvent à sa portée, les différentes vues qu'elle présente doivent être aussi étendues que magnifiques.

LETTRE XXIV.

Nous prîmes le parti de commencer par *Montanvert*, d'où il nous étoit facile de gagner le glacier, réservant le mont Brévent pour un autre jour, supposé que nous eussions envie de le monter. Après nous être reposés quelques momens dans notre logement, M. K.... & moi avons fait un tour de promenade dans la vallée.

Le chapitre de Sallenche possède la seigneurie de Chamouni, & tire une partie de ses revenus de ses pauvres habitans ; les montagnes les plus élevées des Alpes, avec toutes leurs neiges & toutes leurs glaces, n'étant pas capables de les soustraire à la rapacité & à l'avarice.

Le presbytère est, sans comparaison, la meilleure maison de toute la vallée. J'ai demandé, en la regardant, à un jeune homme qui s'est trouvé auprès de moi, si le curé étoit riche ?

Oui, Monsieur, horriblement ; .... a-t-il repliqué, ... aussi mange-t-il presque tout notre bled ?

Je lui ai alors demandé si les gens de Chamouni voudroient en être débarrassés ?

Oui, bien de celui-ci ; ..... mais il faudroit en avoir un autre.

Je n'en vois pas trop la nécessité, lui a dit Milord L....; pensez que si vous n'aviez point de curé vous auriez plus à manger.

Il a paru étonné, ... & nous a dit avec beaucoup de naïveté : .... Ah ! Monsieur, dans ce pays-ci les prêtres sont aussi nécessaires que le manger.

Il est clair que cet ecclésiastique instruit soigneusement ses paroissiens des principes de la religion.... Je m'apperçois, a dit K.... en lui donnant un écu, que votre ame est entre bonnes mains ; mais voici de quoi subvenir à vos besoins temporel.

Par ma première je tâcherai de vous donner quelque détail sur les Glacières ; .... à présent je me contenterai de vous souhaiter le bon soir.

LETTRE XXV.

Genève.

Nous commençâmes le matin de très-bonne heure à grimper le Montanvert, de la cime duquel l'accès est facile au glacier de ce nom & à la vallée de glace.

Nos mules nous ont portés de notre auberge à travers la vallée, & même ont monté une bonne partie de la montagne jusqu'au moment où le chemin est devenu si escarpé & si difficile, que nous avons été obligés de descendre & de les renvoyer. Il n'y a eu que M. U.... qui avoit été ici auparavant & étoit accoutumé à pareilles courses, qui ait voulu rester sur la sienne & n'en point descendre ; il a passé sans crainte par-dessus des rochers qu'un bouc ou un chamois n'auroit traversés qu'en tremblant.

Dans ce dernier animal, qu'on ne rencontre que sur ces montagnes, les différentes qualités du bouc & du daim se trouvent réunies.... On prétend qu'il est plus agile qu'aucun autre quadrupède de sa force.

Après avoir monté pendant quatre heures, nous sommes parvenus au sommet du Montanvert. La journée étoit on ne peut pas plus belle, les objets dont il étoit environné nobles & majestueux; mais, à quelques égards, tout-à-fait différens de ce que j'avois imaginé.

La vallée de Chamouni étoit disparue.... Le mont Brevent paroissoit s'être tout-à-fait rapproché; & si je n'avois pas traversé depuis peu de tems la vallée qui sépare les deux montagnes, & a un mille de large, j'aurois conclu que leurs bases se touchoient, & que l'éloignement qu'il y avoit dans le haut de l'une à l'autre ne procédoit que de la diminution de grosseur ordinaire à toutes les montagnes vers leurs cimes. En jugeant par mes yeux seulement de cette distance, j'aurois cru qu'il auroit été possible de lancer une pierre du lieu où je me trouvois alors contre le mont Brevent.

Il y a derrière le Montanvert une chaîne de montagnes entiérement couvertes de neige, qui se termine à quatre rochers différens d'une hauteur extraordinaire, assez semblables à des pyramides très-étroites

LETTRE XXV. 171

ou à des clochers; on les nomme les *Eguilles*, chacune d'elles a son nom ; le mont Blanc, entouré du Montanvert, du mont Brevent, des Eguilles & d'autres montagnes couvertes de neige, paroît comme un géant environné de nains ou de pigmées.

La hauteur où nous étions alors parvenus étoit si peu de chose comparé à celle de cette montagne, que j'ai été également surpris & mortifié en voyant qu'après avoir monté près de trois mille pieds, le mont Blanc nous paroissoit tout aussi élevé d'ici qu'il le paroissoit lorsque nous étions encore dans la vallée.

Ayant monté de Chamouni au sommet du Montanvert, & descendant un peu au côté opposé, nous nous sommes trouvés dans une plaine dont l'aspect a été assez judicieusement comparé à celui que la mer agitée par une tempête présenteroit si les vagues venoient tout-d'un-coup à être arrêtées & fixées par une forte & subite gelée ; on la nomme le *grand glacier*. Elle s'étend à plusieurs lieues par-delà le Montanvert, & est estimée de deux mille trois cent pieds plus élevée que la vallée de Chamouni.

Lettre XXV.

Du sommet du Montanvert, nous avions sous les yeux les objets suivans, dont quelques-uns paroissoient cachés en partie par d'autres également intéressans.... Le grand Glacier, les Eguilles, le mont Blanc avec les montagnes de neige au-dessous contrastoient singuliérement avec le mont Brevent, les montagnes vertes du côté opposé à Chamouni, & le soleil dans tout son éclat montrant ces points de vue sous leur aspect le plus avantageux.... Le tout forme un spectacle également sublime & magnifique, fort au-dessus de toute description & digne de la plume de l'ingénieux écrivain qui en a parlé si convenablement dans le traité qu'il a publié à ce sujet ; il a donné d'ailleurs des preuves incontestables de son esprit & de son éloquence dans les différens discours qu'il a prononcés en parlement.

Tandis que nous admirions cette scène si peu commune, quelques personnes de la compagnie ont prétendu que, du sommet d'une des Eguilles, le coup-d'œil seroit encore beaucoup plus magnifique, parce que la vue s'étendoit par-dessus le mont Brevent au-delà de Genève jusqu'au Jura, & compre-

LETTRE XXV.

noit le Valais, nombre d'autres montagnes & de vallées.

Il n'en a pas fallu davantage pour exciter l'émulation du D. d'H.... Il s'est levé subitement, & s'est avancé vers l'Eguille du Dru qui est la plus haute des quatre. Quoiqu'il sautât sur la glace avec l'agilité d'un jeune chamois, il lui a fallu un tems assez considérable pour se rendre au pied de cette Eguille : .... on se trompe ordinairement beaucoup dans ces régions couvertes de neige en jugeant des distances.

S'il parvient au sommet, a dit M. G...., en le regardant d'un air de jalousie, il soutiendra que nous n'avons rien vu.... Je veux essayer à mon tour de monter aussi haut que lui; .... je n'aime pas qu'on s'élève au-dessus de moi. En finissant ces derniers mots il a couru après lui.

Nous n'avons pas tardé à les voir tous deux grimper le rocher.... Le Duc.... étoit parvenu à une considérable hauteur, lorsqu'il a été subitement arrêté par une partie du rocher qui étoit impraticable, (sa vivacité ne lui avoit pas permis de reconnoître le chemin le moins difficile) de sorte que M. G... l'a joint.

Là ils ont eu le tems de respirer & de se rafraîchir un moment. L'un bien résolu à ne point se laisser surpasser, l'autre regardant cet exploit comme peu digne de son courage, puisqu'il seroit obligé d'en partager l'honneur. Ainsi, semblables à deux puissances ennemies qui ont épuisé leurs forces par un combat infructueux, ils sont revenus fatigués & sans avoir réussi, au lieu d'où ils étoient d'abord partis.

Après un très-agréable repas, composé des provisions & du vin que nos guides avoient apporté du Prieuré, nous avons passé par une descente aisée de la partie fertile du Montanvert à la vallée des glaces : on ne marche point sur cette mer glacée sans courir des risques. Dans quelques endroits, les inégalités qu'on a comparées à ses flots ont jusqu'à quarante ou cinquante pieds de haut ; mais comme elles sont raboteuses & que la glace est mêlée de neige, on peut les traverser. En d'autres endroits ces prétendus flots sont moins élevés, & il y en a un petit nombre dont la surface est parfaitement égale.

Ce qui rend le passage de cette vallée

LETTRE XXV. 175

encore plus difficile & plus dangereux, ce sont les fentes de la glace que l'on ne sauroit éviter quelle que soit la route qu'on prenne. Ces fentes ont depuis deux jusqu'à six pieds de largeur, & sont d'une profondeur étonnante, s'étendant depuis la surface de la vallée au travers d'une masse de glace de plusieurs centaines de brasses d'épaisseur. En jettant une pierre ou quelqu'autre substance solide, nous entendions pendant très-long-tems le bruit sourd qu'elle faisoit en descendant, le son en étoit assez semblable à celui des vagues se brisant contre les rochers, entendu à une certaine distance.

Nos guides, qu'une longue habitude avoient enhardis, se glissoient par-dessus ces fentes sans témoigner la moindre frayeur, quoiqu'ils nous assurassent qu'ils avoient souvent vus de nouvelles crevasses se former tandis qu'ils traversoient la vallée. Il est vrai que pour nous rassurer, ils ont ajouté que cette opération étoit toujours précédée d'un grand bruit qui annonçoit ce qui devoit arriver.

Il est clair cependant qu'un pareil avertissement, fût-il toujours l'avant-coureur d'un événement de cette espèce, seroit de peu d'utilité à ceux qui se seroient avancés jufqu'au milieu de la vallée; car il leur feroit également impoffible de décider le côté vers lequel ils devroient s'enfuir & d'avoir le tems de fe mettre en fûreté : & dans le cas où la glace fe fendroit directement fous leurs pieds, ils périroient certainement.... Il eft cependant démontré que ces accidens arrivent rarement, & l'expérience qu'on en a raffure bien plus efficacement que tous les raifonnemens qu'on pourroit faire à ce fujet.

On fuppofe que la neige & la glace du fond, venant à fe fondre par la chaleur de la terre, laiffent de grandes concavités dans la forme des voûtes. Ces voûtes naturelles fupportent pendant bien du tems un poids énorme de neige & de glace ; .... car il y a une diftance immenfe entre le fond & la furface de cette vallée..... Mais la glace du deffous continuant à fe fondre & la neige qui eft au-deffus à augmenter, il faut qu'à la fin les voûtes cèdent, ce qui occafionne le bruit & les crevaffes dont je viens de faire mention.

L'eau, pareillement, qui peut s'être infinuée de la furface dans les ouvertures, ou qui de manière ou d'autre s'eft logée dans cette maffe de neige, ne fauroit manquer

par

LETTRE XXV.

par sa subite extension au moment qu'elle se congèle, d'occasionner à la surface de nouvelles ouvertures.

Nous avions beaucoup ouï parler des désordres causés par des avalanches. Celles-ci se forment de la neige poussée par les vents contre les parties les plus élevées & les plus saillantes des rochers & des montagnes où elle se durcit & auxquels elle reste adhérente jusqu'à ce qu'elle vienne à former une masse prodigieuse; mais ces supports n'étant plus capables de soutenir un poids qui va toujours en augmentant, l'avalanche tombe tout-d'un-coup, entraînant avec elle des portions considérables des rochers ou des montagnes qu'elle détache; .... & roulant d'une élévation considérable avec un bruit affreux dans la vallée, elle écrase tous les arbres, les maisons, les bestiaux & les hommes qu'elle rencontre. *

---

* Ac veluti montis Saxum de vertice præceps
Cum ruit avulsum vento; seu turbidus imber
Proluit, aut annis solvit sublapsa vetustas:
Fertur in abruptum magno mons improbus actu,
Exultatque solo, silvas, armenta, virosque
Involvens secum.
Virg.

La plupart de ceux qui ont fait le voyage des Glacières ont eu occasion de voir une & même plusieurs de ces avalanches au moment de leur chûte ; & par une espèce de miracle, ils ont trouvé moyen d'éviter d'en être atteints.... Semblables aux gens qui, n'ayant jamais été de toute leur vie qu'une seule fois sur mer, ne fût-ce que pour traverser de Douvres à Calais, ont toujours essuyé une tempête & ne se sont sauvés qu'à peine du naufrage.

Tout ce dont nous pouvons nous vanter, c'est que pendant la nuit que nous avons passée à Chamouni, nous avons souvent entendu un bruit assez semblable à celui du tonnerre à une certaine distance, que l'on nous assura occasionné par la chûte de quelques-unes de ces avalanches à quelques milles de distance de nous. Et dans nos différentes courses, nous avons trouvé des arbres déracinés & des morceaux de terre détachés des montagnes, par-dessus lesquelles on prétendoit qu'elles avoient roulé deux ou trois ans avant que nous y eussions passé. Ce sont-là les plus grands risques que nous ayons courus.... Je souhaite de tout mon cœur le

Lettre XXV.

même bonheur aux voyageurs qui nous suivrons, de quelle nature que soit la relation qu'ils voudroient en faire à leur retour.

La vallée de glace a plusieurs lieues de longueur & à peine un quart de largeur. Elle se divise en plusieurs branches qui s'étendent par-delà la chaîne de montagnes dont j'ai fait mention. Elle a l'apparence d'un amphithéatre glacé, & est bornée par des montagnes dans les ouvertures desquelles on nous a assuré qu'on trouvoit des colonnes de crystal.... La tête chenue & majestueuse du mont Blanc...... J'allois, sans m'en appercevoir, prendre essort & me livrer à ma veine poétique, lorsque je me suis heureusement rappellé l'histoire d'Icare, & ai senti qu'il y auroit de l'imprudence à voler de mes foibles ailes.... Il vaut mieux emprunter les vers suivans, ils vous plairont sûrement davantage que ceux que je pourrois vous envoyer de ma composition, & m'éviteront une lourde chûte.

« Ainsi les rochers de la nouvelle Zemble
» (production magnifique des glaces) élè-
» vent leur tête blanchie au milieu de l'air,
» & s'étendent le long des côtes. Le soleil

» pâle & sans force parcourt sa carrière, &
» ses rayons se jouent sur les glaçons éter-
» nels : des neiges sans fin suppléent aux
» massent qui ne cessent jamais de s'accroître,
» & remplissent les montagnes mouvantes
» qui semblent soutenir les nues : chaque
» antique colonne, aussi stable qu'Attas, pa-
» roît le produit d'un hiver de mille ans. »

Ayant parcouru pendant un tems assez considérable la vallée, & considéré la glace tout à notre aise, nous avons enfin pensé à retourner à notre logement du Prieuré. Nos guides nous ont conduit par un chemin plus court & plus rapide que celui par lequel nous étions montés, & deux heures après avoir commencé à descendre nous nous sommes trouvés au bas de la montagne. Cette manière de descendre est pour bien des gens beaucoup plus difficile que la montée, & affecte plus les muscles des jambes & des cuisses. Pour moi je me trouvois alors presque épuisé, & comme nous étions encore éloignés d'un couple de milles de notre logement, ce fut avec la plus grande satisfaction que j'apperçus nos fidelles mules qui nous attendoient patiemment pour nous y transporter; y étant à la fin arrivés, & nous étant réunis dans une petite chambre où nous étions privés de la vue des vallées de glaces, des côteaux de cryſtal & des montagnes couvertes de neige, n'ayant devant nous que des objets fort ordinaires, comme des viandes froides, du pain groſſier & de mauvais vin, nous avons paſſé l'heure qui s'eſt écoulée avant de nous coucher à nous entretenir de nos exploits de la journée & des merveilles que nous avions vues.... La queſtion de ſavoir s'il y a plus de plaiſir à en parler qu'à les voir, n'a pas encore été décidée par les Caſuiſtes.

LETTRE XXVI.

Genève.

IL y a cinq ou ſix différens glaciers qui viennent tous aboutir dans un eſpace d'environ cinq lieues à l'une des extrémités de la vallée de Chamouni.

On trouve des amas prodigieux de neiges & de glaces qui ſe raſſemblent dans les creux ou les intervalles qui bornent l'extrémité de la vallée voisine du mont Blanc.

La neige se trouvant dans ces creux hors des atteintes des rayons du soleil, les chaleurs de l'été ne sauroient en fondre qu'une très-petite partie. Ces amas de glace & de neige ne sont point formés de celle qui tombe directement du ciel dans ces intervalles. Ils le sont par celle de l'hiver qui reste fixée sur les parties les plus élevées du mont Blanc ; les lits considérables qui s'en détachent imperceptiblement par leur propre poids, & ne sont point arrêtés par ces intervalles où ils ne trouvent aucune résistance, forment des espèces de longues bases irrégulières tout autour des montagnes voisines.

Cinq de ces bases pénètrent, par cinq différentes embouchures, dans la vallée de Chamouni, & on les nomment les *Glaciers*, c'est sur l'un d'eux que nous avons été.

Actuellement leur surface est élevée de mille à deux mille pieds au-dessus de la vallée.

Leur largeur dépend de celle des intervalles qu'il y a entre les montagnes où ils se forment.

LETTRE XXVI.

En les regardant de la vallée, ils produifent, felon moi, un beaucoup plus bel effet que fi on les voyoit de leur cime.

Les rayons que le foleil darde avec plus ou moins de force fur leurs différentes parties fuivant leur expofition, occafionnent la fonte inégale des glaces, & à l'aide d'une imagination un peu exaltée, préfentent à la vue des apparences de colonnes, de voûtes & de tours, qui en plufieurs endroits font tranfparentes.

Un édifice de cette efpèce, élevé de deux mille pieds & qui a trois fois cette largeur, fur lequel le foleil luit dans toute fa fplendeur, eft fans contredit un fingulier morceau d'architecture.

Nous nous fommes contentés de monter fur le feul glacier du Montanvert qui n'eft pas le plus élevé, & nous nous fommes bornés à voir les autres de la vallée; les voyageurs plus curieux ne s'en tiendront pas vraifemblablement là, & voudront examiner chacun d'eux en particulier.

Il eft des gens fi fort amateurs de ces grands amas, que peu fatisfaits de leur grandeur actuelle, ils foutiennent pofitivement qu'elle doit augmenter tous les ans ; & voici comme ils établissent leur hypothèse.

Leur état présent prouve suffisamment que dans l'une ou l'autre période il s'est amassé durant l'hiver une plus grande quantité de neige que les chaleurs de l'été n'ont pu en fondre, cette disproportion devant nécessairement augmenter chaque année, les glaciers ne sauroient en conséquence manquer de s'accroître, puisqu'une quantité donnée de neige & de glace continuant sur la terre pendant un été, doit augmenter à un certain degré la froideur de l'atmosphère des environs, qui, se trouvant encore grossie par celles de l'hiver suivant, résistera plus efficacement au pouvoir dissolvant du soleil le second que le premier été, encore mieux le troisième que le second, & ainsi de suite.

La conclusion de ce raisonnement aboutit à prouver que chaque année les glaciers, jusqu'à la fin du monde, doivent augmenter en proportion de l'accroissement des causes qui accélèrent leur crue. C'est pour cette raison que les auteurs de ce système se plaignent d'être nés trop tôt, parce que s'ils avoient encore tardés neuf ou dix mille ans

LETTRE XXVI.

à venir au monde, ils auroient vu les glaciers dans un état bien différent. Le mont Blanc actuel n'étant qu'un Liliputien comparé à ce qu'il sera alors.

Quelque raisonnable que ce sentiment puisse paroître, on n'a pas laissé de former des objections pour le combattre : j'en suis fâché ; parce que toutes les fois qu'un système est plausible, bien imaginé & qu'il satisfait, rien n'est plus désagréable que de voir un personnage officieux se creuser le cerveau pour renverser tout-d'un-coup d'un trait de plume tout l'édifice, comme Arlequin dans une pantomime renverse une maison d'un simple coup de sa batte.

Les gens difficultueux de cette espèce prétendent, qu'à mesure que les glaciers augmentent en grandeur la surface, elle en présente aussi une plus étendue sur laquelle les rayons du soleil agissent tout à leur aise, & que par conséquent la dissolution doit être plus considérable, & conséquemment prévenir & empêcher cette augmentation constante.

L'autre parti se tire à son tour habilement de cette difficulté, en soutenant tout bonnement que le froid additionnel, caufé par la neige & la glace exiftantes, a une beaucoup plus forte influence pour retarder leur diffolution, que l'augmentation de furface ne peut en avoir pour la hâter ; & ils ajoutent, pour confirmer leur fyftême, que les plus anciens habitans de Chamouni fe rappellent d'avoir vu les glaciers beaucoup moins grands qu'ils ne font à préfent, & le tems où ils pouvoient fe rendre facilement de la vallée de glaces à des lieux fitués derrière les montagnes par des paffages qui fe trouvent actuellement tout-à-fait bouchés par des amas de neige, connus tout au plus depuis une cinquantaine d'années.

Je ne déciderai point fi c'eft la partialité des habitans de Chamouni en faveur des glaciers, qu'ils ont raifon de confidérer (par l'affluence d'étrangers qui accourent de tous côtés pour les vifiter) comme leur meilleur patrimoine ; .... leur complaifance pour ceux qui foutiennent l'opinion que je viens d'avancer, ... où le réfultat de leurs obfervations qui les portent à foutenir cette hypothèfe. ... Tout ce que je peux dire avec vérité, c'eft que j'ai entendu moi-même plusieurs vieillards de Chamouni attester ce fait.

Les partisans du sentiment contraire, se voyant ainsi forcés de renoncer à leur première objection, s'efforcent ensuite de démontrer que leurs antagonistes soutiennent une absurdité, puisque, disent-ils, si les glaciers continuoient à augmenter en volume à l'infini, le globe lui-même, à la suite des tems, finiroit par n'être plus qu'un simple accessoire du mont Blanc.

Ceux qui soutiennent, au contraire, l'augmentation continuelle des glaciers répondent, que comme cet inconvénient ne s'est point encore fait sentir, cet argument suffit pour réfuter la doctrine impie de certains philosophes qui prétendent que le monde existe de toute éternité; & quant au globe, devenant un simple accessoire du mont Blanc, ils nous assurent que le monde aura pris fin long-tems avant que cet événement puisse arriver. De sorte que les gens les plus timides & les moins courageux, peuvent bannir leurs craintes & vivre tranquilles à cet égard.

Quant à moi, quoique je fasse les vœux les plus sincères pour les Glacières & pour tous les habitans de Chamouni, ayant paſſé quelques jours très-agréablement chez eux, je ne veux épouſer aucun parti dans cette diſpute; & après vous avoir expoſé les faits, je m'en remets à votre déciſion.

LETTRE XXVII.

Genève.

LE matin du jour que nous avons quitté le Prieuré, je vis une jeune fille d'une figure tout-à-fait extraordinaire, aſſiſe devant la porte d'une des maiſons du village. Je lui ai adreſſé la parole, & elle ne me répondit point; mais un homme déja ſur le retour qui avoit été ſoldat dans les troupes du roi de Sardaigne, & avec qui j'avois fait connoiſſance dès l'inſtant de notre arrivée, m'apprit que cette fille étoit idiote, & qu'elle l'avoit été dès ſa naiſſance.

Il m'a conduit dans deux autres maiſons, dans chacune deſquelles j'ai trouvé un ſujet dans cette même ſituation; & il m'a aſſuré que, dans toute la vallée de Chamouni, il n'y avoit en général aucune famille, composée de cinq ou six enfans, où il ne s'en trouvât un au moins qui fût dans le même cas.

Cela m'a été confirmé par quelqu'autres personnes à qui j'en ai parlé depuis. Elles m'ont dit en même tems, que les parens, loin de regarder cet accident comme un malheur, s'imaginoient au contraire qu'il étoit d'un heureux augure pour le reste de la famille, n'influant pas même sur le bonheur de celle qui en étoit affligée, puisqu'on en avoit toujours le plus grand soin & qu'on ne la laissoit manquer de rien.

J'ai demandé à mon soldat s'il avoit quelqu'un de sa famille qui se trouvât dans cette situation ? « Non, Monsieur, m'a-t-il répon-
» du; aussi ai-je passé une vie bien dure. »

Ces pauvres gens ne vous paroissent-ils pas bien malheureux ?

« Je vous demande pardon, Monsieur, ...
» ils sont très-heureux.... »

Vous auriez pourtant été fâché d'être né dans un pareil état ?

« Vous croyez donc, Monsieur, que j'au-
» rois été bien attrapé ? »

Attrapé, sûrement: .... ne le croyez-vous pas aussi ?

» Pour cela non, Monsieur ; car je n'au-
» rois jamais été obligé de travailler.... »

Pour un homme qui, pendant toute sa vie, a été forcé de travailler sans relâche pour se procurer le simple nécessaire, le travail paroît le pire de tous les maux, & l'oisiveté le plus grand de tous les biens. Si ce soldat avoit été élevé à ne rien faire, & avoit éprouvé toutes les horreurs & l'ennui inséparable d'une existence inactive, peut-être penseroit-il tout différemment.

Pendant ce voyage je me suis apperçu que dans certains villages, & pendant un trajet assez considérable, à peine trouvoit-on une seule personne qui eût cette enflûre ou grosseur sous le menton & adhérente à la gorge que l'on s'imagine être si générale parmi les habitans des Alpes. Entr'autre, je n'en ai pas vu un seul de ceux du Prieuré qui en fût affligé ; & après m'en être exactement informé, j'ai su qu'il y avoit plusieurs paroisses où on n'en rencontroit aucun, & que dans d'autres peu éloignés cette incommodité étoit universelle.

Dans la vallée de Chamouni il n'y a qu'un seul hameau où elle soit commune ; tandis

LETTRE XXVII.

que dans le Valais on m'a assuré qu'elle étoit moins rare que par-tout ailleurs.

Comme cette maladie paroît être endémique, elle ne sauroit, ainsi qu'on l'a imaginé, procéder des eaux dont on fait usage, qui sont imprégnées de neige & de glace; car cette boisson est commune à tous les habitans des Alpes, ainsi qu'à ceux des autres montagnes.

Si l'eau est en effet la cause de cette infirmité, nous devons la supposer imprégnée, non-seulement de glace & de neige fondue, mais encore de parties salines ou de quelqu'autre substance, qui a la faculté nocive d'obstruer les glandes de la gorge, & nous devons même croire que cette substance ne se rencontre que dans les Alpes.

Après qu'un des habitans de Chamouni nous a eu fait l'énumération de plusieurs villages où l'on trouvoit des goîtres (qui est le nom que les gens du pays donnent à cette enflûre) & de nombre d'autres où on n'en trouvoit point; il a fini par me dire, que j'en verrois beaucoup parmi les Valaisans, chez lesquels nous comptions aller....
Je lui ai témoigné que ses compatriotes me

paroiſſoient fort heureux de n'être pas ſujets à cette odieuſe maladie qui affligeoit leurs pauvres voiſins.... « En revanche, m'a
» répondu ce payſan, nous ſommes accablés
» d'impôts,... & dans le Valais on ne paie
» rien. »

Il faut que ce malheureux ait le diable au corps, me ſuis-je écrié:.... Quoi! ſi l'on vous donnoit le choix vous préféreriez les goîtres aux tailles.

« Très-volontiers, Monſieur,.... l'un
» vaut bien l'autre. »

Quid cauſæ eſt, merito quin illis
Jupiter ambas,
Iratas buccas inflet.

Vous voyez, mon ami, que ce n'eſt pas ſeulement dans les cours & dans les capitales que les hommes ſont mécontens de leur ſort. Les raiſons qu'on a de ſe plaindre diffèrent ſelon les lieux : mais le fond eſt par-tout le même.

Le matin du ſixième jour nous avons pris congé du Prieuré, & ayant grimpé la montagne qui ferme la vallée de Chamouni à l'extrémité oppoſée à celle par laquelle nous y étions entrés, après plusieurs détours dans une route fort escarpée, nous sommes graduellement descendus dans un chemin creux dont l'aspect étoit on ne peut pas plus affreux.

Il est environné de rochers fort élevés, nuds & hérissés, sans arbres ni verdure d'aucune espèce, le fond en étant tout aussi stérile que les côtés; le tout forme un des plus tristes paysages que j'aie jamais vu. Cette horrible vallée est d'une étendue assez considérable, quoique fort étroite. J'imagine qu'elle auroit été du goût de *Salvator*, qui auroit pu être tenté de choisir un de ses sites pour la placer dans un de ses tableaux, qui, réhaussé par un ou deux assassinats, en auroient fait un chef-d'œuvre du genre terrible.

Après avoir traversé cette vallée, nous avons continué notre chemin, quelquefois en montant, d'autres fois en descendant, pour en traverser d'autres dont j'ai oublié les noms.... Il nous a fallu grimper fort long-tems pour passer le mont Noir qui est très-élevé & couvert de sapins, dont quelques-uns ont plus de cent pieds de haut. J'ai été obligé de faire la meilleure partie de la route à pied, elle est tout au moins aussi rapide que celle que nous avions tenue pour gagner la cime du Montanvert.

Nous sommes à la fin arrivés au passage qui sépare les états du roi de Sardaigne de la petite république du Valais. Au milieu se trouve une vieille muraille fort épaisse avec une porte sans aucune garde. Cette espèce de défilé a plusieurs milles d'étendue : .... un petit nombre de paysans, placés sur le sommet de ces montagnes, pourroient facilement, en roulant des pierres, détruire l'armée la plus formidable qui oseroit tenter d'envahir le pays par ce côté.

Lorsqu'on est parvenu au bout, le chemin cotoie une montagne haute & droite; mais il continue à être si étroit, qu'à peine deux personnes peuvent y passer de front, & tous les voyageurs sont absolument à la discrétion de ceux qui pourroient être postés au haut de la montagne.

Du côté de celle près de laquelle nous passions, il nous auroit été facile de nous faire entendre de ceux qui habitoient celui de la montagne opposée, quoique je sois persuadé qu'il auroit fallu trois ou quatre

LETTRE XXVII.

heures de marche pour s'y rendre, parce qu'on étoit d'abord obligé de faire un long détour pour gagner le fond qui se trouvoit entre deux, & ensuite remonter par un second chemin long & fatigant, ce qui auroit pris au moins tout le tems que je viens de dire.

Par-tout où l'on rencontre dans la montagne un morceau de terre un peu fertile & où la descente est moins rapide, on est presque sûr de trouver une maison de paysan.

Elles sont toutes bâties en sapin d'une excellente qualité, qui croît dans le voisinage. Le transport de ces bois, même de ceux les moins éloignés des ces montagnes rapides, a dû être aussi dangereux que difficile. Ces habitations sont placées sur des bases ou des piliers de bois élevés de deux à trois pieds au-dessus du niveau du terrein ; au haut de chaque pilier est une espèce d'étendart ou une grosse pierre pour épouvanter les animaux qui chercheroient à s'y introduire.... Il est certain que la situation de ces demeures est si fort en l'air qu'elles paroissent presque inaccessibles à tous ceux qui sont dépourvus d'ailes, ainsi qu'aux rats & aux souris.

Lettre XXVII.

Le chemin nous a enfin conduit au sommet de la montagne qui forme une plaine & est couvert pendant plusieurs milles de sapins. L'ayant traversée & étant un peu descendus de l'autre côté, nous avons commencé à appercevoir le bas-Valais : on ne sauroit rien imaginer dans la nature de plus pittoresque..... Sa forme est ovale, il a environ sept lieues de longueur sur une de largeur, entouré de montagnes très-élevées, dont la partie inférieure fournit de riches pâturages. La vallée elle-même est on ne peut pas plus fertile, parfaitement cultivée & composée de prairies, de jardins & de vignobles. Le Rhône la traverse d'un bout à l'autre.... Sion, capitale du pays, est située à l'extrémité la plus élevée, & la ville de Martigny à celle qui l'est le moins, l'espace qui se trouve entre-deux étant occupé par plusieurs villages & nombre de maisons détachées que l'on apperçoit en parcourant la vallée. Le paysage que nous avions alors sous nos yeux formoit un contraste frappant & agréable avec celui que nous venions de quitter. La distance de cette pointe jusqu'à Martigny, qui est près du pied de la montagne, est d'environ six milles. Tout le chemin n'est qu'une continuelle descente que l'on a rendue facile en lui faisant faire de longs détours en zig-zag.

Après les chemins raboteux auxquels nous avions été accoutumés, comparés à celui où nous nous trouvions, la descente de cette montagne étoit pour nous une espèce de délassement.... Nous sommes arrivés à Martigny en très-bonnes dispositions & sans être fatigués.

LETTRE XXVIII.

Genève.

PENDANT notre voyage à travers les montagnes qui entourent le bas-Valais, j'avois souvent eu envie d'entrer dans quelques-unes des maisons de paysans pour y être témoin oculaire de l'économie domestique d'un peuple dont Rousseau s'est plu à décrire les mœurs.

Si j'avois été seul ou n'avois eu qu'un ami avec moi, j'aurois sûrement satisfait ma curiosité & me seroit livré sans réserve au plaisir de boire avec eux, j'aurois fait un sacrifice momentané de ma raison aux Dieux pénates de ces heureux montagnards ; car, suivant cet auteur, c'est le seul paiement qu'ils consentent à recevoir de leur bonne chère. Malheureusement notre compagnie étoit trop nombreuse, & j'aurois craint d'abuser de leur hospitalité.

Après nous être reposés une nuit à Martigny, nous avons tous desiré que les cabriolets auxquels on avoit ordonné de venir nous y attendre arrivassent. Nous parlions tous avec enthousiasme des scènes sublimes dont nous avions été les témoins : personne cependant n'étoit fâché de penser que le chemin qui nous restoit à faire seroit en plaine. Les voitures ayant enfin paru avant midi, nous sommes partis, & avons suivi le détroit ou l'ouverture qui conduit à Saint-Maurice.

Cet immense rempart de montagnes, dont le Valais est par-tout entouré, offre ici un passage qui le rend accessible aux habitans du canton de Berne. Il a l'apparence d'une vaste & magnifique avenue dont les côtés sont occupés en guise d'arbres par une chaîne de hautes montagnes. Il a quelques lieues de longueur. Le sol en est extrêmement fertile & parfaitement égal. Cependant, dans le cas où l'on craindroit une attaque, ce passage seroit facile à défendre en plaçant des batteries aux pieds des montagnes de l'un & l'autre côté. D'ailleurs, une rivière très-profonde serpente tout au travers, & croisant continuellement cette plaine, paroît s'opposer à toute espèce d'invasion de la part des ennemis.

Ce petit morceau de terre qui est la patrie des Valaisans, comprend la vallée que je viens de décrire, les montagnes dont elle est environnée, & s'étend d'un côté jusqu'au lac; on rencontre dans ce chemin trois ou quatre villes & plusieurs villages qui forment un district gouverné par ses propres loix & ses magistrats, allié, mais indépendans des cantons Suisses, ainsi que de toute autre puissance. Sa religion est la catholique romaine, & la forme de son gouvernement démocratique.... Il paroît avoir été destiné par la nature à servir d'asyle à cette divinité sans l'influence de laquelle tous les autres biens seroient de peu de valeur. Si jamais la main, avide du despotisme venoit à anéantir les droits du genre humain & à renverser les autels de la *liberté* dans les autres pays de l'Europe, ce peuple élu seroit seul digne de conserver ici son véritable culte & de partager avec les provinces situées au-delà de la mer Atlantique ses soins & sa protection.

Au milieu de l'ouverture dont je viens de faire mention, à environ quatre lieues de Martigny, entre deux hautes montagnes & au bord du Rhône, est située la petite ville de Saint-Maurice; c'est elle qui garde ce passage du bas-Valais.

Ayant traversé le pont de cette ville, qui sépare le Valais du canton de Berne, nous nous sommes rendus à Bex, village remarquable par sa charmante situation & par les salines de son voisinage. Après dîné nous les avons visitées; nous sommes entrés dans la plus grande par un passage taillé dans le roc, assez haut & assez large pour pouvoir s'y introduire facilement.

Les voyageurs assez curieux pour parcourir ces sombres demeures ont soin de se pourvoir de lampes ou de flambeaux allumés & de mettre une soutane grossière par-dessus leurs

LETTRE XXVIII.

habits pour les préserver des eaux qui découlent du haut & des côtés du rocher.

En arrivant au réservoir d'eau salée, qui est à environ trois quarts de lieues de l'entrée, j'ai été affecté d'un grand mal de cœur causé par l'odeur désagréable de ce lieu, & je suis retourné le plutôt qu'il m'a été possible sur mes pas pour respirer en plein air, laissant à mes compagnons le soin de pousser leurs recherches aussi loin qu'ils le voudroient. Ils ont resté encore très-longtems après moi. Je me garderai bien de décider du degré de satisfaction qu'ils ont éprouvé dans cet antre sauvage; ce qu'il y a de certain, c'est que je n'ai jamais vu personne sortir de tout autre endroit avec l'air plus lugubre.... Leurs soutanes sales & pleines de boues, leurs flambeaux, leurs figures tristes & enfumées, m'ont rappellé l'idée d'une procession d'hérétiques proscrits & conduits au bûcher préparé pour eux à un *auto-da-fé* de l'inquisition de Portugal.

Ayant repris leur figure ordinaire & s'étant remis de leurs fatigues à l'hôtellerie de Bex, ils m'ont assuré que les choses curieuses qu'ils avoient vues pendant leur voyage souterrein, sur-tout après que je les ai eu quittés, étoient encore plus dignes de remarque que tout ce qui nous avoit le plus frappé depuis que nous avions quitté Genève, & tous m'ont conseillé, de l'air du monde le plus sérieux, d'y retourner & de finir cette importante visite que j'avois à peine ébauchée.

Le lendemain matin notre compagnie s'est séparée ; le duc de H.... & M. G..... ayant préféré de s'en retourner par la route de Vevay & de Lausanne. M. U...., M. K.... & moi, avons suivi celle qui cotoie le lac. Ils ont pris avec eux les deux voitures, & nous avons fini notre voyage à cheval, le chemin ne permettant pas de se servir de carosse.

Nous avons quitté Bex de très-bonne heure & avons traversé Aigle, petite ville assez florissante dont les maisons sont bâties de marbre blanc que l'on trouve dans le voisinage.... Une idée de quelque chose de sinistre & de lugubre, & en même tems de magnifique, s'étoit je ne sais trop pourquoi adaptée dans mon esprit à cette substance, peut-être cela vient-il de ce qu'on l'emploie

LETTRE XXVIII.

ordinairement pour les tombes & les monumens, ou de ce que j'avois observé que les édifices où elle étoit le plus prodigué devenoient souvent le séjour de l'ennui & des inquiétudes.... Enfin, quelle qu'ait été la cause d'une pareille sensation, il est sûr que l'aspect des habitans d'Aigle étoit bien propre à me guérir de ce préjugé : car quoique les maisons les plus chétives de cette petite ville soient bâties en marbre, cependant je n'en ai jamais vu aucune dans tout le cours de mes voyages où les habitans eussent l'air moins soucieux & plus satisfaits. Cet air d'aisance & de contentement se remarque au premier coup-d'œil, non-seulement ici, mais encore dans toute la Suisse.

Un peu par-delà Aigle, nous avons traversé le Rhône en bateau. Il est plus large à ce passage qu'il ne l'est à sa sortie du lac de Genève. Dès que nous avons été rendus à l'autre bord, nous nous sommes retrouvés dans le Valais qui occupe tout le côté de cette partie du lac.

Le tems que nous avons mis pour nous rendre à Saint-Gingo s'est écoulé on ne peut pas plus agréablement ; nous nous y sommes arrêtés plusieurs heures pour laisser manger & reposer nos montures. Quoique ce fut un dimanche, il y avoit une foire dans cette ville où il s'étoit rendu une si grande quantité de gens de tout le Valais, du canton de Berne & de Savoie, que nous avons eu bien de la peine à obtenir une chambre où nous puissions dîner.

L'habillement des jeunes Valaisannes est tout-à-fait pittoresque. Un petit chapeau de soie attaché à l'un des côtés de la tête d'où un paquet de rubans voltige négligemment, avec un corset très-juste & avantageux à la taille leur donne un air coquet, & est en général plus agréable que celui du commun peuple dans les autres pays que j'ai parcourus.

Après avoir passé le torrent qui traverse Saint-Gingo, nous nous sommes trouvés dans le Chablais, province du duché de Savoie, le chemin est taillé dans le roc élevé qui borde le lac de Genève. Il faut ici beaucoup d'attention & de prudence, parce qu'il est on ne peut pas plus étroit, & n'a aucune défense ; de sorte que rien ne sauroit retenir le voyageur & l'empêcher de rouler

LETTRE XXVIII. 205

du haut d'un affreux précipice dans le lac, supposé que son cheval vînt à broncher & à se jetter de côté.

Dans quelques endroits ce chemin a été rendu encore plus dangereux par les quartiers de rocher qui, se détachant des montagnes, l'ont gâté & presque emporté. Il a fallu mettre pied à terre à ces passages dangereux & conduire nos chevaux par la bride avec beaucoup de précaution à travers ces débris, jusqu'à ce que nous nous soyons trouvés en lieu de sûreté où le chemin n'étoit point endommagé.

La vue de Meillerie m'a rappellé la charmante Julie de Rousseau. Ce souvenir m'a inspiré les idées les plus riantes : j'ai cherché des yeux & ai cru découvrir le lieu même où St. Preux s'étoit placé pour mieux distinguer, à l'aide d'un télescope, celui qu'habitoit son amante adorée.... Je traçois dans mon imagination la route qu'il suivit, lorsque sautant de rochers en rochers il tâchoit de ratrapper une des lettres de cette aimable personne qu'un coup de vent lui avoit enlevée....

Je me figurois reconnoître la place où ces deux amans s'étoient embarqués pour retourner à Clarens, après avoir visité dans l'après dîné ces mêmes rochers.... Lorsque Saint-Preux, abymé dans ses tristes réflexions & aveuglé par son désespoir, fut tenté de saisir sa maîtresse, alors femme d'un autre, de se précipiter avec elle du bateau & de l'entraîner avec lui au fond du lac.

Toutes les circonstances de cette aventure intéressante se sont présentées à mon esprit avec autant de force que si je ne venois que de les lire. Je me trouvois dans une espèce de *lieu classique*, & j'éprouvois que l'éloquence de cet inimitable auteur avoit rendu à mes yeux le paysage que je voyois beaucoup plus intéressant qu'il ne l'auroit été sans elle, & s'il n'avoit été paré que de ses seules beautés.

Ayant laissé derrière nous les rochers pittoresques de Meillerie, nous sommes descendus dans une plaine fertile presque de niveau avec le lac, le long duquel est le grand chemin, flanqué d'une rangée de beaux & grands arbres qui conduit jusqu'à Evian, petite ville assez agréable, célèbre par ses eaux minérales. Nous y avons trouvé plusieurs Genevois hommes & femmes de notre connoiffance, qui, fous prétexte d'y venir boire les eaux, s'y étoient rendus pour jouir des agrémens de cette délicieufe retraite.

Nous avons enfuite gagné Thonon, ville très-dévote, fi l'on en juge par le nombre d'églifes & de couvens que l'on y rencontre. On eftime le nombre de fes habitans de fix à fept mille: en général, de tous ceux que j'ai vu, il m'a paru que la feptième partie portoit l'uniforme de quelque ordre religieux.

Après cela je n'ai plus été furpris des indices de misère que j'ai apperçu chez tous les laïques.

Ayant ordonné le foupé & qu'on nous préparât des lits, nous avons été vifiter le couvent des Chartreux de Ripaille peu éloigné de Thonon.

C'eft ici qu'un duc de Savoie, après un règne fortuné, prit par politique le parti de la retraite & vécut avec ces pères dans la dévotion & la mortification, fuivant quelques-uns ; & fuivant d'autres, dans le défordre & la volupté. Ce qu'il y a de certain, c'eft que peu de tems après il fut élu pape par le concile de Bafle; dignité à laquelle il fe vit obligé, au bout de neuf ans, de renoncer ; il obtint en conséquence des conditions très-avantageuses; après quoi il passa le reste de ses jours à Ripaille, en réputation de sainteté.

Ces pères ont été on ne peut pas plus polis, & nous ont fait voir leur parc, leurs jardins, leur maison & une jolie église qu'ils viennent de finir; ils nous ont ensuite conduit à l'appartement que leur souverain avoit occupé & où il étoit mort. Ils nous ont beaucoup parlé de son esprit, de sa bienfaisance & de sa sainteté: nous les avons écoutés avec un air pénétré & convaincu, & sommes retournés à notre hôtellerie, où, quoique nous n'ayons pas nous-mêmes fait *ripaille*, nous avons fourni aux puces le moyen de se réjouir à nos dépens; & me servant des expressions du chartier de Shakespeare, je dirai que jamais roi chrétien ne fut mieux dévoré que nous l'avons été pendant toute la nuit: nous avons cependant payé pour notre soupé, tout mauvais qu'il a été, à notre départ, un prix exorbitant, & cela sans nous plaindre; nous nous en sommes consolés en pensant que nous laissions notre hôte & sa famille au milieu d'une foule de sangsues plus insupportables que les puces même.

LETTRE XXIX.

Nous sommes arrivés dans l'après midi à Genève, ayant fini une tournée dans laquelle une plus grande variété d'objets curieux & intéreſſans s'offrent aux obſervations des voyageurs, qu'ils ne ſauroient en rencontrer dans la même étendue de pays d'aucune autre partie de ce globe.

Je ſuis, &c.

LETTRE XXIX.

Genève.

JE ne ſuis point étonné de votre curioſité & du deſir que vous témoigné d'être inſtruit de tout ce qui concerne le philoſophe de Ferney. Cet homme extraordinaire eſt parvenu à attirer l'attention & à fixer les regards de toute l'Europe, d'une manière bien plus conſtante qu'aucun des grands hommes que notre ſiècle a produit, je n'en excepte pas même les rois & les héros.... Les moindres anecdotes qui ont rapport à ſa perſonne paroiſſent en quelque ſorte intéreſſer le public.

LETTRE XXIX.

J'ai eu, depuis que je suis dans ce pays, de fréquentes occasions de lui parler, & encore plus à ceux qui ont vécu familiérement avec lui depuis plusieurs années; de sorte que les observations que je pourrai vous communiquer à son sujet, sont fondées sur ma propre autorité ou sur celle de ses amis les plus intimes & les plus véridiques.

Il a ici, comme par-tout ailleurs, ses ennemis & ses admirateurs; ces deux caractères se trouvent souvent réunis dans la même personne.

La première idée qui s'est présentée à l'esprit de ceux qui ont entrepris de décrire sa personne a été celle d'un squelette, relativement à son excessive maigreur, rien de plus juste; mais il faut se rappeller que ce squelette, ce composé de peau & d'os, a un regard plus vif & plus spirituel qu'aucun être de la même nature, dans la force de l'âge & paré de tous les avantages de la plus brillante jeunesse.

Je n'ai jamais vu des yeux aussi perçans que ceux de Voltaire, quoiqu'actuellement dans sa quatre-vingtième année : sa phisionomie est on ne peut pas plus expressive,

LETTRE XXIX.

on y lit à la fois son génie, sa pénétration & son extrême sensibilité.

Le matin il a l'air triste & chagrin, son humeur cependant se dissipe graduellement, & après dîné il paroît ordinairement plus gai : .... cependant l'air ironique ne le quitte jamais entiérement, & il est aisé dans tous les tems d'en retrouver des traces sur son visage qu'il soit satisfait ou mécontent.

Lorsque le tems est beau, il prend l'air & monte en carosse avec sa nièce ou quelques-uns de ses hôtes, dont il y a toujours bon nombre à Ferney. Quelquefois il se promène dans son jardin, ou si le tems ne lui permet pas de sortir, il emploie ses momens de récréations à jouer aux échecs avec le père Adam ou à recevoir les visites des étrangers qui se succèdent continuellement, & attendent à sa porte le moment favorable de pouvoir être admis, ou à lire & à dicter des lettres ; car il a une correspondance suivie avec tous les pays de l'Europe, d'où on lui rend compte de tous les événemens remarquables, & d'où on lui envoie toutes les nouvelles productions littéraires dès qu'elles paroissent.

LETTRE XXIX.

La plus grande partie de son tems est employé à l'étude, & soit qu'il lise lui-même ou qu'il se fasse lire, il a toujours la plume à la main pour faire des notes ou des remarques. Composer est son amusement favori; il n'est nul auteur obligé d'écrire pour subsister; aucun jeune poëte, avide de se faire connoître, aussi assidus que lui au travail ou plus desireux d'acquérir de nouvelle gloire que l'opulent & admiré seigneur de Ferney.

Il est on ne peut pas plus hospitalier, son cuisinier est excellent. Il a ordinairement deux ou trois personnes qui viennent de Paris pour le voir & passent un mois ou six semaines chez lui. Lorsqu'elles partent, leur place est bientôt remplie; de sorte qu'il reçoit constamment de nouvelles visites; ces étrangers, avec les gens de sa maison & ses amis de Genève, composent une compagnie de douze à quatorze personnes qui dînent journellement à sa table, soit qu'il y paroisse ou mange seul dans sa chambre. Car lorsqu'il est occupé à préparer une nouvelle production pour la presse, indisposé ou de mauvaise humeur, il ne dîne point à table; mais se contente de paroître pendant quelques minutes avant ou après le repas.

Tous ceux qui lui apportent des lettres de recommandation de ses amis peuvent être sûrs, pourvu qu'il ne soit pas réellement malade, d'en être bien reçus.... Les étrangers qui n'ont pu s'en procurer, s'assemblent assez souvent l'après midi dans son antichambre pour tâcher de le voir, & il arrive qu'ils y réussissent, quelquefois aussi sont-ils obligés de se retirer sans avoir satisfait leur curiosité. Tous ceux qui sont dans ce cas, ne manquent jamais de l'accuser de caprice, & font mille mauvais contes souvent inventés pour se venger de ce qu'il n'a pas jugé à propos de se laisser voir, & de se montrer comme un ours que l'on promène à la foire. Je suis bien moins surpris qu'il refuse quelquefois que de sa complaisance à se prêter si souvent à cette indiscrète curiosité: en lui, elle ne peut être qu'une preuve de son desir d'obliger, puisqu'il est accoutumé depuis si long-tems aux applaudissemens qu'on ne sauroit supposer que ceux d'un petit nombre d'étrangers puissent lui causer une satisfaction bien vive.

Sa nièce, Mad. Denys, fait les honneurs de sa table, & entretient la compagnie lorsque son oncle est hors d'état ou ne juge pas à propos de paroître. C'est une femme sensée, polie avec tout le monde, dont la tendresse & les égards pour son oncle ne se sont jamais démentis.

Le matin n'est point le moment propre à lui rendre visite. Il ne sauroit souffrir qu'on l'interrompe dans ses occupations. Cela seul suffit pour le mettre de mauvaise humeur ; d'ailleurs, il est alors assez sujet à s'emporter, soit que les infirmités de son âge le fassent souffrir ou qu'il ait quelqu'autre cause accidentelle de chagrin. Quelle qu'en soit la raison, il est certain qu'il croit moins à l'*optimisme* à cette heure du jour qu'à toute autre.... C'est vraisemblablement le matin qu'il a observé :.... « que c'étoit dommage » que le quinquina fût originaire d'Améri- » que, & la fièvre de nos climats. »

Ceux qu'il invite à souper ont occasion de le voir sous le point de vue le plus favorable. Alors il se plaît à entretenir la compagnie, & paroit aussi empressé que jamais à dire ce qu'on nomme de jolies choses : .... & si une remarque juste & convenable, ou un bon mot échappe à l'un des convives,

LETTRE XXIX.

il en est tout aussi content, & y applaudit d'aussi bon cœur que s'il venoit de lui : il est assez indulgent pour se prêter à l'enjouement de la compagnie. Environné de ses amis & animé par la présence de quelques femmes aimables, il semble jouir de la vie avec toute la sensibilité d'un jeune homme, son génie s'affranchit alors des entraves de la vieillesse & des infirmités, & s'exhale en plaisanteries, en critiques délicates & en fines railleries.

Il a le talent supérieur de se mettre à la portée de ceux avec lesquels il se trouve, & de ne les entretenir que de choses qui doivent naturellement leur plaire. La première fois que le duc d'H.... lui rendit visite, il fit tomber la conversation sur les anciennes alliances de la France avec l'Ecosse ; cita plusieurs anecdotes du voyage d'un des prédécesseurs du duc, lorsqu'il accompagna à la cour de France Marie, reine d'Ecosse ; dont il étoit alors l'héritier présomptif, il lui parla de l'héroïsme de ses ancêtres, les anciens comtes de Douglas ; de la célébrité que plusieurs de ses compatriotes vivans s'étoient acquise dans la littérature, & sur-tout des Hume & des Robertson, dont il fit les plus grands éloges.

Un moment après entrèrent deux Russes de la première condition, qui se trouvoient dans ce tems-là à Genève. Voltaire leur parla beaucoup de la Czarine & de l'état florissant de leur patrie.... Ci-devant, leur dit-il, vos compatriotes étoient guidés par des prêtres ignorans,.... les beaux arts leur étoient inconnus, & vos terres étoient en friche; .... à présent les beaux arts prospèrent chez vous, & vos terres sont cultivées.... L'un de ces jeunes seigneurs lui repliqua, qu'il y avoit encore bien des terreins incultes en Russie.... Cependant, ajouta Voltaire, avouez que dans ces derniers tems votre patrie a produit une abondante récolte de lauriers.

Son aversion pour le clergé est assez connue.... Cette passion le porte à faire cause commune avec des gens dont les objections triviales prouvent qu'ils ont beaucoup moins d'esprit que lui; & qui, dénuées du sel dont ce grand génie les assaisonnent, ne sont que fades & dégoûtantes. La conversation ayant par hafard roulé fur ce fujet, quelqu'un de la compagnie dit : fi l'on ôtoit l'orgueil aux prêtres que leur refteroit-il, rien.... Vous comptez donc, Monfieur, la gourmandife pour rien, lui repliqua Voltaire.

Il préfère la poétique de Marmontel à tous les autres ouvrages de cet auteur. En parlant de ceux-ci, il nous a dit que ce poëte, femblable à Moyfe, n'avoit jamais eu lui-même la faculté d'entrer dans la terre promife, quoiqu'il en eût montré la route aux autres.

On ne connoît que trop les allufions & les farcafmes déplacés de Voltaire contre les faintes écritures & les hommes les plus refpectables dont il y eft fait mention.

Certain quidam bègue, ayant trouvé moyen de s'introduire à Ferney.... Ce perfonnage, qui n'étoit recommandable que par les louanges qu'il fe prodiguoit, étant forti de l'appartement, Voltaire dit qu'il le foupçonnoit d'être un aventurier, un impofteur; ....
Madame Denys lui répondit que les impofteurs & les aventuriers n'avoient jamais cette incommodité..... A quoi il repliqua: « Eh! Moyfe ne bégayoit-il pas ? »

LETTRE XXIX.

Vous avez sûrement ouï parler de l'animosité subsistante entre Voltaire & Fréron, l'auteur de l'année littéraire. Un jour que le premier se promenoit dans son jardin avec un de ses amis de Genève, un crapaud vint à passer devant eux : ..... celui-ci dit, pour plaire à Voltaire en montrant l'animal, voilà un Fréron.... Quel mal, répondit-il, cette pauvre bête a-t-elle pu vous faire pour s'attirer une pareille injure ?

Il comparoit la nation Angloise à un tonneau de bière forte dont le dessus est de l'écume, le fond de la lie, & le milieu excellent.

Un ami de Voltaire lui ayant recommandé la lecture de certain systême métaphysique, fondé sur une suite d'argumens par lesquels l'auteur faisoit admirer son génie & sa dextérité, sans cependant convaincre son lecteur ou prouver autre chose que son éloquence & la finesse de ses sophismes ; il lui demanda quelque tems après ce qu'il pensoit de cet ouvrage ?

Les métaphysiciens, lui répondit Voltaire, sont comme les gens qui dansent le menuet, parés de la manière la plus avantageuse, ils font une ou deux révérences, parcourent l'appartement avec beaucoup de grace, sont constamment en mouvement sans avancer d'un pas, & finissent par se retrouver au même point d'où ils étoient partis.

J'espère que ce que je viens de vous marquer vous suffira pour le présent, ma première vous instruira des détails relatifs à cet homme singulier, qui me paroîtront dignes d'être conservés.

En attendant, je suis, &c.

LETTRE XXX.

Genève.

CONSIDÉRÉ comme maître, Voltaire se présente sous un jour très-favorable. Il est affable, humain & généreux envers ses vassaux & ses domestiques. Il aime à les voir prospérer, & s'intéresse à leurs affaires avec le zèle d'un vrai patriarche.... Il favorise l'industrie & encourage les manufactures de sa ville par tous les moyens dont il peut s'aviser, par ses soins & par sa seule protection; Ferney qui n'étoit auparavant qu'un mauvais village, dont les habitans étoient aussi paresseux que méprisables, est devenue une petite ville aisée & passablement jolie.

Cette acrimonie que l'on remarque dans plusieurs des ouvrages de Voltaire, n'est dirigée que contre quelques-uns de ses rivaux qui osent lui disputer la place distinguée sur le Parnasse à laquelle ses talens lui donnent le droit de prétendre.

S'il a été l'auteur de plusieurs satyres mordantes, il en a aussi été l'objet. Il seroit difficile de décider si c'est lui qui a été l'agresseur; mais on doit avouer que toutes les fois qu'il n'a pas été personnellement attaqué en sa qualité d'écrivain, il s'est montré bon & facile; dans plusieurs occasions il a témoigné une véritable philantropie. . . . Toute sa conduite, relativement à la famille Calas; la protection qu'il a accordée aux Sirvens; son humanité envers la jeune personne issue de Corneille, & plusieurs autres exemples que je pourrois citer, sont tous des preuves de la vérité de ce que j'avance.

Quelques personnes vous diront que tous

LETTRE XXX.

les soins qu'il s'est donné dans cette occasion & dans d'autres semblables, n'étoient que pour satisfaire sa vanité, selon moi ; cependant celui qui s'empresse à justifier l'innocence persécutée, à exciter l'indignation des grands contre l'oppression, & à secourir le mérite indigent, doit réellement être estimé bienfaisant ; tira-t-il même vanité de pareilles actions & s'en glorifia-t-il outre mesure ? .... Cet homme est, sans contredit, plus utile à la société que le plus humble moine qui n'a d'autre vertu que celle de ne s'occuper dans un désert reculé que de son propre salut.

La critique que Voltaire a faite des ouvrages de Shakespeare ne lui fait aucun honneur ; elle ne sert qu'à montrer qu'il ne connoissoit qu'imparfaitement l'auteur dont il condamne si étourdiment les productions : les irrégularités de Shakespeare & son peu d'égard pour les trois unités dans ses drames, sautent aux yeux des critiques les moins éclairés de nos jours ; mais les préjugés nationaux de Voltaire, & la connoissance peu profonde qu'il a de notre langue, l'aveuglent sur quelques-unes des plus sublimes beautés de notre poëte Anglois, & quoique ses remarques ne soient pas toujours justes & délicates, elles sont cependant pour la plupart assez ingénieuses.

Un soir à Ferney, où il fut question dans la conversation du génie de Shakespeare, Voltaire déclama contre l'impropriété & l'absurdité qu'il y avoit d'introduire dans la tragédie des caractères vulgaires & un dialogue bas & rampant; il cita plusieurs exemples où notre poëte avoit contrevenu à cette règle, même dans ses pièces les plus touchantes. Un Monsieur de la compagnie qui est un admirateur zélé de Shakespeare, observa, en cherchant à excuser notre célèbre compatriote, que quoique ses caractères fussent pris dans le peuple, ils n'en étoient pas moins dans la nature. «Avec votre per-
» mission, Monsieur, lui a repliqué Voltaire,
» mon cul est bien dans la nature, & cepen-
» dant je porte des culottes. »

Voltaire avoit ci-devant un petit théatre dans son château où les gens de sa société jouoient des pièces de théatre, lui-même se chargeoit ordinairement d'un des principaux rôles; mais, suivant ce qu'on m'en a dit, ce n'étoit pas là son talent, la nature l'ayant doué de la faculté de peindre les sentimens des héros & non de celle de les exprimer.

M. C.... de Genève étoit ordinairement acteur dans ces occasions.... Je l'ai souvent vu représenter sur un théatre de société de cette ville avec un succès mérité. Peu de ceux qui ont fait leur unique étude du théatre, & qui paroissent tous les jours en public, auroient été capables de jouer avec autant d'énergie & de vérité que lui.

La célèbre Clairon même n'a pas dédaigné de monter sur le théatre de Voltaire, & d'y déployer à la fois le génie de cet auteur & ses talens d'actrice.

Ces représentations de Ferney, auxquelles plusieurs habitans de Genève étoient de tems en tems invités, ont vraisemblablement augmenté le goût que ces républicains avoient déja pour des amusemens de cette espèce & donné l'idée à un directeur de comédiens François de venir tous les étés s'établir dans le voisinage de cette ville.

Comme le Conseil n'a pas jugé à propos de l'y admettre, cette troupe a fait construire un théatre à Châtelaine, hameau situé du côté François de la ligne fuppofée qui fépare ce royaume du territoire de la république, & à environ trois milles des portes de Genève.

Il arrive quelquefois que l'on vient de Suiffe & de Savoie pour affifter à ces repréfentations; mais les fpectateurs les plus affurés & fur lefquels l'efpérance de la troupe fe fondent, font fur-tout les citoyens de cette ville. L'on commence ordinairement à trois ou quatre heures après midi, afin de pouvoir rentrer avant la fermature des portes.

J'ai été fouvent à ce théatre. Les acteurs n'en font que médiocres. Le célèbre Lekain, actuellement en vifite à Ferney, y joue quelquefois: ..... la principale raifon qui m'y attire, eft le defir de voir Voltaire qui y affifte ordinairement toutes les fois que cet acteur y remplit un rôle, & fur-tout lorfqu'une de fes pièces y eft repréfentée.

Il fe place fur le théatre & derrière les couliffes, de façon cependant à pouvoir être apperçu de la plus grande partie des fpectateurs. Il prend le même intérêt à la repréfentation que fi fa réputation dépendoit de la manière de jouer des acteurs. Il paroît très-

Lettre XXX.

très-affecté & tout-à-fait chagrin lorsque quelqu'un d'eux vient à faire un contre-sens; & lorsqu'ils s'acquittent à son gré de leurs rôles, il ne manque jamais d'en témoigner sa satisfaction, employant à cet effet le geste & la voix.

Il entre dans la passion avec l'émotion la plus marquée, il va même jusqu'à verser de véritables larmes, & il paroît aussi touché qu'une jeune fille qui assiste pour la première fois de sa vie à la représentation d'une tragédie.

Je me suis souvent mis à côté de lui, & y suis resté pendant toute la pièce, étonné de voir un pareil degré de sensibilité à un octogénaire. L'on croiroit aisément que ce grand âge auroit dû émousser toutes ses sensations, sur-tout celles que peuvent occasionner les malheurs fictifs qui lui sont familiers depuis si long-tems.

Les pièces que l'on représente étant de sa composition, cela même me fournit une seconde raison qui me feroit croire qu'elles devroient produire un moindre effet sur lui. Bien des gens cependant assurent que loin de la diminuer, elle est au contraire la véritable cause de sa sensibilité; & ils allèguent, comme une preuve au soutien de leur assertion, qu'ils ne va jamais au spectacle que lorsque l'on y joue quelqu'une de ses productions.

Je ne suis point surpris qu'il préfère ses propres tragédies à toute autre; ce que je ne comprends pas, c'est la raison pour laquelle il se laisse plus facilement émouvoir par des infortunes & des incidens de son invention que par des événemens imprévus: on croiroit que ceux-ci seroient seuls capables de l'émouvoir. Il n'y a que l'illusion de la scène qui puisse produire de pareils effets, & nous faire verser des larmes en nous persuadant de la réalité des malheurs que nous déplorons, & il faut qu'elle ait été assez forte pour que nous ayons oublié que nous étions à la comédie; dès qu'on commence à s'appercevoir que le tout n'est qu'une simple fiction, l'intérêt & les pleurs doivent naturellement cesser.

Je souhaiterois cependant beaucoup de voir Voltaire assister à la représentation de quelqu'une des tragédies de Corneille ou de Racine, afin de m'assurer s'il témoigneroit

LETTRE XXX.

plus ou moins de senfibilité qu'il ne fait aux fiennes. Alors je ferois en état de décider cette queftion curieufe & long-tems débattue, favoir fi l'intérêt qu'il témoigne eft pour la pièce ou pour l'auteur.

Heureux fi cet homme extraordinaire avoit concentré fon génie dans les bornes que la nature lui avoit prefcrite & n'étoit jamais forti de la place diftinguée que les mufes lui avoient affignée fur le Parnaffe où il étoit sûr de briller, & qu'il ne s'en fût jamais écarté pour s'égarer dans les fentiers épineux de la controverfe. Car tandis qu'il attaquoit les tyrans & les oppreffeurs du genre humain, & ceux qui ont perverti la nature bienfaifante du chriftianifme, pour la faire fervir à des fins intéreffées & condamnables, on ne fauroit trop regretter qu'il ait cherché, par des plaifanteries déplacées, à attaquer & à détruire le chriftianifme même.

En perfévérant dans cette conduite il a, non-feulement fcandalifé les dévots, mais encore révolté les infidèles qui l'accufent de s'être pillé lui-même en fe répétant fouvent dans plufieurs de fes ouvrages ; ils paroiffent d'ailleurs tout auffi rebutés de fes prétendus bons mots que des plats & ennuyeux sermons des fades apologistes de la religion qui la déshonorent par leur manière indigne de la prêcher.

La conduite de Voltaire, pendant ses différentes maladies, a été représentée sous des aspects tout-à-fait opposés. J'ai beaucoup ouï parler de sa grande contrition & de sa repentance lorsqu'il se croyoit proche de sa fin ; si ce qu'on m'en a dit étoit vrai, cela prouveroit que son incrédulité n'est point réelle, & que dans le fond du cœur il est chrétien & convaincu de la vérité de l'Evangile.

J'avoue que je n'ai jamais pu ajouter foi à ces rapports ; car quoique j'aie souvent rencontré dans le monde de jeunes étourdis qui se sont donnés pour des esprits forts, tandis qu'au fond du cœur ils poussoient la crédulité jusqu'à la superstition, je n'ai jamais compris ce qu'un homme tel que Voltaire, ou que tout autre doué du sens commun, pouvoit se promettre de cette absurde affectation, prétendre mépriser ce qu'on révère, & traiter d'humain ce que l'on croit être divin, est certainement de toutes les

Lettre XXX.

espèces d'hypocrisie celle qui me paroit la moins excusable.

J'ai eu quelque peine à éclaircir cette matière ; des gens qui ont vécu familiérement depuis plusieurs années avec lui m'ont assuré que toutes ces histoires sont sans fondement. Ils ont ajouté que quoiqu'il aimât la vie & fît tout ce qui lui paroissoit propre à la conserver, il ne témoignoit aucune crainte de la mort dont il n'avoit point l'air de redouter les suites. Qu'il ne témoigna jamais, ni sain ni malade, le moindre remords des ouvrages qu'on lui a attribué contre la religion chrétienne. Qu'au contraire, il étoit aveuglé au point de témoigner le plus vif chagrin en pensant qu'il mourroit avant que quelques-uns de ceux auxquels il travailloit alors fussent finis.

Quoique rien ne puisse justifier une pareille conduite, cependant elle me paroît, si l'on admet les raisons que ses amis en donnent, plus conséquente & moins blâmable qu'elle ne le seroit s'il écrivoit contre les opinions reçues, le témoignage de sa conscience & les livres divins, uniquement pour s'attirer les applaudissemens d'un petit nombre d'incrédules.

Quoique dans l'erreur, je ne saurois le soupçonner d'une pareille absurdité ; au contraire, j'imagine qu'aussi-tôt qu'il sera pleinement convaincu des vérités du christianisme, il s'empressera d'en faire une profession publique, & persistera jusqu'à son dernier soupir.

———————————————

LETTRE XXXI.

Genève.

Pour me conformer à vos intentions, je me hâte de vous faire part de mes idées relativement au projet de Mylord....., au sujet de ses enfans qu'il voudroit faire élever à Genève.

Le plus âgé, si je m'en souviens bien, n'a pas plus de neuf ans; tous les progrès qu'ils ont fait jusqu'à présent, les ont tout au plus mis en état de lire passablement bien leur langue. Mylord pense que lorsqu'ils sauront parfaitement le françois, cette langue leur facilitera l'étude du latin, & qu'alors ils pourront s'adonner aux sciences pour lesquelles ils paroîtront avoir le plus de goût.

J'ai mûrement réfléchi fur les objections que Mylord forme contre nos écoles publiques ; & après en avoir pefé toutes les circonftances, je perfifte à croire que, pour un Anglois, il n'eft point de pays où il puiffe être mieux élevé qu'en Angleterre, fur-tout s'il fe propofe de vivre & de mourir dans fa patrie. Le point le plus important, felon moi, qu'on doit fe propofer dans l'éducation d'un jeune homme de condition de notre pays, eft d'en faire un Anglois; & c'eft feulement en Angleterre que l'on peut y parvenir.

Il y acquérera ces fentimens, ce goût particulier, & cette tournure d'efprit qui lui feront préférer la conftitution & aimer les mœurs, les amufemens & la manière générale de vivre des Anglois.

Il y revêtira ce caractère national qui diftingue l'Anglois de tous les autres peuples de l'Europe, & qui, lorfqu'on eft une fois parvenu à fe l'approprier, quoique perfectionné ou dégradé par la fuite, ne fauroit jamais s'effacer entiérement.

Quand l'on prouveroit qu'il ne feroit pas

le plus aimable, il ne s'en fuivroit point que ce ne feroit pas le plus convenable. Il suffiroit que ce fût au fond le plus goûté en Angleterre; car il me paroît démontré que l'idée avantageufe que nos compatriotes fe forment de nous eft préférable à tout ce que les autres pourroient en penfer: il eft certain que fans l'approbation des premiers, il arrive rarement qu'on obtienne le fuffrage des feconds.

On s'imagine qu'étant élevé dès fa plus tendre jeuneffe dans l'étranger, on fe préfervera des préjugés de fa nation. Cela peut être vrai; mais alors d'autres préjugés, peut-être tout auffi ridicules & beaucoup plus dangereux, s'empareront de notre efprit. Les uns ne fauroient être fujets à de grands inconvéniens, les autres peuvent rendre les jeunes gens malheureux dans leur pays à leur retour, & défagréables pendant tout le refte de leur vie à leurs concitoyens.

J'avoue que prefque toute l'Europe a adopté les manières françoifes; elles font fuivies dans toute l'Allemagne & les cours du Nord. Elles s'introduifent, quoique moins rapidement, en Efpagne & en Italie.... Il n'en eft

LETTRE XXXI.

pas de même en Angleterre.... Les mœurs angloises sont généralement celles des provinces, elles prévalent dans la capitale, & on les retrouve sans être adultérées même à la cour.

Dans tous les pays que je viens de citer, le gros du peuple voit de mauvais œil la préférence qu'on accorde aux mœurs étrangères : il est vrai que hors de chez nous on fait peu d'attention à ce qui plaît ou déplaît au peuple qu'on ne consulte jamais, tandis qu'en Angleterre, il importe beaucoup d'avoir sa faveur; plus un homme est élevé en dignité, plus il sent combien elle lui est nécessaire.

D'ailleurs ce n'est pas seulement la dernière classe en Angleterre chez laquelle prévaut ce préjugé contre les mœurs françoises... Il est commun à toute la nation ; ceux même qui en paroissent les plus dégagés en sont tout aussi imbus. Et quoiqu'ils rendent toute sorte de justice aux qualités louables de nos voisins, qu'ils exigent que les François aient les mœurs françoises, ils ne veulent cependant pas qu'elles soient entées sur les nôtres; & lorsqu'il se rencontre parmi nos compatriotes un homme de quelque poids qui puisse s'accoutumer à ce mélange ridicule, ce n'est qu'autant qu'il a lieu dans un sujet de la populace qui l'approche de près, comme son tailleur, son barbier, son valet de chambre ou son cuisinier ; ce mélange le révolteroit dans une personne qu'il chériroit ou à laquelle il prendroit intérêt.

Je ne saurois me rappeller un seul exemple d'un Anglois de quelque considération, qui ait témoigné dans sa manière de s'habiller ou de vivre la moindre préférence pour les mœurs de cette nation, & conserve en même tems le crédit & l'estime dont il jouissoit auparavant.

Ce que je viens de dire des mœurs françoises doit aussi s'entendre des mœurs étrangères en général, qui sont, en quelque sorte, semblables à celles de cette nation, & dont les Anglois ont peine à discerner les nuances.

La façon de penser d'un citoyen de Genève est à plusieurs égards plus analogue à celle d'un Anglois qu'elle ne l'est aux idées d'un François. Cependant un Genevois à Londres passera ordinairement pour François.

LETTRE XXXI.

Un enfant de notre nation, envoyé dès ses premières années à Genève, & y séjournant six ou sept ans, s'il est abandonné à lui-même & que ses parens n'y soient pas avec lui, paroîtra vraisemblablement à son retour aux yeux d'un Anglois pour toute sa vie une espèce de François. Cet inconvénient est de nature à devoir être évité avec le plus grand soin.

Quant aux objections que l'on forme contre l'éducation de nos écoles publiques, elles sont en général appliquables à celles de tous les pays : j'avoue franchement qu'elles ne m'ont jamais parues assez fortes pour contrebalancer les avantages attachés à cette sorte d'éducation, sur-tout de la manière dont elle est pratiquée dans les nôtres.

J'ai observé une certaine intrépidité & fermeté dans le caractère des enfans élevés dans ces écoles publiques, bien supérieures à celles des enfans du même âge qui ont eu une éducation privée.

Quoique dans les écoles publiques on ait une attention générale pour tous les écoliers, il est cependant bien des cas où chaque individu est obligé de décider & d'agir par lui-même. Sa réputation parmi ses camarades dépend de sa conduite ; la connoissance qu'il en a développe les facultés de son esprit, lui donne du nerf & de l'énergie, prévient cette imbécille indécision si ordinaire à ceux long-tems accoutumés à ne se conduire que par les avis & le sentiment des autres.

Les premières impressions venant à se graver dans le cœur & dans l'esprit, forment le caractère & ne s'effacent jamais.... Les objets de notre attention ne sont pas toujours les mêmes dans les différentes époques de la vie, on s'imagine quelquefois que le caractère a changé, quoique dans la réalité il demeure essentiellement le même.... Celui qui est naturellement défiant, réservé, cruel, trompeur ou avare dans son enfance, ne deviendra jamais par la suite franc, sincère, compatissant ou généreux.

Un enfant est plus à portée dans une école publique, que par-tout ailleurs, d'acquérir ces sentimens propres à le rendre susceptible d'amitié & à le corriger de l'égoïsme. Les exemples sont toujours plus efficaces que les préceptes. Il s'apperçoit que le courage, la générosité, la reconnoissance obtiennent l'admiration & les éloges de ses camarades: il s'efforce d'acquérir ces qualités, & cherche à se lier avec ceux qui les possèdent..... Il voit, au contraire, que la bassesse, la lâcheté, l'ingratitude & la perfidie sont les objets de la haine & du mépris. Il évite les enfans chez lesquels il croit remarquer les moindres indices de ces vices honteux : l'estime ou le mépris que ses camarades témoignent pour certaines choses, décident de son penchant ou de son éloignement pour elles, & produisent sur lui beaucoup plus d'effet que tout ce que son précepteur ou ses parens pourroient lui dire à ce sujet.

Les exhortations de ces derniers ont vraisemblablement perdu leur force pour avoir été trop souvent répétées, ou le jeune homme s'est imaginé quelles n'étoient appliquables qu'au siècle passé ou à des mœurs tout-à-fait surannées.... Mais il est persuadé que les sentimens de ses camarades influent sur sa réputation, & l'affectent de la manière la plus sensible.

Dans tous les pays de l'Europe, à l'exception de l'Angleterre, on a dans les écoles publiques des attentions si marquées pour les enfans de condition, que l'émulation, aiguillon si puissant, en est émoussé.... Les enfans d'un rang mitoyen sont dégoûtés par l'insolence de leurs camarades titrés, contre lesquels ils n'oseroient se révolter & qu'on ne leur permet pas de corriger.... Ce qui produit le plus mauvais effet sur les uns & sur les autres, en rendant les premiers plus insolens & les derniers plus abjects.

Les écoles publiques d'Angleterre ne connoissent point cette basse partialité, & sont par cette raison particuliérement utiles aux enfans opulens & d'un rang distingué. Ces jeunes seigneurs sont on ne peut pas plus sujets à se former de fausses idées de leur importance. Dans ces séminaires impartiaux, on les apprécie ce qu'ils valent, & on les pèse dans des balances plus justes que celles dont on fait ordinairement usage chez leurs parens.

Le jeune Pair y apprend de ses maîtres, & encore mieux de ses camarades, ce précepte le plus utile de tous; savoir, qu'il ne doit se promettre des égards & des distinctions qu'autant que ses qualités personnelles l'en rendront digne, parce qu'elles feules peuvent le faire eftimer ou même le fauver du mépris.... Il y voit un fot de qualité châtié avec la même févérité que le fils d'un tailleur, & le poltron le plus opulent maltraité par fes camarades tout comme le feroit le plus pauvre.... Il fe perfuade que la diligence, le génie & l'efprit font les feuls moyens d'obtenir la fupériorité & les applaudiffemens tant du dehors que du dedans.

Le principe actif de l'émulation, toutes les fois qu'on lui laiffera le champ libre, comme dans nos principales écoles, opérera de différentes manières & produira toujours un bon effet.... Si un enfant s'apperçoit que fes camarades le dévancent dans la carrière des lettres, il s'efforcera à fon tour de les furpaffer en intrépidité ou par quelque autre qualité.... Si fa négligence à s'acquitter de fon devoir lui attire quelque difgrace, il fera fon poffible pour éviter le mépris par la fermeté avec laquelle il fupportera le châtiment qui lui fera infligé.

Le peu d'application & l'indolence, fi ordinaire à nos jeunes gens de diftinction, ne doivent point être attribuées à l'éducation qu'on leur a donnée dans les collèges publics, qui est, sans contredit, la plus propre à leur faire perdre ces mauvaises habitudes ; l'expérience journalière nous démontre qu'elle y réussit souvent, & communique à l'esprit une certaine énergie qui dure autant que la vie.

Ce n'est qu'après qu'ils en sont sortis que ces malheureux défauts commencent à prendre racine, & lorsque ces jeunes gens, devenus maîtres de leurs actions, ont affoibli leur jugement en se permettant tous les plaisirs auxquels leur fortune leur permet de se livrer, & que leur dépravation leur fait rechercher.

Tout bien considéré, on ne sauroit me persuader que les premiers rudimens de l'éducation d'un Anglois, qui sont ceux qui laissent les impressions les plus durables dans l'esprit, puissent & doivent lui être inculqués ailleurs qu'en Angleterre.

Dans le cas, cependant, où la volonté des parens où quelque autre circonstance empêcheroit qu'il ne fût élevé dans son pays, on doit préférer Genève à toute autre ville ; ou si, par négligence de sa part ou de celle des personnes qui ont été chargées de sa conduite,

LETTRE XXXI.

conduite, un jeune Anglois opulent a laissé écouler ses premières années sans en tirer parti, & est parvenu à l'âge de dix-sept ou dix-huit ans, sans avoir fait que peu de progrès dans les sciences; je ne vois aucun autre pays en Europe où il soit plus à même que dans celui-ci de regagner le tems perdu. Il a le choix entre plusieurs hommes célèbres dans toutes les branches de la littérature pour l'aider & le diriger dans ses études; la majeure partie d'entr'eux sont gens d'esprit, & aussi aimables dans le commerce ordinaire de la vie que distingués dans leurs différentes professions.

Il aura des occasions très-fréquentes de se trouver en compagnie avec des gens de mérite, dont les pensées & la conversation roulent ordinairement sur des sujets d'érudition : une pareille société ne sauroit manquer d'inspirer à un jeune homme le goût de l'étude, & de contribuer à lui faire aimer les sciences pour lesquelles il conservera toute sa vie du penchant.

L'on peut encore compter parmi les avantages dont on jouit dans cette ville le peu d'occasions de dissipation que l'on y rencontre ; elle est presque destituée de toutes sortes d'amusemens, à l'exception de ceux que procurent les beautés naturelles de sa situation, & les liaisons avec un peuple dont la conversation ne sauroit qu'être avantageuse pour un jeune homme.

P. S. Un seigneur Anglois & son épouse ayant pris le parti de faire élever leur fils à Genève, l'y ont accompagné, & ont efficacement prévenu les inconvéniens que je viens de citer, en restant sept à huit ans avec lui.

L'hospitalité, la générosité & les dispositions nobles & bienfaisantes de cette famille l'a fait adorer du peuple. J'ai été témoin de son départ, à peine sa voiture pouvoit-elle se faire jour à travers la foule répandue sur son passage.... Un grand nombre des plus pauvres, dont la misère avoit été soulagée par ses charités secrètes, incapables d'obéir plus long-tems aux ordres de leurs bienfaiteurs publioient hautement leur reconnoissance pour les largesses qu'ils en avoient reçu.

Le jeune homme a été obligé de sortir plusieurs fois de la voiture pour embrasser ses amis & ses camarades qui entouroient le caroſſe pour lui dire adieu, lui témoigner leur chagrin de ſon départ, & faire des vœux pour ſon bonheur. Les yeux des parens verſoient des pleurs de joie, & toute la famille emportoit avec elle les regrets de la plus grande partie & l'eſtime de tous les citoyens.

LETTRE XXXII.

Genève.

Rien n'eſt ſi fréquent à Genève que le ſuicide : nombre de vieillards m'ont aſſuré que depuis leur plus tendre jeuneſſe il en avoit été de même ; & il y a lieu de croire qu'il s'en commet plus ici, proportionnellement au nombre d'habitans, qu'en Angleterre ou dans tout autre pays.

Il ſeroit aſſez intéreſſant de ſavoir la raiſon pour laquelle le ſuicide eſt plus commun à Genève & dans la Grande-Bretagne que par-tout ailleurs ; car il me paroît très-extraordinaire que dans les pays où les hommes ſont les plus libres & les plus heureux, ils ſoient le plus enclins à abréger leurs jours.

Lettre XXXII.

Il faut qu'il y ait une cause bien forte & toute particulière qui produise un effet aussi funeste.

Avant mon arrivée ici, je croyois que le grand nombre de suicides qui se commettoient en Angleterre étoient, pour la majeure partie, occasionnés par les vents & les variations continuelles de l'atmosphère qui, tandis qu'ils rendent le ciel nébuleux, inspirent en même tems une espèce de mélancolie aux habitans.... A ces causes, les étrangers ajoutent ordinairement celle du charbon de terre, dont nous faisons usage au lieu de bois pour nous chauffer.

Je me contentois de cette théorie vague, fondée sur ces différentes causes jointes ensemble; mais il n'en est aucune de ce nombre qui puisse rendre raison de ce même phénomène à Genève, où l'on ne se sert point de ce charbon & où le climat est le même qu'en Suisse, en Savoie & dans les provinces voisines de France, où les exemples de suicide sont beaucoup plus rares.

Sans oser décider des causes éloignées de ce fatal penchant, il me paroît évident qu'aucun raisonnement ne sauroit avoir la moindre

LETTRE XXXII.

force pour le prévenir, à l'exception de celui qui est fondé sur l'immortalité de l'ame & sur une vie à venir.... Quel effet les argumens ordinaires pourroient-ils avoir sur un homme qui n'ajoute aucune foi à cette doctrine importante & nécessaire?.... On aura beau lui dire qu'il ne s'est pas donné la vie, que par conséquent il n'a pas le droit de s'en priver,.... qu'il n'est qu'un soldat en faction, & ne sauroit quitter son poste qu'autant qu'on l'aura relevé de faction:.... qu'importent pareils allégués à celui qui est persuadé qu'on ne pourra jamais l'obliger à rendre compte de sa fureur & de sa désertion.

Si vous cherchez à piquer sa vanité en affirmant qu'il y a plus de courage à supporter les maux de la vie qu'à les éviter; il s'appuiera d'exemples tirés de l'histoire romaine, & vous demandera si Caton, Cassius & Marcus Brutus étoient des lâches?

Le grand légistateur des Juifs paroît avoir été convaincu qu'aucune loi, ni aucun raisonnement contre le suicide, ne pouvoit avoir la moindre influence sur un peuple qui ne soupçonnoit nullement l'immortalité de l'ame; en conséquence, ne jugeant pas à propos de leur parler de cette vérité (par des confidérations que l'évêque de Glocefter a détaillées dans fon traité fur la miffion divine de Moyfe) il a cru qu'il étoit auffi fuperflus de rien prononcer contre le fuicide, c'eft pour cela qu'il ne ftatue aucune peine contre ceux qui s'en rendoient coupables.

Ainfi donc les philofophes qui fe font efforcés de déraciner cette heureufe doctrine & d'en établir une toute contraire, ont ouverts par-là la porte au défordre & à ce crime en particulier ainfi qu'à beaucoup d'autres.... Tous les argumens contre le fuicide qui ne feroient pas fondés fur la doctrine d'une vie à venir, ne feroient d'aucune force, & pourroient être facilement réfutés.

Il faut cependant avouer que dans plufieurs cas cette queftion eft fouvent décidée par le fentiment feul, fans aucun égard aux plus beaux raifonnemens.

La nature ne s'en eft pas remife, pour un objet de fi grande importance, entiérement aux foibles lumières de la raifon ; mais elle a gravé dans le cœur humain un tel amour de la vie & une telle horreur de la mort, que les plus grandes infortunes ne les furmontent qu'à peine.

LETTRE XXXII.

Il est cependant une maladie qui affecte quelquefois le corps & communique ensuite son venin à l'esprit, sur lequel elle jette un voile sombre & épais qui rend la vie insupportable. Dans cette affreuse situation on ne forme plus que des idées sombres, & toutes les sources de consolation sont taries & empoisonnées.... Ni la fortune, ni les honneurs, ni les amis, ni les parens ne sauroient procurer la moindre satisfaction.... L'espoir, dernier refuge du malheureux, disparoît.... Le découragement s'empare du malade, alors tous les raisonnemens deviennent inutiles.... Les argumens même tirés de la religion n'ont plus de force, & l'infortuné regarde la mort comme sa dernière ressource, persuadé qu'elle seule peut terminer & ne sauroit augmenter ses souffrances.

Je suis, &c.

P. S. Il est inutile que vous m'écriviez jusqu'à ce que vous ayez de mes nouvelles; il est vraisemblable que j'aurai quitté Genève avant que votre lettre me parvienne. Je me propose de faire un tour en Suisse, en Alsace, & jusqu'à Strasbourg.

LETTRE XXXIII.

Lausanne.

LE duc d'H.... a résolu de faire le voyage d'Allemagne, j'aurai l'honneur de l'accompagner.... Outre le plaisir que j'aurai de vivre avec lui, il est dans ce pays-là plus avantageux que par-tout ailleurs de se trouver à la suite d'un grand seigneur, cela facilite l'entrée par-tout, & vous met dans le cas de pouvoir vous passer de lettres de recommandation.

Il y a déja plusieurs jours que nous avons pris congé de nos amis de Genève, & cependant jusqu'à présent notre voyage n'est pas fort avancé, puisque nous sommes encore ici.

J'y ai rencontré mon ami B...., dont la compagnie & la conversation l'ont retardé en satisfaisant aux principales vues qu'on doit voir dans ses voyages, sur-tout si le plaisir & l'amusement y entrent pour quelque chose. Il est à Lausanne avec le marquis de L...., jeune seigneur vif & spirituel, un de

LETTRE XXXIII.

ces caractères faciles & peu réfléchis, si fort goûtés de ceux avec lesquels ils sont intimement liés, & s'embarrassant fort peu de ce que les autres pensent d'eux.

Puisque vous insistez sur la promesse que je vous ai faite de vous écrire réguliérement, vous devez vous attendre à recevoir des lettres datées de trois ou quatre endroits différens, toutes les fois que mon peu de séjour dans une ville ne me permettra pas de mettre la main à la plume, ou que je ne trouverai rien dans un autre propre à me fournir assez de matière pour une lettre aussi longue que vous les desirez.

La route de Genève ici suit les bords du lac, à travers un charmant pays abondant en vignobles qui produisent le *vin de la côte* dont on fait un si grand cas. Toutes les petites villes qu'on y rencontre, comme Nyon, Rolle & Morges, sont très-bien situées, les maisons commodes, & habitées par un peuple heureux & industrieux.

Lausanne est la capitale de ce charmant pays, appartenant autrefois aux ducs de Savoie, actuellement sous la domination du canton de Berne.

LETTRE XXXIII.

Quel mortifiant que foit ce changement pour l'ancien poffeffeur, il a cependant été très-favorable aux habitans du Pays-de-Vaud, qui fe trouvent, à toutes fortes d'égards, beaucoup plus à leur aife & dans une meilleure fituation que les fujets de Sa Majefté Sarde.

Cette ville n'eft pas fort éloignée des bords du lac, & diftante d'environ douze lieues de Genève. Comme la nobleffe des terres voifines d'une partie de la Suiffe & les familles de plufieurs officiers rétirés du fervice y réfident, il règne un air d'aifance & de gaieté (peut-être auffi plus de politeffe) dans les fociétés & les affemblées que dans celle de Genève ; du moins les gens de bonne compagnie de ce pays, qui fe regardent comme fort au-deffus des citoyens de cette république, le croient & l'affurent: ces derniers, au contraire, parlent fort à leur tour de l'indigence, de la frivolité & de l'ignorance de leurs voifins, & ne fe font aucun fcrupule de leur préférer pour les connoiffances les fimples ouvriers inftruits & lettrés dont leur république abonde.

LETTRE XXXIII.

Vevay.

J'AI fait hier une courfe à Vevay, d'où je ne partirai que dans l'après midi.

La route entre Laufanne & Vevay eft pleine de montées & de defcentes; mais les montagnes dont elle eft bordée font cultivées jufqu'au fommet & couvertes de vignobles.... Ce qui auroit été impraticable à caufe de leur pente rapide, fi les propriétaires n'avoient pas eu foin de placer par intervalle de fortes murailles les unes au-deffus des autres qui foutiennent les terres & forment de petites terraffes depuis le haut jufqu'au bas.

Les payfans y grimpent par des efcaliers fort étroits, & avant d'arriver au terrein qu'ils doivent cultiver, il faut fouvent qu'ils montent beaucoup plus qu'un maffon employé à réparer le toit du plus haut clocher.

La nature montueufe de ce pays l'expofe aux débordemens fréquens des torrens qui, lorfqu'ils font fubitement enflés, entraînent vignes, terres & murailles à la fois. Les habitans contemplent ces ravages avec une douleur ferme & muette, & sans s'abandonner à la rage bruyante des François, ou se livrer au désespoir sombre des Anglois, ne s'occupent que des moyens les plus efficaces de réparer leurs pertes : aussi-tôt que la tempête est appaisée, ils se mettent, avec une patience & une persévérance admirables, à reconstruire les murailles, à reporter sur des claies de nouvelle terre au sommet des montagnes, & à former un nouveau sol par-tout où le vieux a été emporté par les eaux.

Par-tout où l'on est parfaitement sûr de ses propriétés, & où il est permis de jouir tranquillement des fruits de ses travaux, les hommes sont capables d'efforts inconnus aux pays où le despotisme rend tout précaire, & où un tyran moissonne ce que des esclaves ont semé.

Cette partie du Pays-de-Vaud est habitée par les descendans de ces malheureux qui furent chassés par la persécution la plus cruelle & la plus absurde des vallées de Savoie & de Piémont.

Je n'affirmerai point que l'iniquité des persécuteurs soit retombée sur leurs enfans; mais il certain que les souffrances & la cons-

LETTRE XXXIII.

tance des persécutés paroissent avoir été récompensées par l'heureuse situation dans laquelle les descendans de la troisième & quatrième générations se trouvent actuellement placés.

Vevay est une jolie petite ville, contenant entre trois à quatre mille habitans, elle est agréablement située dans une plaine, voisine d'une des extrémités du lac, où il reçoit les eaux du Rhône qui viennent se mêler avec les siennes. Les montagnes derrière la ville, quoique très-élevées, sont entiérement cultivées, ainsi que celles de la route de Lausanne.

Au-dessus de Vevay, en ligne directe au milieu de la montagne, est un village considérable qui, lorsqu'on le regarde du bas, paroît situé au bord d'un précipice, & forme un paysage on ne peut pas plus pittoresque & plus singulier.

L'église principale est détachée de la ville, & située sur une hauteur qui la commande; de la terrasse qui sert de cimetière, on a la vue des Alpes, du Rhône, du lac, ainsi que des villes & des villages dont il est bordé....
Le corps du général Ludlow est déposé dans

cette église. Ce zélé républicain quitta Lausanne pour venir vivre ici après que son ami Lisle y eut été assassiné en se rendant à l'église, par un malheureux qui avoit traversé le lac à cet effet, & qui, profitant de la confusion occasionnée par ce coup, eut le tems de regagner sa nacelle, & se réfugia chez le duc de Savoie de l'autre côté du lac, où il fut ouvertement protégé.... Cette façon de venger la mort d'un monarque, justement ou injustement condamné, & exécuté publiquement, étoit bien atroce.

On a mis sur le tombeau de Ludlow une longue épitaphe où l'on fait mention de plusieurs circonstances de sa vie; mais on y a omis la plus remarquable. Il y est nommé: *Patriæ libertatis defensor, & potestatis arbitrariæ propugnator acerrimus*, &c. Il n'y est rien dit de plus d'où on puisse inférer qu'il eût été un des juges de Charles I, & eût signé la sentence de mort de ce malheureux prince.

Quel que soit le penchant que les Suisses aient naturellement pour la liberté, & quelle que soit leur partialité pour ses défenseurs, il est à croire que ceux d'entr'eux qui ont protégé Ludlow n'approuvoient point cette partie de sa conduite, & c'est vraisemblablement ce qui les a engagé à la taire dans son épitaphe.

Il n'y a point de poste établie dans aucun endroit de la Suisse; en conséquence, nous avons loué des chevaux à Genève pour nous conduire à Basle, nous la prendrons de-là pour Strasbourg où nous comptons nous arrêter en passant; nous partons d'ici après demain.

LETTRE XXXIV.

Berne.

A mon retour de Vevay, j'ai trouvé notre ami M. H.... à l'auberge avec le duc d'H.... Ce seigneur se propose de rester quelques jours à Lausanne; mais il m'a prié de prendre les devans avec les voitures & partie de sa suite, ne gardant que son valet de chambre & un laquais, & d'aller l'attendre à Strasbourg: j'y ai consenti sur le champ, après qu'il m'a eu promis de ne pas tarder à m'y venir joindre. H.... m'a en même tems fait la proposition bien agréable de m'accompagner à Strasbourg, d'y rester jusqu'au moment où nous en partirons & de laisser sa chaise au duc.

Nous nous sommes mis en route dès le lendemain, & avons été accompagnés jusqu'à Payerne par MM. B.... & O...., où nous avons passé gaiement la soirée, & nous sommes rendus dans la matinée du jour suivant à *Avanche*, ville qui, du tems de Tacite *, étoit la capitale de la Suisse.

Aucun pays dans le monde n'est aussi agréable en été pour voyager que celui-ci ; car, outre la beauté des chemins & les excellentes hôtelleries, quelques-uns des plus beaux objets de la nature, les montagnes, les forêts, les lacs entrecoupés de champs fertiles, de vignobles & de terreins parfaitement cultivés, se présentent de tous côtés à la vue, & plus à découvert que par-tout ailleurs.

Avanche

---

* Ce fut près de cette ville que les Helvétiens furent défaits par Cæcina, l'un des lieutenans de Vittelius.... *Multa hominum millia cæsa, multa sub corona venum data. Cumque direptis omnibus, aventicum gentis caput justo agmine peteretur.*

Taciti Historia, *lib. I, cap.* 68.

LETTRE XXXIV.

D'Avanche nous avons gagné Morat, *Murten* en allemand, jolie petite ville, située sur un côteau voisin du lac du même nom.

L'armée de Charles, duc de Bourgogne, assiégeant cette ville, fut mise en déroute par les Suisses en 1476. Près du grand chemin, à environ un mille de Morat, est un petit bâtiment rempli d'ossemens que l'on assure être ceux des Bourguignons tués dans cette action. Comme il a été construit plusieurs années après la bataille, on a lieu de supposer que les os des vainqueurs & ceux des vaincus ont été confondus pour en augmenter le volume.

On lit différentes inscriptions placées sur les faces de cette chapelle, comme

DEO OPTIM. MAX.
CAROLI INCLITI & fortissimi Burgundiæ Ducis
Exercitus Muratum obsidens ab Helvetiis
Cæsus Hoc sui Monumentum Reliquit 1476.

LETTRE XXXIV.

Et fur une autre

> Sacellum
> Quo reliquias
> Exercitus Burgundici
> Ab Helvetiis, A. 1476,
> Pia antiquitas Condidit.
> Renovari
> Viisque Publicis Muniri
> Jufferunt
> Rerum nunc Dominæ
> Reipublicæ
> Bernenfis & Friburgenfis.
> Anno 1755.

Les bords du lac de Morat font décorés de maifons de campagne & d'un grand nombre de villages.

L'habillement, les mœurs & l'extérieur des habitans de ce pays femblent annoncer un peuple tout différent des Genevois, des Savoyards & de ceux du Pays-de-Vaud.

Nous avons dîné à Morat, & y fommes reftés plufieurs heures. Il y avoit une foire, & un grand concours d'étrangers.... Les payfans Suiffes font les hommes les plus grands & les plus robuftes que j'aie jamais vu. Leur habillement eft très-fingulier, ils ont de petits chapeaux ronds comme ceux que portent les bateliers Hollandois....

LETTRE XXXIV.

Leurs habits & leurs veſtes ſont d'une eſpèce de drap groſſier noir.... Leurs culottes de toile fort épaiſſe, aſſez ſemblables à celles des matelots, mais froncées, & formant un grand nombre de plis ſous le genou; les bas ſont de la même étoffe.

Les femmes portent des caſaquins très-courts, garnis d'une grande quantité de boutons. Les filles tirent une eſpèce de vanité de la longueur de leur chevelure qu'elles ſéparent en deux, & laiſſent pendre de toute leur longueur; elles les treſſent avec des rubans.... Après qu'elles ſont mariées, il ne leur eſt plus permis de les étaler; il faut qu'elles les roulent autour de la tête en lignes ſpirales, & qu'elles les y attachent avec de groſſes épingles d'argent faites exprès; c'eſt la ſeule différence que le mariage met dans leur ajuſtement.

Les femmes mariées & non mariées portent également des chapeaux de paille ornés de rubans noirs. Juſque-là leur habillement eſt aſſez paſſable; mais elles ont une manière déſagréable d'attacher leurs jupes, qu'elles placent ſi haut qu'à peine apperçoit-on leur taille. Le tort que ces jupes font à cette dernière, joint au grand nombre qu'elles en mettent, forment une grosseur & un volume tout-à-fait extraordinaire qui les défigure.

La forme élégante de la Vénus de Médicis ou celle de la duchesse de D.... seroient entiérement cachées & totalement éclipsées par une pareille draperie, dont le poids est aussi insupportable que mal entendu.... Comme nous ne sommes arrivés ici qu'après midi, je ne puis encore rien vous dire de Berne.... Vous aurez de mes nouvelles par le prochain courier.

En attendant, je suis &c.

LETTRE XXXV.

Berne.

Berne est une ville réguliérement bâtie, avec un air de magnificence. Les maisons sont construites d'une belle pierre de taille blanche; elles sont assez uniformes, sur-tout celles qui se trouvent placées dans la principale rue, où elles sont toutes exactement de la même auteur. Il y a des arcades des deux côtés avec un trottoir élevé de deux pieds au-dessus du niveau de la rue, très-commode dans les tems humides & pluvieux.

On a trouvé moyen de détourner un petit bras de l'Aar que l'on fait paffer dans cette rue; & comme il eft renfermé dans un canal étroit pratiqué dans le milieu, auquel on a donné une pente affez confidérable, il coule avec beaucoup de rapidité & fans être défagréable à la vue, eft d'un très-grand ufage, parce qu'il entretient la propreté du pavé & entraîne toutes les immondices.

Une feconde circonftance contribue encore à rendre cette ville une des plus propres de l'Europe:.... on fe fert des malfaiteurs pour la nettoyer. Les plus coupables font attelés avec des chaînes aux tombereaux, tandis que ceux dont les crimes font moins atroces font occupés à balayer dans le ruiffeau les faletés les moins pefantes, & à jetter celles qui le font le plus dans le tombereau que leurs camarades plus coupables font obligés de pouffer ou de traîner.

Ces malheureux portent des coliers de fer, garnis d'une efpèce de manche en forme de crochet, par lequel, en cas de mutinerie, il est aisé de les saisir, & au moyen duquel ils se trouvent entiérement à la merci des surveillans, dont le devoir est de les obliger à remplir leur tâche.... Les deux sexes sont également condamnés à ce travail pendant des mois, des années, ou même pour la vie, & cela proportionnellement à la nature des crimes qu'ils ont commis.

On prétend qu'outre que cette façon de punir, ainsi que les autres châtimens, prévient les fautes ; elle a encore l'avantage particulier de forcer les criminels à réparer, par leurs travaux, les dommages qu'ils ont causé au public.

Je soupçonne cependant que cet avantage est contrebalancé par le mauvais effet qui en résulte ; en accoutumant le peuple à contempler sans émotion les souffrances de leurs semblables, ce qui (du moins je l'imagine) endurcit les cœurs & les rends moins sensibles & moins compatissans ; sentimens, peut-être, dont les influences sont les plus salutaires & les plus précieuses à l'humanité. Juvenal dit :

. . . . . . *Mollessima corda*
Humano generi dare se natura fatetur,
Quæ lachrymas dedit: hæc nostri pars optima sensûs;

LETTRE XXXV.

On a remarqué que, dans les pays où les châtimens & les exécutions publiques étoient les plus fréquentes, le commun peuple y étoit plus infenfible, & naturellement plus cruel que dans les lieux où ces fpectacles étoient plus rares. Je me rappelle que pendant mon féjour à Genève, où on en voit très-peu, un jeune homme qui avoit commis un meurtre fut condamné à être pendu, toutes les fociétés eurent un air trifte & morne qui dura plufieurs jours avant & après l'exécution.

Les édifices publics de Berne, comme l'hôpital, les greniers, le corps-de-garde, l'arfenal & les églifes font magnifiques. On vient d'en finir un très-élégant avec des falles appropriées à différens ufages, comme pour bals, concerts & fpectacles. Il y a auffi des appartemens pour des cotteries, & des affemblées. Ce font les gens du premier rang qui fe font cottifés pour le bâtir, & il n'y a que ceux des familles patriciennes admis dans la fociété qui s'y affemble journellement.

On permet rarement à Berne les fpectacles ; depuis que ce nouveau théâtre eft conftruit on n'en a encore fait aucun ufage.

Autrefois la promenade pratiquée au devant de l'églife cathédrale étoit la feule publique, la vue en eft admirable, d'un côté elle eft de niveau avec la rue, & de l'autre elle s'élève perpendiculairement de plufieurs centaines de pieds au-deffus, actuellement il y en a une feconde à quelque diftance des murs de la ville qui n'eft pratiquée que depuis peu de tems ; elle s'étend le long des bords de l'Aar, c'eft, felon moi, la plus belle que j'aie jamais connue, on y voit le cours de cette rivière, la ville de Berne, fes environs & les glacières de Suiffe.

J'ai vifité la bibliothèque, outre les livres on y trouve encore un petit nombre d'antiquités & quelques autres curiofités. La petite figure du prêtre, verfant du vin entre les cornes du toreau, n'eft eftimable que parce qu'elle éclaircit un paffage de Virgile, & qu'Addiffon en a fait mention.

Cette bibliothèque a été enrichie depuis peu d'une collection de livres dans notre langue magnifiquement reliés, dont un Anglois de diftinction lui a fait préfent ; & quoique ce bienfaiteur ait jugé à propos de cacher son nom, il a assez fait connoître ses principes politiques par la nature de ces ouvrages, parmi lesquels j'ai distingué les œuvres de Milton, sur-tout ses écrits en prose; le traité d'Algernon Sidney, sur le gouvernement; Locke; les mémoires de Ludlow; la traduction de Tacite, par Gordon; les œuvres d'Addisson, sur-tout le franc tenancier; celles de Marvel, de Steel, &c. Ce sont les plus belles éditions & du plus grand format, il peut y en avoir pour deux cent livres sterlings.... Ce même particulier a fait un semblable présent à la bibliothèque de Genève.

J'ai ouvert par hasard l'édition d'Homère de Glasgow, que j'ai trouvée ici, & j'ai lu sur l'un des feuillets de papier blanc qui précèdent le titre un compliment latin adressé au général Corse Paoli, signé *James Boswel.* J'imagine que ce beau livre est un présent envoyé par celui-ci à son ami Paoli; lorsque ce malheureux chef aura été contraint d'abandonner son pays, il sera tombé, avec quelques autres de ses effets, entre les mains de l'officier Suisse au service de France, qui a fait présent de cet Homère à la bibliothèque,

LETTRE XXXV.

Quand je n'aurois pas eu du goût pour les arsenaux, je n'aurois pu m'exempter de voir celui de Berne ; les gens du pays se glorifiant beaucoup des trophées, de la quantité, du bon état & de l'arrangement des armes qu'il renferme.

Rien ne m'y a fait plus de plaisir que les figures des braves Suisses qui s'armèrent les premiers, contre la tyrannie, & celle de Guillaume Tell, que l'on a représenté se préparant à abattre la pomme posée sur la tête de son fils. J'ai contemplé avec le plus vif intérêt le simulacre de ce grand événement, & ai été plus frappé de l'histoire elle-même que de l'habilleté de l'ouvrier à la rendre, car dans ce moment j'aurois considéré avec indifférence la statue la plus parfaite & la mieux finie d'Auguste.

Certainement il n'est point d'hommes qui aient un droit aussi bien acquis aux éloges & à la reconnoissance de la postérité que ceux qui, en affranchissant leur patrie, ont délivré leurs concitoyens du joug & des caprices de leurs tyrans. D'ailleurs, que les faits consignés dans l'histoire de Tell soient réels ou supposés, les hommes, quels qu'ils

LETTRE XXXV.

aient été, qui ont excité & encouragé leurs compatriotes à rompre les chaînes dont le gouvernement Autrichien les accabloit, méritent d'être considérés comme de vrais libérateurs ; animés par ce noble principe, si cher aux cœurs généreux, l'amour de l'indépendance. « C'est lui qui conduisoit ces hommes » agrestes, assemblés & consultant sur le » rocher d'Uri, qui prêtoit des aîles à la » flèche aussi invariable que la destinée ; » dont le coup rétablit les droits sacrés de » l'humanité. »

Mylord Addisson pense que rien n'est moins recréatif que de visiter les arsenaux, uniquement pour voir plusieurs fois répétés ces amas d'armes ; il me paroît pourtant que le tems que l'on y emploie n'est pas tout-à-fait perdu, puisque par leur moyen on peut se former une idée des forces de l'état où l'on se trouve, & qu'ils servent encore à nous rappeller les événemens les plus remarquables de son histoire.

Les armes enlevées aux Bourguignons dans les différens combats, qui établirent la liberté de la Suisse, sont conservées ici, ainsi que la figure du général Bernois qui, en l'année

1536, conquit le Pays-de-Vaud sur Charles III, duc de Savoie.... Et si ces républicains n'ont pas de trophées plus récens à montrer, je suis sûr que cela vient de ce qu'ils sont trop peu riches & trop prudens pour chercher à agrandir leurs possessions par de nouvelles conquêtes, & parce que toutes les puissances voisines se sont à la fin convaincues que la nature de leur sol & leur valeur personnelle ont rendu les Suisses aussi difficile à conquérir, que peu portés, par des considérations politiques, à rien attenter contre leurs voisins.

LETTRE XXXVI.

Berne.

LES différens cantons Suisses, quoiqu'unis par une alliance générale, & ayant tous adoptés le gouvernement républicain, diffèrent beaucoup entre eux dans la forme ainsi qu'en fait de religion.

La catholique romaine étant favorable au gouvernement monarchique, on croiroit aisément que lorsqu'elle est dominante dans un canton, celui-ci devroit naturellement pencher vers une aristocratie illimitée.

Il en est cependant tout autrement; car les plus démocratiques sont précisément ceux qui sont attachés à cette croyance, & celui de tous où règne la plus parfaite aristocratie, est le canton de Berne qui est aussi, sans contredit, le plus puissant; on prétend que, par son étendue & le nombre de ses habitans, il est presque égal à tous les autres pris ensemble.

On accuse la noblesse Bernoise d'orgueil & de *présomption*. Elle évite avec soin de se familiariser avec les citoyens d'un ordre inférieur, & ce n'est qu'avec beaucoup de peine que leurs femmes & leurs filles condescendent à se trouver avec celles des négocians aux bals, aux assemblées & aux autres fêtes publiques, où il faut, pour les rendre agréables, qu'il y ait beaucoup de monde; par ce moyen un bal, uniquement composé de gens de qualité, perd en gaieté ce qu'il gagne en dignité, & est souvent, si j'en crois ce que l'on m'en a dit, aussi ennuyeux qu'il est auguste & solemnel.

Le pouvoir & les premières charges de l'état se trouvent entre les mains de la noblesse ou des familles patriciennes, & comme le commerce leur est interdit, sans cette ressource elles ne manqueroient pas de tomber dans la misère ; mais au moyen du grand nombre de places dont elles jouissent, auxquels des revenus considérables sont attachés, les moins opulentes se trouvent en état de vivre avec splendeur.

Tout le canton, ainsi que les pays conquis, sont divisés en bailliages qui forment des établissemens honorables & lucratifs pour les principales familles. Le bailli est gouverneur & juge de son propre district, chacun de ces bailliages a son château vaste & commode où il réside ; on peut en appeller à lui de tous les tribunaux inférieurs, & même de ses décisions au conseil de Berne.

Les patriciens, quoique nés pour être juges, n'ont pas toujours étudié les loix ; en conséquence, on a cru convenable de choisir un certain nombre de personnes jurisconsultes par état pour leur servir d'assesseurs. Dans le cas cependant où le bailli seroit d'un avis différent qu'eux, & que malgré leurs remontrances il perfifteroit dans fon fentiment ; la nobleffe ayant le pas fur la robe, il faudroit que la décifion fût conforme à fa volonté.

Cet office refte pendant fix ans entre les mains de la même perfonne. On m'a affuré que, dans quelques-uns de ces bailliages, ceux qui les pofsèdent font en état d'y vivre d'une manière conforme à leur dignité, & d'amaffer, pendant le tems qu'ils en font pourvus, en ne prenant que ce qui leur eft juftement dus & fans être trop économes, deux à trois mille livres fterlings. Il n'eft point de loi qui s'oppofe à ce que la même perfonne foit enfuite promue à un fecond bailliage.

Le pouvoir exécutif, ainfi que toutes les places honorables & lucratives, fe trouvant ainfi entre les mains des patriciens, on s'imaginera peut-être que les gens d'un ordre mitoyen & ceux de la dernière claffe doivent être pauvres & opprimés. Il n'en eft pourtant rien, car les citoyens, c'eft-à-dire les marchands & les artifans, paroiffent en général jouir de tous les agrémens & de toutes les commodités de la vie. Et les payfans font, dans tout le canton de Berne, beaucoup plus à leur aife que par-tout ailleurs.

Les Suiffes ne trouvent point extraordinaire que les nobles ou les patriciens foient juges, & que les principaux offices de l'état leur foient dévolus. Ils les regardent comme leurs fupérieurs naturels, & croient que leurs perfonnes & leurs familles doivent jouir d'un certain degré de fplendeur.... Il n'en eft pas de même du pouvoir d'impofer des taxes, il faut à cet égard qu'ils en agiffent avec beaucoup de prudence & de modération:... c'eft la caufe publique ; & la conduite des patriciens, dans ce dernier cas, eft obfervée avec foin & avec des yeux jaloux: comme ceux-ci n'en font que trop bien inftruits, ils ont foin d'ufer de cette faculté avec ménagement ; mais pour empêcher que jamais ils ne l'oublient, on a placé une infcription allemande dans l'arfenal, par laquelle on leur fait entendre que l'infolence & la rapacité des grands ont occafionné la révolution qui a procuré la liberté aux Suiffes.

Un peuple conftamment armé, formant la feule force militaire du pays, ne court jamais rifque d'être opprimé & appauvri par les impôts.

Bien

LETTRE XXXVI.

Bien des gens prétendent que cette politique des Suisses qui permet à un si grand nombre de ses habitans de servir comme mercenaires dans les armées des différens princes Européens, est pernicieuse & condamnable. D'autres, au contraire, approuvent cette conduite & la regardent comme plus convenable & moins pernicieuse aux cantons Suisses, qu'elle ne le seroit à toute autre puissance.

Ceux qui soutiennent ce dernier sentiment assurent que tous les terreins de la Suisse, susceptibles de culture, sont déja aussi complétement cultivés qu'ils peuvent l'être : qu'en conservant toujours un nombre suffisant de bras pour les entretenir tels qu'ils sont actuellement, & pour travailler aux manufactures ; il reste encore un superflu d'habitans qui forme les soldats auxquels on permet de prendre parti dans les services étrangers. Ils ajoutent que ces soldats ne s'enrôlent que pour un terme limité, à l'expiration duquel plusieurs reviennent avec de l'argent dans leur patrie ; & que dans les cas urgens l'état, en vertu de ses capitulations, a le droit de les rappeller.... Par ce moyen il a toujours fur pied une armée nombreufe & bien difciplinée, qui, loin de lui être à charge, l'enrichit réellement; ...avantage dont aucun autre peuple n'a joui jufqu'à préfent.

Peut-être eft-il encore un autre motif, qui, quoique l'on ne juge pas à propos de l'avouer, contribue beaucoup, du moins je le foupçonne, à favorifer cette conduite; ne fe pourroit-il pas que les confeils, pour éviter que la jeune nobleffe ne reftât chez elle, où, ne trouvant que peu d'objets capables de l'occuper, elle ne fe mît à cabaler & à faire naître des diffentions dans l'état; ou que, par oifiveté & pour fatisfaire fon ambition, elle n'excitât des révoltes & des féditions parmi les payfans. Car, quoique les loix foient très-févères contre les criminels d'état, & facile à exécuter contre les coupables d'un rang ordinaire, il pourroit être moins aifé & plus dangereux de punir un jeune patricien aimé du peuple.

On peut, d'après ces confidérations, regarder comme très-fage la liberté qu'on laiffe à un grand nombre d'entr'eux, d'aller évaporer, dans quelque fervice étranger, la fougue & l'inquiétude ordinaires à la jeuneſſe, qui, s'ils étoient reſtés chez eux, auroient pu occaſionner des intrigues & des factions. Il eſt probable que l'état permettroit encore plus volontiers aux officiers de ſortir s'il pouvoit retenir les ſoldats; mais cela n'eſt pas poſſible, il faut que ces derniers les ſuivent, ſans quoi les premiers ne ſeroient jamais élevés aux grades diſtingués; l'eſpoir qu'ils ont d'y parvenir, eſt le véhicule qui les porte à quitter leur patrie.

Après avoir ſervi un certain tems, preſque tous retournent en Suiſſe. Quelques-uns, parce qu'une trop grande diſſipation les ennuie, d'autres pour aller ſe mettre en poſſeſſion des héritages dont le décès de leurs parens leur a donné la propriété. Pluſieurs, pour y jouir des penſions que leur ont accordé les princes qu'ils ont ſervi.... Alors le feu de la première jeuneſſe eſt vraiſemblablement amorti.... Ils commencent à aſpirer à ces dignités de leur patrie auxquelles leur naiſſance leur donne lieu de prétendre, & qu'ils préfèrent à l'éclat des poſtes militaires. Ils déſirent de contribuer à maintenir un gouvernement qu'ils trouvent ſi favorable à la fortune de leurs enfans, où ils se décident à passer le reste de leurs jours à leur aise & dans la retraite, dans les terres qui leur ont été délaissées par leurs ancêtres.

On ne sauroit assez observer que les officiers Suisses qui reviennent des services étrangers, sur-tout de celui de France, au lieu de rapporter dans leurs montagnes les mœurs françoises & d'infester leurs compatriotes du luxe & des ridicules de cette nation, quittent avec l'uniforme tous les airs étrangers, & reprénnent tout de suite le genre de vie simple & frugal de leur nation.

LETTRE XXXVII.

Basle.

AYANT précédemment fait le tour de la Suisse, nous n'avons pas jugé à propos de nous détourner, & avons résolu de nous rendre en droiture à Strasbourg. En conséquence de cette résolution, H.... & moi, après avoir quitté Berne, avons passé par Soleure, capitale du canton du même nom,

LETTRE XXXVII.

C'est une agréable petite ville, située sur l'Aar. Les maisons en sont bien bâties, les plus chétives ont un air de propreté. Le commun peuple paroît y être beaucoup plus à son aise, & a l'air plus satisfait que dans aucun des pays catholiques que j'aie vu jusqu'à présent. L'hôtellerie où nous avons logé ressemble assez à celles d'Angleterre. L'ambassadeur de France, auprès des cantons, réside dans cette ville. La cathédrale est le plus bel édifice moderne qu'il y ait en Suisse.

L'arsenal est fourni d'un nombre d'armes proportionné à celui des habitans du canton; il s'y trouve plusieurs trophées & autres monumens de la bravoure de leurs ancêtres, comme dans celui de Berne. Au milieu de la salle sont placés treize figures d'hommes armés de toutes pièces, représentans les treize cantons.

Le pays, entre Soleure & Basle, quoique montueux est très-beau; ce qui vient peut-être de la variété de sa surface & des différentes vues qu'il présente. H.... & moi avons eu beaucoup plus de tems que nous n'aurions voulu pour admirer ces charmans payſages; car l'aiſſieu de notre chaiſe s'eſt caſſé à quelques lieues de Baſle.

Nous nous trouvions alors dans la ſaiſon des vendanges.... Les montagnes étoient couvertes de vendangeurs de tout ſexe & de tout âge, tous employés à cueillir & à tranſporter les raiſins au preſſoir; notre voyage, pendant ces derniers milles, a été on ne peut pas plus agréable & plus amuſant. Dans tous les pays cette ſaiſon eſt celle de la joie & des plaiſirs; c'eſt celle qui approche le plus des deſcriptions pompeuſes que les anciens poëtes nous ont laiſſées du bonheur champêtre. Peut-être, dans le fond, il y a moins d'exagération dans leurs deſcriptions que d'altération dans nos mœurs; car ſi l'on permettoit aux payſans de jouir paiſiblement des fruits de leurs travaux, leur genre de vie ne ſeroit-il pas préférable à tout autre?.... puiſque malgré leur miſère, & l'oppreſſion ſous laquelle ils gémiſſent, un heureux enthouſiaſme, un charmant délire, & un oubli abſolu de leurs peines, règnent par-tout en France dans le tems des vendanges.... Chaque village eſt égayé par la muſique, par les danſes & par toutes ſortes

LETTRE XXXVII.

d'amusemens.... Si ce n'étoit leurs haillons & leur maigreur, ceux qui voient les payfans François dans cette faifon, s'imagineroient que leur fituation feroit auffi digne d'envie que celle dont (fi l'on en croit les poëtes) jouiffoient les bergers d'Arcadie... Ceux de ce pays-ci n'expriment pas leur joie d'une manière auffi bruyante, & quoique favorifés d'un bon tempérament, libre & dans l'abondance, une fatisfaction intérieure & une efpèce de gaieté phlegmatique, font les feuls témoignages extérieurs qui manifeftent leur contentement.

Arrivés à Bafle, nous nous fommes rendus en droiture aux trois Rois; cette hôtellerie, relativement à fa fituation, eft la plus agréable qu'on puiffe imaginer. Le Rhin baigne fes murs, & des fenêtres d'une fpacieufe falle à manger on a la vue de ce fleuve majeftueux, & l'on découvre de la rive oppofée les fertiles plaines d'Alface.

Je quitte dans l'inftant cette même falle, où nous avons voulu fouper;.... nous étions dix ou douze à table.... J'étois placé auprès d'un Strasbourgeois d'une figure agréable, avec lequel j'ai beaucoup caufé pendant le repas. Il avoit avec lui un de fes amis d'Amsterdam, qui avoit un visage rond, le tein fleuri & assez d'embonpoint; il n'entendoit point le françois; mais le Strasbourgeois lui parloit de tems en tems en hollandois; lui, pour toute réponse, se contentoit de lui faire un signe de tête.

Lorsque la majeure partie de la compagnie nous a eu quitté, j'ai témoigné quelque regret au Strasbourgeois de ce que mylord H.... & moi ne savions point le hollandois, ou que son ami ne parlât pas françois, pour que nous pussions jouir du plaisir de sa conversation. Cela a été sur le champ rendu à ce dernier, qui a écouté ce compliment avec un grand sang froid; & ayant ôté sa pipe de sa bouche, lui a répondu ceci: que j'aie eu assez de peine à engager notre interprête à nous rendre. Il lui a dit, que ce qui devoit nous consoler de ne pouvoir nous entendre les uns les autres, étoit que n'ayant aucun intérêt ou affaire de négoce à traiter ensemble, ce que nous pourrions avoir à nous dire ne sauroit être que peu important. H...., à l'ouïe de ce compliment, lui a fait une profonde révérence en ajoutant, que la justesse & le bon sens de cette observation m'étoient sûrement échappées, & qu'il avouoit que lui-même, jusqu'à ce moment, n'y avoit pas pensé.

Vous voyez, mon ami, qu'un homme qui voyage & a soin de fréquenter la bonne compagnie, ne manque jamais d'apprendre quelque chose de nouveau.... Si je n'avois pas visité l'auberge des trois Rois à Basle, j'aurois pu converser toute ma vie sans connoître le véritable usage de la parole.

LETTRE XXXVIII.

Basle.

IL s'est écoulé trois jours depuis que j'ai eu la conversation dont je viens de parler, avec mon ami d'Amsterdam. On nous assure que la chaise à laquelle on a fait un aissieu neuf, sera prête cet après midi. En attendant je vais vous faire part du petit nombre d'observations que j'ai faites sur cette ville.

Basle est la plus grande de la Suisse; mais moins peuplée à proportion de son étendue que Genève. Ses habitans paroissent redouter beaucoup les voleurs, la majeure partie des fenêtres étant garnies de barreaux ou de grilles de fer semblables à celles des couvens ou des prisons.

Je me suis apperçu qu'à la partie inférieure de plusieurs de ces fenêtres on avoit placé une espèce de boîte ou de coffret en bois qui débordoit dans la rue, & avoit au milieu un miroir d'environ demi-pied de diamètre : on m'a dit que c'étoit pour la commodité de ceux qui, ne voulant pas être connus, s'asseyoient près des fenêtres & s'amusoient à regarder les passans :.... que ces places étoient ordinairement celles des femmes, qui croyoient qu'il n'étoit pas décent de s'y montrer à chaque instant.

Les Baslois paroissent sérieux & réservés; je ne déciderai point s'ils le sont naturellement ou si c'est une affectation de leur part; ce que je sais, c'est que le petit nombre de ceux avec lequel j'ai eu occasion de m'entretenir étoient assez taciturnes & formalistes. Je n'ai jamais pu comprendre pourquoi une gravité soutenue & des manières peu familières dans les affaires ordinaires de la vie passoient pour une prudence ou comme annonçant des talens distingués.... Il arrive chaque jour dans ce bas-monde tant de choses ridicules, que ceux qui se trouvent posséder ce degré de sensibilité qui accompagne généralement le génie, éprouvent qu'il est très-difficile de conserver constamment sa gravité. On s'apperçoit de cette difficulté même dans les sérieuses & savantes professions de jurisconsulte, de médecin & de théologien ; les individus qui ont le mieux réussi à la surmonter & qui ne se sont jamais écartés des formes établies, n'ont pas toujours été les plus distingués par leur science ou par leur esprit, quoiqu'ordinairement les plus admirés par la multitude, très-portée à prendre cette gravité pour de la sagesse, procédant d'une bonne cervelle & d'un jugement mûr. Il arrive souvent qu'on se trompe tout aussi grossiérement dans l'idée qu'on se forme des livres aussi bien que des hommes. Les auteurs qui font une profession publique d'instruire & de réformer, & qui, dans leurs ouvrages, procèdent méthodiquement à ce but, jusqu'à endormir profondément leurs lecteurs ; ont passé pour des écrivains profonds & utiles, tandis que d'autres s'occupant d'observations originales & de préceptes véritablement inftructifs, ont été regardés comme frivoles parce que leur ftyle étoit familier & leurs leçons gaies, infinuées adroitement & d'une manière détournée & fymbolique.

Les ouvrages, compofés dans la vue de faire paffer leurs auteurs pour érudits, ont fouvent le malheur de n'être qu'ennuyeux au point que bien des gens regardent ces deux termes comme fynonymes; & ceux qui admettent pour règle fûre, que certains livres font favans parce qu'ils font ennuyeux, doivent naturellement conclure que d'autres font fuperficiels parce qu'ils font amufans. Quant aux livres cependant l'affaire eft bientôt décidée, ceux qui n'ont que des prétentions fauffes & orgueilleufes ne tardent pas à être oubliés, tandis que ceux d'un mérite réel reftent & font eftimés. Il n'en eft pas de même des hommes, la cataftrophe eft fouvent tout-à-fait différente; nous voyons tous les jours des fots bien empefés réuffir & jouir des fruits de leur faftidieufe & impofante conduite, tandis que des gens à talens qui dédaignent ce manège, languiffent dans l'obfcurité & meurent négligés.... Je vous demande pardon de cette longue digreſſion, elle m'avoit fait oublier qu'il s'agiſſoit de vous donner quelques détails ſur Baſle.

La bibliothèque de cette ville eſt fort eſtimée. Elle eſt ſur-tout regardée comme riche en manuſcrits; on nous a montré un nouveau teſtament grec, qui, ainſi que vous pouvez croire, nous a beaucoup édifiés H.... & moi; on nous a aſſuré qu'il avoit plus de mille ans d'antiquité.

On montre à l'arſenal l'armure dans laquelle Charles le Hardi, duc de Bourgogne, fut tué. Ce prince infortuné a décoré tous les arſenaux de la Suiſſe de ſes trophées.

Nous avons viſité la ſalle où le fameux Concile ſiégea pendant tant d'années & vota avec tant d'intrépidité contre le pape. Non content de condamner ſa conduite, les pères ne craignirent pas de le punir en effigie. Un fameux tableau de la maiſon de ville eſt ſuppoſé avoir été peint ſous leur direction. Le diable y eſt repréſenté chaſſant devant lui le pape & différens eccléſiaſtiques, & les pouſſant en enfer.... J'ignore ce qui a pu leur faire ſuppoſer que le diable fût ſi fort animé contre ſa ſainteté.

LETTRE XXXVIII.

On trouve ici plusieurs tableaux de Hans Holben (né à Basle & peintre favori de Henri VII, auquel il fut recommandé par Erasme), sur-tout plusieurs portraits de ce savant & un ébauche de la famille du chevalier Thomas Moore. Quoique les portraits soient en général les tableaux les plus insipides, cependant ceux des gens de cette célébrité, sortis des mains d'un peintre de ce mérite, ne laissent pas d'être très-intéressans.

L'ouvrage le plus admiré d'Holben est une suite de petits tableaux en différens compartimens, représentans la passion & les souffrances du Sauveur, dont le coloris a conservé tout son brillant & toute sa force.

On nous a aussi conduit à la triste galerie sur les murs de laquelle est représenté ce qu'on nomme la *danse des morts d'Holben*. Les couleurs, ayant été long-tems exposées au grand air, sont actuellement tout-à-fait passées. J'avoue qu'il ne me paroît pas qu'on ait beaucoup lieu de s'en affliger; car le sujet en est si mal choisi, que la plus parfaite exécution pourroit à peine le rendre supportable.

LETTRE XXXVIII.

Un squelette, dans une attitude dansante, représentant la mort, conduit des gens des deux sexes, de tout âge & de toutes conditions, depuis celle d'empereur jusqu'à celle de mendiant ; tous témoignent le dégoût le plus marqué de se voir à la discrétion de ce monstre ; leur conducteur hideux, qui, sans égard à leurs larmes, leurs prières & à leurs offres, les entraîne malgré eux.

Vous observerez que chacun de ces personnages donne la main à un mort, ce qui occasionne la répétition dégoûtante d'une même figure & la résistance que marquent tous les malheureux qu'elle force à danser ce désagréable menuet, est chez quelques-uns accompagnée de grimaces si ridicules, qu'on ne sauroit s'empêcher d'en rire, ce qui est sûrement tout-à-fait opposé à l'effet que le peintre auroit voulu produire ; dans le cas même où tel auroit été son but, de toutes les inventions qu'on ait jamais mis en œuvre pour réjouir quelqu'un, sûrement la sienne doit être regardée comme la plus extraordinaire.

C'est à cette pièce, telle qu'elle est, que Prior fait allusion dans son ode à la mémoire

du colonel Villers. « La prudence ne fauroit
» lui en impofer, ni la deftinée la faire errer.
» La mort impérieufe dirige fa lance d'ébène,
» elle remplit la tombe du grand Henri, &
» préfide à la danfe d'Holben. »

Toutes les horloges de Bafle avancent d'une heure : quand il en eft onze, dans les villes & les villages des environs, midi y fonne. Cette fingularité dure depuis trois à quatre fiècles; & ce qui eft tout auffi extraordinaire, c'eft qu'on ignore l'origine de cet ufage. Ce qui le prouve, c'eft que tous ceux à qui on la demande varient dans ce qu'ils en difent.

L'opinion la plus généralement reçue eft celle-ci, on prétend qu'il y a environ quatre cent ans que la ville étant menacée d'une furprife, l'ennemi devoit commencer l'attaque lorfque la groffe horloge de la tour au bout du pont fonneroit une heure après minuit. L'artifte qui en avoit foin étant informé que ce fignal étoit celui dont on étoit convenu, avança l'heure, & elle en fonna deux au lieu d'une, ainfi l'ennemi croyant être arrivé une heure trop tard, abandonna fon entreprife; & en commémoration de cette heureufe

LETTRE XXXVIII.

heureuse délivrance, toutes les horloges de Basle ont toujours depuis lors suivi la même méthode.

Dans le cas où l'on douteroit de la vérité de cette histoire, on montre, comme une preuve propre à la confirmer, une tête placée près de cette horloge patriotique, la face tournée vers le chemin par où l'ennemi devoit arriver. Cette tête tire la langue à chaque minute, de l'air du monde le plus insultant. Cet ouvrage de méchanique est celui d'un fameux artiste, auquel la ville est redevable de son salut : il la fit pour se moquer de l'ennemi qu'il avoit si adroitement trompé. Elle a été depuis réparée, renouvellée, & mise en état de répéter ce même mouvement à chaque minute pendant ces quatre derniers siècles par les soins du magistrat ; persuadé qu'une aussi bonne plaisanterie ne sauroit trop se perpétuer.

LETTRE XXXIX.

Strasbourg.

Rien ne forme un contraste plus frappant avec les montagnes de la Suisse que les campagnes d'Alsace. De Basle à Strasbourg, tout le chemin n'est qu'une plaine continue & bien cultivée, presque aussi égale qu'un jeu de boules. Nous avons vu une grande quantité de feuilles de tabac suspendues aux portes des paysans, devant lesquelles nous avons passé; cette plante est très-abondante dans ce pays où elle croît à merveille.

Nous avons passé quelques jours dans cette ville fort agréablement; on ne sauroit manquer de bonne compagnie & d'amusemens dans une place où l'on trouve une nombreuse garnison françoise. Le maréchal de Contade y réside actuellement en sa qualité de commandant des troupes & de gouverneur de la province. Il y tient une excellente maison; les Anglois qui viennent à passer ici, ainsi que les officiers de la garnison, ont sujet de se louer de son hospitalité & de sa politesse.

Après avoir dîné à son hôtel avec plusieurs Anglois, il nous a tous invités à faire usage de sa loge à la comédie ; on y a joué l'*Enfant prodigue* de Voltaire, & pour petite pièce le *François à Londres* : vous savez qu'il y a dans cette dernière quelques sarcasmes contre notre nation. Les yeux des spectateurs se tournoient fréquemment du côté de la loge du maréchal, pour observer la manière dont nous prendrions ces plaisanteries ; nous avons applaudi de toutes nos forces, & avons paru très-satisfaits & de la meilleure humeur ; nous n'avions dans le fond nulle bonne raison d'en agir autrement. La satyre est honnête & point trop mordante, & l'auteur a soin d'adoucir les traits un peu libres dont il l'a parsemée ; car, dans cette même pièce, il rend justice aux qualités louables & estimables des Anglois.

Un vieux officier François, qui se trouvoit dans la loge voisine de la nôtre, a paru inquiet & choqué de ce que certains traits occasionnoient de grands éclats de rire dans toute la salle. Il m'a donné un petit coup sur l'épaule,

& m'a assuré qu'aucune nation n'étoit aussi respectée en France que l'Angloise, & a ajouté : *Hanc veniam damus, petimusque vicissim.*

Il seroit à souhaiter que toutes les fois que les François ont été mis sur notre théatre on les eût toujours traité avec la même indulgence & autant d'équité, & qu'ils n'eussent pas été sacrifiés aux préjugés grossiers & absurdes de la populace.

J'ai vu manœuvrer séparément le plus grand nombre des régimens de cette garnison ; depuis mon arrivée il y a eu une revue générale. Les troupes françoises sont beaucoup mieux habillées, & à toutes sortes d'égards mieux tenues qu'elles ne l'étoient pendant la dernière guerre : on m'a assuré qu'elles en étoient redevables aux soins du duc de Choiseul, qui, quoiqu'actuellement disgracié, conserve cependant bien des partisans parmi les militaires.

Il se trouve ici, outre les François, deux régimens Allemands. Les soldats de cette nation sont exposés, pour les plus petites fautes, aux coups de canne : il n'en est pas de même des troupes nationales, avec lesquelles on ne sauroit en faire usage. Quoiqu'on ne laisse jamais manquer les Allemands de ces sévères correctifs, si propres à réveiller leur attention, je ne me suis point apperçu qu'ils manœuvrassent avec plus d'adresse & de précision que les François; & supposé que ces derniers fussent un peu moins habilles, il me semble que cette différence seroit trop achetée par le désagrément de traiter un soldat comme un épagneul.

Peut-être ce qui est propre à perfectionner le robuste & phlegmatique Allemand, produiroit un effet tout contraire sur le François d'un tempérament plus vif & plus débile; la sévérité nécessaire pour dresser un chien-d'arrêt rendroit un levrier inutile & le gâteroit.

Après tout, je doute beaucoup que cet usage révoltant soit absolument nécessaire dans aucune des armées de l'Europe; que les partisans du bâton en disent tout ce qu'ils voudront, il y a sûrement une grande différence entre l'homme & le chien.

Relativement aux François, je suis convaincu que trop de sévérité n'aboutiroit qu'à les décourager, & amortiroit ce feu & cette vigueur qui les distinguent, & contribuent plus qu'aucune de leurs autres qualités à les rendre formidables.

J'avoue que j'ai été enchanté de l'air aisé & familier, ainsi que du ton amical avec lequel les officiers en général parlent aux simples soldats.... On m'a assuré que cela ne diminuoit en rien le respect & la soumission de ceux-ci envers leurs supérieurs, ou ce degré de subordination que la discipline exige. On prétend, au contraire, qu'à ces qualités, que les François ont de commun avec les autres soldats, ils joignent encore une espèce d'attachement & d'affection.

Dans quelques services, la conduite des officiers avec les simples soldats est si farouche, si dure & si révoltante, que l'on croiroit que l'un de leurs plus grands plaisirs seroit de rendre la condition de ces malheureux tout-à-fait déplorable.

Si un certain degré de douceur ne nuit point à l'article important de la discipline & de la subordination, il convient certainement de faire quelque attention à la façon de penser d'un nombre si considérable de créatures de notre espèce; forcés par la politique de nos jours à se dévouer à l'état militaire, ne s'embarrasser en aucune manière de leur bien être dans les règles à suivre pour la conduite des armées dont ils forment certainement la majeure partie, c'est traiter indignement & trop sévérement des individus de la même nature, employés au même but & exposés aux mêmes périls que leurs officiers.

Je m'étois proposé, en commençant ma lettre, de vous faire part de quelques particularités relatives à Strasbourg; & j'ai été détourné de mon sujet par les soldats François & Allemands.... Je sens que mon goût pour les digressions me joue souvent de pareils tours, & il me semble qu'il me seroit plus facile de ne point écrire que d'y renoncer.

Le duc d'H.... est arrivé ici précisément au moment qu'il avoit promis de s'y rendre.

LETTRE XL.

Strasbourg.

LA cathédrale de Strasbourg est un superbe édifice, & ne manque jamais d'attirer l'attention des étrangers.

Nos gothiques ancêtres, semblables en cela aux Grecs & aux Romains, ont bâti pour la postérité. Leur genre d'architecture, quoique différent de celui des artistes grecs, étoit grand, sublime & magnifique, bien supérieur à la mesquinerie de celle de nos jours, qui travaille tout au plus pour une ou deux générations; les plans de nos ancêtres, dont la bénévolence étoit beaucoup plus étendue, devoient durer plusieurs siècles. On ne sauroit douter de leur intention en considérant le grand nombre d'édifices gothiques existans encore de nos jours ; ils doivent nous inspirer des sentimens de reconnoissance pour ceux qui n'ont épargné ni travaux, ni dépenses, & n'ont eu en vue que l'utilité de leur postérité la plus reculée.

LETTRE XL. 297

Le nombre & la grandeur des églises gothiques des différens pays de l'Europe, font présumer que le clergé d'alors s'occupoit plus que celui de nos jours du bien général ; car si les ecclésiastiques opulens n'avoient consulté que leur intérêt personnel, ils auroient fait servir le crédit excessif qu'ils avoient acquis sur l'esprit de leurs compatriotes à des fins beaucoup plus utiles pour eux, au lieu de les encourager à construire de magnifiques églises à l'usage du public : ils auroient recommandé, comme quelque chose de plus méritoire, l'érection de nouvelles maisons & de superbes palais propres à loger les serviteurs & les envoyés de l'Etre-Suprême.... Cependant le nombre des palais pour le clergé, comparé à celui des églises qui nous restent, est certainement bien peu considérable ; ce qui prouve suffisamment l'injustice de ces satyristes peu réfléchis, qui avancent que celui de tous les siècles & de tous les pays a manifesté un esprit aussi orgueilleux qu'intéressé.

Aucun genre d'architecture n'est plus propre à nous inspirer des pensées salutaires que les gothiques ; il semble ne s'être proposé que d'inspirer des sentimens sublimes & pieux : l'antiquité des églises gothiques contribue à augmenter la vénération que leur forme & leur étendue nous fait éprouver. Nous nous sentons naturellement saisis d'un saint respect pour un temple où nous savons que nos ancêtres sont entrés avec révérence, qui a résisté aux efforts de plusieurs siècles & à mille révolutions : cette mélancolie religieuse, dont l'esprit est ordinairement saisi dans les églises gothiques, est souvent bien diminuée par certains bas-reliefs ridicules dont les corniches & les colonnes de cette cathédrale de Strasbourg ont originalement été décorées.... Les vices des moines y sont représentés sous des figures allégoriques de pourceaux, d'ânes, de singes & de renards; s'acquittant, revêtus des habits de différens ordres, des fonctions les plus respectables de leur ministère pour l'édification de ceux qui ne sauroient saisir le sens de ces allégories. Un moine avec l'habit de son ordre est sculpté sur le lutrin dans la posture la plus indécente, ayant une nonne couchée à ses côtés.

Tout bien considéré, la cathédrale de

LETTRE XL.

Strasbourg eſt regardée, par bien des gens, comme l'égliſe la plus profane; & par d'autres comme la plus ſingulière qu'il y ait dans toute la chrétienté. Je vous laiſſe le ſoin de réſoudre ce problême; pour moi je ne ſuis qu'un ſimple voyageur tout-à-fait déſintéreſſé.

Je ne dis rien de la groſſe horloge & de ſes différens mouvemens. Quoiqu'elle fût, au moment où elle ſortit des mains de l'ouvrier, un objet d'admiration, les artiſtes de nos jours n'en font pas grand cas.

J'ai eu la curioſité de monter au haut du clocher de cette cathédrale, que l'on regarde comme un des plus élevés qu'il y ait en Europe; ſa hauteur étant de cinq cent ſoixante & quatorze pieds. Il vous ſera facile de vous former une idée des objets qui ſe préſentent à la vue, lorſque je vous dirai qu'on découvre du ſommet la ville de Strasbourg & les vaſtes plaines de l'Alſace, arroſées par le Rhin. Il eſt aſſez rare de trouver des payſages de cette nature; quoique très-agréables, ils étonnent & frappent moins que les objets ſauvages, irréguliers & ſublimes que l'on rencontre en Suiſſe.

300　Lettre XL.

Un matin parcourant les rues avec quelques-uns de mes compatriotes, on nous apprit que la musique de plusieurs des régimens de la garnison devoit se rendre à une certaine église où le comte de ...., fils de Louis XV & de mad. la marquise de Pompadour *, devoit assister à la messe. ... Nous nous y sommes tout de suite rendus pour entendre cette musique militaire, nous y avons trouvé une compagnie nombreuse & choisie. Après avoir attendu assez long-tems, il a sonné midi, sur quoi tout le monde s'est retiré sans entendre ni messe, ni musique. ... Quand même le Comte seroit venu après cette heure, la cérémonie n'auroit pu avoir lieu. Il faut qu'il soit arrivé quelque chose de bien important, pour empêcher un François, & sur-tout un homme aussi poli que le Comte, de se rendre à l'église dans une pareille circonstance : un murmure général s'est fait entendre, & l'on a paru fâché de ce manque d'attention de sa part ; on a blâmé la complaisance du prêtre qui avoit hasardé de per-

* L'auteur se trompe, le comte de .... est un être fictif, Louis XV n'a point eu de fils de la marquise, ni même d'enfans.

dre les ames d'un si grand nombre de fidèles par complaisance pour un seul; car ceux qui imaginent qu'une messe peut les sauver, ne sauroient nier qu'en les en privant on les expose à être damnées. Mylord H.... m'a dit à l'oreille : « en Angleterre on auroit certainement pas eu, à beaucoup près, les mêmes égards pour le roi, accompagné de tous ses enfans légitimes, que ces gens-ci ont marqué pour ce fils de C.... »

Pour me consoler en quelque façon de ce contretems, j'ai été dans l'après midi avec un officier François entendre un célèbre prédicateur. Le sujet de son sermon a été, la foiblesse de ceux qui se laissent gouverner par leurs passions.... Voulez-vous un échantillon de son discours?.... Le voici : « Un esclave aux galères (s'est écrié ce prédicateur) est plus heureux & plus libre que l'homme tyrannisé par ses passions ; car, quoique le corps du premier soit chargé de chaînes, son esprit peut être libre ;.... tandis que le malheureux qui en est gouverné a l'esprit, l'ame même enchaînée ; si sa passion est la luxure, il sacrifiera un serviteur fidèle pour la satisfaire, c'est ce

» que fit David.... Si c'eſt l'avarice, il trahira
» ſon maître ; c'eſt ce que fit Judas.... Eſt-il
» attaché à ſa maîtreſſe, il n'épargnera pas
» les jours même d'un ſaint pour lui plaire;
» c'eſt ce que fit Hérode.... »

En revenant de l'égliſe, l'officier François qui avoit été quelque tems rêveur a dit: « ma foi, cet homme parle avec beaucoup
» d'onction, je vais profiter de ſon ſer-
» mon; où allez-vous, lui ai-je dit ? je m'en
» vais chez Nanette, m'a-t-il répondu, pour
» me débarraſſer de ma paſſion dominante.»

Parmi les curioſités de la cathédrale, j'aurois dû faire mention de deux groſſes cloches que l'on montre aux étrangers. L'une eſt de fonte, & pèſe dix tonnes ; l'autre d'argent, qui en pèſe, à ce qu'on aſſure, plus de deux... On y montre auſſi un très-gros cor-de-chaſſe, dont voici l'hiſtoire : il y a près de quatre cent ans que les juifs complotèrent de livrer la ville, & ſe propoſèrent de faire uſage de ce même inſtrument pour avertir l'ennemi du moment où il devoit commencer l'attaque.

N'eſt-il pas étonnant qu'on ait répandu tant de contes extraordinaires & ridicules au ſujet de ces malheureux juifs.

LETTRE XL.

La conspiration fut cependant découverte, & plusieurs de ces infortunés furent brûlés vifs, les autres furent dépouillés de leur argent & de leurs effets, & bannis de la ville. Chaque nuit ce cor se fait entendre deux fois du haut du clocher, en mémoire de cette heureuse délivrance.

Les juifs, vous n'aurez pas de peine à le croire, nient toutes les circonstances de cette histoire, à l'exception des violences & de la ruine que leur nation a souffertes. Ils soutiennent qu'elle a été inventée pour fournir un prétexte à ces friponneries & à ces violences, & assurent que le clocher de Strasbourg, ainsi que le monument de Londres, *n'est qu'un fanfaron orgueilleux & menteur.*

LETTRE XLI.

Manheim.

Tous les avantages que j'ai lieu de me promettre de la compagnie du duc d'H.... ne m'ont pas empêché de regretter la privation de mon ami H.... qui est parti pour Lyon le même matin que nous avons quitté Strasbourg.

Après avoir traversé le Rhin, nous sommes entrés sur les terres du margrave de Baden-Dourlach, situées sur les bords de ce fleuve précisément au côté opposé à l'Alsace.

Nous avons appris, à Rastad, que le margrave & sa famille se trouvoient à Karlsrhue. Rastad est la capitale de ses états.... Cette ville est petite, & n'est pas fort peuplée.... Le palais du margrave est cependant assez considérable:... Nous ne nous sommes arrêtés que fort peu de tems à l'examiner, étant impatiens d'arriver à Karlsrhue.

Ce dernier endroit a aussi un palais magnifique, de très-bon goût. Il y a plusieurs années

LETTRE XLI.

années qu'on l'avoit commencé ; le prince régnant l'a fini depuis peu.

La ville de Karelsrhue est régulière : elle consiste en une grande rue de plus d'un mille anglois de long. Cette rue est assez éloignée vis-à-vis du palais, & dans la même direction. Toutes les autres viennent aboutir à différens angles de la principale ; de sorte que, quelle que soit celle où l'on entre lorsque l'on en sort, l'on a la vue du palais devant soi. La longueur de ces petites rues est fixée, aucune d'elles ne pouvant empiéter sur la grande place qui est devant le palais.

Pour la principale on peut l'alonger autant qu'on veut, & rien n'empêche d'y en ajouter de nouvelles ; conformément à ce plan, toutes auroient le palais en perspective.

Toutes les maisons de cette ville sont uniformes comme les rues, étant toutes de la même grandeur & hauteur ; de sorte que l'on imagineroit qu'aucun des habitans ne sauroit être plus riche ou plus pauvre que ses voisins. Il y a cependant quelques bâtimens neufs plus beaux que les autres, qui appartiennent à des particuliers attachés à la cour, situés à côté du palais ; mais ils ne font pas, à proprement parler, partie de la ville dont ils font séparés.

Ayant témoigné, suivant l'usage, que nous souhaitions avoir l'honneur de faire notre cour au Margrave, un officier est venu prendre le duc d'H.... & nous a conduit au palais.

Il y avoit à table le Prince & la Princesse régnans, trois de leurs fils, dont l'aîné a épousé une Princesse de Darmstadt, elle y étoit aussi, ainsi qu'une de ses sœurs, avec la Princesse douairière de Bareith, fille du Duc de Brunsvick, deux officiers généraux des troupes Impériales, & quelques autres convives des deux sexes, faisant en tout environ une trentaine de personnes.

Le diné étoit splendide.... Le Margrave a eu les attentions les plus marquées pour le duc d'H'.... & a été très-poli avec tout le monde.

La Princesse de Bareith est d'un caractère vif & enjoué. Après diné le Duc a visité les différens appartemens du palais, & s'est ensuite promené jusqu'au soir dans les jardins avec le Margrave.

La même compagnie a soupé à la cour;

nous avons eu de la musique pendant tout le repas, & la journée s'est passée d'une manière moins gênée & plus agréable que je ne l'avois espéré, après avoir vu cette foule de Princes & de Princesses.

Le Margrave de Baden-Dourlach paroît âgé de quarante-cinq à cinquante ans; c'est un prince instruit, sensé & généreux. J'avois ouï louer long-tems, avant de l'avoir vu, son humanité & son desir de rendre ses sujets heureux : en conséquence, ses vertus m'ont inspiré le plus profond respect; & je lui ai témoigné une admiration que son rang seul auroit eu peine à m'arracher.

Il parle assez facilement notre langue, & connoît nos meilleurs auteurs. Desirant que son fils ait les mêmes avantages, il a engagé Milord Cramer, jeune Ecossois de bonne famille, d'un excellent caractère, qui a résidé plusieurs années à sa cour, à être le gouverneur & le compagnon du jeune Prince.

Les cours allemandes sont, on ne peut pas plus, attachées à l'étiquette. On trouve chez eux les mêmes établissemens pour leurs maisons, les mêmes officiers que dans les cours des souverains les plus puissans de l'Europe....

La différence est plutôt dans les honoraires que dans les talens nécessaires pour remplir ces postes : un payeur des troupes a plus de revenus à lui seul en Angleterre que n'en ont un grand-maréchal, un grand-chambellan, deux secretaires d'état, & une demi-douzaine des premiers officiers pris ensemble.

Le Margrave de Baden a des gardes-du-corps qui font le service dans le palais, & pour l'extérieur des gardes à pied, ainsi que des gardes à cheval & des hussards, tous parfaitement bien tenus & des mieux disciplinés.... Ce Prince ne paroit uniquement suivre cet usage, que parce qu'il l'a trouvé établi depuis long-tems dans ses états.

Il n'entretient aucune autre troupe que le peu que je viens de mentionner, indispensables pour le service de la cour, quoique ses revenus soient plus considérables & ses finances beaucoup mieux en ordre que celles de plusieurs princes Allemands qui ont constamment de petites armées sur pied. Il a trop de raison pour ne pas s'appercevoir que le nombre de soldats qu'il pourroit entretenir ne seroit jamais capable de garder son pays, situé, comme il l'est, entre la France &

l'Autriche ; d'ailleurs ſes principes & ſa façon de penſer ne lui permettent pas de ſonger à remplir ſes coffres de l'argent qu'il tireroit des étrangers, en prenant le parti de leur louer ſes ſujets.

Pour peu qu'il y fût porté, il eſt certain qu'il trouveroit à les vendre comme ſoldats, ou qu'il lui ſeroit loiſible de les employer à tout ce qu'il jugeroit à propos ; car ce Prince, auſſi bien que tous les autres ſouverains Allemands, a un pouvoir illimité ſur eux. Si vous demandez à un Allemand ſi cela eſt vrai, il vous répondra que non, & vous parlera de certains droits dont les ſujets jouiſſent ; & dira qu'ils peuvent, en cas d'injuſtice, avoir recours au grand conſeil ou à la diète générale de l'Empire. Cependant, malgré ces échappatoires & ces diſtinctions, on reconnoîtra à la fin que les entraves, qui paroiſſent reſtreindre le pouvoir du ſouverain & protéger le payſan, ſont ſi foibles qu'à peine méritent-elles d'être conſervées, & que l'unique ſûreté qui reſte à ce dernier pour ſa perſonne, ou pour ſes propriétés, conſiſte uniquement dans la modération, le bon ſens & l'équité de ſon ſouverain.

Il seroit heureux pour l'humanité que ce pouvoir illimité se trouvât toujours placé entre des mains aussi équitables que celles du Margrave de Baden, qui ne s'en sert que pour le bonheur de ses sujets dont il est adoré.

Ce prince fait tous ses efforts pour encourager l'Industrie & établir des manufactures dans ses états.... Il s'y trouve un grand nombre d'ouvriers Anglois qui y travaillent à la quinquaillerie, & enseignent aux gens du pays à imiter les articles de ce commerce qu'on fabrique à Birmingam. Il a aussi engagé plusieurs horlogers de Genève à s'y établir, en leur donnant des gratifications & leur accordant des privilèges; il profite de toutes les occasions qui se présentent pour assurer le bonheur de ses peuples. Un prince de ce caractère est certainement un bien inestimable pour ses sujets, qui ne sauroient faire assez de vœux pour sa conservation: plus heureux encore ceux qui vivent sous un gouvernement assez puissant pour les protéger, indépendamment des bonnes qualités & malgré les mauvaises dispositions de leur souverain.

Lorsque nous sommes partis de Karelsruhe,

LETTRE XLI.

le margrave a donné ordre qu'on nous conduisît par un chemin qu'on venoit de finir, à travers une superbe forêt qui a plusieurs lieues de longueur. Après l'avoir traversée, nous nous sommes trouvés dans la route ordinaire de la poste, sommes entrés dans les terres de l'évêque de Spire, nous avons passé près de la ville de ce nom pour nous rendre dans l'électorat Palatin, & sommes arrivés le même soir à Manheim.

Tous les pays que je viens de nommer forment une plaine fertile; il s'y trouve peu de maisons de plaisance qui varient le tableau; on n'y voit que le palais du prince & les chétives habitations des paysans; les gentilshommes vivent à la cour, dont ils occupent les différens postes, les marchands & les manufacturiers dans les villes.

LETTRE XLII.

Manheim.

CETTE ville passe pour une des plus belles de l'Allemagne. Les rues en sont on ne peut pas plus droites, étant tirées au cordeau, & se coupant les unes les autres par des angles droits. Au premier coup-d'œil on est enchanté de cette régularité, ensuite elle fatigue beaucoup plutôt que celle d'une ville moins régulière. Après l'avoir parcourue pendant quelques heures, on cherche en vain à se distraire; les mêmes objets paroissent se mouvoir à mesure qu'on avance, comme si l'on avoit été pendant tout ce tems confiné à bord d'un vaisseau.

On compte que le nombre d'habitans se monte à vingt-quatre mille, y compris la garnison qui consiste en cinq mille hommes. Cette ville a trois belles portes ornées de bas-reliefs très-bien exécutés : nous nous sommes promenés pendant une heure le duc & moi tout à notre aise sur les remparts, dont nous avons fait le tour. Les fortifications sont en bon état & bien ordonnées ; la ville est d'autant plus forte qu'elle est entourée par le Neckre & le Rhin, & située dans une plaine qui n'est commandée de nulle part. Il seroit peut-être plus avantageux pour ses habitans qu'elle fût toute ouverte & sans fortifications. Les efforts que l'on feroit pour la défendre pourroient fort bien occasionner la ruine des maisons des particuliers & du palais de l'électeur. Un édifice de cette conséquence est toujours déplacé au milieu d'une ville fortifiée ; une simple menace de l'ennemi de le bombarder suffit pour engager la garnison à capituler.

Le palais électoral est un superbe bâtiment, situé au confluent du Rhin & du Neckre. Le cabinet de curiosités naturelles & la galerie de tableaux sont fort estimés. J'ai eu beaucoup de plaisir à voir l'un & l'autre. Si j'entreprenois de les décrire, je craindrois d'être ennuyeux.

L'électeur est personnellement un homme de goût & magnifique, circonstances de son caractère plus satisfaisantes pour sa personne, & les étrangers qui traversent ses états que pour ses sujets.

LETTRE XLII.

J'ai accompagné le duc chez un des officiers de la cour, dont les fonctions sont de présenter les étrangers. Je n'ai encore vu personne aussi versé qu'il l'étoit dans la science de l'étiquette. Il nous a parlé avec beaucoup d'érudition sur ce sujet.... Jamais je n'ai vu le Duc bâiller de si bon cœur.... Lorsque nous avons eu fini notre visite, il a prétendu qu'elle avoit duré deux heures.... En consultant sa montre, il a reconnu qu'il ne s'étoit trompé que d'une heure & quarante minutes.

Nous avons été présentés le lendemain à l'Electeur & à l'Electrice. Ce Prince portoit l'habit uniforme de ses gardes, il paroissoit âgé d'environ cinquante ans, & a un air mâle & spirituel, qui, à ce qu'on m'a dit, donne une juste idée de son caractère.

Le Prince héréditaire est jeune, il est instruit & d'un jugement mûr. Il m'a surpris en me parlant des débats & des différens événemens qui ont occupés récemment l'Angleterre, de manière à me prouver qu'il en étoit très au fait.... Bien des gens en Allemagne font venir nos gazettes & nos brochures politiques. L'acrimonie & la licence avec laquelle on y parle des premiers hommes du royaume, les étonnent & les amusent, & d'après cette lecture, ils tirent souvent des conséquences fausses, relativement à l'état de la nation.

Comme l'électeur se propose de faire bientôt le voyage d'Italie, nombre d'officiers sont venus ici pour y rendre leurs devoirs à leur souverain avant son départ; il en est fort respecté, & il vit avec eux d'une manière très-affable. Il y a journellement une trentaine de couverts à sa table pour eux & les étrangers qui se trouvent par hasard à sa cour.

Un jour à dîné, une espèce de bouffon entra dans la salle; il fit le tour de la table, & s'entretint familiérement avec tous ceux qui y étoient, sans en excepter les princes. Ses observations excitèrent de grands éclats de rire. Comme il parloit allemand, je ne pus pas juger de la finesse de ses bons mots, je me contentai de regarder autour de moi avec l'air embarrassé qu'a ordinairement celui qui voit tous ses voisins prêts à crever de rire d'une plaisanterie qu'il ne sauroit comprendre. Un vieux officier qui étoit à mes côtés eut pitié de ma situation, & m'expliqua en françois quelques-uns de ses meilleurs bons mots.

Comme ce bon officier ne paroissoit pas trop exercé dans cette langue, sa traduction n'a exprimé que foiblement leur force & leur énergie ; du moins j'ai été incapable de les saisir. Cependant, comme cette opération lui lui donnoit évidemment beaucoup de peine, j'ai crû être obligé de lui témoigner que j'en étois enchanté; en conséquence, je me suis joint au reste de la compagnie, & j'ai tâché de rire autant, & tout aussi fort que les autres.

Mon interprête m'a ensuite appris que ce bel esprit étoit Tyrolien, qu'il parloit l'allemand avec un accent si singulier, que toutes les fois qu'il ouvroit la bouche il ne manquoit jamais d'exciter les ris de tous les convives; « c'est pourquoi, a-t-il ajouté ; il » est en possession d'entrer toujours avec le » dessert. »

Cet exemple est le seul que j'aie vu jusqu'ici d'un bouffon de cour gagé; autrefois on en trouvoit dans toutes les cours de l'Europe.

LETTRE XLIII.

Manheim.

IL y a quelques jours que nous avons fait une courfe à Heidelberg, cette ville eft à environ quatre lieues de Manheim.

Elle eft fituée dans un fond fur les bords du Neckre, & eft environnée de charmans côteaux parfaitement cultivés.

On ne voit nulle part une fi grande fertilité que le long de cette belle chaîne d'agréables colines qui commence tout près de cette ville. Leurs fommets font couronnés d'arbres, les côtés & le bas font garnis de vignes.

Le château de l'électeur eft fitué fur une éminence qui commande la ville, & a la vue de la vallée au-deffous d'elle: malheureufement le château lui-même eft dominé par une feconde élévation ou monticule d'où ce fuperbe édifice fut canonné lorfque tout le Palatinat fut pillé & brûlé, en conféquence de l'ordre cruel de Louis XIV qui ne fut que trop littéralement exécuté par le maréchal de Turenne.

Les particularités de cette affreuse scène se sont transmises de père en fils ; les paysans du pays en parlent encore avec horreur, & ils ont conservé jusqu'à ce jour la plus grande haine contre les François.

Tandis que nous étions dans le château, nous n'avons point oublié de nous faire montrer la fameuse tonne d'Heidelberg ; comme elle étoit absolument vuide, ce spectacle étoit peu intéressant.

Les habitans du Palatinat sont partie protestans & partie catholiques, vivans dans la plus grande union les uns avec les autres. La cathédrale est séparée en deux, & les deux religions y ont chacune leur quartier où elles servent Dieu à leur manière ; .... preuve incontestable de la modération & de la sagesse du peuple, relativement à un objet qu'il ne pouvoit contempler de sang froid du tems de ses ancêtres.

Nous ne nous sommes arrêtés qu'un seul jour à Heidelberg, & sommes revenus ici le même soir. Les mœurs & la façon de vivre des habitans de cette ville paroissent

LETTRE XLIII.

aussi uniformes & aussi réguliers que ses rues & ses bâtimens. On n'y entend ni bruit, ni fracas ; à midi tout y est aussi tranquille & aussi calme que les rues de Londres le sont à minuit. Ce qui me fait croire que les citoyens sont assujettis aux mêmes réglemens & à la même discipline que les troupes.

J'ai vu ces dernières manœuvrer tous les matins à la parade. J'ai été fort surpris en remarquant que non-seulement les fusils des soldats & leurs attitudes, mais encore leur dévotion se trouvoient sous l'inspection de la canne du major. Les mouvemens suivans font partie de l'exercice militaire, chaque jour avant que d'aller occuper leurs différens postes.

Le major lève la canne; ..... le tambour bat un seul coup ; .... chaque soldat sous les armes porte la main au chapeau ; .... à un second, il se découvre & est supposé prier ; .... à un troisième, il finit sa prière & remet son chapeau sur la tête. ... Si quelqu'un osoit prolonger son oraison d'une seule minute de plus que le tambour n'accorde, il seroit puni sur le champ, & on lui apprendroit à mieux régler sa dévotion par la suite.

L'ingénieux inventeur des tambours ne se seroit certainement jamais imaginé qu'ils auroient servi par la suite à régler la piété des soldats ; .... mais les progrès que l'on a fait de nos jours dans la science militaire sont réellement étonnans! .... Après cela, nous aurions tort de désespérer de voir quelque jour tous les soldats d'un régiment, par le moyen du rafinement dans la discipline, formés à manger, à boire & à s'acquitter des autres fonctions animales, uniformément & tous à la fois au premier commandement, & tout aussi facilement qu'ils manient leurs armes.

LETTRE XLIV.

Manheim.

Ayant laissé ordre à Genève de nous envoyer à Manheim toutes les lettres qui nous arriveroient dans un tems fixé, & d'adresser celles qui viendroient ensuite à Francfort

LETTRE XLIV.

Francfort-sur-le-Mein. J'ai eu le bonheur de recevoir la vôtre hier au soir.

Je suis tout aussi indigné que vous pouvez l'être contre ceux qui cherchent à troubler le repos des familles par des libelles, & je partage sincérement l'indignation de Milord.... contre l'auteur de celui qu'on a publié contre lui. Je serois pourtant très-fâché que l'on remédiât à cet inconvénient en donnant la moindre atteinte à la liberté de la presse, parce que je me convains tous les jours davantage que ses productions les plus licentieuses (je n'en excepte pas même nos gazettes & nos autres papiers publics) ont inspirés à tous les habitans de la Grande-Bretagne, malgré leur impertinence & leurs mauvaises plaisanteries, un plus grand respect pour la constitution, une idée plus nette & plus approfondie de nos droits & de tout ce qui nous intéresse, que celle qu'aucune des nations connues n'a eu jusqu'à présent de ce qui la regarde. Une loi telle que celle que votre ami propose en interdisant la liberté de la presse, mettroit, je l'avoue, les individus à l'abri des attaques de cette nature; mais elle leur raviroit en même tems un des remèdes les plus efficaces contre les calomnies, & les plus propres à manifester leur innocence & le tort que leurs ennemis ont eu de chercher à la noircir ; ce seroit priver les Anglois de la faculté qui leur reste, de s'adresser directement à leurs concitoyens toutes les fois qu'on les insulte ou qu'ils sont opprimés par l'abus de la loi ou par la prévarication des magistrats chargés de la maintenir & de la faire exécuter.

Il seroit facile d'alléguer des exemples de gens de la probité la mieux établie, persécutés de la manière du monde la plus inique & la plus atroce par ceux qui occupoient les premières places de l'état, & étoient tous puissans. Ces premiers n'avoient d'autre ressource, pour obtenir justice, que d'en appeller à l'équité & au jugement du public ; toutes les fois qu'ils y ont eu recours ils s'en sont bien trouvés. Tout être sensé ne sauroit se cacher qu'il se commet journellement, je ne sais combien d'injustices & de vexations par l'opulent, le fourbe, ou puissant en dépit, ou même à l'aide des loix dont le pauvre, l'homme franc, & celui qui est dénué de protection, deviennent les victimes.

plusieurs de ceux qui ont imposé silence à leur conscience & su esquiver la loi, tremblent en pensant que leur iniquité va paroître au grand jour ; rien n'est, ni ne sauroit être un frein plus efficace contre l'abus du pouvoir que le privilège de porter au tribunal du public, les griefs que l'on a contre ses oppresseurs. De cette façon, la cause des individus devient la sienne, & l'indignation générale que les torts qu'on leur a fait excite, forme l'une des plus sévères punitions qu'on puisse infliger au coupable, & est en même tems l'un des plus forts remparts des opprimés.

Par ce moyen, l'alarme la plus prompte & la plus salutaire est répandue dans la nation toutes les fois que le public est abusé par une fausse démarche, ou qu'il a la moindre apparence de quelque machination contre la constitution, on prévient & on découvre plusieurs pratiques, dont sans cela on ne se seroit douté qu'au moment où il n'auroit plus été tems d'y remédier. Et quoique cette liberté soit la source de plusieurs avis ridicules, & produise un grand nombre de censeurs de mauvaise foi, elle ouvre en même tems la porte à d'autres d'une espèce tout-à-fait oppofée, & procure la faculté d'en faire parvenir de falutaires aux gens en place; qui, fans la facilité de les publier en gardant l'anonyme n'en auroient jamais eu aucune connoiffance.

Les défordres momentannés, fuites de cette liberté, ont été fort exagérés, & repréfentés comme plus confidérables que les avantages de cette modération & de cette lénité civile. Si ces mêmes gens s'étoient donnés la peine de réfléchir fur la nature des inconvéniens que l'on éprouve dans les gouvernemens defpotiques, ils auroient bientôt reconnu leur erreur.

Le plus grand mal qui puiffe naître de la licence attachée à cette condefcendance eft, que le peuple ne vienne à fe dégoûter tout-à-coup de la liberté même; fatigué des impertinences & des abfurdités que publient journellement quelques-uns de fes partifans les plus zélés & les plus emportés : tout ainfi qu'il pourroit arriver qu'un homme feroit moins empreffé à rechercher la compagnie de fon meilleur ami, s'il le voyoit toujours fuivi d'un vilain chien hargneux, grondant & aboyant continuellement & fans fujet.

LETTRE XLIV.

Pour prouver l'irrégularité d'une pareille conduite, il suffit seulement de se rappeller que la licence n'est peut-être jamais montée à un si haut point qu'elle l'est depuis quelques années en Angleterre.... Quels sont les grands maux qui en ont été la suite?... Plusieurs personnes respectables ont été cruellement calomniées dans des brochures.... Certains barbouilleurs impudens ont eu l'adresse de se soustraire au châtiment qu'ils méritoient :.... on a cassé les vitres, & les carrosses d'un petit nombre de membres du parlement ont été couverts de boue par la populace.... Que sont ces petits désordres comparés à la sombre & morne régularité produite par le despotisme, sous lequel les sujets sont forcés d'user de la circonspection la plus pénible dans toutes leurs actions, ne disent jamais leurs sentimens sur les objets même les moins importans, craignant que le gouvernement n'ait des espions à gages dans leurs propres domestiques, se défiant de leurs parens & de leurs plus intimes amis, exposés en tout tems aux insultes des gens en place & à l'insolence de leurs favoris?... Le désordre, selon moi, est encore moins à redouter que la sévère régularité & la police tant vantée du gouvernement arbitraire où tous les cœurs sont avilis par la crainte, où personne n'ose paroître ce qu'il est réellement, où l'homme libre est obligé de ramper devant l'esclave en autorité, où celui qui a du génie est forcé d'ensouïr ses talens, où, à l'imitation des Egyptiens idolâtres, de les sacrifier au veau d'or, & où l'esprit humain, toujours enchaînés, ne sauroit se permettre le moindre essor.

LETTRE XLV.

Mayence.

Il y a cinq à six jours que nous avons quitté Manheim. Il est très-agréable de voyager dans cette partie de l'Allemagne, les chemins y sont très-bons, & le pays est tout en plaine. De Basle jusqu'à quelques lieues de Mayence on ne rencontre pas la plus petite coline, toute la route est parfaitement unie.

Nous nous sommes apperçus, au grand nombre de prêtres & de moines que nous avons rencontrés, que nous entrions dans un état gouverné par un prince eccléfiastique ; l'embonpoint & le teint fleuri du clergé nous ont en même tems prouvé que ce n'étoit pas en vain qu'ils habitoient les fertiles contrées qui produifent le vin du Rhin.

Quoique très-bons chrétiens, il m'a paru qu'il s'en trouvoit un très-grand nombre parmi eux qui ne fe faifoient aucun fcrupule de rendre occafionnellement hommage à l'ancien Dieu des payens Bacchus, & ils ne craignoient point d'être auffi gênés dans leur dévotion que les foldats de Manheim le font dans la leur à la parade.... L'un, fur-tout, fembloit encore tout occupé des cérémonies de ce culte.... Il marchoit de la manière du monde la plus négligée, fans fuivre la ligne directe, ni s'embarraffer de prendre à droite ou à gauche. Tout en avançant, il marmottoit entre fes dents.... Répéteroit-il fon *pater nofter*, me fuis-je dit ?.... Je croirois plutôt, m'a repliqué le duc, qu'il prieroit d'après Horace :

. . . . . . *Quo me, Bacche, rapifhi*
Plenum ? Quæ memora, aut quos agor in fpecus
Velox mente nova ? . . . . . .

Des deux côtés du Rhin, le terrein commence à devenir montueux & irrégulier, formant des éminences bien exposées & se ressentant des heureuses influences des rayons du soleil. C'est ici où croît le meilleur vin du Rhin, les vignes s'y vendent à des prix excessifs. Une suite de villages riches & peuplés s'étend depuis Mayence jusqu'à Bacharach, tout le long du chemin qui conduit à Coblentz, où la Moselle vient se joindre au Rhin.

On prétend que Bacharach dérive son nom d'un autel dédié à Bacchus (*Bacchi Ara*) que l'on suppose avoir été érigé par les Romains en reconnoissance de la qualité & de la quantité de vin que produit ce canton. Un peu avant d'arriver à Mayence, nous avons passé près de la Favorite, beau palais de l'électeur, situé au confluent du Rhin & du Mein.

Mayence est dans une situation agréable, elle est irrégulière & abondamment pourvue d'églises. La cathédrale n'est qu'un sombre & triste édifice ; on y trouve une espèce de trésor, c'est du moins le nom que les gens du pays lui donnent, il renferme un nombre de bijoux antiques & groffiérement travaillés, quelques reliques & une très-riche garderobe à l'ufage du clergé.

Cette capitale a une petite garnifon ; mais il ne me paroît pas que les officiers y aient cet air martial, ordinaire aux gens de cette profeffion. Ils ont l'air humiliés d'obéir à un prêtre ; j'aurois même affez de penchant à croire qu'une pareille idée leur ôte une partie de leur affurance.

Les rues font pleines d'eccléfiaftiques, quelques-uns ont de fuperbes équipages & un grand nombre de laquais. J'y ai auffi remarqué plufieurs abbés fort parés, que j'ai reconnu aifément pour les gens les plus à la mode & qui donnoient le ton.

Quoiqu'il foit évident que dans cet électorat le clergé ne s'eft pas oublié, cependant je lui dois la juftice d'avouer que le peuple y paroît auffi fort à fon aife. Les payfans y font beaucoup moins miférables qu'en France, ou même que ceux des états de l'électeur Palatin.

J'aurois grande envie de voir une cour eccléfiaftique, & m'arrêterois volontiers à celle de Mayence ; mais le duc d'H.... qui ne paroît pas avoir beaucoup de goût pour aucune, prétend qu'une cour de prêtre doit être plus triste & plus ennuyeuse qu'une autre, & je crains de ne pouvoir l'engager à se montrer à celle-ci; en ce cas nous partirons demain matin de bonne heure, sans cérémonie.

LETTRE XLVI.

Francfort-sur-le-Mein.

IL y a quinze jours que nous sommes à Francfort.... Pour pouvoir se former une juste idée du génie & des mœurs d'un pays, il faudroit avoir vécu familiérement avec ses habitans pendant un certain tems; mais il est plus facile & il faut moins de recherches pour s'instruire de la nature de son gouvernement. Les funestes effets du despotisme ou les bénignes influences de la liberté & du commerce sautent aux yeux du voyageur le moins attentif.

Les rues de Francfort sont spacieuses & bien pavées; les maisons d'une architecture noble, propres & commodes; les boutiques bien fournies; l'habillement, le nombre, l'air, & les manières en général de ses habitans montrent assez, sans avoir besoin d'autres informations, qu'il ne se trouve point de petit despote dans l'enceinte de ses murs, les ruinant pour soutenir son faste, & réglant tous leurs mouvemens & toutes les actions de leur vie au gré de son caprice.

Les maisons sont en briques, & ont en général une plus belle apparence que n'ont ordinairement ailleurs celles qui en sont bâties, ce qui vient de ce qu'elles sont enduites d'une espèce de stuck rougeâtre, dont on se sert ici depuis peu d'années, & que l'on croit devoir rendre les édifices plus durables. Les façades de plusieurs des plus apparentes sont aussi décorées de bas-reliefs en stuck blanc, imitant le marbre. Ces ornemens forment, avec le fond rouge des murailles, un contraste trop frappant, & ne sauroient plaire à ceux qui aiment la simplicité; mais les Allemands en général ont un penchant marqué pour tout ce qui tranche, & il en est de même pour leur habillement, leurs ameublemens & leurs maisons. Francfort est une ville Impériale, libre; elle a un petit territoire qui lui appartient, & est gouvernée par ses propres magistrats.

Toutes les religions y sont tolérées sous certaines restrictions; mais le luthérianisme est la dominante, & celle du gouvernement.

Les catholiques sont en possession de l'église cathédrale; mais ils ne peuvent porter en cérémonie le saint-Sacrement dans les rues. Il faut que toutes les cérémonies de leur religion se fassent dans les maisons des particuliers ou dans l'enceinte de cette église. Il s'y trouve une chapelle où l'on conduit l'Empereur immédiatement après son élection, pour y être couronné par l'archevêque de Mayence.

Les Juifs ont aussi une synagogue dans cette ville, où ils s'acquittent des devoirs de leur loi; mais on n'a jamais permis aux calvinistes d'avoir un lieu public de dévotion dans le territoire de Francfort. Ils font le service divin dans un village nommé Bockenheim, dans le comté de Hannau, où ils ont bâti une église. Ce traitement n'est pas honnête, & il paroît au premier coup-d'œil un peu singulier, que Martin Luther témoigne plus d'indulgence pour son vieux ennemi

Lettre XLVI.

milord Pierre, & même pour Judas Iscariot, que pour son contemporain le réformateur Jean Calvin.

Quoique Francfort passe pour une belle ville, & que, prise en gros, elle produise le plus bel effet, elle n'a cependant aucun édifice en particulier digne d'attention. Tous les étrangers cependant ont soin de visiter l'hôtel-de-ville & de s'y faire montrer la salle où l'on élit l'Empereur : l'on regarderoit comme peu curieux celui qui ne demanderoit pas à voir la fameuse bulle d'or que l'on y conserve avec le plus grand soin : il faut payer pour cela un ducat, ce qui est assez cher pour obtenir la liberté de jetter un coup-d'œil en passant sur un vieux manuscrit qu'à peine une seule personne sur cent, est capable de lire, & que très-peu de gens entendent.

Un de nos compatriotes, qui se promettoit une plus grande satisfaction pour son argent, se plaignoit hautement que l'on lui eût fait payer une pareille somme, qu'il regardoit comme une imposition ; & entendant un Allemand parler de la cherté de tout ce qu'on achetoit en Angleterre, il lui dit: « Rien

» chez nous n'est aussi cher que votre tau-
» reau d'or de Francfort. »

On a ici un usage qui mérite d'être cité pour sa singularité ; j'ai vainement cherché à m'instruire de ce qui pouvoit y avoir donné lieu : deux femmes se montrent chaque jour à midi au haut du principal clocher, & avec la trompette font entendre plusieurs airs graves. Cette musique est accompagnée d'une psalmodie vocale, exécutée par quatre ou cinq hommes qui se joignent toujours à cet effet aux trompettes femelles.

Le peuple a ici un goût décidé pour le chant des pseaumes : un nombre considérable d'hommes & d'enfans en font leur unique occupation. Ils sont payés par trois ou quatre familles pour officier deux ou trois fois par semaine de bon matin, avant que le maitre & la maitresse du logis soient sortis du lit.

Quand quelqu'un un peu à son aise meurt, une bande de ces agréables chanteurs s'assemble dans la rue devant la maison, & chante pendant une heure chaque jour tant que le corps n'est point enterré : cette même bande accompagne le convoi, chantant des hymnes pendant tout le chemin.

LETTRE XLVI.

Les funérailles se célèbrent avec la plus grande solemnité dans cette ville : un homme couvert d'un manteau noir, & portant un crucifix au bout d'un long bâton, précède le convoi : un grand nombre de pleureurs à gages, vêtus de la même manière & ayant chacun un citron à la main, marchent après lui : ensuite viennent les chanteurs, suivis du corps dans un cercueil, & enfin les parens dans des carrosses de deuil.

Le crucifix est porté de cette manière à tous les enterremens, soit que le défunt meure catholique, luthérien ou calviniste : j'avoue que je n'ai pas été peu étonné que les derniers aient adopté cet usage ; j'aurois cru que les calvinistes, sur-tout, quoiqu'ils eussent toléré celui du citron, n'auroient jamais pu digérer celui du crucifix.

Le nombre des calvinistes de cette ville est très-considérable ; ils passent généralement pour les plus industrieux ; ils sont, sans contredit, les habitans les plus opulens. Ceci peut venir en partie d'une circonstance que quelques-uns d'eux regardent comme très-fâcheuse.... Leur exclusion du gouvernement de la ville, aux magistratures de laquelle ils ne sauroient prétendre ; plusieurs des familles calvinistes descendent des protestans François qui abandonnèrent leur patrie à la révocation de l'édit de Nantes.

Il y a quelques villages voisins de Francfort entiérement peuplés de François réfugiés, qui, ayant quittés en même tems la France, vinrent s'y établir en foule & tous à la fois. Leurs descendans ont conservé leur langage & retenu jusqu'à ce jour plusieurs de leurs anciens usages.

Deux ou trois familles vivantes, actuellement à Francfort, sont d'origine Angloise. Leurs prédécesseurs s'étoient d'abord réfugiés en Hollande, pendant les persécutions du règne de Marie, & en étant ensuite chassés par la cruauté du duc d'Albe, ils trouvèrent à la fin un asyle dans cette ville Impériale pour eux & leur postérité.

Le nombre de juifs qui y sont établis est prodigieux, eu égard à la triste loi qui leur est imposée, étant obligés de loger tous ensemble dans la même rue, murée à l'une des extrémités: .... l'autre a une porte spatieuse que l'on ferme régulièrement tous les soirs à une certaine heure, après quoi aucun
juif

LETTRE XLVI.

juif n'oferoit fe montrer dans les rues; mais le troupeau entier demeure entaffé & renfermé jufqu'au matin comme autant de pourceaux : cette rue étant étroite, les logemens affignés pour chaque famille font très-petits ; & les enfans d'Ifraël n'ayant jamais été fort renommés pour leur propreté, leurs femmes d'ailleurs s'étant toujours diftinguées par leur fécondité, vous concevrez aifément que le quartier des juifs n'eft pas le plus agréable de la ville ; pour moi, je crois qu'il feroit difficile qu'ils euffent été plus mal logés dans le pays d'Egypte.

Ils ont offert plufieurs fois des fommes confidérables aux magiftrats de Francfort, pour en obtenir la liberté de bâtir ou d'acquérir une feconde rue pour fe mettre un peu plus à l'aife ; jufqu'à préfent toutes leurs propofitions ont été rejettées.

Lorfque le feu prend quelque part, les juifs font obligés de charier l'eau pour l'éteindre ; les magiftrats, en récompenfe, leur permettent de choifir des juges de leur nation qui décident des difficultés qui s'élèvent entr'eux ; mais fi l'une des parties refufe de fe foumettre à leur décifion, il lui eft loifible d'en appeller à la justice ordinaire de la ville.

Il est certain que les inconvéniens auxquels ils sont assujettis, doivent être compensés par quelques avantages dérivés de leur commerce : pendant le jour, il leur est permis de parcourir toute la ville ; privilège dont ils se prévalent avec autant d'habileté que de constance. Ils vous arrêtent en chemin, prennent poste à la porte de vos logemens où ils trouvent même souvent moyen de se glisser, offrant de vous procurer tout ce dont vous pourriez avoir besoin ; & s'il vous arrive de passer devant l'entrée de leur quartier, ils vous demandent votre pratique avec l'importunité & les cris si ordinaires aux bateliers de la Tamise.

J'ai été deux fois à leur synagogue ; leur culte n'a rien de magnifique ; on n'y remarque qu'un grand zèle & beaucoup de ferveur. J'y ai été témoin d'une de leurs plus importantes cérémonies, la circoncision de deux enfans ; il auroit été impossible de ne pas avoir pitié de ces pauvres innocens, initiés d'une manière si douloureuse dans une société anciennement méprisée par les Païens, & actuellement en exécration aux Chrétiens.

LETTRE XLVII.

Francfort-sur-le-Mein.

Vous serez étonné de notre long séjour dans une ville où il n'y a point de cour, & peu de ces amusemens qui attirent & retiennent les voyageurs. La vérité est, que le duc d'H.... paroît s'y plaire; pour moi, j'ai fait connoissance avec quelques personnes de mérite, & je suis bien décidé à profiter de toutes les occasions qui pourront contribuer à resserrer nos liaisons.

Il y a ici deux différentes sociétés, celle de la noblesse & celle de la bourgeoisie; la première est composée de quelques familles nobles Allemandes qui se sont établies à Francfort, & d'un petit nombre d'anciens patriciens de cette ville qui ont obtenu des lettres de noblesse. Les patriciens qui admettent chez eux les étrangers, ont fait leur fortune dans le commerce; quelques-uns d'eux le continuent encore.

Il y a une fois par semaine une assemblée

publique pour la noblesse, à laquelle on boit le thé, on cause, on joue aux cartes de six à dix heures. Les autres jours, les mêmes gens s'assemblent alternativement les uns chez les autres, & passent la soirée de la même manière. Aucune des familles bourgeoises ne sont invitées à ces parties; mais elles ont leurs assemblées particulières, auxquelles elles invitent souvent très-honnêtement leurs amis & les étrangers de leur connoissance qu'elles retiennent à souper. Les nobles, dans cette ville, & les étrangers du premier rang de tout pays qui y passent, acceptent volontiers les invitations des bourgeois de la ville, & ne se font aucune peine de manger à leur table; il n'en est pas de même des dames Allemandes de condition, elles croiroient se dégrader. Tandis que leurs pères, leurs maris & leurs frères sont régalés chez les bourgeois, elles aiment mieux dîner seules au logis; dans le cas où la mauvaise chère leur paroîtroit préférable à la bonne, elles auroient certainement raison.

On observe en Allemagne la différence des rangs avec toute la scrupuleuse précision qu'exige cette matière importante. Il y a dans cette ville un concert public, dont les dépenses sont soutenues par des souscriptions volontaires; on croiroit que les souscripteurs, à mesure qu'ils entreroient, se placeroient où il leur plairoit, & que ceux qui arriveroient les premiers auroient le choix. Rien de pareil.... Les deux premiers rangs de bancs sont révérés pour les dames de qualité; les femmes & les filles des bourgeois doivent se contenter de ceux de derrière, quelle que soit l'heure où elles viennent & la somme de leur contribution.... Après tout, ceci est encore plus supportable qu'à certaines assemblées de la noblesse, où on ne permet pas aux bourgeois de s'asseoir, même dans l'anti-chambre, quel que soit le prix qu'ils aient payé pour leur place en parlement.

Depuis notre arrivée le spectacle s'est ouvert, & une troupe de comédiens Allemands a commencé à jouer; elle doit rester ici tout l'hiver. J'ai assisté à la première représentation; la pièce a été précédée d'une espèce de prologue allégorique, destiné à tenir lieu de compliment en l'honneur des magistrats de Francfort. Ses interlocuteurs étoient la justice, la sagesse & l'abondance, chacune avec ses attributs ordinaires. Ce dernier personnage étoit parfaitement rendu par une femme grosse & très-grasse. Quant aux deux premiers, je me flatte, vu l'intérêt que je prends au bonheur du peuple de cette ville, qu'ils sont mieux personnifiés dans leur conseil qu'ils ne l'ont été sur le théatre. Ce prologue a été terminé par une longue harangue, qu'a prononcé l'Apolon le mieux nourri qui ait jamais habité le ciel ou la terre. La pièce a ensuite commencé; c'étoit la traduction du drame de Lillo, intitulé : *George Barnwell* ; le traducteur y avoit fait des changemens considérables; il donnoit au héros le caractère d'un jeune homme imprudent ; mais il ne lui faisoit point tuer son oncle comme dans l'original Anglois, ni commettre aucune atrocité ; & au lieu d'être pendu, la pièce finissoit par son mariage.

La plus grande partie de celles qu'on représente en Allemagne sont traduite de l'Anglois ou du François ; ce pays, si fertile d'ailleurs en théologiens, en jurisconsultes, en médecins, en chymistes & en auteurs profonds sur les autres parties de la philosophie naturelle, n'avoit produit jusqu'à préfent qu'un fort petit nombre de poëtes.

Jam nova progenies cœlo demittitur alto.

Actuellement la mufe allemande eft admirée de toute l'Europe. Ses beautés font senties & applaudies par les gens d'efprit ; quoique la plupart n'en jugent que d'après les traductions, ce qui prouve l'énergie que les originaux doivent avoir dans leur langue, c'eft pourtant un grand découragement pour leur poéfie en général & pour le genre dramatique en particulier, que la préférence qu'on donne dans toutes les cours à la langue françoife, & que les pièces de cette nation y foient plus goûtées que celles de leur propre pays.

La langue allemande eft regardée comme un dialecte vulgaire & provincial ; tandis que la Françoife eft cultivée & regardée comme la feule convenable aux gens d'un certain rang.... Les enfans des premières familles l'apprennent avant de favoir leur langue maternelle, & l'on cherche à leur en infpirer de l'éloignement ; on craindroit que fa prononciation ne leur fit contracter un mauvais accent qui les empêcheroit de bien articuler la Françoise. J'ai rencontré des gens qui regardoient comme une perfection de ne pouvoir s'exprimer dans la langue de leur pays, & qui prétendoient la parler plus mal qu'ils ne la parloient réellement.

Plusieurs de ceux qui entendent parfaitement l'Allemand m'ont assuré qu'il étoit expressif, abondant, plein de force & susceptible de toutes les graces de la poésie. La vérité de cette assertion se démontre par les productions de plusieurs de leurs auteurs modernes qui se sont efforcés de détruire un préjugé si peu naturel, & de rendre à la langue de leurs ancêtres sa première splendeur.... Mais que peuvent les efforts du bon sens, du goût & du génie contre la mode & l'exemple des cours?

On peut placer au nombre des plaisirs d'hiver de cette ville les parties de traineaux. Elles ne peuvent avoir lieu qu'autant qu'il a gelé, & que la terre est bien couverte de neige. J'ai eu occasion d'en voir une des plus magnifiques que de jeunes gens de qualité donnoient à des demoiselles de leur état; le nombre des dames & celui des cavaliers étoit précisément le même.

LETTRE XLVII.

Un traîneau est une machine qui a la forme d'un cheval, d'un lion, d'un cigne, ou celle d'un griffon, d'une licorne ou quelqu'autre de fantaisie, sans roues; mais dont le dessous porte sur deux pièces de bois longues & étroites, revêtues de fer, au moyen desquelles il glisse sur la neige. Quelques-uns sont dorés & chargés d'ornemens. A l'un des côtés est fixée une perche, à laquelle on attache un drapeau qui flotte sur la tête de ceux qui sont placés dans la machine. La dame, couverte de fourrures, est assise à l'avant, & le cavalier derrière elle sur une planche destinée à cet usage.

Le tout est tiré par deux chevaux, conduits par un postillon ou par le cavalier même.... Les chevaux sont richement caparaçonnés, leurs harnois sont garnis de grelots.

Cette partie étoit composée d'environ trente traîneaux, chacun suivi de deux ou trois domestiques à cheval portant des flambeaux; car ce divertissement ne commença qu'à nuit close.... Un traîneau conduisoit la bande; les autres suivoient à une distance convenable sur une même ligne; tous ont parcouru pendant deux à trois heures les

principales rues & places de Francfort....
Les chevaux vont au grand trot ; le mouvement du traîneau est doux & agréable ; les grelots, les enseignes & les torches offrent un spectacle brillant & gracieux qui m'a paru fort goûté de tous ceux qui y contribuoient, & admiré des spectateurs.

Peu de jours après cette fête, comme le duc d'H.... & moi nous nous préparions à nous rendre en traîneau à Hanau, milord S.... frère de milord S.... est arrivé à notre hôtellerie : quoiqu'il eût voyagé pendant deux jours & deux nuits sans se coucher, il étoit si peu fatigué qu'il a voulu nous accompagner. Hanau n'est éloigné que de quelques lieues de Francfort. Nous avons éprouvé par nous-mêmes combien le mouvement du traîneau est doux & peu fatigant ; c'est certainement, en tems de gelée & lorsqu'il y a une quantité suffisante de neige sur la terre, la manière la plus agréable de voyager qu'on puisse imaginer.

Hanau est la résidence du prince Héréditaire de Hesse-Cassel ; en entrant dans la ville nous avons rencontré la princesse, elle est belle-sœur du roi de Dannemarck : elle étoit

LETTRE XLVII.

aussi en traineau, & prenoit l'air avec plusieurs dames de la cour.

Outre les troupes du prince, il se trouve encore à Hanau deux régimens Hannovriens. Le Prince Héréditaire n'est pas trop bien avec son père; il réside ici cependant, où il est indépendant, & jouit des revenus de ce comté, qui lui est garanti par les rois de la Grande-Bretagne, de Dannemarck & de Prusse: mais il n'y a aucun commerce entre cette cour & celle de Hesse-Cassel.

Nous sommes retournés après dîné à Francfort. Le D.... a engagé milord S.... à rester plus long-tems qu'il ne se l'étoit d'abord proposé. C'est un jeune homme d'esprit, qui a du courage & de l'ambition ; le vieux comte de D.... fait tout ce qu'il peut pour le résoudre à prendre le parti de l'église, lui promettant un bénéfice de deux mille livres de revenu, qui est à sa nomination. Vous m'avouerez qu'il y a peu de cadets de famille qui refusassent une offre de cette espèce : la nature paroît cependant avoir désigné ce jeune gentilhomme pour une toute autre vocation. Et je pense qu'il préféreroit une compagnie de dragons à l'archevêché de Cantorbery.

LETTRE XLVIII.

Francfort.

Quelques-uns des Seigneurs établis dans cette ville, se prévalent de toutes les occasions pour faire remarquer la différence essentielle qui se trouve, & celle que l'on doit mettre entre leurs familles & celles des bourgeois, qui, quoique parvenus à acquérir de grandes richesses par le commerce ou par d'autres professions, en profitent pour vivre d'une manière somptueuse, peu conforme à leur naissance : ils se plaisent à leur insinuer que, malgré leur opulence, ils ne sauroient se défaire de la bassesse de leurs manières, & de leur façon de penser si opposée à celle de ceux dont le sang, sans s'être jamais mésalié, s'est conservé pur pendant plusieurs siècles, sans se confondre avec le bourbier qui circule dans les veines des Plébéiens.

Le duc de H.... paroît n'avoir pas fait encore assez de progrès dans la physique, pour être en état de reconnoître cette différence : il fréquente les assemblées des bourgeois avec autant de plaisir & tout aussi volontiers que celles des nobles, dînant chez les uns, & buvant du café chez les autres, de la manière du monde la plus impartiale, & trouvant moyen de s'amuser on ne peut pas mieux, en tenant la balance égale entre ces deux états.

Les maisons avec lesquelles nous sommes le plus lié, sont celles de M. De Barksause & de M. P. Gogle. Le premier est un des principaux Magistrats, honnête homme fort instruit, son épouse est issue d'une famille noble du duché de Brunswick ; cette dame a tout le bon sens imaginable, & des qualités très-estimables. Elle est très-versée dans la littérature angloise & françoise ; & quoiqu'elle ne parle que difficilement cette première langue, elle entend & goûte les ouvrages de nos bons auteurs.

M. Gogle a voyagé & parcouru la plus grande partie de l'Europe, il connoît les hommes aussi bien que les livres. Il a fait une très-grosse fortune dans le commerce, & vit de la manière du monde la plus aisée & la plus noble.

Lettre XLVIII.

Nous rencontrons occasionnellement dans ces deux maisons la meilleure compagnie des deux différentes espèces de société de cette ville; & c'est dans l'une ou dans l'autre, les jours qu'il n'y a point d'assemblée, que nous passons ordinairement l'après midi. Nous employons assez souvent nos matinées (le dégel ayant fondu la neige) à faire des courses dans les environs de cette ville, qui sont enchantés.

Le duc de H.... & moi, nous promenant un jour à cheval le long des bords du Mein, près du village de Heix, qui dépend de l'évêque de Mayence, remarquâmes un édifice qui nous parut devoir être le palais d'un prince, ou pour le moins d'un évêque. Il nous surprit d'autant plus que nous n'en avions jamais ouï parler, & qu'il avoit beaucoup plus d'apparence qu'aucun bâtiment moderne que nous eussions vu depuis que nous nous trouvions en Allemagne : nous nous en sommes approché, & avons trouvé en y entrant que les appartemens, quoiqu'ils ne fussent pas distribués avec autant de goût qu'ils auroient pu l'être, paroissoient répondre par leur magnificence à ce que les dehors annonçoient.

LETTRE XLVIII.

Nous apprîmes des ouvriers occupés à le finir, que le propriétaire de cette maison étoit un fabricant de tabac de Francfort, tenant boutique dans cette ville, où il a acquis une fortune immense par la fabrique & la vente de cette denrée.

On trouve tout auprès du bâtiment principal un second édifice destiné pour une manufacture où l'on fabriquera le tabac, avec plusieurs logemens pour les ouvriers, & des caves voûtées dans lesquelles les différentes espèces doivent être conservées humides jusqu'à ce qu'on les envoie à Francfort pour y être vendues pour la consommation du pays, ou être embarquées sur le Mein pour passer à l'étranger.

Le propriétaire nous a appris que les deux bâtimens étoient composés de trois cent chambres, dont la plus grande partie se trouvoient dans celui destiné à servir de logement. Nous n'avons pas trouvé à propos de le distraire par des questions indiscrettes; en conséquence, nous avons imposé silence à notre curiosité, & ne lui avons point demandé ce qu'il comptoit faire de ce nombre prodigieux de chambres, qui paroissoient plus *propres à servir de casernes à loger deux ou trois mille soldats qu'à tout autre usage.*

A notre retour en ville, on nous a dit que cet homme n'est point né à Francfort, mais qu'il s'y étoit établi depuis plusieurs années, & s'étoit adressé au magistrat pour lui demander la permission d'acquérir un certain terrein, sur lequel il se proposoit de construire une habitation &c. Comme les citoyens ont seuls le droit d'en bâtir sans être obligés de consulter le conseil, sa requête ayant été refusée, il a acheté un petit terrein dans le territoire de Mayence, précisément aux confins de celui de Francfort, & sur les bords du Mein; & extrêmement piqué de ce que les magistrats l'avoient débouté de sa demande, il a construit ce bâtiment beaucoup plus élevé & plus vaste qu'il n'étoit nécessaire, ou qu'il ne se l'étoit d'abord proposé; persuadé que le dépit & les remords de ces magistrats seroient proportionnés à son volume.

Le fabricant de tabac a déja dépensé cinquante mille livres sterlings pour la construction de ce monument consacré à la vengeance; & pour éternifer sa rancune contre ceux qui ont

LETTRE XLVIII.

ont eu si peu d'égards à sa demande, son animosité subsiste encore dans toute sa force; car il continue à prodiguer son argent avec une chaleur peu convenable à un chrétien.... Les habitans de Francfort, en avouant l'imprudence de leurs Magistrats, sont bien éloignés de faire l'éloge de la prudence de ce vindicatif personnage, dans la tête duquel il prétendent qu'il doit y avoir des chambres tout aussi vuides, que plusieurs de celles de la vaste maison qu'il construit.

Un autre jour le D... & moi avons été à Bergen, petit village devenu célèbre par l'attaque de l'armée Françoise en 1759 par le Prince Ferdinand.

Messieurs De Lessener nous y ont accompagné, ce sont deux gentilshommes retirés du service, vivans actuellement à Francfort, qui se sont trouvés à cette action; l'un étoit capitaine dans l'armée Hannovrienne, & l'autre occupoit le même poste dans la Françoise.

Pendant l'hiver de cette mémorable année, vous vous rappellerez que les François, avec plus de politique, que d'équité, s'étoient emparés de cette ville neutre, & y avoient établi leur quartier général. Cette position étoit très-avantageuse, elle les rendoit maitres de la navigation sur le Mein & le haut Rhin, par le moyen de laquelle ils recevoient des secours de vivres de Strasbourg & des autres villes intermédiaires.

Le Prince Ferdinand ayant formé le dessein de les débusquer de ce poste avantageux avant qu'ils pussent s'y renforcer, assembla subitement son armée, cantonnée dans les environs de Munster, & après trois jours de marches forcées, se trouva à la vue de celle des François, commandée alors par le Duc De Broglio, qui, ayant eu vent du dessein du Prince, avoit fait d'excellentes dispositions pour le recevoir.

Celui-ci commença son attaque, dans la matinée du 13 Avril, par celle de l'aîle droite qui occupoit le village de Bergen.... Il la renouvella par trois fois avec la plus grande vigueur: le Prince d'Isembourg & environ 1500 hommes des Alliés périrent dans l'action qui dura jusqu'au soir. Le Prince Ferdinand, prenant alors le parti de la retraite, fit des dispositions qui firent croire à l'ennemi que ce Prince se proposoit de recommen-

LETTRE XLVIII.

cer le combat le lendemain matin ;.... & par ce moyen il se retira tranquillement dans la nuit sans être poursuivi....

J'ai ouï assurer à des officiers de mérite, que rien au monde n'avoit été aussi bien concerté & exécuté que cette entreprise, la seule un peu importante de toute la guerre dans laquelle ce grand général n'ait pas réussi.

Par ce contretems l'armée des Alliés se trouva réduite aux dernières extrêmités, & les progrès des François, joint aux continuels mouvemens rétrogradés des Alliés, répandirent tellement l'alarme dans l'Electorat d'Hannovre, que plusieurs individus firent passer leurs effets les plus précieux à Stade, pour pouvoir de-là les embarquer pour l'Angleterre.... Les affaires des Alliés se rétablirent bientôt après par la victoire décisive de Minden, qui donna un nouveau lustre à la réputation du Prince Ferdinand qu'elle établit pour toujours. Quoique d'habiles officiers, qui avoient été présens à ces deux actions, soient d'avis qu'il ne montra pas moins d'habileté à Bergen où il fut repoussé qu'à la glorieuse bataille de Minden, qui dégagea Hannovre & Brunsvick, & força les François à abandonner presque toute la Westphalie.

LETTRE XLIX.

Francfort.

JE suis de retour depuis quelques jours de Darmstadt, où j'avois accompagné le D... dans la visite qu'il a faite à cette Cour.

Le Prince régnant n'y étant pas, on nous a prévenu qu'il convenoit de commencer par faire visite à la Princesse Maximilienne sa tante.... Elle nous a invité à venir jouer & souper chez elle le soir même..... Nous étions environ dix à table.... La Princesse étoit gaye, affable & familière.... Le D... m'a avoué qu'il n'avoit de sa vie passé une soirée aussi agréable avec une vieille femme.

Nous avons été le lendemain matin à la parade, qui est un objet très-important ici. Le Prince est on ne peut pas plus enthousiaste des manœuvres & des évolutions militaires. Son principal amusement est celui de dresser & d'exercer ses soldats; c'est presque sa seule occupation. Pour pouvoir s'y livrer, quel tems qu'il faſſe, & dans toutes les ſaiſons de l'année, il a fait conſtruire une ſalle aſſez ſpacieuſe pour contenir 1500 hommes, & les y exercer tous à la fois.

Cette ſalle eſt réchauffée par ſeize poêles, au moyen deſquels on lui donne le degré de chaleur qu'il plaît à Son Alteſſe.... Le matin où nous nous y ſommes trouvés, il n'y avoit que la garde ordinaire, compoſée de trois cent hommes : après qu'ils ont eu fait l'exercice, & arpenté d'un bout à l'autre pendant une heure ce ſpacieux gymnaſe, on en a formé pluſieurs détachemens qui ſe ſont rendus à leurs différens poſtes.

Les ſoldats de Darmſtadt ſont grands, aſſez bien vêtus, & ſur-tout bien poudrés. Ils s'acquittent de leurs manœuvres avec la dextérité qu'on a lieu d'attendre de gens conſtamment employés à une même choſe. Sous les yeux de leur Prince, juge admirable & critique ſévère de cette partie de l'art militaire.

Cette ville eſt ſans fortifications régulières, elle n'eſt défendue que par une haute muraille qui n'eſt point deſtinée à empêcher l'entrée de l'ennemi, n'étant en aucune façon propre à remplir ce but, mais uniquement à empêcher la désertion de la garnison qui y est on ne peut pas plus inclinée, les pauvres malheureux qui la composent trouvant fort peu de satisfaction aux amusemens militaires qui font les délices de leur Souverain.

Des sentinelles sont placées de distance en distance tout autour des murs, obligées d'être toujours très-alertes. Un soldat crie en allemand à son voisin de la droite *Tout est bien*; celui-ci répète immédiatement la même chose à la sentinelle la plus proche, & cela circule de cette façon jusqu'à ce que la parole revienne à celui qui l'a donnée le premier de la gauche; il la rend de nouveau à la droite, ainsi que je viens de dire; de cette façon, ce cri continue sans intermission pendant toute la nuit.

Toutes les autres fonctions du service des places s'exécutent avec la même régularité: la moindre négligence est punie avec autant de sévérité que si l'ennemi étoit aux portes.

Les soldats ont rarement plus de deux nuits sur trois de repos. Ceci, avec les soins qu'ils sont obligés de se donner pour tenir leurs armes & leurs vêtemens propres, rend

LETTRE XLIX. 359

leur service extrêmement dur, sur-tout à présent que le froid est très-perçant & la terre couverte de neige.

Il y a actuellement un petit corps de cavalerie à Darmstadt; ses cavaliers ont des buffles & sont superbement vêtus.... Ce sont les gardes-du-corps du Prince.... Quel petit que soit leur nombre, je n'avois jamais vu auparavant autant d'hommes rassemblés de cette haute taille; aucun d'eux n'avoit moins de six pieds trois pouces Anglois, & il y en avoit plusieurs fort au-dessus de cette énorme stature.

Le Prince de Hesse-Darmstadt entretenoit ci-devant un plus grand nombre de troupes. A présent toute son armée n'excède pas cinq mille hommes. Mais comme la conduite des Princes, quelle que judicieuse qu'elle soit, ne laisse pas d'être critiquée ; bien des gens le blâment d'en avoir même un pareil nombre. Ils assurent que ces finances, étant très en désordre, ne sauroient fournir à cette dépense, qui, quoique médiocre, est cependant considérable relativement à l'étendue de ses Etats. Ils regrètent aussi ce qu'il en doit coûter à l'agriculture & aux manufactures, auxquelles on enlève les hommes les plus robuſtes, pour les employer à ces inutiles & ridicules parades : ces rigides cenſeurs vont encore plus loin, & prétendent qu'une armée compoſée de cinq mille hommes, quoique très à charge au pays, n'eſt pas ſuffiſante pour le défendre ; que ce nombre eſt beaucoup trop grand pour un ſimple amuſement, & beaucoup trop petit pour pouvoir être de quelque utilité.

Nous avons dîné le même jour, avec la Princeſſe Maximilienne, & dans l'après-midi nous avons été préſentés à la famille du Prince George, frère du Prince règnant; il ſe trouvoit indiſpoſé, mais la Princeſſe a reçu le D... avec la plus grande politeſſe.

Les deux plus jeunes de ſes fils & ſes trois filles étoient à table, & nous avons ſoupé avec eux. Les fils ſont encore très-jeunes, les Princeſſes ſont très-bien de figure, pleines de talens, & font honneur aux ſoins que leur mère a pris de leur éducation.

Le lendemain le Baron De Riedeſel nous a invité à déjeûner à une jolie maiſon de campagne qu'il a près de Darmſtadt.... Le D... s'y eſt rendu avec lui dans une voiture tout-à-fait ſingulière. Le Baron étoit ſur un siège fort bas à côté des chevaux qu'il conduisoit, le D... fur un autre plus haut derrière lui. Chacun de ces sièges ne peut contenir qu'une seule personne; mais derrière la voiture, il y en avoit un troisième de bois, ayant la forme d'un petit cheval; deux laquais étoient montés deſſus. Les chaiſes de poſte ordinaires de ce pays ſont à ſix places où l'on eſt à ſon aiſe, & les gens même du premier rang y ont ordinairement avec eux deux ou trois domeſtiques. Ces voitures économiques ſont bien imaginées, & aſſez convenables lorſqu'il fait froid ; car les voyageurs prennent tous les ſoins poſſibles pour s'en préſerver, & font uſage à cet effet de manteaux doublés de fourrure. Mais lorſqu'il pleut un peu fort au moins deux de ceux qui occupent une pareille chaiſe ſont trempés juſqu'aux os ; car le haut n'en eſt jamais entièrement couvert.

J'ai profité de la place que le Comte de Cullemberg m'a offerte dans ſon carroſſe. Nous avons paſſé la matinée très-agréablement à ſa maiſon, dont la ſituation m'a parue très-gracieuſe; mais comme le pays eſt actuellement couvert de neige, il eſt aussi difficile de juger de son aspect que du teint d'une actrice couvert de rouge.

Nous avons dîné avec le Prince George, qui étoit assez bien pour pouvoir se mettre à table. C'est un très-bel homme, dont la figure est tout-à-fait martiale, il a toute l'aisance & la franchise d'un vrai soldat.

Son second fils, absent depuis quelques semaines, est entré tandis que nous étions à table ; c'est un beau jeune homme, d'environ dix-huit ans. Rien ne m'a fait plus de plaisir, que la satisfaction que son arrivée à paru faire au père, à la mère & à toute la famille, qui l'ont manifestée sur leurs visages ; ils formoient tous ensemble un groupe digne du pinceau de Greuse.

N'allez pas vous imaginer que je sois prévenu en faveur de cette famille, uniquement parce que c'est celle d'un Prince... Le tableau de l'union domestique est toujours un objet enchanteur, soit qu'on le rencontre dans un palais ou dans une cabane, & les mêmes symptômes de contentement, quoi qu'ils m'y eussent moins surpris, m'auroient également plu chez le dernier des paysans.

Fin du Tome premier.

LETTRES
D'UN
VOYAGEUR
ANGLOIS.

TOME SECOND.

LETTRES
D'UN
VOYAGEUR
ANGLOIS
SUR
LA FRANCE, LA SUISSE ET L'ALLEMAGNE.

Traduit de l'Anglois de M. MOORE.

Strenua nos exercet inertia : navibus atque
Quadrigis petimus bene vivere. Quod petis, hic est.
Hor.

TOME SECOND.

A GENEVE,
Chez ISAAC BARDIN, Libraire.

M. DCC. LXXXI.

LETTRES

D'UN

VOYAGEUR ANGLOIS

SUR LA

SUISSE ET L'ALLEMAGNE.

LETTRE CINQUANTIÈME.

Francfort.

Mon cher Monsieur,

Depuis mon retour de Darmstadt, le tems a été si mauvais, que je ne suis presque pas sorti du logis; cependant, pour me conformer à vos desirs & afin que vous receviez régulièrement de mes lettres au moment où vous les attendez, je vous ferai part du résultat d'une conversation que j'ai eue depuis quelques jours avec un étranger, homme de lettres, avec lequel je me suis étroitement lié.

Ce particulier, quoiqu'il n'ait jamais été en Angleterre, parle un peu notre langue & l'entend parfaitement, il a lu plusieurs de nos meilleurs auteurs, & assure avoir trouvé dans quelques livres Anglois une solidité dans le raisonnement & une force d'expressions supérieure à tout ce qu'il avoit rencontré ailleurs ; que l'histoire de la Grande - Bretagne fournissoit des exemples de patriotisme & de passion pour la liberté, comparables à tout ce que l'on trouve dans celle des Grecs ou des Romains: que nos poëtes déployoient dans leurs ouvrages une sublimité de pensées & une connoissance du cœur humain, qu'aucune production des anciens ou des modernes n'avoit surpassées ; qu'on convenoit généralement que quant à la partie de la philosophie, les Anglois n'avoient point de rivaux.... Il m'a ensuite parlé des progrès que nous avions fait dans la médecine & dans les autres sciences; de notre supériorité dans la marine, dans le commerce & dans les manufactures; il a même loué en passant un petit nombre de nos ministres d'état; & il a terminé son panégirique en disant: que ces différentes considérations lui avoient inspiré la plus haute idée de la nation, & l'avoient engagé à chercher à se lier avec plusieurs Anglois qu'il avoit fortuitement rencontrés dans ses voyages; mais il m'a avoué que ceux qu'il avoit ainsi connus répondoient peu ou point à l'idée avantageuse qu'il s'en étoit formé.

Comme il n'étoit pas le premier qui m'eût parlé sur ce ton, j'ai cru devoir lui répondre catégoriquement. Je lui ai fait observer: que dans le cas même où il auroit vécu dans les siècles les plus brillans de la république Romaine, qu'il se feroit par hasard rencontré en Grèce ou en Asie avec quelques-uns de ses citoyens, & qu'il se feroit formé une idée de cette illustre république d'après la conduite & la conversation de ces voyageurs, elle auroit vraisemblablement été bien différente de celle que les ouvrages de Tite-Live, de César, de Virgile & de Cicéron, lui auroient inspirée de ce peuple.... Que les mœurs &

la conduite d'un petit nombre d'Anglois qu'il pouvoit avoir rencontrés dans l'étranger, loin de lui avoir donné une véritable notion du caractère national, n'avoient servi qu'à le tromper sur celui même de ces particuliers, puisque j'avois moi-même connu plusieurs de mes compatriotes qui, dans leur jeunesse, pendant leurs voyages, avoient été très-dissipés, & tandis que l'objet naturel de leur ambition étoit encore éloigné, qui, à leur retour, avoient absolument changé de conduite & s'étoient appliqués avec autant de chaleur aux affaires, qu'ils en avoient mis auparavant dans la recherche des plaisirs les plus extravagans, & avoient fini par devenir les membres les plus utiles de la législation.

D'ailleurs, ai-je ajouté sans vouloir me prévaloir de cet argument, comment est-il possible de connoître le véritable caractère d'une nation sans avoir vécu quelque tems & familiérement au milieu d'elle ? Ce n'est que par ce moyen qu'on parvient à s'en former une juste idée, peut-être n'en est-il aucune où cela soit plus nécessaire qu'avec l'Angloise; car elle est la seule où l'éducation, les sentimens & les vues de ceux de ses enfans qui voyagent, soient si peu conformes à la façon de penser de ses paisibles citoyens qui ne quittent jamais leurs foyers.

La première classe de ces voyageurs est composée de plusieurs personnes dont la santé est altérée, qui croient la rétablir en changeant de climats, d'un grand nombre de jeunes gens sortis récemment de l'université, & de quelques particuliers opulens & oisifs, dénués d'ambition & incapables d'aucune espèce d'application, qui, de tems en tems ne sachant à quoi employer leur loisir chez eux, parcourent les différens pays de l'Europe pour dissiper l'ennui qui les obsède.

L'autre l'est de cadets de famille qui se destinent au militaire, au service de mer, au barreau ou à d'autres professions.... Ceux qui sont attachés au commerce ou employés aux manufactures ou à l'agriculture ; en un mot, tous ceux dont la fortune est bornée, travaillent à l'augmenter par leur industrie & en se servant à propos de leurs talens.

L'Angleterre est le seul pays que ses habitans ne quittent jamais pour aller faire fortune ailleurs ; pour un Anglois que l'on trouve à Paris, il y a au moins vingt François à Londres. La meilleure partie de ces derniers ne voyage que pour gagner de l'argent, & presque tous les premiers pour en dépenser. Ce seroit pourtant s'abuser grossiérement que de prétendre se former une juste idée du caractère de la nation Françoise d'après les joueurs de violon, les maitres à danser, & les valets de chambre de ce pays qu'on rencontre dans notre capitale & dans les autres parties de l'Europe.

On convient généralement que ce seroit à tort qu'on prétendroit vouloir décider du caractère d'une nation d'après celui de ces sortes de gens ; mais il a ajouté qu'il ne lui paroissoit pas que les Anglois pussent raisonnablement se plaindre si l'on jugeoit de celui de la leur d'après les personnes titrées, opulentes, & dont l'éducation avoit été la mieux soignée.

Je lui ai répondu qu'il se trompoit, que rien au monde n'étoit plus injuste, & que les jeunes gens titrés & opulens étoient imbus de certaines idées & de préjugés qu'ils conservoient dès leur enfance, lesquels s'opposoient souvent aux fruits que produiroit la meilleure éducation.... Qu'un enfant de condition soit élevé avec tous les soins & toute l'attention que les parens les plus raisonnables & les meilleurs maîtres puissent y apporter; .... qu'on lui fasse comprendre que les qualités personnelles sont seules capables de le faire estimer; .... qu'une grande naissance, ainsi qu'une fortune considérable, ne sont souvent que les effets du hasard, & ne donnent aucun droit à l'estime générale; .... que la science & la vertu sont les véritables sources du bonheur & de la considération; .... que l'oisiveté engendre le vice & la misère; .... que sans application il est impossible de rien apprendre, & que, sans les connoissances, la fortune & le rang n'empêcheront pas qu'il ne soit confondu dans la foule des êtres inutiles; .... que l'on emploie les moyens les plus propres à le persuader de ces grandes vérités; qu'elles soient confirmées par des exemples, & rendues plus sensibles par des fables & des allégories; .... après cela il arrive encore souvent que ces préceptes sont rendus infructueux par les insinuations des domestiques & des lâches flatteurs, qui savent donner de l'importance aux qualités oppofées, & leur prêcher une doctrine moins sévère & plus agréable.

Tous leurs discours & toute leur conduite ne tendent qu'à insinuer au jeune élève que sa fortune sera un jour immense, & que sa naissance seule doit le conduire aux premières dignités; & quoiqu'ils ne lui disent pas précisément, ils lui font entendre assez clairement que l'étude & l'application, quoiqu'indispensables pour les malheureux sans ressource, sont absolument inutiles, peut-être même méséantes, à un homme de son rang. Ils leur parlent avec transport, de chiens, de chasseurs, de chevaux de course d'un tel seigneur, des riches livrées & du brillant équipage d'un autre, & combien l'un & l'autre se font admirer par leur libéralité envers leurs gens. Ils ne lui cachent pas que son rang & sa fortune le mettent à même d'avoir de meilleurs chiens, de plus beaux chevaux, des équipages & des livrées plus somptueuses qu'aucun des deux, de les surpasser en libéralité, & par conséquent d'être à tous égards plus considéré: cette espèce de poison souvent répété, affoiblit peu à peu & arrête les progrès d'une plante à laquelle on s'étoit vainement efforcé de donner la plus excellente culture.

En fuppofant qu'on parvînt à placer des domeftiques d'un tout autre caractère auprès d'un jeune homme de qualité, & qu'on prît toutes les mefures poffibles pour lui infpirer des fentimens différens; il ne fauroit faire un pas ni fe préfenter dans une affemblée fans s'appercevoir de fon importance & des égards que l'on a pour lui; fes actions les plus puériles font transformées en gentilleffes; fes fottifes en bons mots; & lorfque fes parens ou fon gouverneur le reprimandent ou le puniffent, il y a dix à parier contre un que quelque lâche flatteur s'empreffera, pour lui faire fa cour, d'affurer qu'on l'a traité trop durement.

Cette conduite ne tend qu'à augmenter la vanité & le penchant du jeune homme pour l'oifiveté; il finit par fe perfuader que toute efpèce d'étude ou d'application lui eft abfolument inutile; ... qu'il ne doit chercher qu'à s'amufer, & qu'à l'âge de vingt-un ans les égards, les déférences, l'admiration, & les autres diftinctions de ce genre ne fauroient lui manquer.

D'autre part, un jeune homme dont les espérances sont bornées est moins exposé aux flatteurs, empressés à pervertir ses bonnes dispositions.... Lorsqu'il ne se conduit pas d'une manière convenable, il ne tarde pas à s'appercevoir qu'il est généralement blâmé, il lit sa condamnation sur tous les visages; .... il rencontre à chaque pas des gens qui, sans cérémonie & sans employer de circonlocution, lui parlent de ses fautes.... Il voit que personne ne fait attention à sa bonne ou à sa mauvaise humeur, & ne s'embarrasse de ses caprices, d'où il conclut naturellement que le seul parti qu'il ait à prendre est de changer de caractère..... Il reconnoît qu'on le néglige, qu'on ne fait pas un cas bien marqué de sa compagnie, & que la seule façon d'être recherché, est de se rendre agréable.... Il aime l'affluence, les distinctions & les égards, tout autant que les gens de qualité & les riches peuvent les aimer; mais il se convainc que pour les obtenir, il faut s'en rendre digne par de grands & utiles talens. La force de ces préceptes, démontrée par des syllogismes & par des raisonnemens conformes aux règles de la plus exacte rhétorique au jeune homme riche, le font par l'expérience à celui qui est sans fortune; & la différence qui en résulte est infinie.

De sorte que le fils d'un homme d'une fortune ordinaire a plus d'occasions de connoître le monde à l'âge de seize ans, & de s'assurer de ce que les autres pensent sur son compte, qu'un jeune seigneur d'un âge plus avancé; car il est très-difficile, tandis qu'on se voit tous les jours flatté, de s'appercevoir qu'on est méprisé.

En conséquence, loin d'être surpris que la dissipation, la foiblesse & l'ignorance soient les vices dominans de ceux qui sont nés avec des biens considérables ou dans un rang élevé, nous devons, au contraire, être étonnés de trouver parmi eux, un si grand nombre de gens de mérite, d'esprit & de génie. Et si le nombre en est à proportion plus grand en Angleterre que partout ailleurs, comme je crois qu'il l'est réellement, cela vient sans doute de la manière dont les enfans élevés dans nos collèges, où, sans acception de personnes, tous sont traités également, & où les rangs sont confondus; ce qui fait que les sujets de la première condition revêtent souvent les sentimens mâles de leurs camarades qui leur servent ensuite d'antidotes contre les notions puériles & empoisonnées que des gens foibles & intéressés tâchent de de leur inspirer pour l'avenir.

La nature de la constitution Britannique contribue aussi à former un plus grand nombre d'hommes à talens de la classe des gens riches & de condition, parce qu'elle ouvre un champ plus vaste à l'ambition que toute autre; l'ambition excite les passions qui produisent les talens.

Mais, ai-je ajouté, vous avouerez qu'il seroit tout-à-fait déraisonnable de former un jugement du génie des Anglois, d'après des exemples tirés de cette classe de citoyens, que leur position porte naturellement à l'indolence, & auxquels elle présente le moins de motifs propres à les engager à s'appliquer sérieusement à l'étude.

Mon antagoniste n'est point tombé d'accord de ce que je lui disois, & a soutenu que la naissance communiquoit une certaine dignité & élévation à l'esprit; que les distinctions & les honneurs n'étoient originairement entrés dans les familles que par des

LETTRE L.

grands talens ou d'éminentes vertus.... Que lorsqu'un grand seigneur entendoit parler de ses ancêtres ou qu'on prononçoit seulement leur nom, c'en étoit assez pour lui rappeller l'idée des actions & des vertus de celui d'entr'eux qui avoit, le premier, mérité & obtenu ces honneurs ; que cette connoissance devoit naturellement engager celui auquel ils avoient été transmis par héritage à les imiter & à lui faire sentir, ... que s'il lui arrivoit d'en dégénérer, il s'exposeroit par-là au blâme, parce que le public ne verroit qu'avec indignation la paresse & le vice, jouir des récompenses & des distinctions qui ne sont dues qu'au mérite & à l'activité.

Il m'auroit été facile de détruire cette assertion & de lui prouver que les honneurs & les titres ne sont pas toujours les récompenses de la vertu ; j'aurois même pu lui citer nombre d'exemples propres à établir le contraire. Je suis cependant convenu que cela arrivoit assez fréquemment, & que les honneurs héréditaires d'une famille devroient toujours produire, & produisoient souvent l'effet qu'il supposoit ; après avoir poussé la

complaifance auffi loin que j'ai cru le pouvoir raifonnablement, il n'a point voulu de
fon côté rendre juftice aux Anglois, & a
perfifté à former un jugement de caractère
national d'après les remarques qu'il avoit
faites fur l'humeur, les mœurs & le génie
des Anglois qu'il avoit connus dans les pays
étrangers, parce que plus des trois quarts
étoient vraifemblablement des gens riches,
dont le nom & la famille n'étoient point trop
relevés; de forte que tout les portoit à
une vie oifive, fans qu'ils euffent aucun
motif qui les aiguillonât à acquérir les talens
fi utiles & fi néceffaires aux gens de diftinction;.... Car, quoique cela arrive rarement
en d'autres pays, il eft très-commun en Angleterre que des perfonnes de différens états
& de toutes fortes de profeffions, parviennent
à accumuler de grandes richeffes, lefquelles
paffant à leur mort à leurs enfans, ces jeunes
héritiers n'ayant point eu une éducation
convenable, cherchent tout de fuite à s'attirer de la confidération, & pour l'obtenir
parcourent l'Europe fous la dénomination de
Milords Anglois, jouent, achètent des tableaux, des ftatues mutilées, & entretiennent

des maîtresses qui leur coûtent beaucoup d'argent, tout cela au grand étonnement de ceux qui en font témoins ; & fâchés de la tache qui se trouve dans leur écusson, ils croient devoir chercher à l'effacer & à faire oublier leur roture par leurs extravagances qu'ils poussent toujours plus loin que ceux qui sont placés dans la sphère pour laquelle ils étoient nés, ne le font ordinairement.

Ici finit notre conversation, & l'étranger me promit qu'il s'en tiendroit à l'idée qu'il s'étoit formée de notre nation, d'après les ouvrages de Milton, de Locke & de Newton, & les caractères de Raleigh, d'Hambden & de Sidney.

LETTRE LI.

Francfort.

PARMI les choses remarquables que l'on trouve à Francfort, les auberges méritent sur-tout d'être distinguées, particuliérement celles de l'*Empereur* & de la *Maison rouge*, pour leur propreté, leurs commodités & le nombre de leurs appartemens qui les rendent bien préférables à toutes celles que j'ai vues dans les pays que j'ai visités, & les mettent dans le cas d'être comparées aux plus belles que nous ayons en Angleterre.

Dans celles-ci, ainsi que dans toutes les autres d'Allemagne & de Suisse, il y a un *ordinaire* où les étrangers dînent & soupent. Cet ordinaire se nomme *table d'hôte*, parce que le maître y est généralement placé au bas de la table où il découpe les viandes que l'on y sert. On fait usage en France de cette même dénomination, quoique l'hôte ne s'y place point, ainsi que cela se pratiquoit autrefois dans nôtre Isle, & qu'on le pratique encore en Allemagne.

On ne trouveroit point ici comme à Londres à se loger chez des particuliers, ni en hôtel garni comme à Paris. Il faut que les étrangers s'assurent d'un appartement à l'auberge pour tout le tems qu'ils se proposent d'y séjourner. Tous les voyageurs, quelle que soit leur condition, si l'on en excepte seulement les Princes souverains ne se font aucun scrupule de manger occasionnellement

à

LETTRE LI.

à la table d'hôte de l'auberge où ils logent; cet usage est généralement suivi par tous ceux des différens pays du continent de l'Europe.

Plusieurs de nos compatriotes, cependant, qui ne se piquent pas d'économie, & ont de l'aversion pour la société des étrangers, préfèrent de se faire apporter à manger dans leur appartement à la *table d'hôte*, ou à toute autre table particulière où on pourroit les inviter.

Il y auroit certainement de la présomption à vouloir blâmer & contester à un Anglois le droit de suivre en cela son inclination : je dirai cependant aux gens qui évitent de se communiquer aux étrangers qu'il me paroît qu'ils auroient fait plus sagement de rester chez eux où ils auroient pu satisfaire leur goût tout à leur aise, & que tant qu'ils le conserveront, je crois qu'ils ne sauroient mieux faire que d'éviter les inconvéniens & les dépenses qu'entraînent nécessairement les voyages.

Il est vrai que ce n'est point dans les auberges où l'on apprend à connoître les mœurs & le génie des nations, & que ce n'est pas aux tables d'hôte où l'on rencontre les meilleures compagnies; cependant un bon observateur qui veut étudier les différens caractères y trouvera quelquefois de l'amusement & de l'instruction. Il y voit les habitans du pays moins gênés & plus au naturel que par-tout ailleurs; il y entend les discours des étrangers de tous les états, & il fait son profit de leurs différentes observations.

Il est certain que le principal but d'un voyageur prudent devroit être de former des liaisons, & même, s'il se pouvoit, quelque intimité avec les principaux habitans des lieux où il se propose de séjourner; .... que le meilleur moyen d'y parvenir seroit d'accepter leurs invitations & de fréquenter leurs assemblées de famille; .... de les entretenir chez lui lorsque cela se peut convenablement, & de tâcher de se procurer des idées prêtes de leur gouvernement, de leurs usages, de leur façon de penser, & de leur manière de vivre.... Ceux qui cherchent à étudier le cœur humain (ce qui soit dit avec toute la déférence due aux physiciens qui préfèrent l'étude des animaux, des oiseaux

& des papillons, est un amusement tout aussi excusable) se joindront par occasion avec les gens de toutes les classes; & lorsque rien ne les en empêchera, ils ne se feront aucun scrupule de prendre place à la table d'hôte.

On prétend qu'il s'y trouve quelquefois des hommes de la lie du peuple: j'avoue que cette objection peut être de quelque poids; mais on me permettra d'observer qu'il est très-possible que les moins opulens aient des connoissances & soient en état aussi bien que si toute leur vie avoit été comme celle des gens du plus haut rang, employée en inutilités, à donner des détails intéressans des choses qui leur ont paru dignes de remarques. Il faut s'être formé une bien fausse idée de sa propre grandeur pour ne pouvoir condescendre en pays étranger à dîner avec son inférieur à table d'hôte, sur-tout étant sûr de s'y trouver avec d'autres personnes dont le rang est souvent égal & quelquefois supérieur au nôtre: car toute étiquette, même en Allemagne, est bannie de ces sortes de tables.

La connoissance des caractères des hommes, tels qu'ils se montrent dans leurs différentes fituations & dans les pays étrangers, l'étude de la nature humaine fous toutes fes formes & avec toutes fes modifications eft certainement tout-à-fait intéreffante & digne de l'attention des plus grands hommes. On ne fauroit l'acquérir parfaitement dans les cours & dans les palais. Celui qui veut s'inftruire & connoître la nature doit la confidérer dans l'état le plus humble, & fe mettre au niveau de ceux qu'il cherche à étudier.

On s'apperçoit généralement que ceux qui ont un efprit élevé & diftingué au-deffus du commun, ne font jamais arrêtés par les obftacles, & méprifent les formes qui pourroient les empêcher d'acquérir ces connoiffances utiles.

Le plus fort de tous les argumens contre l'obftination à ne jamais manger à ces fortes de tables eft, que dans ce pays les femmes même, lorfqu'elles voyagent, ne font aucune difficulté de s'y trouver, & le goût que j'ai pour ces tables vient peut-être de ce que j'y rencontrai une fois deux des plus belles femmes que j'aie vues depuis que je fuis en Allemagne où les beautés font pourtant très-abondantes.

Les figures des Françoises font plus expressives ; mais les Allemandes ont l'avantage pour la finesse de la peau, & la fraîcheur du tein. Elles ressemblent beaucoup plus aux Angloises qu'aux Françoises ; cependant elles diffèrent beaucoup des unes & des autres. Je serois fort embarrassé de donner une idée de la différence des nuances d'expression que je crois remarquer, si je ne me trompe, dans les phisionomies du sexe de ces trois contrées.

Une jolie Françoise, outre l'aisance dans les manières, a communément un air d'enjouement, & de vivacité. Elle paroît vouloir faire connoissance avec vous, & attendre que vous lui fassiez la cour.

Les manières d'une Angloise ne sont pas aussi familières, & un étranger sur-tout appercevra aisément dans sa contenance, une certaine réserve qu'il prendra pour de l'orgueil, on remarquera même chez les plus aimables quelque chose de gêné ; tandis qu'on est attiré par leur beauté, cette gêne s'oppose en quelque façon à la liberté qu'on ne craindroit pas de prendre avec une Françoise, & pique davantage la vanité, par l'idée quelle donne des difficultés que l'on aura à furmonter.

Une beauté Allemande, fans l'air coquet de l'une, la réferve de l'autre, eft généralement moins vive, & plus pofée.

LETTRE LII.

Francfort.

PLUSIEURS particuliers de cette ville fediftinguent par leur paffion pour les beaux arts, & il n'y a guère d'étrangers qui ne fachent à leur arrivée, qu'elle renferme nombre de cabinets de tableaux qui méritent d'être vifités.

Vous favez que je fuis peu connoiffeur, & quand je le ferois, je me garderois bien de vous ennuier par leur defcription, ou par la critique que j'en pourrois faire. Car je les ai vus, & vous ne les connoiffez pas; & felon moi, rien n'eft auffi inintelligible, & auffi faftidieux pour le lecteur, que la critique des tableaux qu'il n'a jamais eu occafion devoir. Je me contenterai de vous faire obferver, que comme ces cabinets ont mérité les éloges, & l'admiration de leurs propriétaires, ce qui, à ce que j'imagine étoit le principal but de ces derniers en les achetant, ils doivent nécessairement s'attirer la considération des spectateurs désintéressés.... L'un de ces cabinets sur-tout, doit-être bien précieux, rélativement à la somme considérable que l'on en a offert, & que le possesseur actuel en a refusé comme fort au-dessous de sa valeur; quoiqu'elle eût suffi à le mettre tout d'un coup à son aise; ce qui, soit dit à mon grand regret, est d'autant plus fâcheux qu'il n'est rien moins que riche; on ne sauroit douter de la vérité de cette anecdote, puisque je la tiens de sa propre bouche.

La mode de former ici des cabinets d'histoire naturelle, prévaut encore sur le goût des tableaux. Outre les dépots de cette espèce, que l'on trouve à la cour des Princes, plusieurs particuliers dans toute l'Allemagne ont des *museum* chez eux ; le plus grand plaisir que les étrangers puissent leur faire, est de les prier de leur permettre de les voir: cette politesse seroit moins onéreuse, si, après les avoir visités, il leur étoit loisible de se retirer dès que cela leur conviendroit. Le malheur eſt ; que les propriétaires ſont toujours préſens, & ont ſoin de faire l'hiſtoire de chaque morceau de minéral, de chaque pétrification, de chaque foſſille, & de chaque monſtre qui ſe trouve dans la collection. Et comme ils ne tirent aucune rétribution, ils ſe croient en droit de rendre ces détails tout auſſi prolixes qu'il leur plaît, de ſorte que demander à voir un cabinet de curioſités naturelles, eſt une affaire beaucoup plus férieuſe qu'on ne l'imagineroit.

Le duc d'H.... s'eſt mis dans un grand embarras, d'où je crains qu'il ne lui ſoit difficile de ſe tirer. Peu au fait de toutes les peines que ces Meſſieurs ſe donnent en pareilles occaſions, il a témoigné à deux ou trois *virtuoſo*, qu'il feroit bien aiſe de voir leurs cabinets: je l'ai ſuivi hier dans la viſite qu'il a faite du premier. Le propriétaire s'eſt diſtingué en ſa faveur, il nous a dit, que convaincu du goût de ce Seigneur pour la phyſique, pour laquelle les hommes de ſon rang & de ſon mérite ne manquoient jamais d'avoir beaucoup de penchant, il ſe faiſoit un plaiſir de nous détailler avec le plus grand

LETTRE LIII.

soin les différentes pièces de sa collection: qu'à cet effet il s'étoit soustrait à ses occupations pour pouvoir nous donner toute sa matinée, & avoit défendu qu'on l'interrompît: alors il s'est mis en devoir de nous tenir parole, ce qu'il a fait si minutieusement & avec tant d'exactitude qu'il a complétement lassé la curiosité du D...., en lui décrivant une si grande quantité de terres, de cristaux, d'agathes, de pyrites, de marcassites, de pétrifications, de métaux, de demi-métaux, &c. &c. que j'ose assurer que de toute sa vie il ne cherchera à en entendre parler.

Cassel.

J'AI commencé ma lettre à Francfort, n'imaginant pas que notre départ seroit aussi prompt. Mais comme le jour où on nous avoit promis de nous montrer un second cabinet approchoit, je me suis apperçu que l'impatience du D.... augmentoit à chaque instant. Ainsi après avoir fait des excuses par écrit à deux ou trois des propriétaires de ceux auxquels il avoit demandé la permiſſion de voir les leurs; nous avons paſſé une journée chez Madame de Barkhauſe avec ſa famille, une autre chez M. Gogle; nous avons ſubitement pris congé de nos autres connoiſſances de Francfort, & ſommes partis pour cette ville. La première nuit nous avons couché à Marbourg, & ſommes arrivés vers minuit de la ſeconde à Caſſel.

Comme la terre eſt entièrement couverte de neige, que les chemins ſont très-mauvais, & les poſtes fort longues, nous avons été obligés de prendre ſix chevaux pour chaque chaiſe, qui malgré cela, en quelques endroits n'avançoient pas plus que ſi elles n'en avoient eu que deux. Le D.... en ſe rappellant le bonheur avec lequel il s'étoit ſouſtrait la vue des cabinets de Francfort, ſoutenoit ce retard avec un ſtoïciſme étonnant. Un eſclave qui ſe ſeroit ſauvé des mines n'auroit pas témoigné plus de ſatisfaction. Sa bonne humeur a été à l'épreuve du phlègme, & de l'opiniâtreté de nos poſtillons, dont, tout homme qui n'a pas voyagé dans le cœur de l'hiver & lorſque les grands chemins de ce pays ne ſont pas couverts de neige, ne ſauroit ſe former l'idée.

LETTRE LII.

Le contraste qui se trouve entre le caractère des François & des Allemands paroît sur-tout, on ne peut pas plus visiblement dans la conduite des postillons des deux nations.

Un postillon François rit ou se fâche, chante ou jure, pendant tout le tems qu'il est en route. Si une montée, ou un mauvais chemin l'oblige à aller plus doucement, il se mettra tout d'un coup à faire claquer son fouët par-dessus sa tête sans rime ni raison pendant un quart d'heure entier. Car il sait parfaitement que les chevaux n'en feront pas un pas de plus, & il est sûr de ne pouvoir les y forcer. Tout ce bruit & ce mouvement, ne sert par conséquent à rien, & ne vient uniquement que de l'inquiétude & de l'impatience naturelles aux François.

Un postillon Allemand, tout au contraire, conduira quatre chevaux avec la plus grande tranquillité. Il ne chante, ne se fâche, ni ne rit. Il se contente de fumer; .... & lorsqu'il approche d'un passage étroit, il sonne du cor pour empêcher qu'une autre voiture n'y entre par le côté opposé, & ne l'arrête : si vous lui ordonnez de doubler le pas, il se retourne, vous regarde fixement, ôte sa pipe de sa bouche, & vous dit, *ya, Meinherr*;.... *ya....ya*, & procède exactement du même pas qu'auparavant. Il lui est fort indifférent que le chemin soit bon ou mauvais, qu'il pleuve, que le soleil paroisse, ou qu'il neige: il ne fait aucune attention aux gens qu'il conduit, & reçoit leurs louanges ou leurs reproches avec le même phlegme : il n'a qu'un seul objet, & il ne le perd jamais de vue, il pense uniquement à gagner, avec sa voiture & ce qu'elle contient, la première poste de la manière qui lui paroît la plus convenable pour lui & pour ses chevaux, & à moins que sa pipe ne s'éteigne (dans ce cas il tire son briquet & la rallume) il ne paroît penser à rien.

Le meilleur parti, est de lui laisser faire dès le commencement ce qu'il juge à propos, car il faut toujours finir par en venir là ; le bruit, les menaces sont tout-à-fait inutiles.

Non vultus instantis tyranni
Mente quatit solida, neque Auster
Dux inquieti turbidus Adriæ,
Nec fulminantis magna Jovis manus.

LETTRE LIII.

Caffel.

Les attentions & les politesses que cette cour témoigne au Duc d'H.... nous ont engagé à rester ici plus longtems que nous ne nous l'étions d'abord proposé.

Comme vous paroissez desirer de savoir la manière dont nous passons notre tems, & celle dont on vit ici, je vais vous donner le journal d'une de nos journées, qui à très-peu de variations près, vous fera juger de toutes les autres.

Nous employons ordinairement le matin, & l'avant-dîner à l'étude. Nous nous rendons au palais environ une demie heure avant qu'on serve, nous y trouvons tous les officiers, qui ont été invités, assemblés dans une grande grande salle. Le Landgrave, ne tarde pas à paroître, & s'entretient avec la compagnie jusqu'à l'arrivée de son épouse, qui entre avec la princesse Charlotte, & les Dames qu'elle a jugé à propos de prier.

LETTRE LIII.

Alors la compagnie se rend à la salle à manger, où il y a tous les jours près de trente couverts, & un même nombre dans un appartement voisin. Les portes qui communiquent de l'un à l'autre restent ouvertes; de sorte que les deux tables ne forment en quelque sorte qu'une seule & même compagnie. Les étrangers, & les officiers dont le grade répond à celui de Colonel, dînent à la table de leurs Altesses.

Le repas dure environ deux heures, pendant lesquelles la conversation paroît un peu gênée, & se fait à voix basse, excepté dans les cas où le Prince & la Princesse adressent la parole à quelqu'un un peu éloigné.

Après dîné la compagnie retourne dans l'appartement où elle s'étoit d'abord assemblée. Et elle y reste jusqu'au moment où le Landgrave se retire, ce qu'il fait ordinairement au bout d'un quart d'heure, peu après tout le monde s'en va, & on ne se rejoint qu'à sept heures du soir.

Le Landgrave joue constamment au cavagnole; ce jeu est une espèce de lotterie, où on n'a besoin ni d'adresse ni d'attention, & qui interrompt à peine la conversation. Il lui

LETTRE LIII.

faut environ une douzaine de joueurs pour faire sa partie.

La Princesse joue le quadrille, & choisit tous les soirs ceux qu'elle veut admettre à son jeu.... Il y a aussi différentes tables dans les chambres voisines. Le jeu continue pendant une couple d'heures. Alors le Landgrave embrasse son Altesse, & se retire dans son appartement au moment où cette Princesse & sa compagnie vont se mettre à table pour souper. Il y a beaucoup moins de gêne à ce repas, il est par conséquent plus gai, & on y est beaucoup plus à son aise qu'au dîner.

Lorsque son Altesse se lève de table, la plus grande partie de la compagnie la suit, & monte avec elle dans une spacieuse antichambre, d'où après avoir causé pendant quelques minutes, elle se retire.

Cette manière journalière de vivre, est quelquefois variée par un concert dans l'appartement du Landgrave : il y a aussi certains jours de gala ; tout ce qui les distingue c'est que la compagnie est plus nombreuse, & plus parée qu'à l'ordinaire : circonstances qui n'augmentent que foiblement les plaisirs de cette cour.

LETTRE LIII.

Il y a eu pendant le carnaval deux ou trois bals masqués : dans ces occasions, on s'assemble vers les six heures du soir. Les hommes sont tous en *domino*, & les dames dans leurs habits ordinaires, auxquels elles ajoutent quelquefois quelques ornemens de fantaisie, conformes à leurs différens gouts.

On s'amuse à causer ou à jouer aux cartes jusqu'à l'heure du souper. Pendant cet intervale, un gentilhomme de la cour porte dans son chapeau, un nombre de billets égal à celui des hommes qui composent l'assemblée.

Il les présente aux dames qui en tirent un chacune. Il en offre aussi de la même manière aux hommes qui en font de même, ils les gardent jusqu'à ce que le jeu soit fini.

L'officier appelle alors le numéro un, sur quoi les deux personnes qui s'en trouvent munies s'avancent, & le cavalier conduit sa dame dans la salle du festin, se place auprès d'elle, & ne la quitte plus pendant tout le reste de la soirée. Il en est de même de tous les autres numéros.

Après le souper, tout le monde se masque. Son Altesse la Landgrave est conduite dans la salle du bal, toutes les autres Dames
suivent

LETTRE LIII.

suivent & donnent la main à leurs cavaliers. La Princesse & le sien se placent au haut de la salle. ... Le second couple reste à une certaine distance au-dessous d'eux ; .... le troisième à côté du second, & ainsi de suite jusqu'à ce que cette double file la remplisse entiérement : s'il se trouve quelques surnuméraires, il faut qu'ils se tiennent sur les côtés. ... D'après cet arrangement, vous imaginez peut-être qu'il est question de contredanses : .... point du tout ; il ne s'agit que de menuets ; .... la musique commence, & tous les masques de la salle, composant vingt ou trente couples, en dansent un tous à la fois. Vous sentez quelle confusion cela doit occasionner. Ceci qui n'est qu'une affaire d'étiquette, étant terminé, tout le monde, à l'exception de la Landgrave, s'assied ; cette Princesse danse ordinairement neuf ou dix menuets de suite avec autant de différens cavaliers. Alors elle se repose jusqu'à ce que le reste de la compagnie ait dansé chacun le sien ; après quoi, les contredanses ont leur tour, & continuent jusqu'à quatre ou cinq heures du matin.

La Landgrave est une très-belle femme,

aimable, & d'un caractère vif & gai ; tout semble annoncer qu'elle ne tardera pas à avoir beaucoup d'embompoint, chose assez ordinaire aux Allemandes; pour retarder ce moment autant qu'il lui est possible, elle fait beaucoup d'exercice.

Outre la compagnie qui soupe ordinairement à la cour, les salles étoient pleines de gens de la ville en masque, dont quelques-uns ont des habits assez singuliers ; ils ont soin de ne point se découvrir. Et quoique ceux qui y viennent de la cour soient connus au moment qu'ils entrent, plusieurs se dérobent ensuite secrètement, changent d'habits, & reviennent s'amuser à tourmenter leurs connoissances sous ce nouveau déguisement, ainsi que cela se pratique dans tous les bals.

Les contredanses sont composées sans distinction de tous ceux qui se présentent.... Deux femmes de mauvaise vie qui étoient venues passer le carnaval à Cassel pour y exercer leur profession, bien connues pour ce qu'elles étoient de plusieurs officiers, ne manquoient jamais à chaque bal de danser à celles où dansoit la Landgrave; car le masque bannit toute cérémonie, met tout le monde sur un pied d'égalité, & assez ordinairement, en cachant parfaitement le visage, sert d'autant mieux à faire connoître le véritable caractère & les inclinations de celui qui le porte.

LETTRE LIV.

Cassel.

APRÈS les Electeurs, le Landgrave d'Hesse-Cassel est l'un des plus grands Princes d'Allemagne, & même parmi ces premiers, les Electeurs de Bohème, de Bavière, de Saxe & d'Hanovre, sont seuls plus riches & plus puissans que lui : son pays est en général montueux & plein de forêts, entremêlé cependant de fertiles vallées & de champs. Les subsides considérables que cette cour a tiré de l'Angleterre pendant les deux dernières guerres, ainsi que ce qu'on lui donne en tems de paix pour s'assurer de ses troupes, ont beaucoup contribué à mettre ses finances dans l'état florissant où elles se trouvent actuellement.

LETTRE LIV.

Il y a environ vingt ans que le Prince règnant a abjuré le proteſtantiſme, & embraſſé publiquement la religion catholique, du vivant du dernier Landgrave ſon père. Ce changement lui fit beaucoup de peine & alarma ſes ſujets qui ſont tous proteſtans.

Les états s'aſſemblèrent dans cette occaſion importante, ils prirent toutes les meſures qu'ils crurent convenables pour maintenir la religion & la conſtitution contre les tentatives qu'on pourroit faire par la ſuite pour les renverſer. Ils déclarèrent que le Prince Héréditaire ne pouvoit avoir aucune part à l'éducation de ſes fils, qui furent confiés aux ſoins de la Princeſſe Marie d'Angleterre, ſa première femme, dont il étoit alors ſéparé. L'aîné, à l'acceſſion de ſon père au Landgraviat, fut mis en poſſeſſion du comté de Hanau; de ſorte que les habitans n'ont éprouvé aucun inconvénient du changement de religion de leur Prince. Et comme lui-même n'en a retiré aucun avantage terreſtre, ſoit pour l'honneur ou pour le profit, il eſt vraiſemblable que les eſpérances de Son Alteſſe ſe bornent aux récompenſes qu'il ſe promet dans l'autre vie.

LETTRE LIV.

Ce Prince entretient seize mille hommes en tems de paix, disciplinés sur le même plan que les troupes Prussiennes; le Landgrave ayant rang de Feld-Maréchal dans les armées du Roi de Prusse, il se plaît à les exercer lui-même; mais n'ayant pas une salle à cet usage, ainsi que le Prince de Darmstadt, lorsque le tems est bien mauvais, il prend cette récréation dans la salle à manger de son palais, où j'ai souvent vu deux ou trois cent hommes du premier bataillon des gardes exécuter toutes leurs manœuvres avec la plus grande dextérité.

Le Prince de Saxe-Gotha, frère de la feue Princesse de Galles, a un régiment au service du Landgrave, & réside à Cassel.

La personne chargée en chef du département de la guerre, est le général Seliven, homme d'un jugement sain & droit, qu'il a soigneusement cultivé par la lecture & la réflexion.

J'ai l'honneur d'être intimement lié avec plusieurs autres officiers de ces troupes.... Des manières franches & ouvertes, & une politesse sans affectation, sont les caractères qui distinguent la nation Allemande: ces qualités bannissent naturellement toute espèce de crainte, & inspirent la confiance. Ce qui contribue encore à me rendre la conversation de ces officiers plus intéressante & plus agréable, c'est la justice qu'ils paroissent s'empresser de rendre à la bravoure des troupes Angloises avec lesquelles ils ont servi. Ils ne prononcent jamais les noms de Granby, de Waldgrave & de Kinpley, sans les plus grands éloges, & parlent avec l'attachement le plus marqué de quelques-uns des officiers avec lesquels ils ont été plus intimément liés, particuliérement de milord Keith, actuellement à Vienne, & du colonel Jean Maxwell, qu'ils louent comme l'un des plus braves & des plus habiles qui ait servi dans l'armée des alliés, & semblent se plaire à rapporter des exemples de l'intrépidité des grenadiers Anglois qui étoient sous ses ordres.

Outre celles qui sont actuellement au service du Landgrave, il y a encore quelques autres personnes de marque résidentes à Cassel. Je passe quelquefois des après dîner avec le vieux général Zastrond qui commandoit la garnison de Schweidnitz lorsqu'elle fut surprise par le général Autrichien Laudohn.

LETTRE LIV.

Vous vous rappellez que cette place importante fut enlevée aux Prussiens en 1757 par le Comte Nadasti. Elle fut ensuite bloquée par le Roi de Prusse dans l'hiver de la même année, & se rendit à ce monarque au printems de 1758 après que la moitié de la garnison eût péri en la défendant. En 1761, Laudohn la reprit presque à la vue de l'armée Prussienne, par un des coups de main le plus brillant dont on ait jamais ouï parler.

L'armée du Roi & celle de Laudohn se trouvoient l'une & l'autre dans les environs de Schweidnitz. Il y auroit eu de la témérité à la dernière d'entreprendre ce siège, tandis qu'elle étoit observée par un ennemi aussi vigilant; mais ayant remarqué que le Roi s'étoit beaucoup plus éloigné qu'à l'ordinaire de la ville, & sachant que plus d'une moitié de la garnison en avoit été retirée, il se décida à une entreprise aussi hardie que bien concertée. Un matin de bonne heure, ce vigilant général, profitant de l'avantage d'un brouillard épais, fit avancer son armée en quatre divisions sous les murs de cette forteresse: on appliqua les échelles aux remparts, & plusieurs Autrichiens se trouvèrent déja dans la ville avant d'avoir été apperçus par les sentinelles.

La garnison s'étant enfin éveillée, attaqua les ennemis avec la plus grande bravoure.... La confusion fut augmentée par le feu qui se mit à un magasin à poudre, qui, ayant sauté, tua beaucoup de monde des deux côtés. Le gouverneur fut fait prisonnier, combattant vaillamment sur les remparts, & la ville se rendit.

Cet exploit établit la réputation de Laudohn, tandis que le pauvre Zastrow éprouva le sort ordinaire aux infortunés ; en bute aux calomnies de ses ennemis, il en fut la victime. Il demanda à être jugé par un conseil de guerre ; le Roi répondit que cela seroit inutile, puisqu'il ne l'accusoit d'aucun crime ; après ce fâcheux accident il ne voulut plus lui confier de commandement.

J'ai ouï raconter à ce vieillard tous les détails de cette affaire ; & la relation qu'il m'en a faite m'a été confirmée par des officiers très-instruits de la manière dont il s'étoit conduit, & qui n'avoient pas la moindre relation avec lui.

Il est arrivé ici, depuis peu une troupe de

LETTRE LIV. 41

comédiens François ; c'est une nouvelle ressource pour la cour. Ils resteront ici six semaines ou deux mois. Le Landgrave, leur paye une somme pour jouer pendant tout ce tems, deux fois par semaine ; c'est à-peu-près tout leur bénéfice, car les habitans de Cassel, qui sont calvinistes n'ont pas beaucoup de goût pour le spectacle.

La salle de la comédie est jolie, quoique petite ; la loge du fond, derrière laquelle est une chambre assez spacieuse est réservée pour la cour. Lorsque le Prince ou la Princesse se lèvent, soit dans les entr'actes, ou pendant la représentation, tous les spectateurs, qui se trouvent dans les différentes parties de la salle, se lèvent sur le champ, & restent debout jusqu'à ce que leurs Souverains s'assoient de nouveau.

Depuis l'arrivée de ces comédiens, la cour a été très-brillante, & les jours de gala ont été plus fréquens. Il y en eut hier un très-splendide. J'apperçus dans la salle d'assemblée deux hommes qui me parurent l'un & l'autre étrangers, se saluant mutuellement avec beaucoup de politesse, & d'un air de considération. Un moment après l'un des deux m'a touché l'épaule, & me montrant du doigt l'autre, il m'a dit à l'oreille, méfiez vous, Monsieur, de cet homme; c'est un grand coquin.

Ce dernier est venu à son tour quelques minutes après, me dire; « croyez-vous, Monsieur, si je vous montrois un fou, que vous pussiez le reconnoître ? .... Le voilà, » a-t-il ajouté, en m'indiquant la personne qui m'avoit d'abord parlé à l'oreille.

Ceux qui connoissoient l'un & l'autre m'ont depuis assuré, qu'ils m'avoient tous deux dit vrai.

Je n'ai cité ce trait, uniquement qu'à cause de sa singularité, & pour vous prouver combien les manières de cette cour, & l'affection des courtisans les uns pour les autres, ressemblent peu à la façon de penser de ceux de St. James.

LETTRE LV.

Caffel.

LA ville de Caffel eſt ſituée ſur la rivière de Fulde. Elle eſt diviſée en vieille, & en nouvelle ville. La première eſt la plus ſpacieuſe, & la plus irrégulière. La nouvelle eſt bien bâtie; & c'eſt celle, ainſi que vous l'imaginez, ſans doute, où la nobleſſe, & les officiers de la cour font leur réſidence. Les rues en ſont larges & belles, mais aſſez mal pourvues d'habitans.

Outre le ſpacieux château de la ville de Caſſel, qui eſt le palais d'hiver du Landgrave, ce Souverain a pluſieurs maiſons de plaiſance, & nombre de châteaux dans différens endroits de ſes états; à peine eſt-on ſorti de la ville, qu'on rencontre auprès des portes un ſuperbe édifice, qu'il habite pendant la plus grande partie de l'été; les appartemens en ſont agréables & commodes, pluſieurs ſont décorés de ſtatues antiques d'une grande valeur.

Il ne s'y en trouve aucun qui soit assez spacieux pour pouvoir y exercer un certain nombre de soldats ; mais son Altesse se donne quelquefois ce plaisir, qui est un de ses amusemens favoris, sur le haut de ce palais, qui a un toit plat, & très-propre à cet usage.

Il est entouré de parcs, & de jardins très-vastes, & très-ornés avec une fort belle orangerie. Il y a aussi une ménagerie, où l'on a rassemblé les animaux les plus curieux. J'y ai vu une très-belle lionne, qui a perdu depuis peu son mâle ; un éléphant ; trois chameaux en fort bon état, dont l'un étoit du plus beau blanc, les autres deux gris, & beaucoup plus hauts que l'éléphant ; un âne d'Afrique, autrement nommé zébre, animal fier & vif, avec une peau magnifiquement tachetée ; une très-grosse renne ; plusieurs léopards ; un ours ; & différentes espèces de singes. La collection d'oiseaux est encore plus complète, on y en trouve plusieurs qu'on a tiré des Indes Orientales.

L'académie des Arts, placée dans la nouvelle ville, renferme quelques antiquités, & d'autres curiosités, parmi lesquelles est un St. Jean en mosaïque, d'après un tableau de

LETTRE LV.

Raphael; au-dessous on lit l'inscription suivante :

> Imaginem S. Johannes
> Ex Italia advenam
> In rarum raræ industriæ humanæ monumentum
> Hanc collocari juſſit
> Fredericus II Haſſiæ Landgr.
> A. MD. CCLXV.

On m'aſſure que cet art de copier des tableaux en moſaïque a été depuis peu porté à Rome à un plus grand degré de perfection.

On a placé dans le veſtibule le tronc d'un laurier, avec cette inſcription ſur le mur de derrière :

> Quæ
> Per octo principum Cattorum ætatis
> In amœnis Inclyti Caſſele
> Viridarii ſpatiam floruit
> Laurus
> Alt. Circiter Liv. Lat. IV. Ped. Rhenan.
> Ad Tempora Heroum
> Sereniſſ. Domus Haſſiæ
> Coronis Cingenda,
> Senio, ſed non improlis, Emortua eſt
> Ne vero tota periret
> Arbor Apollini ſacra
> Truncum in muſeo ſervari juſſit
> Fredericus II. H. L.
> A. MD. CCLXIII.

LETTRE LV.

On y montre aussi une épée, qui a été bénie par le Pape, & envoyée à un des Princes de cette famille à son départ pour une expédition à la terre sainte : j'ignore le carnage que cette arme sacrée a pu faire des infidéles : elle a une apparence vénérable, & il ne paroît pas que les services qu'elle a rendus l'aient fort usée.

Près du vieux château, & un peu sur le côté, est une colonnade assez basse, nouvellement construite, & destinée à servir d'ornement à l'ancien château, quoique d'un style d'architecture tout-à-fait différent. Le peu d'épaisseur des colonnes paroît d'autant plus remarquable qu'elle est voisine de cette construction gothique.

Il y a quelque tems, qu'un joueur de gobelets vint à Cassel ; outre plusieurs autres tours rares, il prétendoit pouvoir avaler, & digérer les pierres. Un officier Hessois se promenant devant le château avec un Anglois, qui se trouvoit alors à Cassel, lui demanda, ce qu'il pensoit de cette belle colonnade?.... Elle est très-bien, lui répondit l'étranger, mais si vous desirez qu'elle dure, il faut empêcher que le joueur de gobelets n'en approche à jeun.

LETTRE LV.

Rien dans toute la Hesse, ne mérite mieux d'être admiré des voyageurs, que le temple gothique, & la cascade de Wasenstein. Il y avoit autrefois dans ce lieu un ancien bâtiment, qui étoit la maison de chasse des Princes de cette famille. Il est situé au pied d'une haute montagne, & a été agrandi & reparé à diverses reprises. Mais le grand père du Landgrave actuel, Prince qui avoit autant de goût que de magnificence, a fait arranger au côté de cette montagne opposé à celui où est cet édifice, une suite de cataractes factices, & plusieurs espèces de jets-d'eau, du meilleur style possible.

Les principales cascades sont au milieu, & il y a de chaque côté des escaliers formés par de larges pierres noires, de l'espèce de celles à feu, qu'on a tirées d'un rocher assez éloigné. Chacun de ces escaliers est composé de huit cent marches, qui s'élevent du bas jusqu'au sommet de la montagne; & lorsque l'on fait jouer les eaux, elles coulent par-dessus, & forment deux chaînes non interrompues de moindres cascades. En montant on trouve à des distances convenables, quatre plate-formes, avec un spacieux bassin au milieu de chacune; ainsi que des grottes, & des caves ornées de coquillages, de statues de nayades, & de divinités marines.... Il y a sur-tout une de ces grottes, que l'on distingue par le nom de grotte de Neptune, & d'amphitrite, qui est aussi heureusement imaginée qu'exécutée.

L'eau découle du sommet de cette montagne sous différentes formes:.... Quelquefois en cascades isolées, d'autre fois en larges napes semblables à de grands miroirs de cristal, dans un endroit elle est interrompue par un roc composé d'énormes pierres, placées artistement à cet effet.... Il y a aussi des fontaines, qui lancent l'eau en colonnes de cinq ou six pouces de diamètre, à une grande hauteur.

Tout cela confidéré du bas ne fauroit manquer de produire le plus bel effet. C'est une vue cependant dont je n'ai point eu le plaisir de jouir, car il n'a cessé de géler depuis que nous sommes à Cassel, & lors que j'ai visité Wasenstein, les champs étoient couverts de neige, ce qui ne m'a pourtant pas empêché de grimper au sommet, quoique la montée par l'escalier fût extrêmement difficile & glissante.

On

LETTRE LV.

On a construit sur la partie la plus élevée de la montagne un temple gothique, au sommet duquel est un obélisque, couronné par une statue colossale d'Hercule appuyé sur sa massue, dans l'attitude de l'Hercule Farnèse. Cette figure est de bronze, & a trente pieds de haut. En dedans de la massue qui est creuse, est un escalier par lequel une personne peut monter, & de la fenêtre qui est au sommet, on a une vue très-étendue du pays des environs.

Wasenstein est, tout considéré, un des plus beaux ouvrages de cette nature que j'aie jamais vu. L'on m'a même assuré qu'il n'y en avoit aucun en Europe qui pût lui être comparé. Il n'a point l'air d'un édifice moderne, & paroit, au contraire, avoir été construit par les anciens Romains.

Nous comptons partir d'ici sous peu de jours pour nous rendre à Brunswick. . . . Je ne fermerai ma lettre qu'à Gottingue, où nous ferons peut-être une pause de quelques heures.

P. S. Nous avons pris congé hier le Duc & moi de la cour & de nos amis, & sommes partis ce matin de Caſſel ; mais les chemins s'étant trouvés inondés par les débordemens extraordinaires de la Fulde, nous avons été obligés de revenir fur nos pas. Un fort dégel qui dure depuis quelques jours ayant fondu la neige & la glace, a cauſé ce débordement & rendu les chemins impraticables.

Il ne nous étoit plus poſſible de nous montrer à la cour après en avoir pris congé en forme, nous avons dîné à l'une des tables des officiers ; j'en fors actuellement, & ne fachant trop quand nous pourrons nous rendre à Gottingue, je ferai partir ma lettre ce foir.

Adieu.

LETTRE LVI.

Brunſwick.

Dès que les chemins ont été pratiquables, nous avons quitté Caſſel, ce n'a pas été fans difficulté & fans courir quelque rifque à Munden, ville fituée dans une vallée; la Fulde eſt jointe par une feconde rivière & prend le nom de Wefer.

LETTRE LVI.

Cette ville paroît fort exposée aux innondations. La route, assez longtems avant que nous y entrassions, & les rues les plus proches de la rivière étoient encore sous l'eau lorsque nous y avons passé.

Nous sommes arrivés le même soir à Gottingue, ville très-propre & fort bien bâtie, située dans un beau pays. Son université, fondée par George II, est très-célèbre. Nous y avons très-peu séjourné, & il y a près d'un mois que nous nous trouvons à Brunswick.

Le Duc d'H.... y étoit attendu depuis quelque tems, & a été reçu à la cour avec toute la politesse & toutes les attentions imaginables. On l'a fort pressé d'accepter un logement au palais, ce qu'il a cru devoir refuser. Nous couchons chez des particuliers; mais nous vivons, pour ainsi dire, à la cour, puisque nous y dînons constamment, y passons la soirée & y soupons, à l'exception de deux jours de la semaine que nous dînons avec le Prince Héréditaire & la Princesse, dans leur appartement.

La famille de Brunswick-Wolfenbuttel ne tire pas un plus grand lustre de son antiquité, de ce qu'elle a donné des Impératrices à l'Allemagne, & de ce qu'une de ses plus jeunes branches est placée sur le trône de la Grande-Bretagne, que des vertus & des talens de quelques-uns de ses Princes actuellement vivans.

Le Duc règnant a une conversation, des manières & des sentimens qui, dans toute autre position que celle où il se trouve, lui mériteroient le titre d'homme sensé & honnête.

La Duchesse est la sœur favorite du Roi de Prusse. Elle aime l'étude, & sur-tout celle de la métaphysique; ses recherches, loin de l'éloigner, n'ont heureusement abouti qu'à la confirmer dans la croyance des vérités du christianisme.

Les talens militaires & le caractère du Duc Ferdinand sont connus de toute l'Europe. Comme particulier, il est, on ne peut pas plus, poli, vit de la manière la plus splendide, il pousse à l'extrême l'attention à sa parure, il aime la variété & la magnificence dans les habits.

Il a constamment vécu à la cour de son frère depuis l'arrivée du Duc d'H.... à

LETTRE LVI. 53

Brunfwick; mais il a paffé l'été à la campagne.

Ce Prince a fervi fous fon oncle pendant la dernière guerre, & a commandé des partis détachés de la grande armée avec différens fuccès. Son activité, fon courage & fon amour pour la gloire ont paru dans toutes les occafions; depuis, cette noble ardeur, qui a fi fort éclaté dans fes premières campagnes, a été réglée & meurie par le tems, l'étude & la réflexion; & s'il lui arrive par la fuite de paroître à la guerre en fa qualité de général, il eft certain qu'il s'y diftinguera autant par fa prudence, fa fagacité & fon jugement, qu'il l'a déja fait par fa valeur & par fa hardieffe. Il a actuellement le rang de lieutenant-général dans les armées de Pruffe & le commandement de la garnifon d'Halberftadt.

Je ne parlerai point de fon époufe, ... on connoît en Angleterre fa franchife & fon enjouement; l'affection qu'elle a toujours eue pour le lieu de fa naiffance n'eft point diminuée par l'abfence.

Le Prince Léopold eft, on ne peut pas plus, aimable, il paroit fort attaché au duc d'H....

D 3

avec lequel il vit dans la plus grande intimité.

Sa sœur, la Princesse Auguste, est chérie de tous ceux qui l'approchent, pour son naturel obligeant & ses excellentes qualités.

Ces illustres personnages dînent & soupent toujours ensemble, à l'exception, ainsi que je l'ai dit, de deux jours de la semaine; qu'eux, les officiers de la cour & les étrangers qui ont été invités, forment une compagnie de vingt ou trente personnes qui mangent à la même table.

Le soir, l'assemblée est plus nombreuse. Il y a une grande table pour le vingt-un, la Duchesse préfère ce jeu, parce que c'est celui qui occupe le plus de joueurs à la fois. Le Duc règnant & le Prince Ferdinand sont toujours de cette partie.

La Princesse Héréditaire joue de son côté le quadrille, & choisit les acteurs : son mari ne joue jamais. En général, le jeu n'est pour cette cour qu'un simple amusement, elle cherche, autant qu'elle le peut, à en détourner. La Duchesse elle-même ne joue que très-petit jeu.... Il faut être bien malheureux pour perdre plus de vingt pistoles dans sa soirée. Ainsi, tant que je serai ici, je ne courrai aucun risque de manquer à la résolution que j'ai prise.

Une des aîles du Palais est occupée par la famille du Prince Héréditaire. Il a actuellement trois fils & autant de filles, ils ont tous un très-beau tein, ce qui est commun à toutes les branches de la ligne de Brunswick.

Il y a quelques jours que j'accompagnai le Prince Léopold & le Duc d'H.... dans une visite qu'ils firent au Duc Ferdinand qui étoit alors à sa maison de campagne, distante d'environ six milles de cette ville. C'est dans cette retraite qu'il passe la meilleure partie de son tems. Il est fort adonné à la culture des jardins, il s'occupe actuellement à dessiner & à faire préparer le terrain pour en établir un nouveau dans le goût Anglois.

Son Altesse Sérénissime a fait le tour de son parc avec le Duc d'H.... & lui a montré ses plans & les changemens qu'il méditoit. Le plus grand obstacle qui s'oppose aux embéllissemens qu'il projette, vient de la surface du sol qui est par-tout parfaitement égal & peu susceptible de variété.

La maison est entourée d'un fossé, & contient un grand nombre d'appartemens. Les murs de chaque chambre sont couverts d'estampes depuis le haut jusqu'à deux pieds du plancher. Peut-être n'y a-t-il aucun palais ou maison de particulier en Europe, où il s'en trouve une si grande quantité d'encadrées & sous verre que dans celle-ci. Tandis que le Prince Ferdinand jouoit au billard avec le Duc d'H.... Le Prince Léopold & moi avons continué à les examiner; à peine avons-nous pu nous en rapppeller une seule un peu passable qui ne s'y trouvât.

Son Altesse nous a dit, qu'il étoit aussi difficile que dispendieux de se procurer une collection de bons tableaux, & que rien n'étoit si détestable qu'un amas de mauvais: qu'en conséquence il avoit pris le parti d'orner son palais de tout ce qu'il avoit pu trouver de supportable en fait d'estampes, qui après les beaux tableaux lui parroissoient ce qu'il y avoit de plus agréable. Mais, a-t-il ajouté, en souriant, les murs de chaque chambre un peu logeable en sont entièrement tapissés, & j'en ai reçu dernièrement un supplément assez considérable d'Angleterre, qui m'obligera de conſtruire de nouveaux appartemens pour pouvoir les placer, » car j'ai toujours été dans l'habitude de don- » ner un poſte honorable aux Anglois. »

La compagnie avoit été priée à déjeuner; & le repas s'eſt trouvé être un ſplendide diner. Nous n'étions que ſix à table : quoique le nombre des domeſtiques qui nous ſervoient eût pu facilement ſuffire à une trentaine. Le Prince, qui eſt toujours extrêmement poli, a été dans cette occaſion, on ne peut pas plus, affable & enjoué. Il nous a porté pluſieurs ſantés ſuivant l'uſage Anglois, & il a commencé par celle du général Conway, qui a été ſuivie de celle du chevalier H. Clinton, &, toutes les fois que ſon tour eſt revenu, il a porté celle de quelques-uns de nos officiers.... Vous n'aurez pas de peine à croire, que j'ai eu beaucoup de ſatisfaction à connoître par moi-même quelques particularités de la vie privée, d'un Prince qui a paru avec tant d'éclat, & a joué un ſi grand rôle dans la dernière guerre.

Comme il n'eſt point rentré au ſervice du Roi de Pruſſe, & paroît uniquement livré aux amuſemens champêtres, & à la ſociété d'un petit nombre d'amis, on croit qu'il ne prendra plus de part aux affaires publiques, mais qu'il passera tranquillement le reste de ses jours dans sa retraite à l'ombre des lauriers, dont il s'est si glorieusement couvert.

LETTRE LVII.

Brunswick.

La ville de Brunswick est située dans une plaine, sur les bords de l'Ocker. Les maisons en général, y sont vieilles ; cependant depuis ces dernières années on en a construit quelques-unes de meilleur goût, & elle s'embellit tous les jours.

Les fortifications ont causé bien des maux à plusieurs villes d'Allemagne ; au lieu de les défendre, elles n'ont plutôt servi qu'à assouvir la fureur des ennemis. C'est pour cette raison, que Cassel & quelques autres qui étoient auparavant fortifiées, se trouvent actuellement demantelées. Cependant les fortifications de Brunswick ont été dans la dernière guerre de la plus grande utilité,

LETTRE LVII.

& dans une occasion elles l'ont préservée du pillage, & ont fourni au prince Fréderick qui est actuellement au service Prussien, le moyen de faire une action, qui a dû lui causer plus de satisfaction que vingt victoires n'auroient pu lui en donner. Elle eut lieu en 1761, peu après la bataille de Kirch-Denkern, lorsque le Duc Ferdinand protégeoit Hannovre, non en conduisant son armée dans cet Electorat, & en la défendant directement, ainsi que l'ennemi paroissoit s'y attendre & le souhaitoit probablement, mais par une diversion, en attaquant avec de gros détachemens, commandés par le Prince Héréditaire, leurs magasins de la Hesse, & attirant ainsi toute leur attention sur ce pays.

Tandis que le Duc étoit campé à Willhemsthall, observant les mouvemens de l'armée de Broglio, ce Maréchal qui lui étoit très-supérieur en forces, envoya un corps de vingt mille hommes aux ordres du Prince Xavier de Saxe, qui s'empara de Wolffembutel, & investit peu après Brunswick.

Le Prince Ferdinand, desirant sauver sa ville natale, hasarda un détachement de cinq mille hommes de son armée, toute foible qu'elle étoit, aux ordres de son neveu Fréderick, assisté des conseils du Général Luckener, avec ordre d'harasser les ennemis, & de tâcher de faire lever le siège. Le jeune Prince fut à peine en marche, qu'il envoya un soldat chargé d'une lettre pliée autour d'une balle, avec ordre de l'avaler s'il ne pouvoit la remettre au Gouverneur: il eut le bonheur de gagner la ville sans accident. La lettre avisoit le commandant de l'approche du Prince, & lui indiquoit la nuit & l'heure où il comptoit arriver à un certain endroit voisin de la place, qu'il lui désignoit le priant de lui en faciliter l'entrée.

Au milieu de la nuit & au moment convenu, le Prince tomba à l'improviste sur la cavalerie ennemie, qui ne se doutant point qu'il fût si proche, étoit négligemment campée à un mille de la ville: elle fut d'abord dispersée, & répandit tellement l'alarme parmi l'infanterie, que celle-ci se retira à son tour après une perte assez considérable.

Le matin de bonne heure, le jeune Prince entra à Brunswick au milieu des acclamations de ses concitoyens qu'il avoit heureusement affranchis des horreurs d'un siège. Le Prince Héréditaire, ayant détruit les magasins que les François avoient dans la Hesse, fut rappellé par son oncle, qui lui ordonna de tenter le secours de Brunswick. Tandis qu'il s'avançoit aussi vîte qu'il lui étoit possible, & étoit déja parvenu à quelques milles de la ville, il reçut la nouvelle de la levée du siège. A son arrivée au palais de son père, il trouva son frère Fréderick à table, régalant les officiers François qu'il avoit fait prisonniers la veille.

L'académie de Brunswick a été refondue, & le plan d'éducation perfectionné, par les soins, & sous la protection du Prince Héréditaire. Il s'y rend des étudians de tous les différens Etats d'Allemagne ; & il y vient même quelquefois d'Angleterre de jeunes gens de famille pour y être élevés.

Ceux d'entr'eux qui se destinent au militaire, auroient peine à trouver dans aucune partie du continent autant d'avantages réunis qu'à l'académie de Brunswick. Ils y sont sous la protection d'une famille fortement prévenue en faveur de leur nation.... Toutes les différentes sciences y sont enseignées par des maîtres, dont l'habileté est univer-sellement reconnue.... Ces jeunes gens y voient journellement une garnison s'acquit-ter ponctuellement de tous les devoirs qu'exi-ge le service d'une place de guerre, & ont la faculté, en se prévalant du crédit du Prince toujours prêt à l'employer en leur faveur, de pouvoir assister aux revues des troupes Prussiennes, lorsqu'elles ont lieu à Magde-bourg & à Berlin.... Ils ont peu d'occasions de faire de fortes dépenses, dans un lieu où ils voient rarement des exemples de gens qui se ruinent par leurs extravagances,.... où on est peu dissipé, & où il règne peu ou point de débauche.

J'ai passé dernièrement un jour à Wolffem-butel, qui est aussi une ville fortifiée, l'an-cienne résidence de cette famille. La biblio-theque publique, y est regardée comme une des plus complètes de toute l'Allemagne, & renferme plusieurs manuscrits curieux. On nous y a montré quelques lettres de Luther, & plusieurs autres écrits de la propre main de ce Réformateur.

Ayant dîné avec le Colonel Riedesel, qui commande un régiment de cavalerie dans cette ville, je m'en fuis retourné par *Saltz-dahlen*. Ce palais eft le premier que j'aie vu conftruit prefque entièrement en bois. Ce qui n'empêche pourtant pas qu'il ne s'y trouve de très-beaux appartemens, & une galerie confidérable de tableaux, dont quelques-uns paffent auprès des connoiffeurs pour excellens. Je me garderai bien d'empiéter fur les droits de ces Meffieurs, en m'hafardant à dire mon fentiment fur leur mérite, ou leurs défauts; quoique j'aie fouvent vu des gens, tout auffi ignorans que moi fur cet article, décider d'un ton de maître, & de la manière la plus dogmatique. Les termes techniques de cet art leur étoient fi familiers, & ils les employoient avec tant de prodigalité, qu'ils s'attiroient l'admiration de tous ceux qui n'étoient pas affez inftruits pour s'appercevoir, que toute leur connoiffance & leur prétendu goût pour les beaux arts, ne confiftoient que dans l'étalage continuel, & fouvent déplacé, de ces termes.

Bien convaincu de ma profonde ignorance dans ces myftères, je me tairai fur ces tableaux, & me contenterai feulement de dire qu'il me paroît que la galerie où ils font placés, est une des plus belles qu'on puisse voir, elle a deux cens pieds de long, cinquante de large, quarante de haut.

On trouve aussi dans ce palais un cabinet de porcelaines de la Chine, contenant, à ce qu'on nous a assuré, sept à huit mille pièces.... Et dans un autre plus petit, on nous a montré une collection d'assiettes grossières, qui n'avoient d'autre mérite, que celui d'être peintes d'après les desseins de Raphaël.

La campagne des environs de Brunswick est agréable. J'ai été sur-tout charmé de voir plusieurs maisons de plaisance situées près des murs, chose assez rare en Allemagne, où, lorsque l'on s'éloigne des villes & des cours, on traverse souvent un grand espace de pays sans appercevoir aucun édifice propre à être habité par l'ordre mitoyen entre le souverain & le paysan.

J'ai passé la journée de hier fort agréablement chez milord de Westphalen, dont la maison est située à quatorze milles de Brunswick. Ce gentilhomme a été attaché pendant toute la dernière guerre, en qualité de secrétaire de cabinet, au Duc Ferdinand; emploi qu'il a exercé à l'entière satisfaction

de

de ce Prince, dont il continue à mériter l'amitié & la confiance.

Il a écrit l'histoire de ces mémorables campagnes, pendant lesquelles son Prince a eu le commandement de l'armée des alliés & a fait échouer toutes les tentatives des François en Westphalie; quoiqu'il ait déja mis depuis quelque tems la dernière main à cet ouvrage, des raisons politiques l'ont empêché jusqu'ici de le faire paroître. On espère pourtant qu'il sera publié par la suite: l'on assure qu'il est supérieurement écrit; ceux qui connoissent comme moi l'exactitude & le discernement de l'auteur n'auront pas de peine à le croire, sur-tout quand ils sauront qu'il a été lui-même témoin oculaire des actions qu'il décrit, & qu'il connoissoit les vues secrètes du général, qui, vraisemblablement, a daigné revoir son travail.

LETTRE LVIII.

Brunſwick.

Nous avons eu derniérement ici deux ou trois bals maſqués.... La cour ne s'y rend point en proceſſion comme cela ſe pratique à celle de Caſſel.... Ceux qui veulent y aſſiſter s'y rendent ſéparément & à l'heure qui leur convient.

Il y a dans la ſalle une galerie particulière pour la famille règnante, où elle ſe place quelquefois à viſage découvert, & s'amuſe à voir danſer. En général, elle y va maſquée, & ſe mêle indifféremment & familiérement avec le reſte de la compagnie.

Je ne ſuis point étonné que les Allemands, ſur-tout ceux d'une haute naiſſance aiment les bals maſqués, eux qui ſont ſi fort excédés de cérémonies & d'étiquettes, & gênés par la diſtance que la différence des rangs met entre des gens qui, ſans cela, auroient été fait pour s'eſtimer & vivre enſemble. J'imagine qu'ils ſe prévalent volontiers de toutes les occasions qui se présentent d'user du masque & du *domino*, pour jouir du plaisir de s'entretenir familièrement & en toute liberté avec d'autres êtres de leur espèce.... J'eus une fois l'avantage de diner en compagnie avec le Duc d'H.... chez un officier général. Sa sœur fait les honneurs de la table, & ce seigneur lui ayant témoigné sa surprise de ne l'avoir jamais rencontrée à la cour, elle lui répondit que n'étant pas noble d'origine, elle n'avoit pas la liberté de s'y montrer. Cela n'empêchoit pourtant pas que le souverain & les gens de la première distinction ne vinssent la voir chez elle. Tous se plaignoient des usages du pays qui privoient la cour de la présence d'une dame qui lui auroit fait le plus grand honneur.

Le rang que le général occupoit à l'armée étoit un passe-port suffisant pour sa personne, mais ne pouvoit être d'aucun avantage à sa sœur; car cette étiquette s'observe avec la plus scrupuleuse exactitude envers tous ceux qui sont d'origine Allemande; quoiqu'on s'en soit fort relâché en faveur des étrangers, sur-tout des Anglois, qui, à ce qu'on croit, ont moins d'égard à la naissance & aux titres que toute autre nation.

Les divertissemens publics de toute espèce sont actuellement interrompus pour quelque tems, & la cour est très-déserte. ... Le Duc Ferdinand vit à la campagne, & il y a quelques jours que le Prince Héréditaire est parti pour Halberstadt, où il doit séjourner au moins un mois pour préparer la garnison, & son propre régiment en particulier, aux grandes revues qui vont bientôt avoir lieu. L'exactitude & l'application continuelle à exercer les troupes sont indispensables dans le service Prussien, sans quoi toutes les dispositions favorables du Roi pour ce Prince, & leur consanguinité ne sauroient l'assurer d'un seul jour de faveur pour son oncle, les talens personnels & les efforts continuels sont les seuls moyens d'acquérir & de conserver celle d'un monarque aussi décidé & aussi clairvoyant.

La Princesse Héréditaire a quitté Brunswick, & est partie pour Zell, où elle restera, pendant l'absence de son mari, auprès de la Reine de Danemarck.

Le jeune Prince Léopold a aussi quitté la cour. Il se rend directement à Vienne, où

LETTRE LVIII.

l'on croit qu'il se propose d'offrir ses services à l'Empereur ; pour peu qu'il y trouve d'encouragement, il se dévouera entiérement à la maison d'Autriche. En ce cas, il sera vraisemblablement, lorsque la guerre viendra à se déclarer, dans le cas de se battre contre ses deux frères : circonstance à laquelle on fait ordinairement assez peu d'attention en Allemagne, où les frères ne se font pas plus de peine d'entrer au service de différens Prince qu'on ne s'en fait en Angleterre de prendre parti dans différens régimens.

Il y a toujours eu la plus étroite amitié entre ce jeune Prince & sa sœur, qui n'a presque cessé de pleurer depuis son départ.

Sa mère soutient son absence avec plus de fermeté ; ce qui n'empêche pourtant pas qu'on ne s'apperçoive de son inquiétude. Indépendamment de la privation de son fils, elle est affligée de l'idée de le voir passer au service d'une cour où il pourra se trouver forcé à faire la guerre à son frère, pour lequel il est aisé de voir qu'elle a la plus tendre amitié, ainsi que la plus juste admiration.

Je n'ai point été surpris qu'elle en parlât comme du plus grand homme vivant ; mais elle étend fes éloges jufqu'aux qualités de fon cœur en quoi tout le monde n'eft pas de fon avis.... C'eft pourtant celle de toutes fes qualités dont elle parle avec le plus de complaifance, elle le nomme le plus digne des hommes, le meilleur des amis, & le plus tendre des frères: ce qu'elle en dit fe trouvant uniquement fondé fur fa propre expérience, elle a les plus grandes raifons de perfifter dans fon idée; car, par tout ce que j'en ai appris, il paroît que le Roi a toujours eu les attentions les plus foutenues & la tendreffe la plus marquée pour elle.

Le départ du Prince Léopold a renouvellé l'affliction qu'elle avoit éprouvé à la mort imprévue de deux de fes fils. L'un périt dans le camp des Ruffes d'une maladie, fuite des fatigues qu'il avoit effuyées pendant la campagne de 1769 qu'il avoit faite comme volontaire. L'autre fut tué dans une efcarmouche vers la fin de la dernière guerre, ayant reçu un coup de feu à la gorge, il mourut de cette bleffure quinze jours après, fort regretté de toute l'armée, qui s'étoit formé une très-haute idée du mérite naiffant de ce brave Prince.

LETTRE LVIII.

Il écrivit une lettre à sa mère le matin du jour de sa mort, par laquelle il lui témoignoit son regret de se voir arrêté de si bonne heure dans la carrière de l'honneur, & combien il lui auroit été plus agréable d'avoir perdu la vie dans quelque action mémorable qui l'auroit illustré, & dans l'exécution de quelque entreprise glorieuse digne de la valeur de ses ancêtres. Il paroit cependant se consoler en pensant que sa mémoire ne laissera pas d'être chère à un petit nombre de ses amis, & que sa respectable mère ne l'oubliera jamais. Il lui témoigne ensuite sa reconnoissance de ses bontés & de sa tendresse, & finit par ces mots que je rends aussi fidélement qu'il m'est possible, & d'après ce que l'on m'en a dit.... J'ai supplié la Duchesse de me les répéter; ce n'a été qu'avec difficulté & les yeux pleins de larmes qu'elle a daigné me satisfaire, les voici : « Ma vue » s'obscurcit, mes yeux ne distinguent plus » aucun objet : heureux qu'ils aient encore » pu me servir dans cet instant à donner à » ma mère ce dernier témoignage de mon » respect. »

LETTRE LIX.

Hannovre.

LE Duc d'H.... ayant résolu d'aller faire sa cour à la Reine de Danemarck avant de quitter ce pays, a jugé à propos de profiter du moment où la Princesse Héréditaire se trouvoit avec sa cour pour s'acquitter de ce devoir.

Je l'ai accompagné à Zell ; & le lendemain je me suis rendu chez le Comte & la Comtesse Dean, pour les prévenir de l'arrivée du Duc & pour leur demander quand nous pourrions avoir l'honneur d'être présentés à Sa Majesté. L'un & l'autre sont attachés à la cour de Brunswick, & tandis que je déjeûnois avec eux, la Princesse Héréditaire est entrée & a satisfait elle-même à ma demande.

Le Duc & moi sommes retournés avant diner au château où nous sommes restés fort tard. Entre les deux repas il y a eu un concert, & la Reine a paru beaucoup mieux que nous ne nous y étions attendus.

LETTRE LIX.

Zell est une petite ville, destituée de commerce & de manufactures, les maisons en sont vieilles & de peu d'apparence, le tribunal où l'on juge en dernier ressort de toutes les causes des Etats de la maison Electorale de Brunswick-Lunebourg y est pourtant établi, & ce sont les procès que l'on y porte qui font vivre la meilleure partie de ses habitans.

Elle a été très-maltraitée par les François au commencement de la dernière guerre, & ensuite abandonnée au pillage, en revanche de la prétendue infraction du Traité de Closter-Seven. C'est ici où le Duc de Richelieu avoit établi son quartier général, lorsque le Duc Ferdinand rassembla les troupes qui avoient été désarmées, & dispersées immédiatement, après cette convention.

Le château est un superbe bâtiment, entourré d'un fossé, & bien fortifié : c'étoit ci-devant, la résidence des Duc de Zell, il a été reparé depuis peu par l'ordre du Roi d'Angleterre, pour la réception de sa malheureuse sœur. Les appartemens en sont spacieux & commodes, & actuellement très-bien meublés.

Les officiers de la cour, les filles d'honneur, & tous ceux qui sont au service de la Reine ont en général l'extérieur le plus décent, & témoignent l'attachement le plus respecteux pour leur infortunée maîtresse. Nous avons passé le peu de tems que nous avons séjourné à Zell à la cour, où tout paroissoit, conforme aux usages de celle des autres petits Princes·Allemands, & disposé de manière à rendre la situation de la Reine aussi supportable que les circonstances le permettoient; sa plus grande consolation, est, sans contredit, la compagnie & la conversation de sa sœur. Le séjour. de cette Princesse à Zell paroît lui donner une espèce de satisfaction; mais au moment de son départ Sa Majesté, à ce qu'on nous a assuré, s'abandonne de nouveau à sa tristesse, & à son désespoir. La Princesse fait son possible pour lui inspirer du courage, & lui donne tous les momens qu'elle peut dérober à son mari & à sa famille. Bien loin d'imiter ceux qui saisissent le premier prétexte pour rompre des liaisons qui ne sauroient plus leur être utiles, cette vertueuse Princesse à marqué un plus grand attachement à sa sœur depuis son mal-

LETTRE LIX.

heur, que lorsqu'elle étoit au faîte de la prospérité.

La jeunesse, l'air affable, & les manières obligeantes de la Reine lui ont concilié l'affection de tous les habitans du pays. Quoiqu'en parfaite santé, & qu'elle parût contente, convaincu cependant que cette satisfaction n'étoit qu'apparente, & une suite des efforts qu'elle faisoit sur elle-même, je me suis senti saisi d'une secrète mélancolie, & d'une tristesse qu'il m'a été impossible de surmonter, & qui ont duré autant que notre séjour à Zell.

Nous nous sommes rendus de cette dernière ville à Hannovre, & nous avons eu le plaisir d'y entendre le soir même de notre arrivée au concert le *Messie* de Handel. Toute la bonne compagnie y a assisté, & cette occasion nous a procuré celle de faire connoissance avec le vieux général Sporkeno, & d'autres personnes de distinction. Hannovre est une ville propre, agréable & florissante. Elle ressemble plus à une ville Angloise qu'aucune de celles que j'ai vues jusqu'à présent en Allemagne. Nos mœurs & notre façon de vivre s'introduisent tous les jours de plus en plus parmi les habitans. L'influence heureuſe de l'eſprit de liberté s'eſt communiquée à ce pays : on n'y éprouve point les triſtes effets de la tyrannie, on lit ſur les viſages de tous les citoyens l'aiſance & la tranquillité dont ils jouiſſent.

Hannovre eſt régulièrement fortifiée, tous les ouvrages y ſont dans le meilleur état, les ſoldats ſont ſages & paiſibles, &, quoique la diſcipline y ſoit moins ſévère que dans quelques autres parties de l'Allemagne, ils y rempliſſent exactement toutes leurs fonctions. Le général Sporken commandant en chef de l'armée eſt, on ne peut pas plus, humain : il ne l'eſt cependant pas au point de fermer les yeux ſur les fautes qu'ils commettent ; & il les punit toutes les fois qu'ils ſe rendent coupables de crimes, & leur fait ſubir les peines infligées par la ſentence du conſeil de guerre, il ne permet point aux officiers de les bâtonner pour des bagatelles. Cette manière de châtier eſt trop ſouvent l'effet du caprice, les gens durs & cruels ne ſont que trop enclins à ſatisfaire cette paſſion diabolique, qu'ils cachent ſous une apparence de zèle & d'attachement à la diſcipline.

LETTRE LIX.

Les soldats Hannovriens ne sont point d'une taille aussi avantageuse que ceux des autres princes Allemands, ce qui vient de ce qu'on n'enrôle personne par force dans l'Electorat : tous les soldats s'engagent volontairement, tandis qu'ailleurs, le Prince choisit les paysans, les plus grands & les plus robustes, & les force à prendre le mousquet. On convient, que dans une action, les troupes Hannovriennes sont celles qui se comportent le mieux ; & il est certain, que la désertion est plus rare parmi elles, que parmi aucunes autres ; ce qui ne vient, sans doute, que de ce qu'elles ne sont point forcées à servir, & de ce qu'elles sont traitées moins durement que celles des autres puissances.

Ce n'est plus ici actuellement la mode, de mettre autant d'exactitude que-ci-devant dans les exercices. Les officiers, en général, paroissent mépriser nombre de minuties, que l'on regarde ailleurs comme très-importantes. Il est incroyable à quel point cette exactitude y est poussée.

A certaine parade, où le Souverain assistoit en personne, ainsi que plusieurs officiers généraux : je me rappelle d'avoir vu un général très-replet, témoigner tout d'un coup le plus grand étonnement, comme appercevant la chose du monde la plus extraordinaire. Il s'en fut tout tortillant au rang le plus éloigné. J'eus peine à concevoir ce qui pouvoit occasionner chez son Excellence une vivacité si peu assortie à son âge & à son tempérament. Tandis que tous les spectateurs attendoient avec impatience de voir à quoi ce phénomène aboutiroit, il arriva à son homme, & dans la plus grande colère, que la fatigue de sa course avoit encore augmentée ; il lui arracha le chapeau de dessus la tête, parce qu'il le crut mal retroussé, & l'ajusta à sa fantaisie. Après avoir reparé cette incongruité, il retourna se placer à la droite du Prince, avec un air satisfait qui exprimoit combien il étoit vain du service important qu'il venoit de rendre à l'Etat.

Deux jours après notre arrivée, j'ai été me promener à Hernhausen, je m'y suis rendu par une superbe avenue, aussi large, & le double plus longue, que le mail de St. James. Le palais n'a en lui-même rien d'extraordinaire ; mais les jardins sont aussi beaux que des jardins, dans le goût Hollandois & plantés dans un terrein parfaitement uni, peuvent l'être. L'orangerie est réputée une des plus belles qu'il y ait en Europe. Il y a ici une espèce de théatre champêtre dont on peut faire usage dans la belle saison. L'amphithéatre, dont les sièges sont de gazon, est très-spacieux; la scène est dans le même goût; les côtés sont composés d'arbres : & il y a quantité de cabinets de verdure & de treilles, entourées de haies fort élevées, où les acteurs peuvent se retirer & s'habiller.

Lorsque ce théatre est illuminé, & il l'est toutes les fois qu'il y a bal, cela doit produire le plus bel effet. Les boccages, les berceaux & les labyrinthes, paroissent admirablement disposés pour un pareil divertissement.

Il se trouve dans ces jardins plusieurs réservoirs considérables & nombre de fontaines; & à l'un des côtés un canal qui a près d'un quart de mille de long. Je n'ai point vu les fameux jets-d'eaux; on ne les a point fait jouer depuis mon arrivée à Hannovre. A tout prendre, nous y passons notre tems très-agréablement. Nous avons dîné deux fois chez le Baron de Lenth, chargé de la principale direction des affaires de cet Electorat, où nous avons trouvé tout ce qu'il y a de mieux dans le pays. Je fais tous les jours la partie de whift du Maréchal Sporken, & paffe la meilleure partie de mon tems dans fon hôtel.

Le Duc d'H.... ayant promis de fe trouver à certain jour marqué à Brunfwick, nous partirons demain pour cette ville; mais nous avons promis de revenir à Hannovre avant notre départ pour Berlin.... En conféquence, ma première lettre fera datée de Brunfwick, ou peut-être de cette ville après notre retour.

LETTRE LX.

Hannovre.

Nous avons paffé une femaine à Brunfwick & fommes de retour ici depuis environ dix jours. Toute la famille du Prince, à l'exception du Duc, de la Ducheffe, & de leur plus jeune fille, en eft actuellement abfente.

Dans

LETTRE LX.

Dans chaque cour les courtisans modèlent ordinairement leurs goûts & leurs mœurs sur celles du souverain. Son exemple doit opérer encore plus fortement dans les petites cours d'Allemagne où les individus sont plus rapprochés que par-tout ailleurs, & passent la meilleure partie de leur tems ensemble. Le goût que la Duchesse a pour l'étude & le tems qu'elle y emploie a mis les livres à la mode parmi les Dames de la cour: Son Altesse Royale m'a donné la dernière fois que j'ai eu l'honneur de la voir, une preuve bien convaincante de ce goût.

Une dame, dont l'éducation avoit été fort négligée dans sa jeunesse, & qui étoit parvenue à l'âge de raison, sans s'appercevoir que son ignorance lui eût fait aucun tort, avoit obtenu, par le crédit de quelques-uns de ses parens, une place à la cour. Elle n'y eut pas été long-tems qu'elle vit que la conversation ordinaire dans l'appartement de la Duchesse rouloit sur des objets dont elle n'avoit pas la moindre connoissance; & que celles des Dames de cette Princesse, qui étoient le plus en faveur auprès d'elle, étoient précisément celles où l'on trouvoit le plus de littérature ; elle s'affligea pour la première fois, du peu de soin qu'on avoit pris de son éducation, & quoiqu'elle eût envisagé jusqu'alors, cette espèce de science qui s'acquiert par la lecture, comme peu convenable à une femme de condition ; cependant, la voyant à la mode à la cour, elle prit le parti de s'attacher fortement à l'étude, afin de ne plus passer pour ignorante.

Elle fit part de sa résolution à la Duchesse, priant en même tems Son Altesse, pour commencer, de lui prêter un livre. La Princesse approuva sa résolution, & promit de lui donner l'un des plus utiles de sa bibliothèque ; elle lui envoya en effet un dictionnaire François & Allemand. Quelques jours après Son Altesse lui demanda ce qu'elle pensoit de ce livre ? C'est le plus agréable que j'aie jamais vu.... Les sentences en sont courtes & faciles à comprendre, & les lettres, on ne peut pas mieux arrangées ; elles sont en lignes comme les soldats à la parade, tandis que dans d'autres que j'ai eus en mains elles sont mêlées ensemble de la manière du monde la plus confuse, comme la populace l'est ordinairement dans les places publiques ; de sorte qu'il n'y a aucun plaisir à les regarder, & qu'il est très-difficile de savoir ce qu'elles signifient. Aussi ne suis-je plus étonnée du goût que Votre Altesse témoigne pour l'étude.

Nous avons dîné deux fois au palais depuis notre retour à Hannovre : la maison, & les officiers qui y sont attachés, tout est sur le même pied que lorsque les Electeurs y faisoient leur résidence ; l'on y monte régulièrement la garde. Les livrées des pages & des domestiques sont les mêmes qu'à Saint-James. La première fête à laquelle j'ai assisté, & que l'on y a donnée a été pour le Duc d'H...., & la seconde pour le jeune Prince George de Hesse Darmstadt qui arriva quelques jours après avec le Prince Ernest & le Prince Charles de Mecklenbourg, frères de la Reine d'Angleterre, tous deux dans le service Hannovrien.

Je donne, comme auparavant, la plus grande partie de mon tems au Maréchal Sporken. La conversation d'un général sensé, qui a passé cinquante ans de sa vie dans les armées, & une partie considérable de ce tems dans les premières dignités qui l'ont mis à même de se lier avec plusieurs des grands hommes de notre siècle, ne sauroit que devenir très-intéressante. Je suis enchanté d'être à portée de m'instruire par lui des divers événemens de la dernière guerre, dont les détails sont souvent rendus d'une manière bien différente, & quelquefois tout-à-fait opposée. Les observations du Maréchal sont judicieuses & sensées, son commerce est agréable, & il s'explique avec la liberté d'un vrai militaire. Il a servi sous le feu Maréchal Daun dans l'armée des alliés, opposée à celle qui étoit commandée par le Maréchal de Saxe dans la guerre de 1741, & il se rappelle plusieurs anecdotes curieuses, propres à faire connoître le caractère de quelques-uns des chefs qui ont été à la tête des armées pendant cette époque mémorable.... Il a la plus grande idée des talens militaires du Duc Ferdinand, & il assure que de tous les généraux, sous les ordres desquels il s'est jamais trouvé, ce Prince est celui qui lui paroît le plus capable de conduire une armée. Il ajoute que, comme ce Prince a rarement assemblé des conseils de guerre, ou fait part, aux officiers de ses troupes, relativement à ses opérations, de ses plans en général, mais uniquement de la partie qu'ils étoient chargés de faire exécuter; il leur auroit été difficile de se former une juste idée de sa capacité, tandis qu'ils servoient immédiatement sous ses ordres; mais que lui (Maréchal Sporken) ayant quelquefois commandé des corps détachés, le Prince avoit été dans le cas de s'ouvrir à lui, & de lui communiquer ses projets, ce qui lui avoit fait connoître toute l'étendue & la profondeur de son génie. Il avoit sur-tout admiré la netteté & la précision des instructions qu'il lui avoit remises par écrit : elles étoient toujours accompagnées de la description la plus exacte & la plus détaillée du pays qu'il devoit traverser, chaque village, chaque ruisseau, chaque fondrière, chaque bois & chaque éminence s'y trouvoient soigneusement décrites, & il y joignoit les conjectures les plus judicieuses sur les desseins des ennemis avec des directions sur le parti le plus convenable à prendre dans les différentes occasions, & suivant l'exigence des cas.

Tout bien examiné, le Maréchal paroissoit convaincu que la majeure partie des succès des alliés, pendant la dernière guerre en Westphalie, étoit due à la prévoyance, à la prudence & à la sagacité du général. Un événement mémorable, cependant, de cette guerre, qu'on a cité comme la preuve la plus complète de ces qualités, lui paroissoit en être moins le résultat que celui de la valeur & du courage de quelques régimens, & de la bonne conduite d'un petit nombre d'officiers subalternes : il ajoutoit, que les louanges qu'il donnoit aux talens militaires du Duc, ne pouvoient être attribuées à l'attachement qu'on lui auroit soupçonné pour ce Prince, puisqu'il n'étoit point lié avec lui, qu'au contraire, ils avoient eu quelque difficulté au sujet de ce qui s'étoit passé entr'eux au siège de Cassel, dont il nous a dit les particularités, & l'affaire étoit de nature à n'être jamais parfaitement oubliée.

Les sentimens nobles, généreux & intègres de ce vénérable vieillard, lui font le plus grand honneur & ne sauroient être assez admirés. Il est respecté de tout le monde, & écouté comme un oracle. Parmi ceux qui composent sa société, il y a plusieurs personnes à-peu-près du même âge que lui, qui étoient de toutes les parties de George II, & ne le quittoient guère toutes les fois qu'il visitoit ses états héréditaires où il avoit pris naissance. La mémoire de ce Monarque est ici en vénération. J'ai oui ses contemporains, tous autrefois du nombre de ses favoris, raconter mille petites anecdotes à son sujet, qui prouvoient à la fois la bonté du cœur de ce Roi & leur reconnoissance. J'ai conclu, d'après tout ce qu'ils m'en ont dit, que ce Prince étoit naturellement d'un caractère très-sociable, & que toutes les fois qu'il se trouvoit à Hannovre, il mettoit absolument de côté cet air peu communicatif & cette gravité qu'il affectoit en Angleterre; vivant familièrement, sans contrainte, & de cette manière ouverte que les Princes, ainsi que les paysans, prennent ordinairement lorsqu'ils sont avec les gens qu'ils aiment, & dont ils sont sûrs d'être chéris.

Ce ne sont pas seulement les amis particuliers de ce Monarque, qui parlent de lui avec tendresse, & avec respect; ces sentimens sont ceux des gens de tous les états de cet Electorat. Rien ne fait plus honneur à son caractère & à sa mémoire, & ne prouve mieux son équité, que la façon dont il a gouverné des sujets, sur lesquels il avoit un pouvoir sans bornes; il ne s'en est jamais prévalu, & les a conduit avec la même douceur & la même modération, dont il auroit pu user envers ceux dont les droits sont défendus par les loix, & protégés par la Constitution.

Les deux visites que j'ai faites à Hannovre, ont servi à me confirmer dans les idées favorables que j'avois conçues du caractère des Allemands. Une des circonstances les plus désagréables des voyages, est celle d'être obligé de se séparer des gens avec lesquels on s'est lié, au moment où on commence à sentir tout ce qu'ils valent, & que l'on s'y attache. Comme nous touchons au moment où les revues en Prusse vont commencer, nous avons déja pris congé de nos amis, & nous nous préparons à retourner demain matin à Brunswick; après y avoir passé un jour ou deux, nous tâcherons de nous rendre à tems à Potsdam.

Je ne laisserai point après moi, toutes les connoissances précieuses que j'ai faites pendant mon séjour à Hannoyre.... A notre der-

nier voyage nous y avons rencontré M. F....
fils de Milord F.... Il a été depuis lors de
toutes nos parties, & il nous accompagnera à
Brunſwick & à Potſdam.

LETTRE LXI.

Potſdam.

A notre retour à Brunſwick, nous avons
trouvé la Princeſſe Héréditaire ; il n'y avoit
que peu de jours qu'elle étoit revenue de
Zell, où elle avoit laiſſé la Reine de Dannemarc en parfaite ſanté. La Princeſſe réſidoit
avec ſes enfans à *Antonettenruhe*, maiſon de
plaiſance, éloignée de peu de milles de Brunſwick. Elle nous a invités le Duc de H...,
M. F.... & moi, à dîner avec elle, la veille
du jour de notre départ pour Potſdam. Ce
même matin ayant par haſard fait un tour de
promenade de très-bonne heure dans les jardins du palais.... J'y ai trouvé le Duc de
Brunſwick.... Il m'a appris, qu'un exprès qui
venoit d'arriver, avoit apporté la nouvelle

de la mort de la Reine de Dannemarc.... on avoit su quelques jours auparavant qu'elle avoit été attaquée d'une fièvre putride.... Il a ajouté, qu'à l'exception de lui & de sa famille, personne de la cour ou de la ville n'en avoit connoissance, & il m'a recommandé de n'en rien faire paroître à la Princesse, qui en seroit, on ne peut pas plus, affectée; son intention, étant, après que la compagnie se seroit retirée, de lui envoyer une personne, qui l'instruiroit de toutes les circonstances de ce triste événement.

Lorsque nous sommes entrés, nous avons trouvé la Princesse un peu inquiète de l'état de sa sœur,.... cependant plutôt rassurée qu'effrayée des nouvelles qu'elle avoit reçues ce jour-là par la poste.

Elle nous a montré ses lettres.... Elles contenoient les détails des différens symptômes de la maladie, & sembloient annoncer qu'elle n'auroit pas de suites dangereuses. Incapable de soutenir l'idée de la mort de sa sœur, elle en a interprêté favorablement toutes les expressions : la compagnie s'est prêtée à son illusion, & l'a confirmée dans sa façon de penser. Cette scène a été pénible & doulou-

LETTRE LXI. 91

reufe, pour moi qui favois ce qui en étoit.

Le foir, en retournant à Brunfwick, nous avons rencontré le gentilhomme, chargé par le Duc, de lui annoncer la mort de la Reine de Dannemarc.... nous avons foupé ce même foir à la cour, & avons pris congé de cette illuftre famille. La Duchefse m'a remis une lettre, pour fon fils, le Prince Fréderic, à Berlin, qui, à ce qu'elle m'a dit, me feroit utile dans cette ville, où elle contribueroit à me procurer une réception telle que je pouvois la defirer.

A notre arrivée à l'hôtellerie, nous y avons trouvé une nombreufe compagnie; on ne voyoit que danfe, & toute la maifon rétentiffoit du fon des inftrumens. Il eft d'ufage dans toute l'Allemagne, au mariage des Bourgeois de célébrer les noces au cabaret. Comme il y avoit peu d'apparence que nous puffions dormir de toute la nuit; au lieu de nous mettre au lit, nous avons demandé des chevaux de pofte, & fommes partis de Brunfwick vers les trois heures du matin.

Nous fommes arrivés dans l'après-midi à Magdebourg. Toute la route eft parfaitement unie, le Duché de Magdebourg produit beaucoup de bestiaux, & une grande quantité de grains, les parties qui n'en sont pas marécageuses & couvertes de bois étant très-fertiles. J'ai vu ici peu ou point de clôtures, ou de haies ; il en est de même de toutes les autres parties de l'Allemagne, à l'exception de celles qui entourent les jardins, ou les parcs des Princes.

Le Roi de Prusse a son représentant à la Diète de l'Empire, en sa qualité de Duc de Magdebourg. La capitale, qui porte le même nom que le Duché, est une ville considérable, bien bâtie, & très-fortifiée ; on y fabrique du coton, des toiles, des bas, des gants, & du tabac ; mais les principales manufactures sont celles de laine & de soie.

Les draps d'Allemagne sont en général fort inférieurs à ceux d'Angleterre & de France. Cependant, les officiers Prussiens, assurent que le drap bleu foncé qu'on y fabrique, ainsi que, dans les autres Etats du Roi, quoique plus grossier, est d'un meilleur usage, & a plus d'apparence, après avoir été porté quelque tems, que le plus fin fabriqué en Angleterre ou en France. Ce qu'il y a de sûr, c'est que le drap bleu Prussien est préférable à celui de toute l'Allemagne.... La ville de Magdebourg, est avantageusement située pour le commerce; la communication avec Hambourg par le moyen de l'Elbe, est, on ne peut pas plus, commode; & elle se trouve placée entre la haute & la basse Allemagne. C'est aussi la plus forte place des Etats de Sa Majesté Prussienne; où il a établi ses principaux magasins & ses fonderies. En tems de guerre, c'est le réduit, où il place les objets les plus précieux qu'il veut mettre à l'abri d'un coup de main.

Les lieux où il s'est passé des choses extraordinaires, ne fussent-ils renommés que pour cette seule raison, m'intéressent davantage que les pays les plus florissans, ou les plus belles villes où il n'est jamais rien arrivé d'extraordinaire. L'imagination, éveillée par la vue des premières, prête sur le champ une forme & des traits aux personnages que l'on n'a jamais vus;.... on croit les entendre parler, & les voir agir; les passions sont excitées, & l'esprit occupé; les maisons, les rivieres & les campagnes qui les environnent, tiennent lieu de poëte & d'historien, & retracent avec une nouvelle force les événemens dont on a ouï parler.

Lettre LXI.

En traversant ici l'Elbe avec le Duc de H..., je lui ai rappellé l'affreux spectacle que donna dans ce même lieu le général Autrichien Tilly, qui ayant pris la ville d'assaut, abandonna ses citoyens, sans égard au sexe ou à l'âge, à la cruauté & à la brutalité de ses soldats; outre le massacre général, ils donnèrent les preuves les plus horribles de la barbarie la plus révoltante & de leur inhumanité: il nous a été impossible de considérer de sang froid, cette partie de la rivière que trois ou quatre cens des habitans trouvèrent moyen de traverser pour se sauver.... ils furent les seuls de vingt mille qui échappèrent à cette boucherie.

Cette triste catastrophe a fourni matière à la conversation de la plus grande partie de cette journée. Il étoit inutile de tant discourir sur un événement de cette nature, avec un Seigneur dont l'ame étoit aussi sensible que celle du Duc.... Le simple récit suffisoit pour y faire naître des réflexions sensées, & qui faisoient l'éloge de son cœur.

Ce pays est bien cultivé, & fertile même à deux lieues par delà Magdebourg, ensuite le sol devient plus ingrat, & à peu de dis-

Lettre LXI.

tance de Brandebourg, il est tout-à-fait nud, & aussi sablonneux que les déserts d'Arabie.

Brandebourg, ville qui donne le nom à l'Electorat, est fort petite, elle est divisée en ville vieille, & en ville neuve par une rivière qui les sépare l'une & l'autre du Fort. Tout son commerce consiste en quelques manufactures d'étoffes de laines, qui y ont été établies par des François que le Roi y a attirés, & auxquels il a accordé quelques secours. Le nombre des habitans se monte tout au plus à quinze cens.

En entrant dans les villes de garnison Prussiennes on est arrêté à la porte ; l'officier de garde s'informe de votre nom, d'où vous venez, où vous allez, & écrit vos réponses. La même chose se pratique en France, quoiqu'avec moins de formalités & d'exactitude.

Lorsqu'on apprend que la personne qui arrive a le titre de Duc, la garde ordinairement se met sous les armes. Quant à celui de Milord, on y fait moins de cérémonie, tant en France qu'en Allemagne : souvent des gens qui n'y ont aucun droit le prennent dans l'étranger ; & on le donne assez ordinairement à tout Anglois qui paroît au-dessus du commun ; mais celui de Duc, en Allemagne, est généralement attaché à un Souverain, & est plus respecté que n'est le titre de Prince. Tous les fils des Ducs dans ce pays le portent en naissant, leur nombre fût-il aussi considérable que celui des enfans du vieux Roi Priam.

Nous sommes depuis hier au soir à Potsdam ; vous observerez que j'ai profité de la première occasion pour vous apprendre cette importante nouvelle.

LETTRE LXII.

Potsdam.

LE lendemain de notre arrivée dans cette ville, j'ai fait visite au Comte de Finkenstein pour lui demander le moment où le Duc d'H.... & moi pourrions avoir l'honneur d'être présentés au Roi, le priant en même tems de nous obtenir la liberté d'assister aux revues. J'ai été, on ne peut pas plus surpris, lorsque ce ministre m'a dit qu'il falloit que j'écrivisse à Sa Majesté pour en avoir

cette

LETTRE LXII.

cette permission, que je pouvois compter de recevoir sa réponse dès le lendemain. Il m'a paru bien singulier que je dusse écrire au Roi pour une affaire aussi peu importante; mais le Comte m'a répondu que c'étoit l'usage, ainsi je m'y suis sur le champ conformé.

Le lendemain matin un des domestiques de la maison de Sa Majesté est venu me demander à l'auberge, & m'a remis une lettre cachetée à mon adresse, signée du Roi, par laquelle ce Prince me marquoit, que comme la cour ne tarderoit pas à se rendre à Berlin, le Ministre qui y seroit de service feroit savoir au Duc d'H.... & à moi le moment où nous pourrions y paroître, & que nous étions les maîtres d'assister à toutes les revues.

Le soir nous avons été présentés au Prince & à la Princesse de Prusse, qui résident presque toujours à Potsdam. Ce premier est d'une taille avantageuse, beau, & d'une figure martiale, âgé d'environ trente-cinq ans. La Princesse est de la branche de Hesse Darmstadt, & ressemble beaucoup à sa tante, que nous avions vue à Carlsruh; nous avons eu l'honneur de souper deux fois avec eux pendant le peu de séjour que nous avons fait à Potsdam.

Le Prince & tous les officiers ont été occupés tous les matins à leurs préparatifs. Hier, pour la seconde fois, le Roi a passé sept mille hommes en revue. Le fils du Prince de Prusse, qui est un enfant de six ou sept ans, y a assisté à pied avec son gouverneur, & n'avoit aucun officier ou domestique à sa suite. Il étoit confondu avec les autres spectateurs, sans la moindre marque de distinction. En ayant témoigné ma surprise à celui-ci: en France, lui ai-je dit, il n'en seroit pas ainsi; le Dauphin, à l'âge de ce Prince, ne se montreroit à une revue qu'en carrosse, avec un détachement de gardes-du-corps à sa suite; mais ici, le Roi & le Prince paroissent également souhaiter que leur successeur soit élevé durement, & sans qu'on lui inspire de très-grandes idées de son importance; malgré tous les soins qu'on se donne pour les écarter, elles ne naissent que trop tôt.

Les troupes étoient rangées sur une seule ligne, le long des sommets de quelques côteaux; elle en sont descendues par un terrein escarpé & très-inégal, faisant continuellement feu par grandes divisions pendant tout le chemin, jusqu'au moment où elles sont arrivées en plaine; où elles se sont acquittées de différentes manœuvres. Comme nous devons partir dans peu pour Berlin, où la grande revue de la garnison de cette capitale doit avoir lieu, je ne vous parlerai plus d'évolutions & d'exercices jusqu'alors.

Nos matinées, depuis que nous sommes ici, se sont toujours passées avec les troupes qui étoient aux champs; le reste de l'avant-diner a été employé à voir ce qu'il y a de curieux dans cette ville. Les maisons en sont bâties en belles pierres de taille blanches, presque toutes sont neuves, & à-peu-près de la même hauteur. Les rues en sont régulières, bien pavées, & on y trouve quelques édifices publics très-somptueux; de sorte que Potsdam a tout ce qu'il faut pour former une ville agréable, supposé que par ce mot l'on entende les rues, les murailles, & l'apparence extérieure. Mais si l'on y ajoute une idée plus composée & que l'on prétende y annexer celle du fini, de l'ameublement, & des commodités de l'intérieur; en ce cas, Potsdam est réellement une pauvre ville.

Le Roi ayant témoigné le plus grand defir pour l'augmentation & l'embelliſſement de celle-ci, pluſieurs particuliers riches y ont bâti des maiſons, en partie pour lui faire leur cour, & en partie, parce qu'en les louant, ils s'étoient imaginés qu'ils retireroient un bon intérêt de leur argent. Mais, comme les augmentations ne ſe faiſoient pas auſſi promptement qu'il l'auroit ſouhaité, Sa Majeſté a fait bâtir tout-à-la-fois pluſieurs rues à ſes dépens. Cette opération a ſur le champ réduit le prix des loyers, & les premiers qui s'étoient empreſſés d'en conſtruire ont reconnu qu'ils avoient mal placé leurs fonds.

Les villes, en général, ſe forment graduellement à meſure que le nombre des habitans augmente, & ils bâtiſſent des maiſons plus ſpacieuſes & plus commodes en proportion de leur opulence ; mais ici, il en eſt tout autrement, on commence par élever les édifices dans l'eſpérance que la belle apparence de leurs façades, ſemblables aux Nymphes de Circé, charmeront les paſſans, & attireront des habitans. Juſqu'à préſent leur attraction n'a pas été bien forte ; car il y a peu

LETTRE LXII.

de villes aussi mal peuplées que Potsdam, quoique les maisons y soient louées à vil prix aux marchands & aux artisans.

Je n'ai pas été peu surpris en la parcourant, de voir des ceinturons, des culottes & des vestes de buffle, pendues aux fenêtres des plus belles maisons pour les faire sécher : j'en ai demandé la raison, & on m'a dit que chaque chef de famille étoit obligé de loger deux soldats, & souvent même davantage ; que leurs appartemens, du moins la plus grande partie, étoient au premier étage, & qu'ils demeuroient dans ceux dont les fenêtres donnoient sur la rue ; on m'a assuré qu'il en étoit de même à Berlin. Le Roi aime mieux loger ses soldats chez les bourgeois que dans des casernes : cette raison doit être une réponse suffisante aux objections des militaires qui voudroient que l'on en construisît en Angleterre pour les troupes, supposant que sans cela, elles ne sauroient être bien disciplinées ; car on ne sauroit s'attendre, ni souhaiter qu'elles fussent sous une plus sévère discipline que celles de Prusse.

J'imagine que les soldats de cette nation sont logés dans des maisons particulières préférablement aux casernes, par des considérations diamétralement oppofées à celles qui produifent le même effet en Angleterre.... Notre parlement ayant toujours marqué la plus grande averfion de placer les foldats dans des caſernes, & ayant préféré de les loger chez les bourgeois, afin que des liaifons d'amitié & de confraternité puſſent s'établir entre les foldats & leurs concitoyens, & que les premiers ne fe regardaſſent pas comme formant un corps abſolument diſtinct & iſolé, dont l'intérêt n'auroit rien de commun avec celui des autres individus qui compoſent la nation, & n'auroit d'autre obligation que celle d'obéir implicitement en tout tems & dans toutes les occaſions aux ordres émanés de la couronne.

On regarde ici comme peu convenable de loger des corps nombreux de gens armés, enſemble dans des caſernes, crainte que durant l'obſcurité de la nuit, ils ne vinſſent à former des complots préjudiciables à la diſcipline, & dangereux pour le gouvernement : ceci ne ſauroit arriver de jour ; car alors les officiers font préſens, & lorſque les foldats font ſous les armes ils n'ont pas même la liberté de ſe parler ; quand ils ne font pas de service, tout leur tems est employé à nettoyer leurs armes, leur buffeterie, leurs habits, & à se préparer à monter leurs gardes. J'imagine que c'est-là une partie des raisons qui engage le Roi de Prusse à préférer les maisons particulières pour le logement de ses troupes; à tout autre égard les casernes seroient beaucoup plus convenables & plus conformes à l'esprit du gouvernement établi dans ses états.

Le palais de Potsdam, que l'on nomme autrement le château, est un superbe édifice, accompagné de très-beaux jardins. Je ne vous en ferai point la description, je craindrois de vous ennuyer; ce qui m'y a paru le plus extraordinaire, c'est que l'appartement le plus magnifique est le cabinet d'étude; les ornemens en sont d'argent massif; le bureau, les sculptures de la table, & les tablettes pour les livres, sont du meilleur goût.

La personne qui nous conduisoit a demandé si nous voulions voir la garderobe du Roi?... Lui ayant répondu que oui, il nous a mené dans l'appartement où ses habits sont déposés; il ne réssembloit en rien à celui de sa bibliothèque. Toute sa garderobe consistoit en deux juſte-au-corps bleus, doublés de rouge., un deſquels étoit un peu déchiré; .... en deux veſtes jaunes, dont les devans étoient tachés & couverts de tabac d'Eſpagne; .... en trois paires de culottes jaunes, & en un habit complet de velours bleu, brodé en argent, qu'il ne met que dans les grandes occaſions.

Je m'étois d'abord imaginé que notre conducteur s'étoit procuré quelques vieux habits du Roi, & les avoit placés là pour amuſer les étrangers; mais après m'être bien informé, on m'a aſſuré que ceux, dont je viens de faire mention, avec deux uniformes qu'il a à Sans-Souci, forment toute ſa garderobe. Notre conducteur nous a dit qu'elle n'avoit jamais été plus conſidérable ; quant à l'habit de velours, il avoit près de dix ans, & étoit encore tout auſſi bon que neuf. Il eſt ſûr que ſi les tignes le ménagent autant que le Roi l'a ménagé juſqu'ici, il durera auſſi longtems que Mathuſalem.... Il y a dans la même chambre quelques étendards de cavalerie; au lieu d'être quarrés, comme ils le ſont ordinairement, deux ou trois ne ſont autre choſe que de ſimples figures d'aigles ſculptées en argent, fixées au bout d'un bâton.

Dans la chambre à coucher où le feu Roi est mort, on a ôté de la partie inférieure de la fenêtre qui donne sur le jardin quatre carreaux, & on y a substitué un morceau de glace qui occupe leur place : on nous a dit que le plus grand plaisir qu'eût eu Sa Majesté pendant sa vie, avoit été de voir manœuvrer ses troupes, & qu'il avoit conservé cette passion jusqu'à son dernier soupir : se trouvant confiné dans son appartement par sa dernière maladie, il se faisoit asseoir auprès de la fenêtre & les regardoit à travers les vitres, ce qui avoit engagé à l'arranger de la manière que je viens de décrire pour qu'il pût les contempler plus à son aise ! sa foiblesse augmentant avec le mal ; il ne pouvoit plus se tenir assis, & il falloit qu'il restât couché toute la journée sur un lit de repos. Toutes les fois qu'il paroissoit s'affaisser, on l'approchoit de la fenêtre, & on soutenoit sa tête qu'on tournoit du côté de la campagne ; on s'appercevoit d'abord que la vue des soldats sous les armes lui servoit de cordial, & ranimoit ses esprits.... à force d'en faire usage, ce remède devint à la fin inutile.... ses yeux s'obscurcirent,.... on eut beau lever sa tête ; il ne put plus discerner ces objets si chéris, & il expira.

Voilà ce qui s'appelle avoir conservé sa passion dominante jusqu'au dernier moment, & ne s'en être pas même détaché à la mort.

LETTRE LXIII.

Potsdam.

J'ai été deux ou trois fois à Sans-soucy, peu éloigné de Potsdam. Le Roi habite constamment l'ancien palais, excepté lorsque des gens de la première distinction viennent passer quelques jours avec lui : alors il les reçoit dans le palais neuf, & y demeure avec eux pendant tout leur séjour.

La galerie est ornée d'une quantité considérable de tableaux, parmi lesquels il se trouve plusieurs originaux très-estimés.... Les plus précieux sont de l'école Flamande.... Quelques pesonnes qui passent pour connoisseurs, & qui le sont vraisemblablement, puis-

LETTRE LXIII.

que je ne sache pas qu'on ait des raisons suffisantes de leur contester ce titre, assurent que le Roi, est un mauvais juge en fait de peinture; ils citent, pour appuyer leur allégué, la quantité de tableaux ordinaires dont il a fait l'aquisition : quoi qu'il en soit, il est certain que Sa Majesté s'embarrasse, on ne peut pas moins, de ce que pensent ces prétendus connoisseurs ; il achète, admire, & avoue hautement son goût pour les morceaux qui lui plaisent, & qu'il croit excellens, sans faire attention à ce qu'eux ou d'autres en peuvent dire : il lui est fort égal qu'on prétende qu'un tableau soit de Raphael, du Guide, ou du Corrège ; s'il n'y découvre aucune beauté, il le dit tout franchement, & préfére celui d'un peintre obscur, ou moderne qui lui plaît.

Cette conduite en fait de peinture, est regardée par plusieurs amateurs comme une espèce de blasphême, & les scandalise plus que tout autre genre d'impiété : un peintre, grand connoisseur, que le Roi avoit piqué, en refusant plusieurs tableaux qu'il lui avoit vantés, & en achètant d'autres qu'il avoit dénigrés, disoit, (en parlant de ce Monarque :) cet homme s'imagine, parce qu'il joue parfaitement de la flûte, qu'il a été loué par quelques poëtes, & philosophes, & qu'il a gagné dix ou douze batailles, qu'il doit se connoître en peinture; mais savoir se battre, est une chose, & se bien connoître en tableaux en est une autre, & c'est ce qu'il apprendra à ses dépens.

Peu de tems après la dernière paix, le Roi de Prusse a jetté les fondemens du nouveau palais de Sans-Soucy, qui est actuellement tout-à-fait fini : c'est, sans contredit, un noble & superbe édifice. Les offices sont à une grande distance du corps du logis auquel ils sont joints par une double colonnade qui produit le plus grand effet. Le frontispice du palais paroît en quelque façon éclipsé par le grand nombre de statues dont on a prétendu le décorer. Elles forment pour la plupart des groupes représentant des sujets tirés des métamorphoses d'Ovide. Il a un dôme terminé par une couronne soutenue par les trois Graces. Le Duc d'H.... a prétendu que trois grenadiers Prussiens auroient été beaucoup plus propres à cet usage. Il y a au rez-de-chauffée du milieu, une grande salle, dont

LETTRE LXIII.

le parquet, les côtés, & le plafond font de marbre : on la nomme la Grotte, & fes ornemens correfpondent à cette dénomination. Pour que cet appartement foit habitable, il faut que le tems foit extrêmement chaud. En Italie il feroit délicieux. Le plafond en eft bas & vouté, & foutient un fecond appartement à tous égards, dans les mêmes proportions, excepté qu'il eft plus élevé : ce dernier eft auffi en marbre. Les autres appartemens font magnifiquement meublés, & ornés de tableaux, ils ont la plus belle apparence. Bien des gens les trouvent ridicules par la profufion des ornemens. Il faut avouer, que l'or y a été prodigué outre mefure.

Précifément vis-à-vis du vieux palais de Sans-fouci, & immédiatement à l'entrée des jardins, Milord Maréchal a bâti une maifon, où il réfide conftamment. Vous avez fans doute, oui parler de ce Seigneur ainfi que de fes qualités eftimables. Nous nous fommes empreffés dès notre arrivée de lui aller rendre nos devoirs; & avons dîné plufieurs fois depuis à fa table. Voici l'infcription qu'il a fait placer fur le devant de fon hôtel.

FRÉDÉRICUS II.
NOBIS HÆC OTIA FECIT.

Attenant à cet édifice est un petit jardin, avec une porte, qui communique à ceux du Roi de Sans-souci, de sorte que Milord en a la jouissance : le Roi de son côté a une clef du petit jardin de Milord, & en fait souvent usage pour visiter ce Seigneur.

Nous partons demain pour Berlin. Adieu.

LETTRE LXIV.

Berlin.

Nous sommes arrivés ici au moment où l'on étoit le plus occupé à se préparer pour la revue. On ne voyoit dans les rues que des soldats exerçant, & des officiers s'agitant, allant & venant de l'air du monde le plus affairé. La ville ressembloit plutôt au camp d'une armée, qu'à la capitale d'un Royaume dans la plus profonde paix. La cour elle-même auroit pu passer pour la tente d'un général à son lever.... A l'exception des Ministres étrangers, & d'un petit nombre de voyageurs, tous ceux qui s'y trouvoient, (il n'y avoit point de femmes,) étoient en uniformes.

LETTRE LXIV.

Le ministre Britannique M. Harris, accompagna le Duc d'H.... le jour que nous fûmes présentés au Roi, un fils du Prince de Kaunitz, & quelques autres étrangers le furent en même tems. Le Comte Reuse, chambellan, nomma les personnes à Sa Majesté à mesure quelles avancèrent : ce Monarque s'entretint assez long-tems avec le Duc d'H.... & dit quelques mots à tous ceux qui eurent l'honneur de lui rendre leurs hommages ; sa figure, & ses manières sont, on ne peut pas plus, expressives.... Il paroissoit de très bonne humeur, & parla à tous ses officiers d'un air aisé, enjoué & affable. De leur côté, ils se présentent devant leur maître avec l'assurance convenable aux militaires, & ne font point usage de ces termes bas & flatteurs, si fort en vogue dans les autres cours, & qui seroient peu goutés dans celle-ci.

Le Roi a séjourné trois jours à Berlin avant que de commencer les revues ; il passoit tous les matins quelques heures dans le parc, où quatre à cinq mille hommes avoient ordre de se rendre, non pour y être exercés, mais uniquement pour que Sa Majesté pût examiner l'état de chaque corps en particulier : on ne sauroit s'imaginer l'attention, & l'exactitude qu'il y apporte : le colonel du régiment dont-il étoit question se promenoit à ses côtés, prêt à répondre à ses questions, & à recevoir ses ordres & ses instructions. Par ce moyen, ce Prince, connoît non-seulement, l'état de son armée, en général, mais encore l'extérieur, le degré de discipline, & la force de chaque corps en particulier.

Le nombre total des troupes passées en revue étoit de trente six à trente huit mille hommes, composé de la garnison de Berlin, & des troupes reparties dans quelques-unes des villes & des villages du voisinage. Cette armée a paru trois matinées consécutives en campagne, & chaque jour ses manœuvres ont été différentes. Je vais tâcher de vous donner une idée de celles du dernier, plus récentes pour moi que celles des précédens.

Au point du jour, environ huit mille hommes sont sortis de Berlin, commandés par un officier général ; & ils ont pris possession d'un village, situé sur un terrein élevé, distant d'environ deux ou trois milles. Une heure après, le Roi en personne a joint l'armée, qui étoit rassemblée hors des portes : il l'a séparée

LETTRE LXIV.

séparée en trois colonnes. Deux officiers généraux se sont mis à la tête chacun d'une division, & lui-même s'est chargé du commandement de la troisième : elles ont marché par trois routes différentes pour se rendre au village, où le détachement étoit posté ; l'attaque & la défense de ce village ont seules rempli cette dernière journée.

A mesure que l'armée avançoit, elle étoit canonnée par le village : il n'étoit pas vraisemblable qu'elle en souffrît considérablement, parce que les chefs des colonnes les faisoient avancer avec précaution & prendre différens détours pour qu'elles fussent moins à découvert.

A la fin elles se sont jointes dans une plaine spacieuse, voisine du village, mais protégée, & à couvert des batteries au moyen d'une éminence qui les couvroit. Là le Roi a rangé l'armée sur deux lignes, tandis qu'elle étoit occupée à cette manœuvre, elle étoit en sûreté ; mais elle ne pouvoit parvenir au village sans traverser la hauteur, & sans essuyer tout le feu des canons ennemis. Il falloit, par conséquent, que cette marche s'exécutât avec toute la célérité possible, & autant que cela seroit praticable en conservant ses rangs. L'aile droite a été chargée de l'attaque. Dès que le signal a été donné, les tambours & les fifres se sont tous fait entendre à la fois. Les soldats ont avancé brusquement; une nombreuse artillerie, composée de canons de campagne, placée à des distances convenables, s'est approchée avec la même rapidité, & de niveau avec la première ligne. L'ardeur avec laquelle elle a chargé, & le feu continuel de son artillerie étoient surprenans. Lorsque cette ligne s'est trouvée à portée du village, les soldats ont commencé à se servir de leurs fusils. Dans cet intervalle l'ennemi n'a cessé de faire feu de ses canons & de ses mousquets. Le Roi, pendant l'attaque, étoit placé entre la première ligne & le village; à peine étoit-elle parvenue aux haies dont il étoit entouré, que les assiégés ont ouvert une nouvelle batterie. Sa Majesté a fait un signal, la première ligne a paru en désordre, & s'est repliée sur la seconde qui s'est ouverte en plusieurs endroits, & s'est ensuite refermée au moment que cette première a eu passé. Alors la seconde a marché à l'attaque, comme avoit fait la première. Elle a aussi été repoussée ; .... on a sonné la retraite, & l'aile entière s'est retirée. Un corps de cavalerie a paru dans ce moment sortir du village & s'avancer pour charger l'armée qui étoit en désordre ; il a été chargé à son tour, & culbuté par la cavalerie de l'aile droite.

Un corps d'huffards, sorti aussi du village, l'a poursuivie & harassée : il étoit quelquefois repoussé par les soldats qui se retournoient & tiroient sur eux, & quelquefois par des partis détachés de cavalerie qui les obligeoient de reculer.

Ces différentes manœuvres ont duré depuis cinq heures du matin jusqu'à midi, que les troupes ont repris la route de Berlin. Je ne saurois trouver d'expressions assez fortes pour vous donner une idée de la perfection avec laquelle ces évolutions se sont faites ; le Roi lui-même n'a pu s'empêcher de louer la manière dont la cavalerie s'étoit acquittée de ses différentes charges. Je n'en avois jamais vu jusqu'alors un corps aussi considérable, & ne m'étois point imaginé qu'il fût possible de manœuvrer en galopant, & de garder en même tems ses rangs & ses distances avec autant d'exactitude qu'elle venoit de le faire.

D'après ce principe, que la vélocité est égale au poids, elle tâche de compenser la légéreté de ses chevaux par la rapidité de leurs mouvemens. On accoutume les hussards Prussiens, non-seulement à harasser les troupes dans leur retraite, mais encore à charger en corps comme la cavalerie. Le feu Général Seidlitz, qui passoit pour le meilleur officier de cavalerie qu'il y eût en Europe, a mis les dragons Prussiens sur le meilleur pied; & on assure que c'est à la vive charge qu'il fit à leur tête qu'est dû le gain de la bataille de Rosbach. Depuis cette époque, le Roi s'est occupé très-sérieusement de sa cavalerie; elle est parvenue au point de pouvoir charger en corps & au grand galop.

Les cuirassiers sont la fleur des troupes Prussiennes: leurs habits sont de buffle, & ils portent de pesantes cuirasses de fer qui couvrent tout le devant du corps, & sont à l'épreuve du mousquet.

J'ai oublié de vous dire que l'infanterie

LETTRE LXIV.

avoit ordre de pousser des cris en avançant pour attaquer le village, & que les Prussiens ont adopté cet usage : on m'a assuré que le Roi pensoit que ces cris encourageoient les soldats, & les empêchoient de penser au danger de leur situation. Il y a à proportion beaucoup plus de tambours dans les troupes Prussiennes que dans les autres, ce qui part vraisemblablement du même principe.

Le dernier soir des revues, il y eut concert & souper au palais du Prince Henri. La Reine y assista, ainsi que les frères du Roi, le Prince Henri lui-même, & le Prince Ferdinand, avec leurs épouses, aussi bien que le Prince & la Princesse de Prusse, le Prince Fréderick de Brunswick, sa femme, & une nombreuse compagnie. Je profitai de cette occasion pour remettre au Prince Fréderick la lettre que sa mère m'avoit donnée ; elle l'avoit prévenu d'avance de mon voyage de Berlin.

Le Roi ne s'y est point trouvé ; il assiste rarement à de pareilles fêtes. Toutes les heures qu'il n'emploie pas aux affaires, il les passe à lire ou à s'entretenir avec le petit nombre de gens qu'il aime, & avec lesquels il vit familiérement. Le Prince Héréditaire de Brunſwick eſt actuellement celui qui le quitte le moins; ce choix fait autant d'honneur au diſcernement du Roi qu'il en fait à ce Prince.

Le palais du Prince Henri eſt un des plus ſuperbes édifices de Berlin. Ce Prince eſt celui de tous les ſujets du Roi qui vit le plus ſomptueuſement; il entretienr un très-grand nombre de domeſtiques, preſque tous jeunes & beaux, très-richement vêtus. Le feſtin qu'il a donné dans cette occaſion étoit magnifique.

LETTRE LXV.

Berlin.

LE lendemain des revues, le Roi, ſuivi de ſon neveu, du Prince de Pruſſe & du Prince Héréditaire de Brunſwick, eſt parti pour Magdebourg, où on a formé un camp de quinze mille hommes. Enſuite il ſe rendra en Siléſie, & ira de-là viſiter ſes nouvelles acquiſitions de Pologne, d'où il ne reviendra à Potſdam pour le plutôt que dans ſix ſemaines.

LETTRE LXV.

Sa Majesté fait deux fois par année cette même tournée.... Certainement aucun des Rois, règnant actuellement en Europe, n'a une connoissance aussi parfaite de ses états & de ses sujets que ce Monarque.... Son absence de Berlin n'a occasionné que peu de relâchement dans le service journalier, & aucun dans la discipline des troupes. A peine les revues étoient-elles finies que les exercices ont recommencé : quinze cens ou deux mille hommes de ceux qui composent la garnison, manœuvrent presque tous les matins dans le parc, outre ceux obligés de se rendre à la parade pour monter la garde ordinaire.

Une revue, telle que celle que j'ai tâché de vous décrire, est, sans contredit, un des plus beaux spectacles qu'on puisse imaginer; mais toutes les fois qu'un spectateur sensé pense aux moyens qu'on emploie pour rendre le pauvre malheureux soldat capable d'exercer avec cette étonnante ponctualité, il gémit sur ce qui doit lui en avoir coûté pour parvenir à ce degré de perfection : la discipline Prussienne, vue de loin, & en gros, est très-belle ; mais, considérée de près, & en détail, elle est révoltante.

Lorsque le jeune paysan arrive au régiment, on le traite d'abord assez doucement; on lui enseigne à marcher, à tenir la tête droite, & a porter son fusil ; il n'est point alors question de mauvais traitement, &, ne réussit-il pas même dans ses premiers essais, il n'est point châtié :.... on lui donne le tems de se défaire graduellement de sa timidité, & de sa mal-adresse :.... on se garde bien dans ces premiers momens de l'abasourdir, ou de le réduire au désespoir, & on a soin de lui cacher une partie de la sévere discipline à laquelle il se trouve soumis. Lorsqu'il s'est un peu familiarisé avec son nouvel état, on lui enseigne l'exercice, d'abord seul, ensuite avec deux ou trois de ses camarades. On ne s'en remet point de ce soin à un caporal ou à un sergent ; c'est le devoir d'un officier subalterne : on peut voir, tous les matins dans le parc de Berlin, les lieutenans des divers régimens, exerçant avec la plus grande ponctualité quelquefois un seul homme ; d'autres, deux ou trois à la fois ; & dans le cas où le jeune soldat de recrue a la moindre distraction, ou qu'il montre du dégout, la canne de l'officier fixe son attention, & il conti-

LETTRE LXV.

nue à s'en servir d'une manière toujours plus sensible jusqu'à ce qu'il soit parfaitement au fait de l'exercice.... On lui apprend à rester constamment sous les armes, & à s'y tenir aussi immobile qu'une statue;.... on le prévient, que ses membres ne doivent se mouvoir qu'en conséquence du commandement, & non à sa volonté;.... que tousser, parler, éternuer, sont des fautes impardonnables; & lorsque le pauvre diable est aussi instruit qu'on le désire, on lui signifie qu'à présent qu'on connoît ce qu'il sait faire, la moindre faute de sa part sera punie avec la plus grande rigueur: & en supposant même qu'il emploieroit tous les momens qu'on lui laisse, à nettoyer ses armes, à prendre soin de ses habits, & à répéter l'exercice; c'est tout ce qu'il pourroit faire que d'éviter le châtiment; encore s'il arrive que son capitaine soit d'une humeur capricieuse ou sévère; le malheureux perd même cette foible espérance.

Quant aux officiers, quoiqu'ils soient exempts de punitions corporelles, ils ne sont pas moins obligés que les simples factionnaires à une attention continuelle: les subalternes sont presque toujours de garde, ou occupés à exercer les recrues : le capitaine sait qu'il sera blâmé par son colonel, & qu'il ne peut espèrer d'avancement, si sa compagnie n'est pas aussi bien dressée que les autres : le colonel perd entièrement les bonnes graces du Roi, si son régiment vient à manquer en quelque partie du service : le général est responsable de la discipline de la brigade, ou de la garnison dont il a le commandement : le Monarque ne s'en rapporte point à ce que ce dernier lui dit à ce sujet ; il examine tout par lui-même, de sorte qu'à commencer par Sa Majesté, & descendant jusqu'au dernier soldat, tout le monde est alerte : & comme le Roi, qui est le principal ressort, ou le *primum mobile* de toute la machine, ne se relâche jamais, les facultés de chaque subalterne sont toujours en exercice. L'effet que produit cette conduite, est que l'armée Prussienne est la mieux disciplinée, & la plus prête à entrer en campagne à l'instant qu'on le desire, de toutes celles que l'on connoit actuellement, ou de toutes les troupes qui ont jamais existé. D'autres Souverains ont tâché de porter chez eux la discipline au même degré de perfection ; ils y ont employé d'abord le plus grand zèle : mais il a été refroidi par le tems, & par de nouveaux objets qui ont partagé leur attention : ils s'en sont alors remis pour cette opération aux soins d'un général en chef ; celui-ci à un autre d'un rang inférieur : de cette manière, le relâchement, ayant une fois commencé à un certain point, s'est accru, & a fini par s'introduire par-tout. La persévérance du Roi de Prusse est au contraire sans exemple, & forme, sans contredit, une des parties les plus frappantes du caractère singulier de ce Monarque.

Tous les efforts que l'homme de l'esprit le plus vigoureux est capable de faire dans les occasions les plus importantes, le Roi de Prusse les a faits pendant trente ans avec toute la vigueur imaginable, sans permettre qu'aucun autre objet lui ait fait perdre de vue, un seul instant, son projet.... Et il a obligé, tous les ministres des différens départements dont la concurrence lui étoit nécessaire pour qu'il réussît, d'imiter son exemple & d'en faire de pareils proportionnellement à leur caractère, & à la vigueur dont ils étoient doués.... Je vous laisse à juger ce qu'un Prince tel que celui-ci doit s'en promettre, & ce qu'il est capable d'exécuter.

———————————

LETTRE LXVI.

Berlin.

LA vie la plus laborieuse & en même tems la plus monotone, selon moi, qu'il y ait au monde, est celle d'un officier Prussien en tems de paix. Il fait tous les jours la même chose, & ne change jamais de place. Les troupes restent constamment dans la même garnison, & n'en changent jamais. Les régimens qui se trouvoient à Berlin, à Magdebourg, à Schweidnitz, & dans les autres places, à la fin de la guerre, y sont encore. On craint, que si on les faisoit passer d'un garnison dans une autre, les étrangers qui sont au service, & très-enclins à déserter, profiteroient de l'occasion qu'il ne leur est pas possible, en suivant le plan qu'on a adopté, de se procurer: car quelle que fût l'envie qu'un soldat Prussien pût avoir de déserter, la chose est presque impossible. Dès qu'on s'apperçoit qu'il en manque un, on tire un certain nombre de coups de canons, ce signal annonce à tous les environs qu'un homme a déserté. Les paysans sont sûrs d'une bonne récompense lorsqu'ils l'arrêtent, & sont exposés à des peines très-graves, toutes les fois qu'ils osent lui donner azile, ou qu'ils l'aident à s'échapper; on envoie de tous les côtés des partis de la garnison à sa poursuite.

Comme il est défendu à tous les soldats de sortir de la ville, il faut beaucoup d'adresse pour surmonter cette difficulté; & quand ils ont eu le bonheur d'y réussir, il leur en reste encore plusieurs à vaincre avant que de pouvoir sortir des Etats du Roi; parvenus même dans les pays limitrophes ils n'y sont pas encore trop en sûreté....

Nunc eadem fortuna viros tot casibus actos
Insequitur.

puisqu'ils sont souvent obligés de s'y enrôler de nouveau; de sorte qu'à tout prendre, quelque malheureux qu'ils soient, il seroit absurde de chercher à s'affranchir autrement qu'en se tuant; on m'assure que c'est aussi depuis quelque tems le parti qu'ils prennent.

En conséquence de leur résidence conſtante dans un lieu, des liaiſons qu'ils entretiennent avec les mêmes gens & de l'uniformité de leurs occupations, les officiers Pruſſiens acquièrent un air poſé & ſérieux, bien différent de celui, des Anglois & des François, qui eſt ordinairement gay, vif, & diſſipé. Leur ſeul amuſement, ou leur unique délaſſement après avoir rempli les devoirs de leur profeſſion, paroît être de ſe promener ſur la place d'armes, & de cauſer avec leurs camarades. Les ſubalternes privés par ce moyen des occaſions de fréquenter la bonne compagnie, & n'ayant pas le tems d'étudier, leurs idées ne ſauroient être guere étendues. Et il faut avouer que leurs connoiſſances ſont généralement bornées à cette branche de la ſcience militaire qu'ils pratiquent journéllement, & pluſieurs d'entr'eux finiſſent enfin par ſe perſuader, que ſe tenir ferme, & immobile, marcher la tête bien droite, tourner à droite & à gauche, charger & décharger ſon fuſil, eſt à-peu-près tout ce que des créatures raiſonnables doivent ſavoir, ou du moins que c'eſt une des principales fins à la quelle elles ont été deſtinées par le Créateur.

LETTRE LXVI. 127

On m'a assuré, que le Roi ne se soucioit point qu'ils pensassent différemment, & que s'ils étoient plus éclairés il y auroit lieu de craindre qu'ils ne vinssent à mépriser leur profession, & à se dégoûter de dresser des soldats, de compter les bouttons de leurs habits, d'examiner leurs culottes & leurs guétres : car aussitôt que les idées des individus s'élevent au-dessus de leur sphère, ils négligent leur devoir & s'en acquittent moins bien qu'auparavant. S'ils s'appliquoient à des sciences plus relevées, & qu'ils eussent l'occasion de former des liaisons, & de fréquenter les compagnies les plus distinguées, ils pourroient devenir plus éclairés, & plus aimables; mais ils n'en seroient pas meilleurs capitaines, lieutenants, & aide-majors.

Sa Majesté est persuadée, qu'elle trouvera toujours assez de gens mieux instruits, & d'un génie supérieur, propres à faire des officiers de confiance, auxquels il pourra donner des commandemens particuliers, sûr que dans les occasions ils agiront suivant les circonstances, & leurs lumières naturelles. Il croit aussi, que ce système général ne doit point exclure les exceptions, ou empêcher qu'il ne diſtingue les talents lorſqu'ils ſe rencontrent chez les derniers des ſubalternes mêmes. En conſéquence, toutes les fois qu'il en apperçoit quelques lueurs; lorſqu'un officier ou un ſimple ſoldat montre quelque capacité, il eſt ſûr d'être avancé, & placé de manière à pouvoir l'exercer ; tandis que les autres reſtent à leur place, ou ne percent que lentement, ſur-tout ſi leur mérite conſiſte uniquement dans leur exactitude, qui, dans le ſervice Pruſſien, ne ſauroit jamais conduire aux grades militaires qui exigent d'autres qualités.

Quant aux ſimples factionnaires, le ſyſtême général de la diſcipline ne tend qu'à en faire, à pluſieurs égards, de vrais automates, incapables d'avoir la moindre volonté, & n'ayant d'autre impulſion que celle qu'ils reçoivent de leurs officiers ; on veut qu'ils les redoutent aſſez pour que la crainte qu'ils leur inſpirent leur faſſe perdre celle qu'ils pourroient avoir de l'ennemi, & qu'ils avancent toutes les fois qu'on le leur commande, ſans réfléchir aux conſéquences, & ſans être plus ſuſceptibles de raiſonnement que les fuſils dont ils font uſage.

En

LETTRE LXVI.

En penfant jufqu'où ce fyftême eft pouffé, il feroit à fouhaiter qu'on pût le porter encore plus loin, & que ces malheureux ne confervaffent d'autre faculté que celle d'entendre & d'obéir.

L'efclavage en Afie, ou celui auquel, le peuple, dans les pays les plus defpotiques, eft expofé, comparé à cette efpèce de fervitude militaire, eft un état de liberté. Les premiers ne font pas continuellement fous les yeux de leurs tyrans, mais ont bien des momens pendant lefquels ils vivent fans contrainte & à leur guife ; tandis que les foldats étrangers, au fervice de Pruffe, & ceux du pays, que l'on foupçonne avoir quelque envie de déferter, & auxquels on n'accorde par conféquent jamais de femeftre, font toujours éclairés de près, & fous l'infpection de gens qui ont l'autorité, & fouvent le defir de contrôler toutes leurs démarches & de les tourmenter.

Puifqu'un fi grand nombre d'hommes dans toute l'Europe font condamnés à une gêne auffi cruelle, on ne fauroit affez regretter qu'une pareille fervitude foit le partage de la claffe la plus utile & la plus induftrieufe, qui est celle des paysans, réputée la plus propre à ce genre de service; cette classe, toutes les fois qu'elle n'est pas vexée par une dure & absurde politique, passe ses jours gaiement & jouit des véritables plaisirs sans éprouver la moindre satiété, ou être exposée aux remords; peut-être est-ce l'unique qui soit réellement heureuse. Somme totale, la félicité des individus qui la composent est entiérement détruite, toutes les fois qu'on les en tire pour les forcer à embrasser une profession qui les plonge dans la plus profonde misère; il seroit à souhaiter qu'au lieu de ces membres, si nécessaires à la société, on choisît les soldats parmi les gens opulens, oisifs & de mauvaises mœurs. Alors ce ne seroit point, comme à présent, anéantir la félicité; mais simplement changer la nature des souffrances. Les recrues de cette dernière espèce seroient en butte aux caprices d'un tiers, au lieu de l'être aux leurs; harassés par l'exercice manuel, au lieu de l'être par leur humeur chagrine & par leur satiété; les douleurs, suite des coups qu'ils auroient reçu en passant par les baguettes leur seroient garder le lit, & produiroient le même effet que celles de la goûte; enfin, un boulet de canon finiroit glorieusement leur carrière, & feroit l'office d'une apoplexie ou d'une indigestion.

LETTRE LXVII.

Berlin.

Au lieu de continuer à vous ennuyer de mes réflexions sur la nature de la discipline Prussienne, ou sur les principes qui en font la base; je me contenterai de vous faire part du résultat de quelques conversations que j'ai eues à ce sujet avec un officier de distinction du pays.

Me promenant un matin dans le parc, nous vîmes un pauvre soldat violemment bâtonné, uniquement parce qu'il ne remettoit pas sa baguette dans le canon du fusil avec autant de célérité que ses camarades. J'ai détourné les yeux avec indignation, l'officier s'en étant apperçu m'a dit: vous pensez, sans doute, que le châtiment est trop rude, & peu proportionné à la faute? . . . .

Ce n'en est pas une, lui ai-je réparti : la baguette a glissé par accident entre ses doigts, & il n'est pas naturel de croire que ce pauvre diable eût la moindre intention d'exécuter ce mouvement avec plus de lenteur que les autres : tout est important, m'a répliqué celui-ci, pour un soldat, & il doit exécuter ponctuellement ce que son officier lui commande. La faute vraisemblablement étoit involontaire ; mais il n'est pas toujours possible de distinguer celles qui le sont de celles qui se commettent par négligence ; pour éviter qu'un soldat ne se flatte que celles de cette nature lui seront pardonnées comme accidentelles, toutes les fautes sont également punies, quelle que soit la cause qui les ait occasionnées, ce qui fait que tous sont beaucoup plus alertes & plus attentifs qu'ils ne le seroient sans cela. Je me rappelle, a-t-il ajouté, qu'il étoit assez ordinaire aux dragons, les jours de revue, d'avoir leurs chapeaux enlevés par le vent, personne ne soupçonnoit qu'ils y eussent contribué ; cependant cet accident devenant très-fréquent, un officier général le trouva mauvais, & ayant pris de l'humeur, il ordonna

LETTRE LXVII.

qu'on eût à punir tous ceux à qui cela arriveroit, & depuis que cet ordre a été mis en vigueur, les chapeaux restent beaucoup plus constamment sur les têtes.

Je lui ai alors cité un fait qui me paroissoit encore plus extraordinaire : un hussard, à la dernière revue, son cheval courant au grand galop, étoit tombé, & l'avoit si fort blessé, qu'on avoit jugé à propos de le faire porter à l'hôpital; & on m'avoit assuré que dès qu'il seroit rétabli, on le puniroit de s'être laissé tomber : certainement, ai-je ajouté, quoiqu'un homme puisse manquer d'attention pour son chapeau, je ne saurois imaginer que ce malheureux eût voulu volontairement être désarçonné; car en tombant il s'exposoit à se rompre le cou ou à être foulé aux pieds par les chevaux de ses camarades; & même dans le cas où l'on supposeroit qu'il n'auroit pas pris toutes les précautions nécessaires, comme il avoit assez souffert par sa chûte, il seroit assez cruel de lui infliger une nouvelle peine. Je n'ai rien à opposer à la solidité de vos argumens, m'a répliqué le Prussien, si ce n'est que le général Seidlitz, qui étoit le meilleur officier de cavalerie qu'il y eût au monde, est le premier qui ait introduit cette règle; & qu'il est certain que depuis lors les chûtes ont été moins fréquentes. Le Roi s'imagine, a-t-il continué, que la discipline constitue la force d'une armée, que les hommes des différentes nations possèdent à-peu-près, au même degré, les qualités nécessaires à un soldat; que de deux armées égales en forces, le degré de discipline peut seul donner l'avantage à l'une sur l'autre : en conséquence, son grand objet est de faire en sorte que ses troupes l'emportent en ce point sur toutes les autres : si les moyens doux pouvoient produire cet effet, il est certain qu'il les préféreroit;.... il n'est point né cruel.... Sa conduite avec les officiers du premier rang le prouve assez.... Convaincu que l'envie de percer, & leurs sentimens d'honneur sont des motifs suffisans pour les engager à remplir leur devoir; il s'est contenté dans tous les cas, à l'exception de ceux de trahison, de les renvoyer sans leur imposer d'autre peine; il y a même eu des occasions où il a témoigné plus de clémence qu'on n'en auroit eu ailleurs. Quelques-uns de ses généraux se sont laissés surprendre dans des villes fortes & de la plus grande importance ; d'autres ont perdu des armées entières, fans que jamais les clameurs publiques, ou l'état déplorable de fes affaires, caufé par des pertes de cette efpèce, l'aient engagé à ordonner la mort de ces généraux. Et lorfqu'il en a fufpendu quelques-uns pour un certain tems, ou qu'ils ont été déclarés, par la fentence d'un confeil de guerre, incapables de commander, il n'a jamais aggravé cette peine par un commentaire infultant ; au contraire, il l'a toujours adoucie par quelque claufe ou déclaration honorable pour le condamné.

Il eft impoffible de contenir les foldats par la douceur : il faut néceffairement employer avec eux les châtimens corporels, & les infliger fur le champ : n'en point faire ufage, ou s'en fervir de manière à empêcher qu'ils ne produifent leur effet, eft une foibleffe. Les foldats font quelquefois punis pour des fautes, que toute leur attention ne fauroit peut-être prévenir ; parce que, quoiqu'il foit difficile de vérifier s'il leur auroit été poffible de les éviter, l'expérience démontre, cependant, qu'en les puniffant toutes indiftinctément, c'est le moyen d'empêcher qu'il ne s'en commette un si grand nombre. Il n'en faut pas davantage pour justifier une pratique que vous nommez cruelle, & qui n'est, dans le fond, qu'une discipline salutaire; car il vaut mieux pour une armée qu'un individu souffre injustement, que si la négligence & le relâchement y étoient tolérés : faire grace à des coupables pour ne pas s'exposer à punir un innocent, peut être un axiome sage & prudent en morale, & en fait de gouvernement civil; mais lorsqu'il s'agit de la discipline militaire, il est certain que le contraire doit être préféré.

Lorsque le Prussien eût fini de parler, je lui dis : vous paroissez faire peu de cas des considérations que l'on suppose avoir quelque force sur l'esprit des soldats, qui sont l'amour de la gloire & celle de la patrie, que vous paroissez compter pour rien; vous ne flattez qu'une seule passion.... Ne vous embarrassez jamais de l'instrument, m'a répliqué le Prussien, n'en voyez que l'effet.

Je suis persuadé, lui ai-je répondu, que les soldats Anglois, avec le degré de discipline établi dans nos armées, qui n'est pas, à beaucoup près, auſſi rigide que la vôtre, animés par leur bravoure naturelle & par l'intérêt que les gens de la plus baſſe condition prennent à tout ce qui concerne la patrie, ſont pour le moins comparables à tous les autres de l'Europe.

J'eſpère, m'a-t-il dit, que cette épreuve ne ſe fera pas ſi tôt; car j'eſtime votre nation, & je ſerois fâché que nos troupes fuſſent dans le cas de ſe meſurer avec les vôtres: par conſéquent, vous ne ſauriez, tant que cet événement n'arrivera pas, établir la vérité de votre aſſertion. Les avantages que vous avez remporté dans la dernière guerre ſur les François ſont plutôt en faveur de mon ſentiment; car leurs troupes ſont moins bien diſciplinées que les vôtres.

Alors j'en ſuis revenu à mon premier argument, fondé ſur l'inconvénient qu'il y avoit d'haraſſer & de tourmenter continuellement les ſoldats; & je l'ai aſſuré, que les avantages dérivés d'une pareille ſévérité, fuſſent-ils même auſſi conſidérables qu'il les repréſentoit, ne juſtifieroient pas la barbarie qu'il y auroit à rendre un ſi grand nombre d'individus aſſez miſérables pour leur faire déteſter la vie.

Je ne sâche pas, m'a-t-il répondu, qu'ils soient misérables.... Lorsque des malheureux sont mal nourris, forcés de s'acquitter d'un service pénible, certains d'être sévérement punis pour les moindres fautes ; pouvez-vous douter, lui ai-je dit, qu'ils ne soient à plaindre?..... Ils ne le paroissent point, ils supportent tout cela on ne peut pas mieux.... Et seriez-vous plus exempt de remords, ai-je ajouté, en tourmentant vos semblables, parce que vous sauriez qu'ils auroient assez de force d'esprit pour supporter vos mauvais traitemens?

Je lui ai à cette occasion cité l'exemple d'un matelot, auquel on faisoit le procès pour un vol qu'il avoit commis sur le grand chemin ; qui, tandis qu'on agitoit son affaire, porta un gros morceau de tabac à sa bouche & le tint entre ses dents jusqu'au moment où on lui prononça sa sentence de mort. Alors il se mit à le mâcher de l'air du monde le plus tranquille, malheureux! lui dit le juge, piqué de son sang-froid, sais-tu que tu seras pendu dans peu?.... Je l'apprends, répondit le matelot en crachant le tabac qu'il venoit de mâcher.... Sais-tu, ajouta le magistrat, ou tu iras après ta mort?.... Non, Monseigneur, je l'ignore.... Eh bien, s'écria le juge, d'une voix terrible, je vais te le dire : tu iras en enfer, fcélérat ! & tu y brûleras éternellement.... Suppofé que cela foit, repliqua le matelot, d'un ton pofé, j'efpère, Milord, que j'aurai la force de fupporter ce fupplice.

LETTRE LXVIII.

Berlin.

BERLIN, eft fans contredit une des plus belles villes de l'Europe. Les rues y font très-régulières, & d'une largeur convenable : celles de la nouvelle ville font toutes parfaitement droites : on compte que la rue de Fréderick a deux milles & demi, ou une lieue commune de France de longueur. D'autres, par lefqu'elles elle eft coupée à angles droits, font longues d'un mille, ou d'un mille & demi.

Nombre de gens affurent, que Berlin occupe tout autant de terrein que Paris. Vous

vous imaginez bien que ce ne sont pas des François. Je pense aussi qu'ils se trompent; ce qu'il y a de sûr, c'est que Berlin ressemble plus Paris par l'étendue que par la population : il est certain qu'il a au moins la moitié de sa grandeur, & pas la cinquième partie de ses habitans.

Il s'y trouve un petit nombre de beaux & somptueux édifices. Les autres sont de simples maisons, propres, bâties en belles pierres de taille blanches, elles ont en général un étage, où tout au plus deux. Ici, comme à Potsdam, l'intérieur ne correspond pas à l'extérieur, les soldats y occupent aussi les rez-de-chaussée, & sont logés dans des chambres qui donnent sur la rue. Les principaux édifices sont le palais du Roi, & celui du Prince Henri, l'un & l'autre très magnifiques. L'arsenal est aussi très-remarquable, sa forme est quarrée : on nous a assuré qu'il s'y trouvoit actuellement des armes pour deux cent mille hommes : j'avoue que j'ai peine à le croire, & que ce nombre m'a paru exagéré.

La nouvelle église catholique est à toutes sortes d'égards, le temple le plus élégant de la ville. Le Roi a établi la tolérance univer-

LETTRE LXVIII.

felle dans tous fes Etats: rien ne lui paroît plus injuſte, que de gêner les conſciences: il obſerve lui-même la plus grande impartialité, & a ſoin de ne pas plus favoriſer une religion que l'autre; il les protège toutes également.

On lit ſur la ſurface de la ſalle de l'opéra, qui eſt un magnifique bâtiment, l'inſcription ſuivante:

FREDERICUS REX, APOLLINI ET MUSIS.

Après avoir obſervé les inſcriptions & les ornemens des palais, & des autres édifices publics, la nouvelle méthode de décorer les égliſes, le grand nombre de Mercures, d'Apollons, de Minerves, & de Cupidons, que l'on rencontre dans ce pays, un étranger pourroit ſoupçonner, que la religion chrétienne auroit été bannie des Etats de Sa Majeſté Pruſſienne, & que le vieux Jupiter & ſa famille y auroient été rétablis dans leurs anciens honneurs. On a placé ſur le pont-neuf qui traverſe la Sprée une ſtatue équeſtre de Guillaume le grand Electeur. On la regarde comme un chef-d'œuvre.... On voit dans un carrefour d'une des principales places la ſtatue du Maréchal Schwerin: il y paroît tenant l'étendart avec lequel il avance à la tête des troupes à la fameuse bataille de Prague.... S'appercevant qu'elles étoient sur le point de lâcher pied, il l'arracha des mains de l'officier qui le portoit, & marcha à l'ennemi en s'écriant: que tous à l'exception des lâches me suivent. Les soldats honteux d'abandonner leur général, retournèrent à la charge, & la victoire se déclara en leur faveur:.... mais le brave & vieux Maréchal fut tué à l'âge de quatre-vingt quatre ans.... Ne vous paroît-il pas que l'ennui de vivre si long-tems, n'ait été plus que compensé par cette mort glorieuse?

Au lieu de saints ou de crucifix, le Roi prétend, que les églises de Berlin soient ornées des portraits des hommes illustres qui pendant leur vie ont été utiles à l'Etat. Ceux des Maréchaux Schwerin, Keith, Winterfeld, & quelques autres, sont déja placés dans la grande église Luthérienne.

Les maisons de cette ville où l'on admet les étrangers sont peu nombreuses, & toutes à-peu-près sur le même pied. Les officiers Prussiens du premier rang qui ne sont pas toujours occupés, comme les subalternes, à s'acquitter des devoirs de leur profession, vivent ordinairement renfermés dans le sein de leurs familles, ou les uns avec les autres. Outre les raisons particulières qui peuvent les décider à ce genre de vie, on prétend, que le Roi, ne les voit pas avec plaisir, former des liaisons avec les ministres des autres cours, ou avec les étrangers.

Le Duc d'H.... a suivi le Roi à Magdebourg pour y assister aux revues; depuis il a été jusqu'à Leypzig, avec deux gentils-hommes Anglois. L'honneur que j'ai de me trouver à la suite de ce Seigneur, & la lettre de recommandation de la Duchesse de Brunswick, m'ont procuré des invitations auxquelles sans cela je n'aurois guére dû m'attendre. J'ai passé derniérement la journée dans une agréable maison de plaisance, distante d'environ six milles de Berlin, qui appartient au frère du Roi le Prince Henri : sa femme est sœur de la Princesse de Hesse-Cassel. La Princesse de Prusse s'y est aussi trouvée, ainsi que le Prince Fréderick De Brunswick avec son épouse, qui est très-jolie. J'ai quelquefois l'honneur de souper à la table du Prince

Fréderick qui réfide conftamment à Berlin; à l'efprit & à la vivacité fi ordinaires à toute fa famille, il joint un goût fûr & décidé pour la poéfie, il a même compofé quelques ouvrages dramatiques en François, qui ont été repréfentés fur un petit théâtre qu'il a fait conftruire dans fon hôtel, & dans quelques fociétés de Berlin. Toute la femaine dernière s'eft paffée en fêtes, & en feftins.

La Princeffe de Pruffe a donné un déjeuner dans un jardin qu'elle a dans le parc, auquel elle avoit invité beaucoup de monde : on y a danfé jufqu'à midi. Je ne me fuis point apperçu, dans aucune de ces fêtes, qu'on y ait obfervé ces cérémonies, & cette gravité dont on accufe généralement la nation Allemande. Les gens de la première qualité y ont montré la plus grande aifance, & ont été, on ne peut pas plus, affables avec tous ceux qui y ont affifté, ils n'ont fait aucune difficulté de fe joindre aux contredanfes, & ont abfolument mis de côté toute efpèce d'étiquette.

Le Comte de Finkenftein, miniftre d'Etat a donné un grand dîner fuivi d'un bal, à l'occafion du mariage d'un de fes fils. Le Comte Reufe, & quelques autres Seigneurs ont auffi donné

LETTRE LXVIII. 145

donné des repas. Mais la principale & la plus constante société, est celle que l'on trouve chez les ministres étrangers auprès de cette cour. M. Harris, notre envoyé extraordinaire, a daigné me présenter dans toutes les maisons: il vit ici d'un manière qui ne fait pas moins d'honneur à son maitre qu'à lui-même.

Le Baron Vanswieten, ministre de la cour de Vienne, homme d'esprit & savant nous a aussi fait beaucoup de politesses. Il est fils du célèbre médecin, dont les ouvrages sont si estimés de toute l'Europe. Deux ou trois officiers généraux fréquentent assez assiduement les hôtels de ces ministres, & reçoivent les étrangers qui les régalent à leur tour lorsque l'occasion s'en présente.... Outre les personnes que je viens de nommer, très-peu de celles qui sont au service du Roi entretiennent des liaisons avec ceux qui se trouvent à Berlin. J'ai eu le bonheur de faire connoissance ici avec deux seigneurs François fort aimables, qui sont le Marquis De Laval, fils du Duc de ce nom, & le Comte de Clermont, petit-fils de ce Monsieur de Saint-Hilaire, qui eut le bras emporté du même boulet qui tua le Maréchal de Turenne. Vous vous rappellez ce qu'il dit à son fils, qui lui témoignoit toute sa sensibilité à l'occasion de cette perte : ... paroles qui prouvoient que sa grandeur d'ame égaloit celle du héros qu'il plaçoit si fort au-dessus de lui.

Adieu.

LETTRE LXIX.

Berlin.

Lors de notre arrivée ici, la Reine habitoit Mont-Bijou, palais peu considérable, situé aux portes de la ville. Sa Majesté y tenoit assemblée deux fois par semaine tout le tems qu'elle y a résidé; depuis peu elle s'est transportée à *Schoenhausen*, autre palais éloigné de deux lieues de Berlin, où elle se propose de passer l'été : elle n'y tient assemblée qu'un jour de la semaine. Les Princes, la Noblesse, les Ambassadeurs & les étrangers s'y rendent ordinairement alors vers les cinq heures du soir. Après que Sa Majesté a fait le tour du cercle, & dit quelques mots à tous ceux qui le composent, elle se met à sa partie : elle a sa table, ainsi que chaque Princesse ; elles choisissent elles-mêmes ceux avec lesquels elles veulent jouer ; le reste de la compagnie assiste pendant quelques minutes à ces différentes tables ; après quoi la cérémonie est finie, & elle a la liberté de se promener dans les jardins, ou de former des parties de jeu dans les autres appartemens tout comme il lui plaît : on repart pour Berlin au moment où le jour commence à baisser. Dans quelques occasions particulières, Sa Majesté invite beaucoup de monde à souper, qui y reste jusqu'à minuit.

La cour de la Reine ressemble aux autres cours d'Europe ; pour celle de Sans-Souci elle est tout-à-fait différente : on n'y reçoit aucun étranger, & seulement ceux qui ont quelque chose à traiter avec le Roi. Là, Sa Majesté est occupée du matin jusqu'au soir de ses affaires, & passe ses momens de récréation avec deux ou trois hommes de lettres, & un petit nombre d'officiers qu'il admet tous les jours à sa table. Lorsqu'il a à parler à quelqu'un des siens ou aux ministres des autres puissances, & que cela ne peut se traiter par lettres, ils se rendent à Sans-Souci, & s'en retournent dès qu'ils ont fini.

Ces assemblées de *Schoenhausen* sont les seuls amusemens dont jouissent les Dames de qualité de Berlin pendant l'été ; quant à celles de la cour on les rencontre souvent chez les Ministres étrangers.

Il est certain que les mœurs & la façon de penser des François ont fort peu d'influence sur celles des officiers Prussiens : quant aux Dames de la cour, elles ressemblent plus aux Françoises que toutes celles que j'ai vues jusqu'à présent. Mademoiselle de Hartfeld, première fille d'honneur de la Reine, joint à beaucoup d'esprit, toute l'aisance & toute l'élégance de celles de la cour de Versailles.

Le Roi paroît rarement aux assemblées de la Reine, ou dans toutes celles où les femmes se trouvent. Lorsqu'il cherche à se distraire, ses amusemens ne sont point de nature à pouvoir être partagés avec elles. Je dis une fois à une Dame de cette cour que c'étoit dommage que Sa Majesté eût de l'éloignement pour le beau sexe ; .... vu son âge,

LETTRE LXIX.

m'a-t-elle répondu, il n'est pas étonnant qu'il ne nous aime pas, & nous pouvons fort bien l'en dispenser ; mais qu'il ne puisse pas nous souffrir, cela me paroît dur.

Malgré cette aversion du Roi, les femmes en général ne sont point négligées par les hommes ; plusieurs, sur-tout de celles qui sont mariées, ont leurs adorateurs qui les accompagnent dans toutes les occasions, & qui sont constamment invités avec elles à toutes les assemblées, qui se placent à leurs côtés à table, & que le maître ou la maîtresse du logis ont soin de mettre de leur partie. Lorsqu'une femme n'est pas pourvue d'un complaisant de cette espèce, elle & son mari sont assez décontenancés, & leur situation, jusqu'à ce qu'elle parvienne à s'en procurer un, est tout-à-fait désagréable.

Il est arrivé depuis peu un accident fâcheux à un homme en place de cette ville ; au lieu de lui en témoigner, ou à sa femme (car il est marié) le moindre regret, ou de leur en faire compliment, tout le monde s'est empressé d'assurer une autre Dame avec laquelle on croyoit qu'il avoit les plus intimes liaisons, du vif intérêt qu'on prenoit à sa douleur: on disoit que c'étoit une des plus dignes femmes qu'il y eût, & si sensible que l'impression que le malheur de son ami feroit sur son esprit mettroit ses jours en danger. Surpris que dans cette occasion on ne fît aucune mention de sa femme, j'ai demandé si elle ne seroit pas affectée à son tour de l'infortune de son mari ? On m'a répondu qu'elle étoit occupée de ses propres affaires, & que ce qui pouvoit arriver à celui-ci lui importoit peu, ou point. Alors j'ai demandé s'ils étoient mal ensemble ? on m'a assuré tout au contraire qu'ils étoient dans les meilleurs termes; car il étoit attaché à une autre femme, qui étoit la Dame que l'on plaignoit si sincérement, & qu'elle, de son côté, étoit toute entière à un autre homme ; ainsi les choses étant parfaitement égales de part & d'autre, ils vivoient dans la plus grande harmonie, très-indifférens l'un pour l'autre, & s'occupant de leurs intérêts particuliers.

Dans ce pays, lorsque les deux parties sont consentantes, & qu'elles n'ont point d'enfans, on obtient aisément, & à peu de frais, le divorce: nous nous trouvons souvent en compagnie, où une Dame, son mari

LETTRE LXIX.

actuel, & celui qui l'a précédé, font à la même table, & ils en agiffent très-amicalement & très-poliment les uns avec les autres.

J'ai ouï parler d'un homme qui, n'ayant jamais pu vivre tranquille avec fa femme, avec laquelle il étoit toujours en difpute, trouva moyen de l'engager à fe joindre à lui pour obtenir leur divorce :.... ils y réuffirent facilement.... Cela fait, il époufa une autre, dont il étoit très-amoureux, & avec laquelle il fe promettoit les jours les plus heureux. Quelque tems après le mariage, fa paffion diminua beaucoup plus promptement que cela n'arrive ordinairement, & en peu de mois il fut ouvertement l'amant de la première. Il découvrit dans fa perfonne & dans fa converfation mille charmes dont, tant qu'elle avoit été à lui, il ne s'étoit pas douté. Il s'apperçut auffi que certaines fingularités de fon caractère qui l'avoient d'abord révolté, & qu'il avoit cru ridicules, étoient réellement des agrémens; il lui exprima le regret qu'il avoit de fa conduite & de fon aveuglement de la manière la plus pathétique; elle en fut touchée, & finit par prouver qu'elle lui pardonnoit : le bruit général étoit, qu'il faisoit tous ses efforts pour continuer à vivre criminellement avec celle qui avoit été autrefois sa légitime épouse.

Les jaloux ne sont, dans ce pays-ci, pas moins méprisés que détestés, & la médisance y est peu connue. Tout le monde est si fort occupé de ses propres affaires, qu'on s'embarrasse rarement de celles de ses voisins. Si, dans le cours de la conversation, on fait par hasard mention de l'intimité qui règne entre deux personnes de différens sexes, on coule légérement là-dessus comme sur quelque chose de peu d'importance, sans la moindre réflexion, & sans blâmer aucune des parties. Une des raisons de cette conduite, est, peut-être, qu'à peine (à ce qu'on m'a assuré) trouve-t-on une seule vieille fille qui ait conservé strictement ce titre dans tous les états de Sa Majesté Prussienne.

La promenade la plus fréquentée à Berlin, est au milieu d'une des principales rues.... Devant les maisons, des deux côtés, on a élevé des chaussées, & entre ces deux chaussées on a pratiqué des allées bien sablées, bordées de tilleuls, sous lesquels on dresse des tentes où l'on vend des glaces, de la limonade, & d'autres rafraîchissemens. Les bandes de musiciens, attachés aux différens régimens de la garnison, viennent s'y faire entendre dans l'été.... C'est ordinairement le soir qu'il s'y trouve le plus de monde, & on s'y promène souvent très-tard.

.... *Nunc & campus, & arcæ,*
Lenesque sub noctem susurri,
Composita repetantur hora.

LETTRE LXX.

Berlin.

RIEN ne m'a plus surpris, à mon arrivée à Berlin, que la liberté avec laquelle bien des gens y parloient des mesures du gouvernement & de la conduite du Roi. J'ai ouï discuter ici des sujets politiques, & d'autres qui me paroissoient encore plus délicats, avec aussi peu de circonspection qu'on auroit pu le faire dans un caffé de Londres : cette licence s'étend même jusqu'aux libraires, dans les boutiques desquels on vend publiquement les productions littéraires de toute espèce. La brochure qui a paru derniérement sur le partage de la Pologne, où le Roi est très-maltraité, s'y trouve facilement, ainsi que les autres livres qui attaquent quelques-uns des premiers hommes d'état de la manière la plus sanglante & la plus satyrique.

Un gouvernement, soutenu par une armée de 180000 hommes, peut sans crainte mépriser les critiques d'un petit nombre de politiques spéculatifs, & les satyres. Tant que Sa Majesté, conservera le droit de disposer de la vie, & des biens de ses sujets comme il le jugera à propos, il ne court aucun risque en leur laissant la liberté de s'amuser tout à leur aise en faisant autant de réflexions & de plaisanteries sur sa conduite qu'ils le voudront.

L'esprit de ce Monarque est trop au-dessus de cette disposition au bavardage au moyen de laquelle la race méprisable des délateurs, & des revendeurs de médisances prospèrent, & s'avancent à la cour de quelques Princes. Convaincu que la même perfidie, qui engage à trahir en rendant une conversation réelle qu'ils auront entendue, peut encore

LETTRE LXX. 155

les porter a en inventer de fausses, il ne fait aucune attention au rapport des gens accoutumés à donner une tournure criminelle aux discours qui peuvent s'être tenus dans des sociétés particulières, ou dans la chaleur d'un repas. Toute personne qui s'hasarderoit à raconter devant lui des anecdotes de cette nature, courroit risque d'être chassé de sa présence. Il traite avec le même mépris toutes les lettres anonimes, & toute délation injurieuse de quel genre qu'elle soit, toutes les fois que le délateur refuse de se nommer, & de soutenir ouvertement ses assertions.

Ce grand Prince est si peu soupçonneux, & si peu susceptible de crainte, qu'il réside à Sans-soucy où il n'a pas la moindre garde. Un sergent d'ordonnance, ou un caporal seulement y passe la journée pour pouvoir porter ses ordres dans l'occasion à la garnison de Potsdam qu'il rejoint tous les soirs. Dans la maison où le Roi couche, il n'y a jamais, les domestiques compris, que dix ou douze personnes qui y passent la nuit avec lui. Quand vous vous rappellerez que Sans-soucy est une maison isolée, distante d'environ une demi-lieue de Potsdam, où tous les soldats font renfermés le foir, de forte que dans le cas où l'on oferoit attenter à la perfonne du Roi, ils ne fauroient être d'aucun fecours; lorfque vous réfléchirez, que celui, qui fe trouve ainfi fans défenfe, & expofé, eft un Defpote, qui n'a d'autres loix que fa volonté, & ne confulte perfonne, qui ne craint le mécontentement de qui que ce foit, & qui, fans contredit, n'a pu éviter de fe faire beaucoup d'ennemis, vous avouerez que toutes ces circonftances réunies doivent faire concevoir la plus haute idée de l'intrépidité de ce Monarque.

Quoique Berlin ne foit pas fortifié, cela n'empêche pas qu'il ne foit une ville guerrière. Lorfque toutes les troupes de la garnifon font raffemblées, elles forment une armée de trente mille hommes. Les foldats font en général affez rangés, & la police de la ville eft fur un bon pied: ce qui n'empêche pourtant pas qu'il n'y règne certains défordres auxquels on ne cherche pas à remédier; par exemple les femmes de mauvaife vie y abondent plus que dans aucune autre ville d'Europe proportionnellement au nombre de fes habitans. Elles fe montrent pendant le jour aux fenêtres, arrêtent les paſſans dans les rues, & emploient toutes ſortes de moyens pour ſe procurer des pratiques, ſans que le Magiſtrat cherche à les troubler dans l'exercice de leur vil métier.

Il paroît que c'eſt ici une opinion reçue, que la paix & le bonheur des particuliers en général ne ſouffrent point de cette eſpèce de débauche; ou peut-être imagine-t-on, que les efforts que l'on feroit pour la reprimer, pourroient avoir des conſéquences plus fâcheuſes que le mal même. En conſéquence perſonne n'a le droit de moleſter, ou d'injurier les femmes qui ſe ſont deſtinées à cette profeſſion; & on ne trouve pas plus extraordinaire que ceux qui fréquentent ces dames entrent à toute heure chez elles, que s'ils entroient dans toute autre maiſon, ou dans une boutique pour y acheter les choſes dont ils auroient beſoin.

On prétend auſſi qu'une autre eſpèce de débauche ne prévaut que trop dans cette capitale: j'imagine cependant, que ce que l'on en dit eſt exagéré; & il eſt inutile de s'arrêter ſur un objet auſſi dégoutant.

Les bons bourgeois, & les fabriquans vivent uniquement entr'eux, & sans affecter les mœurs des courtisans, ou s'avilir par une infâme crapule, ils conservent la modestie, la décence, la simplicité, & l'honnêteté, qui constituent le caractère dinstinctif de la nation Allemande.

Sa Majesté, s'est appliquée de préférence, & a donné plus d'attention à ce qui pouvoit contribuer à faire fleurir le commerce dans ses Etats qu'à tout autre objet. Jusqu'à présent tous ses efforts ont été infructueux, & traversés par les droits qu'on a exigés mal-à-propos, par les monopoles, & par d'autres restrictions. Le commerce semblable aux habitans de l'air & des forêts, toutes les fois qu'on le gêne ou qu'on l'enchaîne, languit & déchoit; ou, pour peu qu'on l'allarme, il imite l'amour. » Qui à la vue des liens qu'on » lui destine, déploie ses aîles legéres, & » s'envole. »

LETTRE LXXI.

Berlin.

JE vous remercie, Monsieur, du poëme & des brochures que vous m'avez envoyés par... J'avoue que le premier ne me paroît rien moins qu'un ouvrage parfait ; je ne suis cependant point surpris du succès extraordinaire qu'il a eu : car, eût-il été encore plus mauvais, la méchanceté, & les personnalités dont il abonde l'auroient fait rechercher.

Les Anglois ont toujours eu un goût décidé pour la politique ; mais ceux qui ont été chargés de les en approvisionner, leur ont procuré dans ces derniers tems des écrits de ce genre qui paroissent les en avoir dégoûtés. Une dose d'esprit, ou de satyre, devient actuellement indispensable pour peu que l'on veuille faire réussir un ouvrage, ne fût-ce même qu'une simple gazette : comme le premier n'est pas toujours à la disposition du pourvoyeur, il le remplace par des personnalités, qui produisent un tout aussi bon effet.

Je ne me suis jamais plû à contempler, ou à expofer aux yeux de mes femblables le côté hideux de la race humaine; mais il s'y trouve des ombres fi remarquables, qu'on ne fauroit lever la vue qu'elle n'en foit frappée: de ce nombre eft la fatisfaction que procure la lecture des libelles dans lefquels on attaque les mœurs & le caractère des particuliers : fi les injures que les brochures & les gazettes vomiffent contre eux font regardées comme des malheurs; alors on ne fauroit cotefter la vérité de la maxime de la Rochefoucault qui dit, que, » dans l'adverfité de » nos meilleurs amis, nous trouvons tou- » jours quelque chofe qui ne nous déplaît » pas. »

Les mauvais écrivains de notre fiècle ont fçu fe prévaloir de cette difpofition vicieufe, fi générale parmi les hommes.... Semblables à ceux qui fourniffent des taureaux, & d'autres animaux pour les faire battre avec des chiens, & amufer les fpectateurs; ces Meffieurs expofent chaque femaine un petit nombre de gens connus qu'ils mordent, & déchirent dans leurs écrits de la manière la plus cruelle.

C'eft

LETTRE LXXI.

C'est le goût dépravé de ceux qui payent pour avoir de pareils amusemens, qui les tient en haleine. Les auteurs des livres diffamatoires que l'on publie à Londres, n'ont souvent pas plus de rancune contre les personnes qu'ils insultent, que celles de Paris & de Vienne, qui procurent l'amusement horrible dont je viens de faire mention, n'en ont contre les sangliers, les taureaux & les autres animaux qu'ils abandonnent à la fureur des chiens.

Quant aux barbouilleurs, rarement connoissent-ils les gens dont ils attaquent le caractère : il ne seroit point impossible que l'auteur des vers satyriques que vous m'envoyez, n'eût pas plus vu les Seigneurs & les personnes contre lesquels il se déchaîne avec tant de fureur, qu'eux-mêmes n'ont vu le tisseran qui a fait la toile de leur chemise. Le motif qui a engagé à composer cette satyre & à faire cette toile, est sans doute le même, le manque de pain; & ce mauvais poëte, a préféré ce genre de production à une apologie ou à un panégyrique, uniquement parce qu'il étoit convaincu qu'elle seroit plus du goût de ses chalands.

Lettre LXXI.

Je me rappelle de m'être trouvé une fois dans la boutique d'un libraire, au moment où il reçut une lettre renfermant un papier, après l'avoir parcouru superficiellement, il me le remit, en me disant que c'étoit le portrait de Milord S.... qu'il se proposoit d'insérer dans une certaine feuille qu'il publioit alors.... J'imagine, a-t-il ajouté, que cela plaira ; .... je vous assure que l'auteur a une plume bien affilée ; .... aucun de mes écrivains ne tranche aussi net, ou ne fait des plaies aussi profondes que ce petit gladiateur, en me montrant un papier qu'il a tiré d'un bureau ; voici un second portrait de ce même seigneur, qui doit paroître huit jours après la publication du premier, auquel il doit servir de réponse.

Celui-ci étoit, du commencement jusqu'à la fin, l'éloge le plus complet de Milord S.... l'honnête auteur y comparoit ce Milord aux plus grands hommes ; & ayant rassemblé les fleurs les plus brillantes, dont Plutarque a orné ceux dont il nous a laissé les vies, il en composoit une ample guirlande, dont il décoroit le front de ce seigneur Anglois ; & il terminoit son panégyrique en observant que,

LETTRE LXXI. 163

comme Milord leur ressembloit par ses vertus, il avoit, ainsi qu'eux, été illustré par les violentes persécutions des méchans & des envieux; malheur auquel les talens supérieurs avoient toujours été exposés.

Pourquoi, ai-je dit au libraire, a-t-on précisément choisi Milord S.... parmi les autres Pairs pour servir de but à la médisance, & aux louanges de votre ingénieux ami ?

Parce que, m'a-t-il répondu, ce seigneur est à la tête d'un des principaux départemens, & est un de ces caractères fermes & décidés qui ne manquent jamais à s'attirer grand nombre d'amis & d'ennemis.

Les premiers sont enchantés de le voir insulté; & il est à croire que les seconds ne le seront pas moins de l'entendre louer : par ce moyen les productions de mon ami doivent se vendre promptement & avantageusement, & j'ai lieu de me flatter de faire une bonne affaire par le moyen de Milord; ce qui, soit dit entre nous, est assez difficile par celui des seigneurs de son rang.... Bon Dieu, Monsieur ! il y en a tels parmi eux dont les caractères sont si peu décidés & si plats, qu'ils

L 2

n'intéressent personne ; vous avez, par exemple,..... homme de la première qualité, & d'un si beau nom que je m'étois imaginé en pouvoir tirer le plus grand parti : .... en conséquence, je mis mon petit champion à l'ouvrage, & il enfanta deux charmantes brochures à son désavantage ; .... mais, au moment que j'allois les envoyer à l'imprimeur, je m'avisai de les montrer à un de mes amis, parfaitement au fait de ces matières. ... Ces brochures, me dit-il, sont fort bien écrites ; mais elles ne défraieront jamais de ce qu'il en coûtera pour l'impression. La personne dont il est question est naturellement si froide, si modeste, si prudente, & s'est comportée toute sa vie avec tant d'impartialité, qu'elle n'a jamais obligé ni désobligé qui que ce soit. Elle n'a ni ami, ni ennemi dans le monde : .... on s'accorde généralement à dire que c'est un assez bon homme ; mais vînt-il ce soir à se rompre le cou, personne ne seroit fâché, ni réjoui de cet événement, & la satyre ou le panégyrique de sa grand'mère seroient lus tout de même que ceux que l'on pourroit faire de lui.

En vérité, Monsieur, a dit le libraire,

LETTRE LXXI.

pour vous finir mon conte, vous saurez que je profitai de l'avis ; de sorte que je n'ai point fait paroître ces brochures.

Quoique les propos de mon ami le libraire m'eussent fort amusés, je n'ai pourtant pu m'empêcher d'être indigné de la conduite de ce malheureux excrément de la littérature, qui vivoit de son infâme trafic en blessant & ruinant, ou du moins en tâchant de blesser & de ruiner la réputation des gens de mérite. Ceux mêmes qui, en détestant l'auteur, se plaisent à lire ses écrits, ne sont pas tout-à-fait exempts de blâme : peut-être sa misère est une circonstance qu'il peut alléguer pour affoiblir son crime & sa méchanceté ; ... mais la satisfaction qu'ils y trouvent ne procède que de la passion qu'ils ont de voir leur prochain calomnié & insulté. Plusieurs de ceux qui se récrient contre la trop grande licence de la presse, & se plaignent de l'injustice & de la cruauté qu'il y a de déchirer les particuliers dans les papiers publics, se font apporter tous les matins les plus mordans ; ils ne sauroient pas plus s'en passer que de leur déjeûner. S'ils vouloient renoncer au plaisir de lire ces productions, l'abus dont ils se plaignent cesseroit bientôt.

L 3

Mais il me paroît ridicule, & il y a même de l'ingratitude, de témoigner de l'indignation contre ceux qui leur procurent les jouissances les plus délicieuses ; s'égayer toute la matinée, & paroître prendre intérêt aux médisances ; les blâmer l'après-dîner & feindre d'en être indigné, me paroît aussi condamnable que le seroit un juge, qui, après avoir séduit une malheureuse femme, la puniroit ensuite de sa foiblesse.

Vous seriez peut-être en droit de récriminer, en me rappellant combien j'admirois le style de certaines lettres qui ont fait beaucoup de bruit, dans lesquelles les caractères de quelques personnes du premier rang, sont maniés & disséqués avec la dextérité & l'habileté d'un célèbre anatomiste, & la cruauté rafinée d'un inquisiteur. Je vous répondrai que c'est l'esprit & le génie, & point du tout l'équité ou la vérité, qui règne dans ces lettres que j'admirois.

Lorsque les méchancetés sont dites avec esprit & agrément, on les supporte quelquefois pour cette raison ; mais quand elles en sont absolument dénuées, & tout-à-fait maussades & insipides, comme il arrive très-souvent, alors elles sont détestées & abhorrées par les honnêtes gens.

LETTRE LXXII.

Berlin.

ON m'a assuré que les forces du Roi de Prusse consistoient actuellement en cent quatre-vingts mille hommes ; supposant que ce calcul fût exagéré & qu'il en manquât vingt à trente mille ; ce qui resteroit formeroit encore une armée formidable, & ce qu'elle coûteroit en tems de paix se monteroit à une somme peu proportionnée à ses revenus. Quoiqu'ils soient beaucoup plus considérables qu'on ne l'imagine ordinairement, cependant le nombre des troupes qu'il a soudoyées, & qu'il soudoie encore, le palais qu'il a bâti, & les autres entreprises dispendieuses qu'il a exécutées, ne sont pas moins des preuves indubitables, de la grandeur de ses ressources, que de la prudence avec laquelle il les a ménagées. Plusieurs Princes ont de plus gros revenus, qui, comme l'eau, se perdent dans des terres stériles & ingrates, aident à l'accroissement des mauvaises plantes, & se dissipent sans fruit ou sans éclat, ne servant qu'à subvenir aux folles dépenses d'une cour & à celles des courtisans. Peut-être n'a-t-on véritablement connu, les avantages & les miracles qu'une sage économie & les attentions soutenues dans toutes les branches de l'administration pouvoient opérer qu'après que ce Monarque les a eu démontrés.

Dans les états du Roi de Prusse, il n'y a aucune de ces places qui enrichissent les individus aux dépens du public; de ces emplois faciles qui exigent peu de talens, si propres à flatter la cupidité des grands, & tout-à-fait à leur bienséance, dont les émolumens sont considérables, parce que l'application & les qualités nécessaires pour les exercer sont médiocres : si ceux qui occupent les postes les plus lucratifs de cette cour, soutiennent décemment leur dignité de leurs appointemens, & mettent une petite somme en réserve pour leur famille ; c'est absolument tout ce qu'ils peuvent espérer.

Toutes les denrées payent de très-gros impôts dans les Etats Prussiens, & quoique

LETTRE LXXII.

l'argent soit bien moins commun à Berlin qu'à Londres ou à Paris, un étranger trouvera qu'on y vit tout aussi chèrement. Il n'est aucun moyen d'augmenter ses finances, que le Roi n'ait mis en œuvre. Il a taxé jusqu'à la vanité de ses sujets, & depuis le commencement de son règne tiré des sommes considérables de cette riche source. La rage que les Allemands plus que toute autre nation ont pour les titres, engage nombre de riches bourgeois à acheter chèrement ceux de quelques charges à la cour ; & quoique Sa Majesté n'emploie jamais que des gens capables, il ne se fait aucun scrupule de permettre cette espèce de trafic. Le titre est cependant, à la lettre tout ce qu'on achete ; car quant aux fonctions de l'office, l'acquéreur ne s'en mêle pas plus après le marché qu'il ne s'en mêloit auparavant ; & quoique le Roi ne consulte presque jamais avec personne, il a plus de Conseillers Titulaires qu'aucun Monarque Chrétien.

Les impôts sont en général sur un pied fixe qui ne change jamais : ce qui n'empêche pas qu'on ne trouve moyen de tirer des contributions des propriétaires des grands fiefs, qui ne retombent point fur les fermiers, ou fur les autres fujets. L'efprit du gouvernement eſt peu favorable aux Seigneurs; mais il ôte à ceux d'entr'eux qui poſsèdent des terres le droit de vexer, & d'opprimer les cultivateurs. Comme c'eſt cette claſſe utile d'où l'on tire les ſoldats, on a ſoin d'empêcher qu'on ne les prive des choſes néceſſaires à conſerver leur vigueur & leur ſanté; & il n'y a point de payſans en Europe mieux alimentés que les Pruſſiens.

L'armée eſt principalement compoſée de régiments nationaux. Les Etats du Roi étant diviſés en Cercles, ou Cantons, dans chacun deſquels, un ou pluſieurs de ces corps, en proportion de leur étendue & de leur population, ont été originairement levés, ce font ces mêmes diſtricts qui ſont obligés de les recruter; & en tems de paix ces régimens ſont toujours poſtés dans le voiſinage & à portée des lieux qui leur fourniſſent leurs recrues.

Quel que ſoit le nombre de fils qu'ait un payſan, tous, à l'exception d'un ſeul que l'on laiſſe au père pour cultiver ſa métairie, peuvent être pris pour le ſervice, & dès leur en-

LETTRE LXXII.   171

fance ils portent une marque, qui indique qu'ils font deftinés à être foldats & prêts à fervir auffi-tôt que l'Etat l'exigera. Si un payfan n'a qu'un feul fils, on ne peut le lui enlever qu'autant qu'il auroit le malheur d'être né très-robufte, d'une taille extraordinaire, & parfaitement bien fait. Le Roi les ménage cependant autant qu'il le peut, & tire toutes les recrues poffibles de l'étranger.... A cet effet il tient conftamment des officiers à Hambourg, à Francfort, & dans les autres villes libres d'Allemagne. J'en ai auffi trouvés à Neufchâtel, & dans les villes voifines des garnifons Françoifes, tâchant d'engager des hommes, & de ramaffer les déferteurs. Les recrues qu'il fe procuré de cette manière, reftent toujours au régiment auquel ils font attachés; mais les foldats nationaux ont tous les ans des congés de huit à neuf mois, durant lefquels ils retournent dans leurs villages, & travaillent à la terre, où s'emploient à ce qu'ils jugent à propos pour gagner leur vie : cette méthode économife un argent immenfe; & le travail d'un fi grand nombre d'hommes procure un gain fûr à l'Etat.

Tout bien confidéré on doit convenir, que l'armée Pruſſienne n'eſt qu'une milice toujours ſubſiſtante, qu'on ne raſſemble qu'une fois par année pendant deux mois, & dont les ſoldats après cet eſpace ſe diſperſent & retournent à leurs travaux ordinaires.

J'imagine qu'un pareil exemple devroit décider la diſpute agitée depuis ſi long-tems entre vous, & moi, rélativement aux troupes réglées, & aux milices. En conſéquence j'eſpere qu'en réponſe, vous m'avouerez franchement & de bonne foi, que j'avois raiſon; & que tous les raiſonnemens, par leſquels vous prétendiez prouver, que l'on ne pouvoit pas compter ſur elles en tems de guerre, étoient mal fondés, & que mon ſentiment étoit juſte & tout-à-fait démontré.

Je veux avant de finir cette lettre, vous faire part d'un événement ſingulier; en vous en donnant les détails, je cherche moins à vous mettre au fait du caractère, & de la façon de penſer de la populace de cette Capitale, qu'à vous fournir une anecdote curieuſe, propre à ſervir à l'hiſtoire de l'eſprit humain en général.

Il y a quelques jours que je fus avec M.

LETTRE LXXII.

F.... voir exécuter un malheureux, coupable du meurtre d'un enfant.... Les motifs qui l'avoient porté à ce crime étoient encore plus extraordinaires que l'action même ; il avoit accompagné quelques-uns de ses camarades chez un drôle, qui se donnoit pour un diseur de bonne aventure, auquel ayant déplû, par le mépris qu'il témoigna pour son art, celui-ci pour se venger, lui prédit, qu'il mourroit sur l'échafaud. Cette prédiction parut pour le moment faire peu d'impression sur son esprit ; mais par la suite cet infortuné se l'étant souvent rappellée, son imagination en fut tous les jours plus troublée ; à la fin cette idée le tourmenta si fort, qu'il en devint tout-à-fait hypocondre, & que la vie lui fut insupportable.

Il auroit attenté à ses jours ; mais il en fut détourné par la persuasion où il étoit, que Dieu ne pardonnoit jamais le suicide, quoiqu'il fût toujours prêt à pardonner tout autre crime pourvû qu'on s'en repentît. En conséquence, il résolut de tuer quelqu'un afin de périr par les mains de la justice : un sentiment de bienveuillance se mêlant à cette cruelle intention, il réfléchit, que s'il tuoit un homme dans la force de l'âge, il enverroit peut-être une ame en enfer ; pour éviter ce malheur, il prit le parti de ne facrifier qu'un enfant, qui ne pourroit point encore avoir commis de péché qui l'expofât à la damnation, & que mourant innocent il iroit directement au Ciel; ces confidérations le décidérent à tuer le fils de fon maître, enfant pour lequel il avoit toujours témoigné le plus tendre attachement. Tel fut le conte fingulier que cet infortuné rendit à fes juges lorfqu'il fut fur la fceilette.... De cette façon cette prédiction hafardée devint, comme il eft arrivé de tant d'autres, la caufe même de fon accompliffement.

Il fut exécuté à environ deux milles de Berlin. Dès qu'il fut parvenu au haut de l'échafaud, il ôta lui-même fon habit & fa vefte;.... on roula fa chemife fur fes épaules,.... on lui mit fon bonnet de nuit fur les yeux;.... on le fit mettre à genoux, & l'exécuteur d'un feul coup d'un large fabre lui trancha la tête.... C'étoit la première fois que ce bourreau faifoit une pareille exécution.... Deux de fes confrères fe trouvoient avec lui fur l'échafaud, ils donnèrent un exemple d'infenfibilité encore plus révoltant que le fpectacle que nous avions devant les yeux.... Tandis que la tête du criminel rouloit fur l'échafaud, & que le fang des artères du tronc jailliffoit, ces deux hommes, de l'air du monde le plus fatisfait, fécouèrent la main de leur camarade, le félicitèrent, & lui frappèrent fur l'épaule en figne de joie, louant la dextérité avec laquelle il s'étoit acquitté de fon office..

LETTRE LXXIII.

Berlin.

LE Duc d'H.... ayant défiré de voir la cour de Mecklembourg Strelitz, je l'y ai accompagné peu après fon retour de Magdebourg & de Leypzig. Le tems étant fort chaud, il a jugé qu'il feroit plus convenable de profiter de la fraîcheur de la nuit pour voyager; en conféquence il étoit entre fix à fept heures du foir lorfque nous fommes partis. La première pofte qu'on trouve depuis Berlin en eft éloignée de quatre lieues d'Allemagne, mais comme une grande partie du chemin traverse une forêt, & que la nuit étoit très-obscure, à peine étions-nous en route, que les postillons s'égarèrent : nous ne savions plus où nous étions, ni quelle route nous devions suivre. Après plusieurs tentatives infructueuses pour retrouver le bon chemin, nous avons jugé qu'il n'y avoit d'autre parti à prendre, que de desatteller les chevaux pour les laisser paître, tandis que nous dormirions dans la voiture jusqu'au jour. Nous avons suivi ce plan à la lettre ; à peine le soleil a-t-il commencé à paroître que nos gens ont reconnu le lieu où ils se trouvoient, & que nous avons continué nôtre voyage ; nous avons passé par Oranienburg & Seidneck pour nous rendre à Reinsbourg, château magnifique, appartenant au Prince Henri de Prusse.

Les jardins y sont très-spacieux, & ont été fort améliorés & décorés par ce Prince, qui a du goût & est naturellement très-magnifique.

Nous sommes ensuite arrivés à la nouvelle Strélitz, où nous avons appris que la cour se trouvoit à Brandebourg: La résidence ducale

LETTRE LXXIII.

ducale étoit ci-devant à la vieille Strelitz, mais le palais de cette ville, avec ses riches meubles & ses autres effets précieux a été réduit en cendres il y a environ cinquante ans. Le feu s'étant manifesté au milieu de la nuit, à peine le Duc & sa famille purent échapper aux flammes.

On en a depuis bâti un nouveau, distant d'environ deux milles d'Angleterre du lieu où l'ancien étoit placé. La situation en est beaucoup plus agréable, se trouvant sur une petite éminence voisine d'un beau lac; la nouvelle Strelitz s'est peu à peu formée dans ses environs.

Après nous être arrêtés fort peu de tems dans cette dernière ville; nous en sommes partis pour nous rendre à la nouvelle Brandebourg, qui en est à quelques lieues au Nord, & à peu de distance de la mer Baltique: nous y sommes arrivés dans la matinée du troisième jour de nôtre départ de Berlin. Lorsque le chambellan de la cour a été informé de l'arrivée du Duc d'H.... il nous a fait prier à dîner, & on a envoyé un des carrosses du Prince pour le prendre.

Le Duc régnant de Mecklembourg Strelitz

n'eſt point marié, ainſi que la Princeſſe ſa ſœur qui vit conſtamment avec lui. Ils ont l'un & l'autre le tein plus brun que la Reine d'Angleterre, & ne ſont pas auſſi grands qu'elle; ils ne lui reſſemblent guère l'un & l'autre que par leur affabilité. Le Duc eſt adoré de ſes ſujets, pour ſon humanité & ſa bonté, vertus qui ſont l'appanage de cette famille.... Après dîner, nous avons eu concert, & jeu juſqu'au ſouper.

Il y a pluſieurs ſiècles que les Etats de Mecklembourg ſont réunis ſous un ſeul Prince. En 1592 à la mort d'un de leurs Souverains ils furent diviſés entre ſes deux fils. L'aîné eut en partage le Duché de Mecklembourg Schwerin, qui eſt ſans contredit la portion la plus conſidérable; le cadet eut le Duché de Mecklembourg Strelitz. Cette dernière branche étant éteinte en 1695, & le Duc Fréderic Guillaume, de la branche aînée, ayant formé des prétentions ſur l'héritage de Strelitz, Adolphe Fréderic, frère cadet de ſon père le lui diſputa, & le différend fut terminé par un compromis entre les parties en 1701. Le droit d'aîneſſe, & la ſucceſſion linéale, furent établies reſpectivement dans les deux maiſons,

& cet arrangement définitif fut ratifié par l'Empereur.

Le terrein n'est point ici une plaine sablonneuse comme dans les environs de Berlin ; à mesure qu'on s'en éloigne, le sol se bonifie graduellement, & autour de la Nouvelle Brandebourg il devient tout-à-fait fertile. Quoique les frontières méridionales de ce Duché ne soient que des plaines sablonneuses & stériles, cependant la partie septentrionale est composée d'une charmante verdure, entremêlée de côteaux, de prairies, de bois, & de quelques beaux lacs, dont quelques-uns ont de quatre à dix milles de longueur.

Le pays produit quantité de grains, de lin, de chanvre, abonde en excellens pâturages qui nourrissent de gros troupeaux de moutons, & une bonne race de chevaux.... La Nouvelle Brandebourg est une jolie ville, agréablement située, & où il y a beaucoup d'industrie : ses habitans font un commerce considérable de houblon, qui croît à merveille dans tous les environs.

Ce pays, heureux par les vertus de son Souverain, & par d'autres avantages, ne sauroit compter le voisinage d'un Prince aussi puissant & aussi guerrier que le Roi de Prusse au nombre de ces derniers. Dans la précédente guerre, les deux Mecklembourgs ont cruellement souffert à cette occasion. Les Russes & les Autrichiens, qui ravagèrent la moyenne matche de Brandebourg; ne cherchèrent point à s'assurer précisément des bornes des deux Etats; & toutes les fois qu'ils trouvèrent à butiner, ils ne les respectèrent pas plus les uns que les autres. Et lorsque ce Monarque lui-même se trouva poussé à bout, & obligé d'user de tous les moyens imaginables pour recruter son armée, les habitans du Mecklembourg furent caressés & attirés par toutes sortes de ruses à son service; & lorsque ces voies ne réussissoient pas, on assure qu'ils étoient pris de force. Même à présent, toutes les fois que les recruteurs Prussiens ont connoissance d'un paysan grand, robuste & bien fait de ce Duché, ils font tout ce qu'ils peuvent pour s'en assurer.... On s'est souvent plaint à Sa Majesté de ces violences; jusqu'à présent ces plaintes n'ont rien produit, & Dieu sait quand elles seront écoutées.

Le lendemain de notre arrivée nous avons

LETTRE LXXIII.

passé la matinée à visiter ce que la ville a de plus curieux ; & nous avons de nouveau dîné à la cour, où la compagnie étoit plus nombreuse que la première fois. Après le repas nous avons accompagné Son Altesse & la Princesse à une assemblée en ville, & sommes revenus souper avec eux ; pendant que nous étions à table nous avons eu un concert de voix & d'instrumens.

Ayant reçu toutes sortes d'honnêtetés & de politesses de ce Prince, nous avons pris congé de lui & de la Princesse, & sommes partis de la ville le lendemain de bonne heure ; nous avons passé par l'ancienne Strelitz, qui n'est point aussi florissante, ni située aussi avantageusement que la Nouvelle-Brandebourg. Toutes les fois que des Anglois traverseront ce pays, ils se rappelleront, avec vénération, & avec reconnoissance, le caractère d'une Princesse dont les vertus honorent leur couronne, & qui, par ses manières affables, & sa conduite sage & prudente, a su se concilier l'affection d'un peuple divisé par des factions, & qui n'est presque d'accord que dans sa façon de penser à son égard.

J'ai trouvé, à notre retour à Berlin, une lettre de Milord Maréchal, qui m'apprenoit, que le Roi y étoit attendu sous peu de jours; que l'on y faisoit de grands préparatifs pour la réception de la Landgrave de Hesse, & celle de la Duchesse de Wirtemberg, qui se trouvoient toutes deux actuellement dans la Capitale, & se proposoient de rendre visite au Roi à Sans-Souci; que la Princesse Amélie, sœur de Sa Majesté, qui étoit encore fille, & ses deux belles-sœurs, les accompagneroient; qu'on y préparoit leurs appartemens au nouveau palais, où le Roi demeureroit pendant tout le tems que ces Princesses y resteroient. Milord ajoutoit, que le célèbre Lekain, & une troupe de comédiens François, s'y étoient déja rendus, ainsi que des chanteurs & des musiciens Italiens pour l'opéra; & que les uns & les autres devoient jouer sur le théatre construit dans le palais; que l'on attendoit à cette occasion beaucoup de monde à Potsdam; qu'en conséquence, la plus grande partie des logemens de la ville étoient déja retenus; & que, comme il prévoyoit que le Duc d'H.... & moi ne serions pas fâchés de nous y trouver, il avoit eu soin d'en arrêter un pour nous.

LETTRE LXXIII.

Le Duc fut enchanté de la prévoyance de Milord Maréchal. Je parlai ensuite à Milord Harris à ce sujet, & lui demandai s'il comptoit dans cette circonstance aller à Potsdam? Il me répondit que, comme la comédie, l'opéra, & les autres fêtes, se donneroient dans le palais, il n'y avoit que ceux qui seroient invités qui pussent y assister; que ni lui, ni aucun des Ministres étrangers, à ce que l'on lui avoit assuré, ne l'étoient ni ne le seroient; qu'il n'avoit pas non plus encore ouï dire qu'on y attendît personne; & qu'il croyoit qu'il ne convenoit point au Duc d'H.... de se trouver à Potsdam dans ces circonstances, qu'autant qu'il pourroit voir ces fêtes, & qu'il y seroit prié.

Quand j'eus rendu compte au Duc de cette conversation, il se décida à rester ici; mais quelques jours après, je reçus une lettre du Comte de Finkenstein, qui m'avisoit qu'il avoit ordre de nous inviter le Duc & moi aux différentes fêtes qui devoient se donner à Sans-Souci: cette invitation nous a fait le plus grand plaisir; moins pour celui que nous nous en promettions, que parce qu'elle nous procurera l'occasion, qu'il seroit très-difficile sans cela de trouver, de voir le Roi beaucoup plus à notre aise qu'à Berlin : quant aux amusemens & à la pompe ordinaire des cours, le Duc y paroît beaucoup moins sensible, qu'on n'auroit lieu de s'y attendre, vu, la manière dont il y est reçu, sa jeunesse, & les agrémens de sa personne.

. . . . *Namque ipsa decoram*
Cæsariem nato genitrix, lumenque juventæ
Purpureum, & lætos oculis afflarat honores.

Depuis notre retour de Mecklembourg, nous avons passé presque tous nos momens avec Milord Harris, qui a accompagné le Duc hier, dans sa dernière visite à Schoenhausen, car vraisemblablement nous ne reviendrons point de Potsdam ici. M. F... est parti depuis quelques jours pour Francfort ; son caractère aisé, & sa façon de penser peu commune, font sentir à tous ceux qui ont été un peu liés avec lui combien il est dur de s'en séparer.

Adieu.-

LETTRE LXXIV.

à Potsdam.

IL y a près de quinze jours que nous sommes ici ; le Roi est arrivé presqu'en même tems au nouveau palais de Sans-soucy. La Princesse Amélie chargée d'en faire les honneurs l'y a reçu. La compagnie dont je vous ai précédemment fait mention y est aussi logée. Je vais vous donner le détail de ce qui s'y est passé.

Tous les deux ou trois jours il y a eu comédie ; le Duc & moi n'allions que dans ces occasions à Sans-souci, nous partions de Potsdam vers les cinq heures du soir ; la compagnie s'assembloit à-peu-près vers ce tems-là dans un des appartemens du palais, & se rendoit à la salle du Spectacle un peu avant six heures. Elle est très-bien disposée pour un auditoire peu nombreux ; il n'y a ni loges, ni parterre, mais des bancs en demi-cercles en face du théâtre ; le plus avancé est à ras de terre, les autres s'élèvent graduellement, afin que tous les spectateurs puissent voir à leur aise, & sans se gêner.

Quelques minutes après qu'on y étoit placé, la famille Royale arrivoit, la Princesse Amélie conduite par le Prince Fréderick de Brunswick, & la Landgrave par le Roi. La Duchesse de Wittemberg & les autres Princesses suivoient, Elles, & les Dames de leurs suites se plaçoient au premier banc : Sa Maj. ne se mettoit ordinairement qu'au troisième ou quatrième. Alors la pièce commençoit, & finissoit vers les neuf heures; après quoi toute la compagnie retournoit dans le premier appartement, où le Roi s'entretenoit familiérement avec les personnes qui étoient autour de lui jusqu'au souper; alors il se retiroit & se couchoit à dix heures précises.

Les personnes que la Princesse Amélie avoit invitées restoient à souper; les conviés étoient ordinairement très-nombreux.... Le Duc & moi avons été deux ou trois fois, du nombre des élus; nous avons toujours été rendus à notre logement à Potsdam à minuit.

Jusqu'à présent on n'a encore donné que des tragédies, & on m'assure qu'on n'y représentera point de comédie, parce que Lekain

LETTRE LXXIV.

ne joue jamais dans le comique ; il y a d'ailleurs une autre raison qui seule en vaut mille.. C'est que Sa Majesté préfère le tragique.

Le Kain a déja rempli les principaux rôles des pièces où il a le plus de succès.... Vous devez être bien persuadé qu'animé par un pareil auditoire il fait de son mieux pour le satisfaire.... J'aurois dû dire *Auditeur*, au lieu d'*auditoire* : le Roi a paru satisfait de son jeu, les courtisans par conséquent en ont été extasiés, & l'ont applaudi à l'envi les uns des autres.

La tragédie d'Œdipe est celle que Sa Majesté préfère à toutes les autres : on l'a jouée deux fois ; & chaque fois il a paru la goûter beaucoup ; cette tirade contre les prêtres est sur-tout le morceau qu'il a écouté avec le plus d'attention.

Tandis que par vos soins vous pouvez tout apprendre,
Quel besoin que le Ciel ici se fasse entendre ?
Ces Dieux, dont le Pontife a promis le secours,
Dans leurs temples, Seigneur, n'habitent pas toujours ;
On ne voit point leur bras, si prodigue en miracles,
Ces antres, ces trépieds, qui rendent leurs oracles,
Ces organes d'airain, que nos mains ont formés,
Toujours d'un souffle pur ne sont point animés.
Ne nous endormons point sur la foi de leurs prêtres,
Au pied du sanctuaire il est souvent des traîtres,

> Qui, nous asservissant sous un pouvoir sacré,
> Font parler les destins, les font taire à leur gré.
> Voyez, examinez, avec un soin extrême,
> Philoctète, Phorbas, & Jocaste elle-même.
> Ne nous fions qu'à nous, voyons tout par nos yeux,
> Ce sont-là nos trépieds, nos oracles, nos Dieux.

Et ensuite, lorsque Jocaste en prononce à son tour une du même genre, qui finit par ces vers :

> Nos prêtres ne sont point ce qu'un vain peuple pense;
> Notre crédulité fait toute leur science.

Je me trouvois par hasard à côté de l'Abbé Bastiani; & tandis que l'actrice déclamoit ces vers, le Roi s'est levé tout-à-coup, a toussé, & a ri d'un air très-significatif en fixant cet Ecclésiastique.

Mais quoique ces différens morceaux paroissent au premier moment dirigés contre les prêtres; à tout prendre, la tragédie d'Œdipe leur fait honneur : car tout ce que l'on dit contre eux se trouve à la fin être injuste, & il paroit que l'oracle qu'on avoit d'abord si fort méprisé, n'est que trop véritable, & que dans toute la pièce le grand prêtre a agi d'une manière convenable, & digne de son ministère. En conséquence je suis étonné que

LETTRE LXXIV. 189

Voltaire ait pris son sujet de la tragédie Grecque qui porte ce titre ; car il a été forcé en dépit de lui-même, à l'exemple de Balaam fils de Barak à rendre hommage, & à bénir ceux qu'il se proposoit de maudire.... Et le Roi de son côté (si l'on me permet de dire ce que j'en pense) n'auroit jamais pu choisir une tragédie, qui remplit moins son but, supposé que son intention fût de tourner le Clergé en ridicule.

Je n'ai rien à objecter contre la justice que cette pièce rend à cet Ordre respectable ; parce que je ne juge jamais que d'après ma propre expérience ; j'ai connu tant d'honnêtes gens de cette profession, que cette raison seule, indépendamment de tant d'autres, suffiroit pour qu'en leur considération je respectasse tout le corps en général.

J'avouerai cependant, que j'ai le malheur de ne pas penser, comme ce grand Monarque & plusieurs autres critiques respectables, rélativement à la tragédie d'Œdipe, dont ils font un si grand cas.... La fable m'en paroît trop atroce.... Le mariage d'Œdipe avec sa mère, dont il a des enfans est trop révoltant ; & l'idée qu'elle nous donne de la Providence & de la conduite des Dieux, ne sauroit que produire un mauvais effet. Rien n'est plus injuste, que la peste que le Ciel envoie aux habitans de Thèbes, & la peine qu'il inflige au pauvre Œdipe & à l'infortunée Jocaste pour des crimes dont il les savoit innocens: on ne peut s'empêcher de convenir de la justesse des reproches qu'il fait aux Dieux, en leur disant:

<blockquote>
Le voilà donc rempli cet oracle exécrable,
Dont ma crainte a pressé l'effet inévitable;
Et je me vois enfin, par un mélange affreux,
Inceste, & parricide, & pourtant vertueux.
Misérable vertu, nom stérile & funeste,
Toi! par qui j'ai réglé des jours que je déteste,
A mon noir ascendant tu n'as pu résister:
Je tombais dans le piège, en voulant l'éviter:
Un Dieu plus fort que moi m'entraînait vers le crime;
Sous mes pas fugitifs il creusait un abyme;
Et j'étois, malgré moi, dans mon aveuglement,
D'un pouvoir inconnu l'esclave & l'instrument:
Voilà tous mes forfaits, je n'en connais point d'autres.
Impitoyables Dieux! mes crimes sont les vôtres;
Et vous m'en punissez. . . . . . .
</blockquote>

Nous devons encore soupçonner, que Jocaste se trompe, dans les sentimens, qu'elle manifeste dans ces derniers vers de la pièce:

<blockquote>
Prêtres, & vous Thébains, qui fûtes mes sujets,
Honorez mon bûcher, & songez à jamais,
</blockquote>

LETTRE LXXIV.

Qu'au milieu des horreurs du destin qui m'opprime,
J'ai fait rougir les Dieux, qui m'ont forcée au crime.

Car ces, Dieux qui auroient forcé des innocens à commettre des crimes & les en puniroient ensuite, seroient incapables de rougir. On représente alternativement à ce théâtre une tragédie Françoise, & un opéra Italien : le Roi assiste aussi régulièrement à la représentation de l'un de ces spectacles qu'à l'autre, & témoigne son goût pour la musique, qui est une de ses passions favorites. Je crois que rien au monde n'est plus éloigné du caractère de ce Prince que la feinte, & qu'il auroit beaucoup de peine à passer pour hypocrite.... Les traits de sa physionomie expriment si intelligiblement ce qu'il pense qu'ils le trahiroient malgré lui. Lorsqu'il n'y a point de spectacle au palais, Sa Majesté a un concert particulier dans son appartement, où il joue lui-même de la flutte traversière, instrument que personne n'a encore manié comme lui.... Aucun étranger n'est admis à ces concerts.

LETTRE LXXV.

Potsdam.

AU commencement de notre séjour ici, rien ne me paroissoit comparable au plaisir de voir exercer les troupes Prussiennes : les revues de Berlin ont parfaitement rassasié ma curiosité. Et quoique les jardins du palais soient vis-à-vis, & tout près de notre auberge, à peine daigné-je m'approcher de la fenêtre pour voir les gardes qui s'y rendent chaque matin avant midi pour la parade.... Il y a pourtant quelques jours, qu'étant allé me promener de très-bon matin, à environ un mille de la ville, & voyant quelques soldats sous les armes, dans un champ peu éloigné du grand chemin, je me suis approché d'eux. Un officier à cheval que j'ai pris pour le major, parce que c'étoit lui qui commandoit la troupe, couroit continuellement de côté & d'autre; il galopoit souvent dans les rangs pour châtier ou instruire les soldats : lorsque j'ai été tout près de lui, j'ai été bien étonné

LETTRE LXXV. 193

étonné en reconnoissant le Roi : il avoit l'épée nue à la main, & a continué à exercer ce corps pendant une heure.... Il les faisoit tourner, marcher, former le bataillon quarré, & tirer par divisions & par pelottons, observant tous leurs mouvemens avec la plus grande attention : il a donné les arrêts à deux officiers du régiment du Prince de Prusse pour quelque bévue.... En un mot, il paroissoit avoir toute l'agilité d'un jeune officier, jaloux de s'attirer, par son zèle & par ses talens, la protection de son Général.

J'ai témoigné à un officier qui se trouvoit là, ma surprise, de ce que le Roi, au lieu de se reposer, sur-tout de ce genre de fatigue auquel il avoit été si fort exposé dans la dernière guerre, se donnoit la peine d'exercer une poignée d'hommes immédiatement après avoir commandé des armées formidables.

Il m'a répondu que Sa Majesté avoit voulu essayer dans la matinée quelques nouvelles évolutions ; ce qui n'étoit pourtant pas absolument la cause qu'il fût venu dans ce lieu; car il avoit pour maxime d'accoutumer ses troupes à témoigner la même ardeur les jours d'exercice ordinaires que celui d'une bataille ; & que c'étoit pour cela qu'elles ne savoient jamais s'il devoit y assister ou non : .... que quant au tems destiné à son repos, il étoit toujours fixé entre dix heures du soir & quatre heures du matin, & que tous ses autres momens étoient appropriés au travail du corps ou de l'esprit, & que l'exercice qu'il venoit de prendre étoit vraisemblablement une espèce de délassement des occupations du cabinet, auxquelles il avoit déja donné plus de trois heures avant que de sortir.

Tout ce que je vois, & tout ce que j'entends de ce Prince, m'étonne tous les jours davantage : il réunit des qualités que j'avois toujours crues incompatibles. Il fut un tems où j'imaginois qu'un génie qui s'abaissoit à de petits détails, étoit incapable d'embrasser des objets d'une plus grande importance : .... à présent je suis convaincu que ce Prince est une exception à la règle ; car, tandis que presqu'aucun objet n'est trop considérable pour sa pénétration, il n'en est point de trop minutieux.

Je pensois aussi qu'un esprit extrêmement

LETTRE LXXV.

vif & pénétrant, n'étoit point fait pour de pareils détails, à présent je vois que ce Monarque, quoique doué d'un génie transcendant, ne dédaigne pas de s'astreindre à la routine des affaires avec autant de patience & de persévérance que le copiste le plus borné l'est aux fonctions de son état.

Depuis ma dernière lettre, nous avons assisté à l'opéra Italien; mais, ni la comédie, ni la musique, ni aucune des fêtes ne sauroient m'intéresser, à beaucoup près, autant, ou m'attirer aussi constamment à Sans-Souci, que l'occasion que cette course me procure de voir le Roi. D'autres Monarques tirent toute leur importance de leur dignité; celui-ci en donne à la sienne. Ailleurs l'étranger desire voir le Roi parce qu'il admire le Royaume:.... ici l'objet de la curiosité est absolument le contraire; & en supposant que les palais, les villes, les campagnes & l'armée Prussienne, fussent encore fort au-dessus de ce qu'elles sont, l'intérêt que nous y prendrions ne viendroit jamais que de ce qu'elles appartiennent à Fréderic II, Prince qui, sans autre allié que l'Angleterre, a résisté aux forces réunies de l'Autriche, de la France, de la Russie & de la Suède.

M'entretenant à ce sujet avec le Comte de Nesselrode, celui-ci s'est servi d'une expression aussi énergique que juste: « C'est, » m'a-t-il dit, dans l'adversité qu'il brille; » lorsqu'il est bien comprimé, il a un ressort » irrésistible. »

Le même soir du jour où j'avois vu le Roi à l'exercice, j'ai été à Sans-Souci; car je ne néglige aucune occasion de me trouver à portée d'examiner ce Monarque. J'aime à être près de lui, à l'entendre parler, à observer ses mouvemens, ses attitudes, ses actions, même les plus indifférentes : il est toujours, on ne peut pas plus, affable avec le Duc d'H.... Un soir, un peu avant que le spectacle commença, ce Seigneur & moi nous trouvions par hasard avec le Comte de Finkenstein dans un appartement voisin de la chambre d'assemblée. Le Roi y est entré sans suite, au moment où l'on s'y attendoit le moins, & s'est mis tout de suite à causer avec le Duc.

Il lui a fait plusieurs questions relativement à la constitution d'Angleterre, sur-tout

LETTRE LXXV.

l'âge auquel un Pair pouvoit prendre séance au parlement?.... Lorsque celui-ci lui a eu dit qu'il falloit qu'il eût vingt-un ans.... Cela prouve, a repliqué le Roi, que les Patriciens Anglois acquièrent les talens, requis pour la législation de bien meilleure heure que ceux de l'ancienne Rome, qui n'étoient admis dans le Sénat qu'à quarante.

Il s'est ensuite informé de l'état de la santé de Milord Chatham, & a témoigné faire le plus grand cas des talens de ce Ministre.

Il m'a demandé si j'avois reçu des lettres par le dernier courier, & si l'on m'y parloit des affaires de l'Amérique?.... Il a ajouté qu'on avoit été informé, par la voie de Hollande, que les troupes Britanniques avoient été chassées de Boston, & que les Américains étoient maîtres de cette ville.... Je lui ai répondu qu'on nous marquoit que l'armée avoit quitté Boston, pour aller agir plus efficacement ailleurs.

Il s'est mis à sourire, & m'a dit: si vous ne convenez pas que cette retraite a été forcée, vous ne nierez du moins pas qu'elle n'ait été tout-à-fait à propos.

Il a ajouté qu'il avoit appris que plusieurs

officiers Anglois étoient paſſés au ſervice des Américains ; il a entr'autres fait mention du Colonel Lée qu'il avoit vu à ſa cour. Il a prétendu qu'il étoit aſſez difficile de gouverner à cette diſtance un peuple par la force ; ... que dans le cas où les Américains ſeroient battus (ce qui paroiſſoit aſſez problématique) il ſeroit toujours preſqu'impoſſible de continuer à en tirer de gros ſubſides par le moyen des impôts ; ... que, ſi nous étions dans l'intention de nous réconcilier avec eux, quelques-unes de nos meſures étoient trop violentes ; pas aſſez vigoureuſes dans le deſſein de les ſoumettre. Il a fini en diſant : «Enfin, » Meſſieurs, je ne comprends pas ces cho- » ſes-là, & je n'ai point de Colonie : .... » j'eſpère que vous vous tirerez bien d'af- » faire ; mais cela me paroît un peu épineux....» Enſuite il a paſſé dans l'appartement de la Landgrave, qu'il a été prendre pour la conduire à la comédie ; le Duc d'H.... & moi avons rejoint la compagnie qui s'y trouvoit déja.... On a repréſenté la tragédie de Mahomet, qui eſt, ſelon moi, la plus belle de toutes celles de Voltaire ; & celle où Lekain paroît le plus à ſon avantage.

LETTRE LXXVI.

Potsdam.

Vous me témoignez un si grand empressement, d'être informé de tout ce qui a quelque rapport au Roi de Prusse, que je crains d'allonger mes descriptions au point de les rendre ennuieuses. J'aime cependant mieux m'y exposer, que vous donner lieu de vous plaindre que je n'aurois pas satisfait, autant que je l'aurois pû, votre curiosité.

N'imaginez cependant pas, que je présume être en état de vous donner un portrait bien fini de ce Monarque. Cette tâche est réservée à un peintre plus habile, qui l'auroit approché familiérement, & dont le pinceau seroit digne d'un pareil Monarque. J'essaierai simplement, de vous donner une esquisse fidèle des traits qu'il m'a été possible de saisir pendant les instans que j'ai eu occasion de le voir, ou de vous communiquer ce que j'ai appris des personnes qui ont passé avec lui plusieurs de ces heures qu'il destiné à la conversation, & au plaisir de la table.

Le Roi de Prusse est au-dessous de la taille médiocre, bien fait, & singuliérement vif pour son âge. Il est devenu robuste par l'exercice continuel, & par une vie laborieuse; car il paroît n'avoir pas reçu de la nature un tempérament bien vigoureux; ses regards annoncent beaucoup d'esprit & de pénétration; il a de beaux yeux; & je pense qu'à tout prendre sa physionomie est agréable: plusieurs de ceux qui l'ont vu ne sont pas de mon sentiment: tous ceux qui n'en jugent que d'après ses portraits doivent être dans le même cas ; car quoique j'en aie rencontré plusieurs qui lui ressembloient un peu, & quelques-uns beaucoup; cependant il n'en est aucun qui soit parfait. Ses traits s'animent singuliérement dans la conversation.... & c'est ce que la toile ne sauroit rendre.

Il se courbe furieusement, & porte constamment la tête de côté.

Le ton de sa voix est le plus distinct, & le plus agréable en conversation que j'aie jamais entendu.

Il parle beaucoup; cependant ceux qui

l'entendent, voudroient qu'il parlât davantage. Ses remarques sont toujours pleines de feu, souvent justes ; peu de gens possèdent au même dégré que lui le talent de la répartie.

Il est presque toujours vêtu de même ; son habit est de drap bleu, la doublure & les revers rouges ; sa culotte & sa veste sont jaunes : il est toujours en bottes, à la houssarde, mal étirées, & plus souvent d'un brun foncé, que noires.

En Angleterre son chapeau passeroit pour ridicule par sa grandeur, quoique de la taille de ceux dont les officiers de cavalerie Prussienne font usage. L'aîle la plus large est enfoncée sur le front & sur les yeux.

Il porte ses cheveux en queue ; ils n'ont qu'une boucle de chaque côté : il est naturel de conclure de la façon négligée avec laquelle ils sont arrangés & poudrés inégalement, que le perruquier a eu peu de tems pour s'acquitter de ses fonctions & qu'on l'a extrêmement pressé.

Il fait usage d'une très-grosse tabatière d'or, dont le dessus est orné de diamans ; & prend une quantité prodigieuse de tabac d'Espagne, dont il laisse tomber une partie sur sa veste & sur sa culotte: l'une & l'autre sont aussi tachées par les pattes de deux ou trois levriers d'Italie qu'il caresse souvent.

Il s'habille tout de suite le matin en se levant:.... cette toilette n'exige que quelques minutes, & sert pour toute la journée.... Vous devez souvent avoir ouï dire que les momens de Sa Majesté, depuis quatre ou cinq heures du matin jusqu'à dix du soir, sont tous destinés méthodiquement à certains genres d'occupations; soit d'utilité, ou d'amusement. Rien au monde n'est plus vrai: & il y a bien des années que cet arrangement n'avoit pas été aussi fréquemment interrompu que depuis l'arrivée de la compagnie qui se trouve actuellement à Potsdam.

Des gens qui se piquent d'une grande pénétration, assurent s'appercevoir que ce Monarque n'est point à son aise, & que pendant tout le reste de son règne, il n'y aura plus à Sans-souci de pareille compagnie.

Toutes les affaires qu'on a avec le Roi se traitent par écrit; les placets & les propositions qu'on veut lui faire ne peuvent lui parvenir que par lettres: cette méthode est si

LETTRE LXXVI. 203

bien établie, qu'on m'a assuré, que dans le cas, où un de ses généraux desireroit qu'un cadet obtînt une Enseigne, il n'oseroit le demander de bouche; quoiqu'il eut tous les jours l'occasion de s'entretenir avec S. M.

Le dernier de ses sujets peut, en suivant cet usage, s'adresser directement à lui, & être sûr d'une réponse. Sa première occupation, en se levant, est de lire tous les papiers qui lui ont été adressés : un seul mot, qu'il écrit à la marge avec un crayon, indique la réponse à faire ; les secrétaires s'y conforment.... Cette méthode, donne au Roi tout le tems convenable pour délibérer & peser le pour & le contre de chaque placet, & empêche qu'on ne lui arrache son agrément & des promesses qu'il ne pourroit remplir sans de grands inconvéniens.

Il dîne précisément à midi; depuis peu il reste plus long-tems à table qu'il ne faisoit auparavant; il ne la quitte ordinairement qu'à trois heures. Il invite journellement huit ou neuf de ses principaux officiers. Depuis notre arrivée à Potsdam, le Comte de Nesselrode, & l'abbé Bastiani, tous deux gens de lettres, étoient, outre les officiers, les seuls convives qui dinassent avec lui, pendant qu'il vivoit suivant son ancien usage au vieux palais de Sans-souci; l'un & l'autre étoient presque toujours de toutes ses parties. Le Comte a actuellement quitté cette cour, l'abbé est logé dans le palais. Il est né en Italie, est homme d'esprit & de bonne compagnie.

A table, le Roi veut que tout le monde soit sur un pied d'égalité, & que chacun y dise naturellement ce qu'il pense. La chose, soit dit en passant, me paroît impossible : cette confiance & cet épanchement de cœur, si ordinaire entre gens d'un même rang, sont des douceurs, qu'un Prince despotique ne sauroit jamais goûter. Sa Majesté, voudroit cependant que cela fût; & on tâche autant que cela est praticable, de se conformer à ses intentions.

A l'un de ses repas, le Roi étant plus gai qu'à l'ordinaire, dit à l'abbé Bastiani : .... quand vous obtiendrez la Thiare, que votre piété exemplaire ne sauroit manquer de vous procurer, comment me recevrez-vous, lorsque j'irai à Rome rendre mes devoirs à votre Sainteté ? .... J'ordonnerai sur le champ

répartit, sans hésiter, l'abbé, » qu'on fasse en-
» trer l'aigle noir,.... qu'il me couvre de
» ses ailes,.... qu'il m'exempte de son bec &
» de ses griffes. »

Personne ne dit rien de si spirituel que le Roi. On répète ici plusieurs de ses bons mots. Je me contenterai de vous en citer un, qui est en même tems une preuve incontestable de son esprit & de la grandeur de son ame, en rendant justice au mérite d'un homme qui lui a peut-être occasionné plus de chagrin & d'embarras qu'aucun autre qu'il y ait au mon-de.... Lorsqu'il eut, il y a quelques années, une entrevue avec l'Empereur; ces deux grands Princes dînoient tous les jours ensemble, & admettoient à leur table plusieurs des princi- paux officiers qui étoient à leur suite : un jour le général Laudohn vouloit se placer au bas de la table ; le Roi qui étoit au haut l'appella, & lui dit : » venez, je vous en prie, Monsieur
» Laudohn, placez-vous ici ; j'aime infini-
» ment mieux vous avoir à côté, que vis-à-
» vis de moi. »

Quoique toute la franchise, qui caractérise la véritable amitié & les charmes d'une intimité sans réserve, ne puisse guère se rencontrer dans le commerce d'un Souverain, qui difpofe à fon gré de la fortune & du fort de ceux avec lefquels il veut bien condefcendre à vivre familiérement ; cependant le Roi fait tout ce qu'il peut pour mettre, autant que la chofe eft poffible, tout le monde à fon aife ; & j'ai oui dire qu'il avoit fouffert fans humeur des réparties affez piquantes. Il a trop d'efprit lui-même, & fait trop de cas de celui des autres, pour repouffer leurs attaques avec des armes différentes de celles qu'il lui fournit. Il n'y a qu'un fot, qui s'hafarde à railler, lorfqu'il ne fe fent pas capable de fouffrir qu'on le raille à fon tour ; & il faudroit une ame bien baffe pour fonger à fe venger des libertés d'un homme qu'on auroit mis à fon niveau, avec toute la févérité & le pouvoir dont uferoit un Monarque envers un fujet coupable.

Un exemple bien frappant de la liberté qu'on peut fe donner avec lui, eft plus récent, & ne précéda que de quelques jours les dernières revues ; ce qui le rend encore plus remarquable, c'eft que la chofe n'eft point arrivée à table, mais précifément dans le lieu où l'on exerce la difcipline la plus févère.

LETTRE LXXVI.

Deux régimens se trouvoient rangés en bataille, & prêts à être exercés. Celui du général étoit l'un des deux. Cet officier aime beaucoup le monde, & passe une plus grande partie de son tems en compagnie avec les étrangers & les ministres des différentes puissances, que la plûpart des autres officiers Prussiens. Vraisemblablement le Roi avoit eu dans la matinée quelque chagrin. Tandis que le régiment rangé sur une seule ligne avançoit ; il dit au général, qui étoit à côté de lui : « votre régiment n'est pas aligné, mon» sieur ;.... cela n'est pas surprenant, vous » passez votre vie à jouer. « Le général s'adressant au régiment lui cria de toute sa force, alte, & il s'arrêta sur le champ ; alors se tournant du côté de Sa Majesté, il lui dit : » il n'est pas question, Sire, de cartes ; ....» mais ayez la bonté de regarder si ce régiment n'est pas aligné.... Il l'étoit en effet, & le Roi s'en alla sans rien dire & d'un air mécontent, non de l'officier, mais de lui-même. Ce brave Général n'a eu aucune raison, depuis, d'imaginer que le Roi eût été choqué du ton dégagé qu'il avoit pris avec lui.

Je vous ai déja dit qu'il étoit abfolument impoffible d'obtenir un emploi au fervice du Roi de Pruffe, qu'autant qu'on étoit capable d'en remplir les fonctions. Il eft lui-même laborieux & affidu, & il s'eft fait une règle d'obliger, fes Miniftres, & fes autres officiers, à être tels à leur tour ; mais pour ceux qui connoiffent leur devoir, & s'en acquittent exactement ; ils trouvent en lui un maître doux & équitable.

Un Gentilhomme, qui a été plufieurs années attaché à fa perfonne & eft actuellement un de fes aides-de-camp, m'a affuré que le Roi favoit parfaitement ce qu'il y avoit à faire, & que fes gens n'étoient jamais expofés, à recevoir des ordres ridicules ou contradictoires, dictés par l'ignorance, & à être grondés par pur caprice.

Jamais fes favoris, d'aucune efpèce, n'ont pu fe procurer le moindre crédit fur fon efprit, relativement aux affaires d'Etat. Il eft, de tous les Princes, celui qui fait le mieux faire la différence du mérite des perfonnes qui le fervent dans le ménagement de l'adminiftration, & d'avec le mérite de celles qui contribuent fimplement à fon amufement ;
tout

tout homme qui s'acquitte avec fidélité & promptitude des devoirs de sa place, n'a rien à redouter du goût que Sa Majesté pourroit avoir pour la société & la conversation de son ennemi. Quand même l'un seroit invité journellement à la table du Roi, & que l'autre n'y paroîtroit jamais, cela n'empêcheroit pas qu'il ne connût leur valeur intrinsèque; .... & dans le cas où son adversaire tâcheroit de se prévaloir de la faveur du Monarque pour la faire servir à satisfaire sa haine ou sa malice; cette tentative, loin de réussir, n'aboutiroit qu'à le rendre odieux, & à faire retomber sur sa propre tête le mal qu'il auroit voulu faire à un autre.

LETTRE LXXVII.

Potsdam.

LES jours où il n'y a pas assemblée à Sans-Souci, nous dînons ordinairement chez Milord Maréchal, qui est toujours enchanté de voir le Duc d'H....; il est fort utile à tous les Anglois pendant leur séjour ici ou à Berlin. Outre les raisons personnelles qu'il peut avoir d'estimer le Duc, Milord lui témoigne ouvertement une affection toute particulière; il le regarde comme le plus grand Seigneur de son pays. Il donne continuellement des preuves évidentes de sa façon de penser à son égard; car, malgré la noblesse de ses sentimens, & la bonté de son cœur, ce vénérable Seigneur n'a jamais pu se défaire entiérement de tous ses préjugés nationaux.

Il demanda un jour au Duc s'il se regardoit comme Ecossois ?.... Sûrement, lui répondit-il: en ce cas, répartit Milord, vous êtes dans l'erreur; car je peux vous assurer, & je suis persuadé que les meilleurs jurisconsultes Anglois penseront comme moi, que le droit que vous avez à tous les priviléges attachés au nom de B.... que vous portez est beaucoup mieux fondés; je crains cependant que plusieurs ne vous soient disputés.

Il faut espérer, a ajouté le Duc, que la chambre haute ne persistera pas à dénier à ma famille la justice qui lui est due; je me flatte qu'après avoir examiné mûrement de nouveau mes prétentions, elle m'accordera les privilèges qui ont été refusés sans fondement valide à mes ancêtres : en attendant, pourquoi, Milord, voulez-vous être plus cruel que les Pairs, en me contestant la qualité d'Ecossois que je tiens de ma naissance?

Parce qu'elle ne vous la donne pas, a repliqué le Comte; car, dans le fond, vous ne seriez jamais qu'un Bréton septentrional : ... à moins que vous ne pussiez prouver que vous étiez né avant l'union : mais, a-t-il ajouté, d'un air triomphant, c'est moi qui suis véritablement Ecossois : .... & il a dit un peu après, en soupirant & d'un ton plaintif, & presque le seul qui reste au monde.... Tous les Ecossois de ma connoissance ont disparu, il n'en existe plus.

Ce vénérable vieillard est enchanté toutes les fois que l'occasion se présente de parler de sa patrie & du tems de sa jeunesse.... Lorsque je lui fais quelques questions relativement au Roi de Prusse, à l'Espagne ou à l'Italie, pays qu'il a long-tems habités; il me répond laconiquement, & en revient toujours à l'Ecosse, à laquelle son cœur paroît tendrement attaché.

Pendant le dinèr, un de ſes domeſtiques, grand & robuſte, montagnard, joue ordinairement de la muſette pour amuſer la compagnie. J'ai obſervé que ces Bretons Septentrionaux (pour me ſervir de l'expreſſion de Milord) les plus zélés pour l'intérêt & pour l'honneur de leur patrie, & qui ſe glorifient d'être nés au nord de la rivière de Tweid ſont très-paſſionnés de cet inſtrument qu'ils préfèrent à tout autre. Vous conviendrez du moins que votre digne ami, Milord E...., n'eſt point une exception à cette règle ; & qu'il faut avoir une doſe de patriotiſme ou d'*amor caledoniæ* plus qu'ordinaire, pour goûter ſa mélodie.

Un jour que je paſſai dans l'après-diner chez Milord Maréchal, au moment que le Roi venoit de le quitter; car il arrive ſouvent que ce Monarque, ſans aucune cérémonie, & ſans le prévenir, traverſe le jardin, & fait une courte viſite à ſon vieux ami, pour lequel il a toujours conſervé de l'attachement, tant par égard pour ſes qualités perſonnelles, que par reſpect pour la mémoire de ſon frère le Maréchal Keith. Une autre fois j'étois avec le Comte, lorſque les Princesses de Prusse, & la Landgrave de Hesse, avec le Prince Fréderick de Brunswick, vinrent lui demander du café; Milord ordonna sur le champ qu'on en fît, & qu'on servît en même tems deux melons; il dit aux Princesses, qu'il étoit persuadé qu'elles ne voudroient pas rester avec un vieillard de quatre-vingts ans tout le tems qu'il faudroit pour leur préparer un meilleur repas.... Chéri, comme il l'est, du Monarque & des Princes, vous vous imaginez bien que le reste des courtisans cultive soigneusement son amitié.

Le Prince Héréditaire de Prusse habite une chétive maison de la ville de Potsdam. Ses revenus ne lui permettent pas de tenir l'état qu'exigeroit sa naissance, & qu'on auroit lieu de se promettre de l'héritier présomptif de la couronne.... Son hospitalité, bien préférable à une vaine pompe, lui fait le plus grand honneur, & est d'autant plus méritoire, que les sommes qu'on lui attribue sont très-modiques. Le Duc & moi soupons ordinairement deux ou trois fois par semaine chez lui.

Ce Prince est rarement des parties du Roi;

on ne croit pas même qu'il en soit fort aimé. On ne sauroit encore juger de ses talens pour la guerre ; il étoit trop jeune pendant la dernière pour être chargé d'aucun commandement; ce qu'il y a de certain, c'est qu'il a un jugement droit & sain, cultivé par l'étude. Il a fait quelques progrès dans notre langue ; ce qui l'a engagé à s'y appliquer, a été le plaisir que lui a causé la lecture de plusieurs de nos auteurs, dont il avoit vu les traductions Françoises & Allemandes. Il commence actuellement à entendre la prose Angloise, assez passablement, & depuis peu il s'attache à comprendre Shakespear, dont il a déja lu deux ou trois pièces.

J'ai pris la liberté de lui observer que, comme le génie de cet auteur avoit sondé les mystères les plus impénétrables du cœur humain, & pénétré dans ses replis les plus cachés, il n'étoit pas possible que ses sentimens ne fussent du goût de Son Altesse ; mais que, comme la façon de les énoncer étoit singuliérement hardie & figurée, faisant souvent allusion aux mœurs particulières de notre Isle, telles qu'elles étoient il y a deux siècles; les Anglois eux-mêmes, s'ils n'avoient pas fait une étude réfléchie de ses ouvrages, n'en saisissoient pas toujours toute l'énergie: j'ai ajouté que, conserver l'ame & la vigueur de Shakespear, & les rendre dans une autre langue, me paroissoit impossible, & que pour sentir toutes les beautés de l'original, il falloit une connoissance profonde des usages Anglois & de la langue, telle que peu d'étrangers, même après un long séjour dans la Capitale, ne pouvoient guère l'acquérir.

Ce Prince m'a répondu que, quoique persuadé de la vérité de ce que je lui disois, il étoit résolu de faire tous ses efforts pour tâcher de se procurer la connoissance d'un auteur si fort admiré par les Anglois; qu'il sentoit qu'il ne parviendroit jamais à saisir parfaitement tout son mérite; mais qu'il espéroit d'en entendre assez pour ne pas regretter ses peines; qu'il en avoit déja étudié quelques morceaux détachés, qui lui paroissoient supérieurs à tout ce qu'il avoit jamais lu d'aucun autre poëte. Son Altesse Royale assiste tout aussi réguliérement qu'aucun autre officier de son rang aux exercices, aux parades & aux revues, car, dans le service Prussien, la plus haute naissance ne sauroit faire excuser la moindre négligence, & tout militaire eft obligé de s'acquitter ponctuellement des devoirs de fa profeffion. Ce Prince, joint à la franchife d'un foldat, toute la probité d'un Allemand; & il eft chéri du public en général pour fa bonté, fon affabilité, & l'honnêteté de fon caractère.

LETTRE LXXVIII.

Potfdam.

JE crains que le compte que je vous rends des anecdotes qui font venues à ma connoiffance & de mes différentes converfations, ne finiffe par vous ennuyer. La curiofité que vous m'avez témoignée d'être inftruit de tout ce qui concerne les perfonnes les plus diftinguées de cette cour m'y a engagé; j'ai cru devoir vous mettre à même d'en juger par vous-même, fans vous diftraire par mes décifions; j'aurois fort bien pu me tromper: les récits que je vous fais des chofes que j'ai vues & entendues, font toujours dans l'exacte vérité. Et quoiqu'il fe pût que les

LETTRE LXXVIII. 217

faits & les discours que je vous rapporte, paruſſent puériles & peu intéreſſans, j'ai penſé cependant que pour une perſonne auſſi intelligente que vous l'êtes, ils ſeroient plus propres que tout ce que je pourrois dire de moi-même, à vous faire connoître le caractère des perſonnes dont il eſt queſtion.

Dans une de mes précédentes lettres, je vous ai parlé de la difficulté qu'il y avoit à pouvoir déſerter d'une garniſon Pruſſienne, & combien on s'occupoit à prévenir la déſertion, article que l'on regarde comme de la plus grande importance. Un événement arrivé depuis peu de jours vous en donnera une plus juſte idée que tout ce que je pourrois vous en dire.

Deux ſoldats du régiment du Prince de Pruſſe, avoient trouvé moyen d'eſcalader les murs pendant la nuit, dans l'intention de ſe ſauver: malheureuſement pour eux, cette ville eſt ſituée dans une preſqu'iſle formée par la rivière, & la langue de terre eſt gardée de manière qu'il eſt preſqu'impoſſible de la paſſer ſans permiſſion. Ces malheureux ne ſavoient pas nager; & ils n'oſoient ſe préſenter à aucuns des bacs, parce qu'il eſt défendu aux bateliers, fous les peines les plus graves, de favorifer en rien, ou conniver à la fuite des déferteurs, & il leur eft, au contraire, enjoint d'aider à les arrêter : on leur promet auffi une récompenfe pour les encourager à faire leur devoir.

Toutes ces circonftances n'étant ignorées de perfonne de la garnifon, on a bien penfé que, comme aucun payfan ne s'hafarderoit à leur donner afyle, il étoit vraifemblable qu'ils fe feroient cachés quelque part dans les bleds, qui n'étoient pas encore moiffonnés. En conféquence de cette fuppofition, on a envoyé trois jours de fuite des partis dans la campagne qui ont vifité les champs & battu les buiffons tout comme s'ils avoient été à la quête d'un lièvre : un grand nombre d'officiers de ce régiment, quelques-uns même du premier rang, ont parcouru trois ou quatre heures par jour à cheval tous les environs ; mais n'en ayant pas apperçu la moindre trace, on a alors été perfuadé que, de manière ou d'autre, ils avoient trouvé moyen de fortir de la prefqu'ifle, & qu'il étoit inutile de continuer des recherches qui n'aboutiroient à rien.

LETTRE LXXVIII.

Le matin du quatrième jour, ces deux malheureux voyant qu'il ne leur étoit pas possible d'échapper, & n'ofant entrer dans aucune maifon, la faim & la laffitude les a enfin forcés à fe montrer; ils font revenus & fe font rendus à la garde d'une des portes de la ville.

Avant que de finir ma lettre, je veux vous faire part d'une trifte aventure, arrivée dans la maifon du Roi dans le même tems que l'on faifoit les recherches dont je viens de vous parler pour les deux déferteurs.

Le premier valet de chambre, homme fort eftimé, ayant occafion d'approcher fouvent la perfonne de fon maître, & ayant fu le contenter pendant plufieurs années, les gens du premier rang lui faifoient une efpèce de cour : on m'a affuré qu'il étoit aimé, de toutes les perfonnes qui le connoiffoient, pour fes qualités perfonnelles, & qu'il s'étoit fait une petite fortune des profits de fa place. Il s'étoit bâti une maifon tout près de celle de Milord Maréchal, & avoit une maîtreffe, à laquelle il entretenoit un équipage.

Cet homme eut le malheur de mécontenter le Roi, vraifemblablement par fa négligence à s'acquitter de quelqu'une de ses fonctions; peut-être même par des fautes plus considérables:.... je n'ai jamais pu savoir de quoi il s'agissoit:.... mais pendant que les Princesses étoient au nouveau palais, le Roi l'avoit grondé très-sérieusement; & n'étant point satisfait des excuses qu'il lui avoit alléguées, il lui dit, que dès que la compagnie seroit partie, il auroit soin de lui.

Les Princesses ayant quitté le palais pour aller à Berlin, Sa Majesté retourna à son ancienne demeure de Sans-souci; le lendemain il envoya chercher un des officiers de ses gardes, & lui ordonna de conduire ce valet de chambre à Potsdam, & de le placer en qualité de tambour dans le premier régiment des gardes à pied.

Ce pauvre malheureux fit tout ce qu'il put, par ses priéres & par ses supplications, pour appaiser son Maître.... Voyant qu'elles étoient inutiles il dit à l'officier, qu'avant de partir il avoit des effets dans sa chambre qu'il voudroit serrer, & le pria de lui accorder quelques instans à cet effet. L'officier y consentit; & aussitôt que cet infortuné se trouva en liberté, il saisit un pistolet, qu'il avoit

LETTRE LXXVIII.

préparé dès l'inſtant que le Roi l'avoit menacé, & s'en brûla la cervelle; le bruit de l'arme à feu allarma le Roi & l'officier.... Tous deux entrèrent dans l'appartement, & le trouvèrent expirant.

Quoique ce Monarque ne ſoupçonna pas que ſon domeſtique eût le deſſein de ſe tuer; il eſt probable, qu'il ne l'auroit pas laiſſé long-tems dans la ſituation à laquelle dans un accès de colère il l'avoit condamné:.... il y a cependant de la dureté à priver tout d'un coup d'une place honorable & lucrative, un malheureux pour le mettre dans une ſphère ſi différente.... Un pareil ordre étoit plus analogue à la fureur d'un deſpote effrené, qu'à la prudence & à la dignité d'un Monarque auſſi ſenſé que le Roi de Pruſſe.

J'ai eu occaſion de m'entretenir avec une perſonne, qui s'étoit trouvée à Sans-Souci immédiatement après que ce triſte événement fut arrivé.... Il m'a dit que le Roi en avoit paru très-affecté.... S'il l'a reſſenti comme il le devoit, il mérite d'être plaint; s'il y a été inſenſible, il doit l'être encore plus; car il n'eſt rien de ſi triſte, que de manquer d'humanité.

LETTRE LXXIX.

Dresde.

JE crois avoir oublié de vous marquer, dans mes lettres de Berlin, que, lorsque je visitai la fabrique de porcelaine de cette ville, je fus si frappé de la beauté de plusieurs morceaux qu'on m'y montra, que j'en commandai un service pour vous; mais comme il me paroît fort indifférent, que vous buviez votre thé dans la porcelaine de la Chine que vous avez déja, ou dans celle-ci, je consens que vous en disposiez en faveur de la beauté qui vous captive, & dont vous faites le plus de cas. Après cela si elle ne passoit pas en droite ligne de vos mains entre celles de Miss...... apprenez moi, je vous prie, à qui vous l'enverrez. Le commissionnaire d'Hambourg vous avisera de son départ.

Je n'imaginois pas que cette fabrique pût parvenir au degré de perfection, qu'elle a atteint dans plusieurs villes d'Allemagne, surtout à Brunswick & à Berlin. L'on prétend

LETTRE LXXIX. 223

que l'affortiment que je vous deftine, égalera tout ce qu'on fabrique de mieux à Drefde.

Nous avons dîné le jour de notre départ de Potfdam, chez le refpectable Milord Maréchal, qui a pris congé du Duc d'H.... fes adieux exprimoient à la fois, l'eftime qu'il avoit pour ce Seigneur, & fa crainte de ne plus le revoir.

Si j'étois en humeur de vous faire de pompeufes defcriptions, il eft fûr que notre voyage, à travers la partie la plus riante & la plus fertile de l'Allemagne, m'en fourniroit une belle occafion. Je pourrois m'étendre non-feulement fur la beauté des forêts, des prairies, des rivières & des montagnes; fur les récoltes abondantes de grains, de lin, de tabac, & de houblon; vivifier encore ce payfage par de nombreux troupeaux de chevaux, de vaches, de moutons, de fangliers, & de toutes les efpèces de gibiers; je varierois mon tableau par le détail des marbres, des pierres précieufes, & des mines de plomb, de cuivre, de fer, d'argent, que la Saxe renferme dans fon fein: je pourrois métendre fur les belles porcelaines, & les jolis vifages, dont ce pays abonde :..... mais il y a long-tems que je suis dégoûté des descriptions; ainsi permettez que je vous transporte tout d'un coup de Potsdam à Dresde.

Nous avons été présentés le Duc & moi à l'Electeur & à l'Electrice par M. Osborn, ministre Britannique à cette cour, & avons eu l'honneur d'être admis le même jour a dîner à leur table. L'Electrice est jeune, grande, bien faite, & très-gracieuse.... Nous l'avons ensuite été à l'Electrice Douairière, & à la Princesse Elizabeth, tante de l'Electeur, à la Princesse sa sœur, & à ses trois frères: l'aîné a perdu l'usage de ses jambes; & lorsqu'il veut changer de place on pousse son fauteuil qui est à roulettes.

La cour étoit magnifique & nombreuse. Dans la soirée on a joué pendant près de deux heures. Le Duc d'H.... étoit de la partie de l'Electrice, tandis que j'ai fait deux *rubers* au whist avec une des Princesses contre l'Electrice Douairière, & la Princesse Elizabeth.... Je n'ai jamais vu jouer gros jeu dans aucune des cours d'Allemagne que j'ai visitées.... Il est vrai que dans les occasions de bal, ou lorsque le Souverain est absent, on se donne un peu plus de liberté.

Quoique

LETTRE LXXIX.

Quoique Dresde ne soit pas une des plus grandes, c'est assurément une des villes les plus agréables de l'Allemagne, soit rélativement à sa situation, à la magnificence de ses palais, ou à la beauté, & à la commodité des maisons & des rues. Elle est partagée par l'Elbe qui est ici fort large. La manière somptueuse & convenable, dont les deux côtés opposés de cette capitale sont joints, ajoute encore à sa beauté.

On voit dans une espèce de place ouverte, située entre la vieille & la nouvelle ville une statue équestre du Roi Auguste, dont le travail n'a rien d'extraordinaire; cependant notre conducteur m'a exhorté à l'admirer, parce que, m'a-t-il dit.... elle étoit l'ouvrage d'un simple forgeron. Je l'ai prié de m'en dispenser, l'assurant que fût-elle même sortie de l'attelier de Michel-Ange, cela me seroit impossible.

Peu de Princes en Europe sont aussi superbement logés que l'Electeur de Saxe. Le palais & le *Museum* ont été souvent décrits.... Le dernier fut commencé par l'Electeur Auguste, & porte encore le nom de chambre verte, quoiqu'actuellement composé de plusieurs autres, toutes peintes en verd à l'imitation de la première. Je ne vous ferai point l'énumération du nombre prodigieux de curiosités naturelles, & artificielles, que l'on y voit; plusieurs de ces dernières ne le sont que parce que l'œil ne sauroit les appercevoir. De ce nombre, est un noyau de cerise, sur lequel, à l'aide d'un microscope, on distingue plus de cent figures. Certainement ces petits caprices de méchanique, prouvent le travail, la persévérance, & l'attention minutieuse de l'ouvrier; mais ils ne sont point selon moi des preuves de la sagesse de ceux qui ont employé si mal à propos les talens de ces artistes. Que les plus petits objets, sortis des mains de la nature soient admirés, & qu'on se serve de microscopes pour les mieux voir; qu'il n'en soit pas de même des ouvrages des hommes, & ne les occupons jamais qu'à ceux que l'œil est capable de discerner par lui-même sans avoir recours à des secours étrangers.

On admire avec raison, un chef-d'œuvre du jouaillier Dinglinger, qui représente l'anniversaire de la naissance du Grand Mogol; le Prince y paroît assis sur son trône, ainsi que les Grands de son Empire, & ses gardes, avec un grand nombre d'éléphans; tout cela est représenté sur une table qui a environ une aune en quarré. Dinglinger, & quelques ouvriers qui travailloient sous lui, ont passé plus de dix ans de leur vie à préparer ce morceau précieux. Ne pensez-vous pas, que c'étoit laisser trop longtems cet ingénieux artiste au service du Mogol?

Le simple catalogue de ce qu'on trouve de rare & de curieux dans ce *Muséum*, me prendroit plus de tems que la plus longue des lettres que je vous ai écrites. Je le passerai donc sous silence, à l'exception de l'histoire du prophete Jonas, il y auroit une espèce d'impiété à la taire. Le vaisseau, la baleine, le prophete, & le rivage de la mer, sont tous représentés en nacres de perles; mais la mer & les rochers sont d'une autre espèce de pierre; quoiqu'il me paroisse qu'il étoit très-inutile de varier les matériaux, car il y a sûrement une aussi grande différence entre un prophete, & une baleine, qu'entre une baleine & un rocher. De sorte que si les deux premiers ont pu être représentés par une même espèce, je n'imagine pas qu'il valût la peine de changer de composition pour le troisième.

La galerie est très-estimée. Il faudroit plusieurs volumes pour faire l'énumération du mérite particulier de chacun des tableaux qu'elle renferme, & être plus connoisseur que je ne suis. Ceux dont on fait le plus de cas sont les productions de Raphael, du Correge, & de Rubens; il n'y en a que très-peu des deux premiers; mais un très-grand nombre du dernier. La force & l'expression du pinceau de ce grand peintre, la chaleur naturelle de son coloris, & la force de son imagination, méritent les plus grands éloges. On ne sauroit cependant trop regréter la forte passion qu'il avoit pour les femmes grosses & grasses. Cette espèce de nature qu'il avoit vue dans son enfance dans son pays, étoit restée si bien empreinte dans son esprit, que les élégans modèles qu'il vit depuis en Italie ne furent point capables de l'en effacer: quelques-unes des figures de femmes de ses tableaux, placés dans cette galerie, ont si fort la taille des Hollandoises, & un tel embompoint, que l'on se sent oppressé toutes les fois, que dans cette saison chaude, on s'avise de les regarder.

Dans le *muſeum*, renfermé dans le palais, ſe trouve une collection très-complète des eſtampes qui ont paru depuis l'invention de la gravure juſqu'à nous.

LETTRE LXXX.

Dreſde.

IL me paroît démontré qu'on ne devroit jamais renfermer un palais dans une ville fortifiée ; comme celle de Dreſde eſt malheureuſement dans ce cas, il auroit été à ſouhaiter pour les habitans, pendant la dernière guerre, qu'elle n'eût point eu de fortifications. En l'année 1756, le Roi de Pruſſe ayant jugé à propos d'envahir la Saxe, s'empara de cette ville, dont il reſta paiſible poſſeſſeur juſqu'en 1758, que le Maréchal Daun, après la bataille de Hochkirchen, menaça de l'aſſiéger. Le Général Pruſſien Schmettaw commença, pour ſe mettre en état de la défendre, par brûler une partie des fauxbourgs. Les Saxons & les Autrichiens ſe récrièrent contre ces meſures, & Daun menaça d'en rendre le Gouverneur responsable. Le Comte Schmettaw n'eût aucun égard à leurs plaintes & à leurs menaces, & ne parut s'occuper que de l'exécution des ordres du Roi son maître. Il fit entendre au Maréchal Daun, que les fauxbourgs subsistans encore, subiroient le même fort que les autres, s'il persistoit à vouloir attaquer la ville. Le Roi paroissant peu après en personne, les Autrichiens se retirèrent en Bohème.

Les habitans de Dresde, & de toute la Saxe, se trouvoient alors dans un état déplorable; leurs maux augmentoient proportionnellement aux avantages que remportoient leurs alliés & leurs amis; car à mesure que les Autrichiens & les Russes levoient des contributions dans les Etats du Roi de Prusse, ce Monarque de son côté, par voie de représailles, en levoit de pareilles sur les misérables Saxons. Un peuple est réellement bien à plaindre quand les succès de ses ennemis font ce qui peut lui arriver de plus heureux.

En 1759, après la terrible bataille de Cunersdorf, près de Francfort sur l'Oder, le Roi de Prusse, obligé de réparer les pertes qu'il avoit souffertes dans cette action, retira la garnison de Dresde, qui tomba alors au pouvoir des Impériaux : les calamités de cette ville ne finirent point encore à cette époque; car Sa Majesté Prussienne ayant, par un heureux stratagême, donné le change au Maréchal Daun, en paroissant prendre la route de Silésie, il s'arrêta tout court, se replia tout-d'un-coup, & parut menacer Dresde, que Daun avoit dégarnie de troupes, persuadé que le Roi marchoit au secours de Schweidnitz. Tandis que les Autrichiens se hâtoient, par des marches forcées, de gagner la Silésie, le Roi attaqua Dresde, qui fut vaillamment défendue par le Général Macquire.

On fit tous les efforts imaginables pour la réduire avant que le Comte Daun arriva à son secours, ... & les malheureux habitans se virent exposés à une canonnade & à un bombardement continuel. Cette conduite pouvoit peut-être se justifier, en alléguant les loix de la guerre, tant qu'il y auroit eu quelque apparence qu'elle auroit contribué à les engager à se rendre; .... mais les ennemis de Sa Majesté Prussienne assurent que l'on continua le bombardement ; que des églises, des maisons & des rues entières, furent réduites en cendres, même après le retour du Maréchal, & dans un tems, où ces procédés violens, ne tendoient uniquement qu'à la ruine & à la destruction des particuliers, sans contribuer en rien à la réduction de la ville, ou sans être d'aucune utilité à la cause publique.

Plusieurs de ces maisons sont encore en ruine ; les habitans, cependant, rebâtissent peu à peu, & probablement, avant qu'une nouvelle guerre éclate en Allemagne, elles seront toutes réparées : tandis qu'ils sont occupés à les relever, je ne saurois m'empêcher de croire qu'il seroit heureux pour les propriétaires qu'on leur permît de raser les fortifications, qui seroient vraisemblablement plus utiles, si elles étoient employées à la défense de quelque ville frontière.

La belle manufacture de porcelaine a été fort endommagée par le bombardement. L'Electeur a une collection complète des pièces les plus précieuses, depuis les premiers essais qu'on a fait ici dans ce genre jusqu'au tems où elle a été perfectionnée, qui, indépendamment de leur beauté, méritent certainement d'être conservées, puisque l'on y voit les progrès successifs qu'elle a fait, tant du côté de l'art, que de celui de l'invention.

Nous nous promenons le matin, dans les jardins du feu Comte de Bruhl, situés le long des bords élevés de l'Elbe. On ne sauroit rien imaginer de plus délicieux que la vue de ces jardins, depuis la terrasse qui les commande. Le superbe palais du Comte est actuellement dépouillé d'une grande partie de ses plus beaux ornemens. L'incomparable collection de tableaux a été vendue à l'Impératrice de Russie pour cent cinquante mille écus d'Allemagne. La bibliothèque, qui est dans les jardins, a deux cent vingt pieds de long. Je ne sais s'il étoit absolument nécessaire que la pièce destinée à contenir les livres de ce Seigneur fût aussi spacieuse ; mais, si ce que l'on en dit est vrai, sa garderobe en auroit exigé une qui le fût pour le moins autant. On assure que le Comte avoit trois cens habits complets, qui étoient chacun à double, parce qu'il en changeoit toujours après dîner & ne vouloit pas paroître vêtu différemment que le matin. Le dessin de chaque habillement, avec la canne & la tabatière qui y étoient appropriées, fait avec beaucoup d'exactitude, fe trouvoit placé dans un grand livre que l'un des valets de chambre de Son Excellence lui préfentoit tous les matins, afin qu'il pût choifir celui qui lui conviendroit le mieux pour la journée : on accufoit ce Miniftre d'avoir accumulé de grandes richeffes ; il s'eft trouvé que c'étoit tout le contraire. Son palais & fes jardins appartiennent actuellement à l'Electeur.

Les troupes Saxonnes ont la plus belle apparence. Les foldats, en général, font beaux & bien faits. Les officiers & les foldats ne font ni fi droits, ni fi empefés dans leur démarche, que les Pruffiens ; accoutumé fi long-tems à voir ces derniers, cette différence n'a pas laiffé que de me frapper au premier moment. L'uniforme des gardes eft rouge & jaune ; celui des autres régimens, blanc. Les foldats, pendant l'été, font toujours en veftes, même en montant la garde ; ils font propres & bien ajuftés. Les fergens, outre leurs autres armes, ont encore un long piftolet ; il eft fi ingénieufement attaché au côté gauche qu'il n'embarraffe point du tout. Les muficiens, attachés aux gardes Saxonnes, composent une des meilleures bandes, & des plus complètes que j'eusse encore vue.

Je ne compte point recevoir de vos nouvelles avant notre arrivée à Vienne ; mais je vous écrirai probablement encore de Prague ; nous partons demain pour nous y rendre.

LETTRE LXXXI.

Prague.

Quoique la Bohème ne soit pas à beaucoup près aussi fertile, ou un aussi beau pays que la Saxe ; elle ne mérite cependant pas le mal que quelques voyageurs en ont dit. plusieurs districts m'ont paru charmans, & variés par les objets champêtres les plus agréables.

Prague, capitale de la Boheme, est située dans un fond, entouré de tous côtés par des côteaux. Les plus voisins de la ville, & qui la commandent, sont renfermés dans l'intérieur des fortifications. La ville est fort grande, & conserve encore quelques restes de son ancienne splendeur; elle présente des marques bien plus évidentes de sa décadence.... Elles sont communes à toutes les capitales qui après avoir été les résidences des Souverains, ont cessé de l'être.

Toutes les maisons, qui ont quelque apparence de splendeur, sont vieilles, & il n'est pas vraisemblable, que l'on en bâtisse de nouvelles dans ce goût; car la noblesse Bohemienne, qui seroit en état de supporter une pareille dépense, réside à Vienne; d'ailleurs le commerce & les manufactures de cette ville sont trop peu considérables pour enrichir les négocians au point de pouvoir construire de belles habitations.

Quelle que soit la décadence de Prague, rélativement à son opulence & à sa magnificence, il est certain qu'elle n'a rien perdu du côté de la dévotion, par laquelle elle se distingue autant qu'elle l'ait jamais fait. Je ne sache pas d'en avoir jamais vu nulle part autant de preuves frappantes.... Les coins des rues, les ponts, & les édifices publics, sont tous décorés de crucifix, d'images de la vierge, de toutes grandeurs, & de toutes couleurs, & de statues de saints de tout pays,

LETTRE LXXXI. 237

de tout état, de tout âge & de tout sexe....
On rencontre dans toute la ville, mais surtout sur le grand pont de la Moldau, où il y a toujours un plus grand concours de peuple, des gens à genoux devant ces statues. On les a si fort prodiguées, qu'on ne sauroit y passer qu'au milieu d'un double rang qu'on prendroit de loin pour des fusiliers en haie.

Les voyageurs, sur-tout ceux qui s'y rendent en droiture de Berlin, ne sauroient qu'être fort étonnés de cette dévotion; sur-tout du zèle que témoignent ceux qui passent devant les saints placés sur le pont.

Non contents de s'agenouiller, j'en ai vu quelques-uns se prosterner la face en terre, baiser la poussière, & d'autres, qui supplioient ces saints avec tant d'ardeur & de ferveur, que si les cœurs de ceux qu'ils invoquoient n'avoient pas été de pierre, ils auroient sûrement prêté plus d'attention qu'ils ne paroissoient le faire à leurs suppliques.

Un de ces saints a à lui seul autant de pratiques que tous les autres ensemble....Il me paroît qu'il se nomme Népomucene,.... comme je connois assez peu ces Messieurs, je n'en avois jamais oui parler qu'ici, où il jouit de la plus grande réputation. Il paroît, que ce saint fut précipité par les ordres d'un cruel tiran, du haut d'un pont, & qu'il eut le cou cassé de cette chûte : en conséquence on suppose que depuis lors il a conservé une affection toute particulière pour les ponts: effet tout-à-fait opposé à celui que devoit produire une pareille cause; ce qui n'empêche pourtant pas que les gens de ce pays ne soient persuadés, que cette aventure est réellement arrivée à saint Népomucene ; & pour prouver incontestablement la vérité du fait, ce saint est encore jusqu'à aujourd'hui patron des ponts.... Presque tous ceux de Boheme lui sont consacrés. Il a aussi la réputation de surpasser tous les saints du paradis pour remédier à la stérilité du sexe. Je ne me suis point informé comment il étoit parvenu à acquérir cette vertu.

La persuasion que les gens opulens s'embarrassent beaucoup moins des matières de religion, & sont plus négligens à en remplir les devoirs, que les indigents, & que la pieté & la pauvreté sont presque toujours compagnes, est, on ne peut pas plus, affligeante : j'ai souvent remarqué, lorsque nous nous arrê-

LETTRE LXXXI. 239

tions dans quelque ville, ou dans quelque village bien misérable, que les habitans en paroiſſoient extrêmement dévots.

On en conclut naturellement, que l'eſpoir eſt un ſentiment qui a plus de force ſur le cœur humain, que la reconnoiſſance; puiſque ceux qui ont le plus d'obligation au Ciel ſont ceux qui lui en témoignent le moins.... Cette règle générale n'eſt cependant pas ſans exception; les membres les plus riches, & les plus élevés en dignité de notre Clergé, ſont paroître, à ce que l'on m'a aſſuré, le plus de zèle pour le ſervice divin, & ſont toujours les plus empreſſés à ſe conformer aux loix que le Créateur leur a dictées.

Nous avons fait à Prague, au moment où nous nous y attendions le moins, une nouvelle connoiſſance: nous cauſions dans la rue le Duc d'H.... & moi lorſqu'un prêtre, attaché à l'un des collèges de cette ville, s'eſt arrêté pour nous écouter, &, après nous avoir fixé quelque tems, il s'eſt avancé & nous a dit: je peux bien vous aſſurer que je ſuis auſſi Irlandois. Sa manière aiſée & familière de nous aborder, nous a eu bien-tôt familiariſé avec lui. Je lui ai demandé cômment il avoit pu connoître si tôt que nous étions Irlandois ? Eh ! mon cher, cela n'étoit pas bien difficile ; ne vous ai-je pas entendu parler Anglois ? a repliqué cet honnête Eccléfiaſtique : il étoit réellement, d'ailleurs très-obligeant, le meilleur, le plus utile, & le plus amuſant *Ciceroni* que nous euſſions pû nous procurer à Prague.

Après avoir viſité le palais du ſouverain, on nous a montré la fenêtre de la chancellerie par laquelle trois nobles furent jetés dans la rue en 1618. Cette méthode pour ſe débarraſſer des gens en place étoit violente ; & le parti de l'oppoſition n'y eut vraiſemblablement recours qu'après en avoir eſſayé de plus douces.

Comme une des fins les plus utiles de l'hiſtoire, eſt de nous donner des leçons & des exemples utiles qui puiſſent ſervir à tous les ſiècles, je crois qu'il ne ſeroit pas inutile de rappeller à vos amis qui ſe trouvent dans le miniſtère, une pareille aventure, pour qu'ils ſachent ſe retirer avant que leurs antagoniſtes aient pu prendre des meſures de cette eſpèce. Car on a remarqué, que les ennemis des chefs de l'adminiſtration qui com-

mencent

LETTRE LXXXI.

mencent à chanceler font plus actifs que leurs amis; ces derniers, lorsque les choses en viennent à la dernière extrêmité, ont soin de se tenir à l'écart.

» Semblables aux gens qui, regardant de
» loin trois personnes qu'on jette par la fe-
» nêtre, ne font pas le moindre pas pour les
» secourir & croient ne devoir témoigner
» que de la surprise. » Dans le cas cependant où l'on seroit menacé d'une pareille catastrophe en Angleterre, il faut espérer qu'Apollon (ainsi qu'il le faisoit ordinairement jadis lorsque ses amis étoient en danger) se serviroit d'un nuage, pour dérober le Ministre à la fureur de ses antagonistes; car dans la disette actuelle de gaieté & de bonne plaisanterie, il seroit grand dommage de perdre subitement, & par un coup de cette espèce un sujet qui en est si libéralement partagé.

Nous nous sommes promenés sur les hauteurs, d'où les Prussiens tentèrent de s'emparer de la ville, immédiatement après la défaite du Prince Charles de Lorraine & du Comte Bronn. Le bombardement de Prague étoit plus excusable que celui de Dresde; car tandis que l'armée retirée dans ses murs étoit tout-à-fait abattue & découragée, ainsi qu'il arrive assez ordinairement après une défaite; elle étoit peu préparée à soutenir un siège, & on pouvoit supposer que la confusion & la terreur qu'il occasionneroit, jointes à la grande consommation de vivres par une garnison aussi nombreuse, engageroient les assiégés à se rendre : mais, quoique dans cette circonstance le Roi n'ait point été accusé d'en avoir agi avec inhumanité, j'ai oui plusieurs militaires le blâmer de son manque de prudence, sur-tout dans l'attaque désespérée de Kolin; lorsqu'ayant laissé la moitié de son armée, continuer le blocus de Prague, il marcha avec un peu plus de trente mille hommes, & fut en attaquer une du double plus forte que la sienne, dans un excellent poste, & commandée par un des plus habiles Généraux de notre siècle.

Après tout, il est plus que probable, que le Roi avoit de bonnes raisons pour en agir de cette manière; mais comme sa tentative ne réussit pas, & que la décadence des affaires de ce Monarque date de cette époque, les censeurs se sont fort récriés contre cette action, qui auroit été élevée jusqu'aux nues, si elle avoit été couronnée par le succès. Si Annibal avoit été battu à Canne, il seroit à présumer, que les historiens de son tems n'auroient pas manqué de trouver de bonnes raisons pour démontrer qu'il n'auroit jamais dû livrer cette bataille, & qu'ils se seroient efforcés de prouver, que ses précédentes victoires n'avoient été obtenues que fortuitement, qu'il n'étoit dans le fond qu'un ignorant, & n'avoit aucune connoissance de l'art militaire.

Adieu, mon bon ami, je vous souhaite beaucoup de succès dans toutes vos entreprises, afin que vous ne perdiez pas la réputation de prudence que vous avez acquise.

LETTRE LXXXII.

Vienne.

EN entrant à Vienne, les postillons vous conduisent directement à la douane, où votre bagage est soumis à la plus exacte visite; il est impossible, par de bonnes paroles, ou même par de l'argent, de s'y soustraire.

Comme on ne trouva rien dans le nôtre de contrebande, il fut transporté directement à notre logement, à l'exception de nos livres, que l'on garda pour pouvoir les examiner à loisir, & qui ne nous ont été rendus que quelques jours après. L'Impératrice a donné des ordres précis, pour qu'aucun ouvrage impie, trop libre, ou contre les mœurs, ne puisse entrer dans ses Etats, ou passer entre les mains de ses sujets : Mahomet en personne seroit plutôt souffert à Vienne que les livres de cette espèce.

Malheureusement pour nous, le Chevalier Robert Keith étoit parti depuis peu pour l'Angleterre, d'où il ne devoit revenir que dans quelques mois. Nous avons toutes les raisons du monde d'être fâchés de l'absence de ce digne & aimable Ministre. Cependant son Secrétaire, M. Ernest, a fait tout ce qui a dépendu de lui pour nous procurer les mêmes agrémens que nous aurions pu nous promettre des bontés de son Maître ; il nous a présenté au Comte de Degenfeldt, Ambassadeur des Etats-Généraux à cette Cour, nous a remis une liste des visites qu'il étoit convenable que nous fissions, & a eu la com-

LETTRE LXXXII.

plaifance d'accompagner le Duc d'H........ pendant toute cette corvée.

La première fois que nous avons été chez le Prince de Kaunitz, ce Seigneur nous a invité à dîner, nous avons trouvé chez lui une compagnie nombreufe, plufieurs de ceux qui la compofoient étoient déja, ainfi que je l'ai appris depuis, prévenus en nôtre faveur, par les lettres obligeantes & polies que le Baron Van-Swieten leur avoit écrites de Berlin.

Quelques-unes des perfonnes du premier rang font actuellement dans leurs terres; nous ferions dans le cas de nous appercevoir beaucoup plus de leur abfence, fans les bontés & les honnêtetés du Comte & de la Comteffe de Thune; on trouve tous les foirs chez elle, ou chez fa fœur, la Comteffe de Walftein, une compagnie choifie. Le Vicomte de Laval, frère du Marquis, que j'ai eu l'honneur de connoître à Berlin, eft ordinairement de la partie; ce Seigneur a pouffé fes voyages jufqu'à Saint-Pétersbourg, & fe propofe, avant de retourner en France, de faire le tour de l'Italie.

La ville de Vienne, ou du moins la partie

proprement ainsi nommée, n'est pas d'une fort grande étendue, se trouvant resserrée dans l'enceinte des fortifications qui en font une place forte. Elle est assez bien peuplée; on assure qu'elle contient environ soixante & dix mille habitans. Les rues en général en sont étroites, & les maisons très-élevées. Quelques édifices publics & quelques palais en sont magnifiques; mais, vus du dehors, ils ne se présentent pas trop avantageusement à cause du peu de largeur des rues. Les principaux sont le palais impérial, la bibliothèque & le *museum*, les palais du Prince de Lichtenstein, du Prince Eugène, & quelques autres que vous voudrez bien me dispenser de nommer & de décrire.

Vienne ne paroît pas devoir redouter de se trouver exposée à un nouveau siège. Cependant, dans le cas où cela arriveroit, on a pris une précaution pour éviter d'être obligé de détruire les fauxbourgs. On ne permet à personne de bâtir plus près des glacis que six cens verges; de sorte qu'il reste un espace vuide de cette étendue autour de la ville, qui, outre l'avantage dont je viens de faire mention, produit encore un bel & salutaire effet. Ce n'est qu'après avoir traversé cette plaine qu'on parvient aux fauxbourgs.... Ils composent une ville spacieuse & magnifique qui a la forme d'un cercle irrégulier, renfermant dans son enceinte un champ spacieux, dont le centre est occupé par l'ancienne Vienne, telle qu'elle a existé dès sa fondation.

Le nombre des habitans de ces superbes fauxbourgs, & celui de ceux de la ville, joints ensemble, se monte, à ce qu'on prétend, à trois cens mille; cependant ces premiers, eu égard à leur étendue, ne sont pas, à beaucoup près, aussi peuplés que la ville; parce que plusieurs des maisons qui y sont situées ont de très-grands jardins, & nombre de familles, qui habitent pendant l'hiver en dedans des fortifications, passent l'été dans ces fauxbourgs.

L'Ambassadeur de France, M. de Breteuil, y a actuellement son hôtel. Il y a quelques jours que nous y avons dîné le Duc & moi. Ce Ministre étoit fort attaché au Duc de Choiseul, qui l'avoit fait nommer à cette place peu de tems avant sa disgrace; il étoit sur le point de partir, &, au lieu de venir à

Vienne on l'envoya à Naples. Mais depuis la mort du feu Roi, son successeur lui a rendu la place qui lui avoit d'abord été destinée. C'est un homme de génie, & digne d'occuper un poste qui le mette à même de faire usage de ses talens.

Nous avons eu l'honneur, huit jours après notre arrivée, d'être présentés à l'Empereur. Le Comte de Degenfeldt s'est rendu avec nous, entre neuf à dix heures du matin, au palais. Après nous être promenés quelques minutes dans un appartement voisin, on nous a conduit dans celui où Sa Majesté se trouvoit seule. Ses manières sont aisées, affables, franches & simples.

Nous avons encore été dans la même matinée à Schonbrun, palais éloigné de près d'une lieue de Vienne, que l'Impératrice-Reine habite actuellement. J'avoue que j'avois la plus grande envie de voir la célèbre Marie-Thérèse, dont les intérêts ont occupé l'Europe entière pendant un si grand nombre d'années. Sa constance à soutenir les calamités auxquelles elle s'est trouvée exposée à son avénement au trône, & la modération qu'elle a témoignée dans la prospérité, lui

LETTRE LXXXII.

ont mérité les éloges & l'admiration de l'univers entier. Elle étoit aussi seule, lorsque nous lui avons été présentés. Elle s'est entretenue quelque tems avec le Duc d'H.... d'un air aisé, enjoué, noble & affable. Elle ne conserve plus actuellement que de foibles restes des charmes, & de la beauté qui la distinguoit dans sa jeunesse, mais sa phisionomie porte encore tous les traits de cette bonté & de cette égalité d'humeur qui lui sont naturelles. J'avois souvent ouï parler de l'étiquette scrupuleuse de la Cour Impériale, & je trouve que les choses y sont actuellement tout-à-fait changées.

Le Prince de Kaunitz ayant vu un jeune gentilhomme Anglois, qui a à peine quatorze ans, que le Duc d'H.... protège, & qui nous a accompagné dans notre course, a voulu qu'il fût aussi présenté à l'Empereur & à l'Impératrice, & il l'a été, l'un & l'autre l'ont reçu très-gracieusement. Je cite cet exemple comme une preuve frappante de la manière dont cette Cour a su se lever au-dessus de pareilles minuties, & à quel point, depuis l'accession au trône Impérial de la maison de Lorraine, elle s'est relâchée de l'étiquette.

Deux ou trois jours après, toute la Cour se trouvant raſſemblée, nous avons été préſentés aux deux Archi-Ducheſſes qui ſont encore à marier, à leur ſœur la Princeſſe Albert de Saxe, & à la Princeſſe de Modène, épouſe du frère de l'Empereur. Ce Prince & cette Princeſſe ſont arrivés depuis peu de jours de Milan, d'où ils ſont venus faire viſite à l'Impératrice.

Toutes les perſonnes qui compoſent la Famille Impériale ont d'heureuſes phiſionomies; toutes ont le tein beau, avec de grands yeux bleus, & quelques-unes d'entr'elles, particuliérement l'Archi-Duc, ont cette groſſe lèvre qu'on prétend être la marque caractériſtique de la Maiſon d'Autriche. La charmante Reine de France ſurpaſſe en beauté tout le reſte de la famille, & cela ſeulement parce qu'elle en eſt la plus jeune. Bien des gens lui préfèrent pourtant ſa ſœur la Princeſſe Albert de Saxe.

L'une des Archi-Ducheſſes, non mariées, qui paſſoit pour la plus belle, a beaucoup ſouffert de la petite vérole.... Une Dame de la Cour m'a dit, qu'auſſi-tôt qu'elle connût la maladie dont elle étoit atteinte, elle demanda un miroir, &, de la manière la plus plaifante, prit congé de ces attraits qu'elle avoit fi fouvent ouï louer, & qu'elle crut fermement devoir perdre. Le changement que la petite vérole a caufé dans la figure de cette Princeffe, n'en a apporté aucun dans fon humeur, ou dans la principale partie de fon caractère, elle eft toujours enjouée & affable.

Après que l'armée du Roi de Pruffe eut été battue à Cunerfdorf, dans un tems, où il venoit d'écrire à la Reine fa femme qu'il étoit fûr de la victoire, où, toutes les fois que quelques-uns de ces Monarques, que l'hiftoire fe plaît à citer comme des modèles à fuivre, ont été renverfés de leurs trônes, & réduits à un état de dépendance ou de fervitude, il eft certain qu'il leur a fallu une force plus qu'ordinaire pour foutenir un pareil revers : cependant il en faut encore plus à une femme, dont la beauté eft admirée par une moitié du genre humain, & l'objet de l'envie de l'autre, pour fupporter convenablement dans fon printems une perte auffi fenfible; .... fi ces beautés furannées, qui n'ont jamais eu d'autre mérite réel que leur figure qui leur donnât quelque importance, qui féchent fur la plante, & ne peuvent fe confoler de ce qu'elles ne fauroient conferver toute la fraîcheur du printems au milieu des glaces de Décembre, s'étoient trouvées expofées à un pareil accident, elles en feroient vraifemblablement mortes, & il leur auroit épargné nombre d'années d'exiftence pénible ; qu'elles auroient triftement traînées fans jouir d'aucune confidération.

LETTRE LXXXIII.

Vienne.

JE n'ai jamais paffé le tems plus agréablement que depuis que je fuis à Vienne. Les amufemens ne s'y fuccèdent pas affez rapidement pour pouvoir remplir tous les momens de la vie, il faut y joindre quelques occupations particulières, & il y en a cependant affez pour fatisfaire un efprit qui n'eft pas abfolument fans reffources, & qui fait quelquefois fe fuffire à lui-même.... Nous dinons en ville deux ou trois fois par femai-

LETTRE LXXXIII. 253

ne, nous jouons quelquefois, mais toujours petit jeu;.... chez la Comtesse de Thune, où je passe ordinairement la soirée, on ne joue jamais.... La compagnie qui s'y trouve se contente de faire la conversation.

J'imagine, que vous aurez peine à comprendre, comment une assemblée, quelquefois assez mélangée, peut passer plusieurs heures de la soirée, uniquement à s'entretenir; sur-tout lorsque vous saurez, que la conversation n'est pas toujours particulière & tête à tête, mais au contraire très-souvent générale. Vous croirez peut-être, qu'il doit y avoir plusieurs tristes moments de silence, qui, après un certain intervale, se trouvent encore prolongés par la répugnance que l'on a à le rompre en parlant les premiers; ou qu'il arrive quelquefois que tous ouvrent la bouche à la fois, de sorte que cette confusion de voix empêche de rien distinguer; qui sait, si vous ne vous représentez pas la maîtresse de la maison, dans d'autres occasions, s'efforçant, par des observations triviales, sur le tems, ou sur les nouvelles politiques, de soutenir une conversation languissante, que l'ennui & les baillemens étoient sur le point de laisser tomber.

LETTRE LXXXIII.

Rien de semblable, cependant, n'arrive. La Comtesse a l'art d'amuser la compagnie, & de prévenir l'ennui, mieux que personne que j'aie encore connu. Outre un grand fond d'esprit, & une parfaite connoissance du monde & de ses usages, elle possède le cœur le plus droit, & le moins susceptible de jalousie. Elle est la première à s'appercevoir des bonnes qualités de ses amis, & la dernière à découvrir leurs foiblesses. L'un de ses plaisirs les plus vifs est de pouvoir les guérir des préjugés qu'ils ont conçus contre quelqu'un, & de les rapprocher. Elle a un fond de gaieté inépuisable, qu'elle ménage avec tant d'adresse qu'elle parvient à en communiquer aux gens qui y sont naturellement enclins, sans faire de peine à ceux d'un caractère triste & mélancolique. Je n'ai jamais connu personne qui eût autant, d'amis qu'elle, & l'art de les obliger aussi parfaitement; elle en acquiert tous les jours de nouveaux, sans que son attachement pour les anciens en souffre aucune diminution. Elle s'est formée un plan de félicité dans sa propre maison, dont elle-même est le centre, & dont elle cimente toutes les parties;.... personne n'est en aucune

LETTRE LXXXIII.

façon dans la nécessité d'y rester un instant de plus qu'il ne juge à propos.... On en sort quand on veut.... On ne fait pas plus d'attention à l'entrée ou à la sortie des gens qui y ont été une fois admis qu'on en feroit à une mouche qui voleroit.... Il n'y a pas l'ombre de contrainte.... Si vous y venez tous les soirs, vous y êtes toujours reçu avec la même politesse, & vous vous en absenteriez un mois entier, que l'on vous y reverroit avec le même plaisir, & on vous y accueilleroit comme si vous n'aviez point discontinué de vous y présenter.

Les Anglois qui séjournent dans cette capitale, sont singuliérement obligés à cette famille, non-seulement pour la politesse avec laquelle elle les reçoit; mais encore pour l'occasion qu'elle leur procure de faire connoissance avec les personnes du premier rang de cette cour. Je pense qu'il n'y a point de ville en Europe, où un jeune gentilhomme, au sortir de l'université, puisse passer aussi utilement une année; parce que, pour peu qu'il soit pourvu de bonnes lettres de recommandation, il lui est facile de se faufiler avec les Seigneurs du premier rang, de vivre avec des hommes inſtruits, & des femmes reſpectables, dont la converſation ne ſauroit que lui être profitable.... Il y a peu de grandes villes où il ſeroit moins dans le cas de jouer gros jeu, où il verroit moins d'exemples de débauche, ou de crapule.... Il y apprendroit à paſſer ſon tems agréablement, ſans être continuellement occupé de fêtes, & de plaiſirs bruyans.... Il s'accoutumeroit peu-à-peu aux charmes d'une converſation ſenſée & raiſonnable, & y acquerreroit à la fin l'heureux talent de ſavoir ſe contenter d'amuſemens ſimples & peu recherchés.

C'eſt à la politeſſe de la Comteſſe de Thune, & à la recommandation du Baron Vanſwieten, que je dois les bontés dont le Prince de Kaunitz m'honore; il réſide actuellement à Laxemberg, village charmant, diſtant d'environ dix milles de Vienne, où ſe trouve un palais peu ſpacieux & un grand parc, appartenans à la famille Impériale.

Le Prince y a derniérement fait bâtir une maiſon, où il vit avec autant de ſplendeur que d'affabilité. Il n'y a que ceux qui ont des affaires à lui communiquer, qui puiſſent le voir avant midi; mais il a toujours beaucoup

LETTRE LXXXIII.

coup de monde à dîner; & il en vient encore un plus grand nombre de Vienne paſſer les ſoirées à Laxemberg : il arrive ſouvent que l'Empereur lui-même eſt de la partie. Il y a pluſieurs années que ce Miniſtre jouit de la confiance de l'Impératrice. Il fut ſon Plénipotentiaire à Aix-la-Chapelle, lors du traité de 1748, & a été conſtamment depuis lors de ſon Conſeil privé. Actuellement il eſt chargé du département des affaires étrangères, & paſſe pour avoir plus de crédit que perſonne ſur l'eſprit de Sa Majeſté.

Il a certainement du talent, du génie, & un attachement tout particulier : l'on ne ſauroit nier que depuis qu'il a le ménagement des affaires, elles n'aient été très-bien conduites. Ses amis l'aiment tendrement, & il a l'art de découvrir & employer les gens capables. Il aime & protége M. Van Swieten. On prétend que c'eſt ce Prince qui a conſeillé, & négocié le traité d'alliance avec la France; cependant il a de tout tems témoigné l'inclination la plus marquée pour l'Angleterre.... Il eſt un peu ſingulier; mais comme ſes ſingularités ne font aucun tort à

Tome II. R

ses qualités plus essentielles, il est inutile d'en parler.

LETTRE LXXXIV.

Vienne.

LE dernier courier m'a apporté votre lettre, par laquelle vous m'apprenez que notre ami C.... parle de se rendre bientôt à Vienne. Comme aucune compagnie n'est plus ennuieuse que celle de celui qui est toujours ennuyé de lui-même, je m'affligerois d'avance de cette nouvelle, si je n'étois certain, que son séjour ici, qu'il arrive quand il voudra, ne sauroit être que très-court.

Le dernier Eté, avant mon départ de Londres, C.... passa chez moi un matin,.... j'étois resté en ville uniquement parce que je n'avois rien qui m'appellât ailleurs;.... mais il m'assura qu'elle étoit un vrai désert,.... qu'il étoit honteux de se montrer dans les rues:... que tout le monde étoit à Brighthelmstone... En conséquence je consentis à m'y laisser conduire: à peine y eûmes nous été quelques jours qu'il me dit, qu'il n'y trouvoit personne de sa connoissance, & que si rien ne m'y retenoit, il me seroit obligé de l'accompagner à Tunbridge.... Je ne me fis pas presser & nous y fûmes: j'eus le plaisir d'y trouver M. N.... & sa famille. C.... fut assez tranquille pendant quatre jours,.... le cinquième, il bâilla beaucoup;.... le sixième, je craignis qu'il ne se disloqua la machoire: comme il s'apperçut que je m'y plaisois, & que je ne faisois aucune attention à l'envie qu'il témoignoit d'en partir, il prétendit avoir reçu une lettre, qui l'obligeoit de retourner à Londres:.... & il s'en fut.

Je restai trois semaines à Tunbridge:.... à mon retour à Londres, j'appris que C.... avoit loué une jolie maison de campagne toute meublée pour l'été dans la province de York, où il avoit déja passé une semaine, ayant engagé une amie à l'habiter avec lui.... Il avoit laissé ordre en ville, de dire qu'il n'y seroit de retour que pour la rentrée du Parlement. Quoique bien persuadé que son absence ne sauroit jamais être aussi longue, je ne fus cependant pas peu surpris, deux jours après avoir sçu les ordres qu'il avoit donné, de le voir entrer dans ma chambre. Il m'apprit, qu'il étoit tout-à-fait excédé de sa maison, & encore plus de sa compagnie;.... que d'ailleurs il avoit la fantaisie d'aller à Paris, qui, comme vous savez, a-t-il ajouté, est le séjour le plus délicieux du monde, sur-tout en été; car la bonne compagnie ne court jamais de campagne en campagne comme nos étourdis d'Anglois, mais reste constamment dans la capitale, ainsi que les gens sensés devroient le pratiquer.

Il finit par me proposer d'empaqueter uniquement ce dont nous ne pouvions nous passer, ... de prendre la poste, ... de passer la mer, ... & de séjourner un couple de mois à Paris. Voyant que je ne goûtois pas sa proposition, il écrivit à la Demoiselle qu'il avoit laissée dans la province d'York, lui remit un billet de banque, & partit le lendemain tout seul. Je fus six semaines sans entendre parler de lui; mais au bout de ce terme, me trouvant par hasard à Bath, je vis mon ami C.... qui entroit dans la salle des eaux. ... Morbleu! me dit-il, vous avez fait sagement, de rester en Angleterre: .... Paris est devenue la ville du monde la plus insipide : .... à peine ai-je pu y séjourner dix jours entiers.... Ayant beaucoup ouï parler d'Amsterdam, j'ai fait une course jusque-là ; soit dit entre nous, cette ville ne m'a pas paru beaucoup plus amusante que Paris ; deux jours après mon arrivée, y ayant trouvé un vaisseau Anglois qui étoit prêt à mettre à la voile, j'ai cru qu'il ne falloit pas manquer une si bonne occasion ; .... ainsi j'ai envoyé mon porte-manteau à bord, ... notre traversée a été fort désagréable, ... malgré cela je suis arrivé heureusement depuis quelques jours à Harwich.... D'après cette petite esquisse du caractère du pauvre C...., vous voyez que je n'ai pas lieu de craindre, dans le cas où il viendroit ici, qu'il y séjournât long-tems.

Les étrangers assurent que les Anglois sont plus sujets à cette espèce d'inquiétude qu'aucune autre nation.

« Il faut que votre ville de Londres soit » un triste séjour.... » Je demandai à la personne qui m'adressoit cette réflexion, quelle raison elle avoit de porter un pareil jugement ? « Parce que, m'a-t-elle répondu, tous vos » jeunes gens que je vois en France s'ennuient

» à la mort....» Mais, lui dis-je, nous avons beaucoup de vos compatriotes à Londres.... » Assurément, m'a-t-il répondu d'un ton » avantageux, cela fait une différence. »

On accuse de cet ennui la température de notre pays. Il me semble, si j'ai bonne mémoire, que je vous ai déja laissé entrevoir quelques-unes des raisons que j'avois de penser tout différemment; je commence à soupçonner, depuis peu de tems, que l'opulence excessive de certains individus, & le pied sur lequel la plupart des sociétés de cette Capitale se sont mises, sont les seules causes des progrès de cette maladie, & de ce qu'elle est plus ordinaire dans notre Isle que chez nos voisins. Le commun peuple n'y est point exposé ; il en est de même des gens occupés & industrieux de tous états, surtout s'ils ont un but, & sont avides de richesse, de science ou de réputation; quant aux jeunes gens, il s'y en trouve un plus grand nombre que par-tout ailleurs, qui, maîtres d'une fortune considérable, ne se font point encore formé un goût vif & décidé, qui puisse leur tenir lieu de ressource pour tout le reste de leur vie.

LETTRE LXXXIV.

Lorsqu'un jeune homme s'est fait de bonne heure une habitude de l'application, qu'il a un fort desir d'acquérir des connoissances ou de la réputation, quelque considérable que soit la fortune qui pourroit, par la suite, lui tomber en partage, elle ne sauroit détruire des goûts & des inclinations formées de longue main, sur-tout si elles sont tournées du côté de l'ambition ; cette passion communique ordinairement à l'ame une telle énergie, qu'elle est toujours agissante & la préserve efficacement de la satiété & du dégoût ; car l'opulence ne sauroit endormir, ou les amusemens énerver, un cœur fortement animé de ce principe actif : il n'est donc pas ici question d'un caractère de cette espèce. Mais lorsque l'on débute par être maître & possesseur d'une grosse fortune ; que, n'étant point gouverné par l'ambition, on n'a à répondre à personne de sa conduite ; si les plaisirs viennent alors s'offrir en foule aux yeux d'un jeune homme, il s'y livre tout entier, & finit par mépriser ou négliger tout ce qui pourroit lui inspirer un goût utile, propre à instruire ou à former son esprit, & à remplir le vuide & l'ennui dont l'oisiveté ne sauroit manquer d'empoisonner ses jours.

Il n'est, dans une pareille situation, que trop porté à toutes sortes d'excès ; il ne donne pas le tems aux desirs de renaître, ... sa sensibilité est émoussée par les jouissances trop fréquentes : .... demain il sera dégoûté de ce qu'il desire ardemment aujourd'hui : .... tout ce qui est éloigné, qui a l'apparence du plaisir est l'objet de ses desirs, ... rapproché, il n'en est plus de même; il devient celui de son indifférence ou même de sa haine : .... pour éviter les horreurs d'un désœuvrement total, il essaiera de se livrer au jeu : .... tous les amusemens perdent leur piquant, & ne servent qu'à augmenter la langueur qu'il vouloit dissiper par leur moyen.

A mesure qu'il avance en âge, le caprice, l'humeur, & l'ennui, augmentent... Souvent la scène change, mais le triste drame est toujours le même jusqu'au moment où la toile tombe, ou est arrachée par l'acteur impatient, même avant la fin naturelle de la pièce, dont il hâte la catastrophe.

Tout cela n'arrive-t-il pas aussi en France, & en Allemagne? .... Sans doute, mais moins fréquemment qu'en Angleterre. En France,

LETTRE LXXXIV.

très-peu de jeunes gens font maîtres d'une groffe fortune, dont ils puiffent jouir à leur volonté. Ils n'ont pas les moyens de fatiffaire tous leurs defirs, & de fe livrer à leurs caprices; au lieu de donner leurs loifirs à des cotteries particulières, de vivre au cabaret avec des compagnons de leur âge, la plus grande partie de ceux de la première qualité paffent leurs foirées dans des maifons honnêtes, ou dans celles où les deux fexes fe raffemblent, & dont ils ont les entrées. Là le *decorum* & les égards dûs aux maîtres & aux maîtreffes du logis, répriment leur vivacité, & les libertés qu'ils pourroient s'arroger; les incidens & les diverfes aventures, dont l'on s'entretient dans ces fociétés, intéreffent & amufent, & ne laiffent jamais cette langueur, ce dégoût & ces regrets, fuites fi ordinaires du gros jeu, ou de la licence des foupers de cabaret.

Rien n'influe plus puiffamment fur le caractère, les difpofitions & les mœurs d'un jeune homme, que le commerce des gens qu'il refpecte, outre l'utilité qu'il doit néceffairement retirer de leur converfation; il y apprendra à s'oublier foi-même, & à fe défaire de cette nonchalance, qui, l'empêchant de s'obferver, lui fait manquer aux bienféances.

Les jeunes François de condition, fuppofé même qu'ils fuffent peu ambitieux, qu'ils euffent un foible goût pour l'étude, nul penchant pour ces connoiffances fublimes, feules capables de remplir tous les momens de la vie, & avec lefquelles on peut fe paffer de toute autre efpèce d'amufemens, trouvent cependant moyen de fe préferver de l'ennui par des reffources d'une autre efpèce, par une forte d'activité qui leur eft tout-à-fait particulière; ils s'apperçoivent de bonne heure combien il eft néceffaire de fe rendre agréable & de plaire, ce fentiment eft le mobile de toute leur conduite, & entre pour beaucoup dans la compofition du caractère national. Ils font attentifs & obligeans avec tout le monde, & tâchent, fur-tout, de s'attirer & de conferver l'amitié de ceux qui peuvent contribuer à leur fortune; ils ont beaucoup d'attachement à la vie, parce qu'ils n'ont pas toujours la poffibilité d'anticiper les jouiffances, ni d'affouvir leurs paffions. Les plus diffipés même, n'ont jamais imaginé qu'on

LETTRE LXXXIV. 267

pût vivre au cabaret, où, fans aucun frein, on fe livroit à fes caprices, & où l'on fatif-faifoit fans peine aux goûts les plus dépravés, & que, lorfque l'on s'étoit une fois accoutumé à ce genre de vie, tous les autres devenoient fades & infupportables.

Quant aux Allemands, il fe trouve très-peu de gens parmi eux dont la fortune foit indépendante. Les petits Souverains, trouvant moyen de s'approprier toutes les richeffes des particuliers, ont encore, malgré cela, affez de peine à fubfifter avec l'éclat qu'exige leur dignité. Quant aux cadets & aux fimples gentilshommes, ils prennent le parti des armes, & s'affujettiffent à une attention continuelle & à toute la rigueur de la difcipline militaire : ce qui, par conféquent, forme un caractère différent, à plufieurs égards, de celui des Anglois ou des François.

Je n'ai cependant point encore parlé d'une circonftance qui contribue, peut-être plus que toutes les autres, à faire de Londres le trifte féjour dont les étrangers fe plaignent affez ordinairement ; c'eft l'établiffement des cotteries, d'où, cette partie de la fociété la plus propre à adoucir les chagrins & à donner un nouveau relief aux agrémens de la vie, se trouve absolument exclue.

LETTRE LXXXV.

Vienne.

MONSIEUR de Breteuil, nous a invité tout récemment le Duc d'H.... & moi à dîner sur le sommet du Mont-Callemberg, montagne très-élevée dans le voisinage de cette ville. Les carosses ou les voitures ordinaires ne sauroient y monter; mais, nous étant rendus dans les nôtres jusqu'au pied, nous y avons trouvé des chaises d'une forme toute particulière dont on se sert à cet usage. L'Ambassadeur avoit eu soin de s'en pourvoir d'un nombre suffisant pour sa compagnie, & elles nous ont conduits à la cime, où se trouve un couvent de Moines, d'où l'on découvre deux paysages tout-à-fait différens : l'un consiste en une chaîne de montagnes arides & sauvages, & l'autre présente la ville, les fauxbourgs & les environs de Vienne, avec les différentes branches du Danube, serpentant dans une campagne fertile, très-étendue.

LETTRE LXXXV.

La table avoit été dreſſée dans un champ voiſin du Monaſtère à l'ombre de quelques arbres.... Le repas étoit compoſé des mets les plus délicieux de la ſaiſon.... Madame De Matignon, fille de M. De Breteuil, qui eſt très-aimable & très-ſpirituelle, en a fait les honneurs.... Quelques-unes des plus belles Dames de Vienne, de ſes amies, étoient du dîner, & la fête a été ordonnée avec autant de goût, que de magnificence.

Au deſſert, quelques-uns des Moines ont paru, & ont préſenté à la compagnie des fruits, & des ſalades de leur jardin....L'ambaſſadeur les a priés de s'aſſeoir, & les Dames leur ont préſenté du vin de Tokay. Son Excellence avoit eu ſoin de ſe pourvoir d'avance d'une permiſſion pour que celles-ci puſſent entrer dans le couvent: elles en ont profité, auſſi-tôt qu'elles ont eu quitté la table. Toute la compagnie les y a ſuivies.

Vous imaginerez facilement, à quel point la préſence de tant de belles femmes a dû intéreſſer une Communauté, qui juſqu'alors n'avoit encore vû aucune perſonne de ce ſexe dans ſes murs.... L'effet qu'elle a produit, malgré la gravité affectée & l'air mortifié des Moines, n'étoit que trop ſenſible.

Une de ces Dames, naturellement fort enjouée, s'est emparée d'un petit fouet de corde, qui pendoit à la ceinture d'un de ces pères, & l'a prié de le lui donner, desirant, attendu qu'elle avoit été une grande pécheresse, d'en faire usage à son retour au logis.... Le père, de l'air du monde le plus galant, l'a priée de vouloir épargner une peau aussi belle & aussi délicate que la sienne, lui promettant de se discipliner à son intention, le même soir, de la bonne manière.... Et pour lui prouver qu'il parloit sérieusement, il s'est mis sur le champ à genoux devant un petit autel, & s'est fustigé les épaules de toutes ses forces, promettant que, lorsque les Dames seroient retirées, il en feroit de même sur sa peau nue, car il vouloit absolument que cette Dame devînt aussi nette de péché qu'elle l'étoit au moment de sa naissance.

Elle, en a été attendrie, l'a prié de ne vouloir pas prendre sur lui un plus grand nombre de ses fautes,....l'assurant que ses péchés n'étoient que veniels, & qu'elle étoit persuadée, que ce qu'il avoit déja fait, la justifieroit tout aussi bien, que s'il se disciplinoit jusqu'au sang.

LETTRE LXXXV.

Tout cela est si ridiculement plaisant, que je crains que vous ne le revoquiez en doute, & ne me soupçonniez d'avoir chargé le tableau: je vous assure, pourtant, que rien n'est plus véridique, & que la scène s'est à-peu-près passée comme je vous la raconte. Pour prévenir le mal qui pouvoit encore en arriver, j'ai mis la discipline, dont ce père avoit fait usage, dans ma poche.

Ce même soir à mon retour, j'ai passé chez la Comtesse De Walstein; peu après mon arrivée, l'Empereur y est entré. Quelqu'un avoit déja fait part à Sa Majesté de la pieuse galanterie du Moine du Mont-Callemberg.... Il m'a demandé à voir le fouet, qu'il savoit que j'avois emporté.... Je l'avois encore dans ma poche, & le lui ai montré sur le champ.... Il a beaucoup ri de la ferveur du zèle du Moine, qu'il soupçonnoit avoir été réchauffée par le vin de Tokay de l'Ambassadeur.

Vous aurez, sans doute, oui parler plus d'une fois, de la manière aisée & familière dont ce Grand Prince vit avec ses sujets: tout ce qu'on en dit n'est point exageré. La Comtesse ne s'attendoit certainement pas à sa visite. Lorsque le laquais a annoncé l'Empereur, je me suis levé tout étonné, & voulois me retirer.... Elle m'a engagé à rester ; car elle m'a assuré que rien ne faisoit plus de peine à ce Monarque que d'imaginer que sa présence eût dérangé quelqu'un.... Les Dames n'ont point bougé de leur place, quelques-unes ont continué leur ouvrage pendant tout le tems qu'il a été avec elles. Les hommes, tant qu'il s'est tenu de bout, l'ont imité ; & lorsqu'il a été assis, plusieurs en ont fait de même.... L'Empereur a rappellé au Comte Mahoni, Ambassadeur d'Espagne, sa goutte, & a voulu qu'il s'assît, quoique lui-même ne fût pas encore placé.

Ce Monarque a dans la conversation toute l'aisance & toute l'affabilité d'un simple gentilhomme, & trouve moyen peu-a-peu d'enhardir ceux avec lesquels il s'entretient & de les engager à l'imiter. Il est sûrement plus heureux, par cette noble condescendance, & elle lui procure une connoissance plus parfaite du cœur humain, qu'il ne pourroit l'avoir s'il étoit toujours sur la réserve avec ses sujets & constamment décoré de sa dignité & des ornemens Impériaux.

LETTRE LXXXVI.

Vienne.

Cette cour est bien différente de ce qu'elle étoit du tems que Milady Marie Wortley Montague s'y trouvoit, sur-tout depuis l'accession de l'Impératrice régnante au trône; l'esprit & la bonté de cette Princesse ne lui ont pas permis de souffrir plus longtems le cérémonial gênant qui y régnoit : elle l'a en partie aboli : la tournure philosophique du caractère de son fils joint aux manières conciliantes & affables du reste de sa famille ont certainement contribué à mettre la société en général sur un pied plus libre, & plus agréable.

Les personnes de différentes conditions, conversent à présent sans répugnance les unes avec les autres, & sans ces querelles ridicules sur la préséance, dont notre spirituelle Angloise à fait des descriptions si plaisantes.... Cependant ces vétilles n'en sont pas encore, à ce que j'imagine, aussi complétement bannies que l'Empereur le defireroit ; il eft de toute fa cour celui à qui elles plaifent le moins.... La féparation qui fubfifte entre les différentes claffes eft encore plus marquée que la raifon ne l'exigeroit.... Ce n'eft qu'avec le tems qu'on parvient à détruire les préjugés, & il faut un grand nombre d'années avant que le bon fens, ou même l'exemple du Souverain, puiffent prévaloir & l'emporter fur d'anciens ufages.

Les premières ou les plus anciennes familles, fe regardent comme autant fupérieures à celles qui ne viennent que d'être ennoblies, que ces dernières fe croient à leur tour au-deffus des fimples Bourgeois. De forte qu'il eft très-difficile à ceux de cette dernière claffe, de fe lier, ou que leur famille puiffe faire fociété avec les gens du premier rang. Et ce qui, dans un fens politique, eft d'une bien plus grande importance, c'eft qu'il fe trouve dans l'adminiftration des places importantes & de confiance, qui ne fauroient être occupées que par la nobleffe titrée.

Ne vous paroîtroit-il pas très-défavantageux pour un gouvernement de conferver en force une loi, qui porteroit, que les poftes de l'Etat qui exigent le plus de talents, ne seroient remplis que par les sujets de la classe dans laquelle il est vraisemblable qu'on en trouveroit le moins.... Peut-être l'usage dont je viens de parler équivaut à une pareille loi. Quant aux paysans, il n'en est absolument point question ; ils sont, dans une grande partie des Etats de l'Empereur, presque réduits à la condition d'esclaves ; & entièrement à la discrétion des propriétaires des terres.

Les idées rélatives à la parure, paroissent avoir totalement changé depuis le tems de Milady Montague ; & si celle des Dames est encore aussi absurde qu'alors, elle n'est pourtant pas aussi singulière, car à l'exemple des autres femmes de l'Europe, elles ont actuellement adopté les modes de Paris.

La génération présente des Dames Autrichiennes, ne ressemble en rien par la figure à celle qui l'a précédée ; si leurs grands mères étoient aussi laides que Milady Montague le prétend, les choses ont furieusement changé depuis soixante ans. Je n'ai point encore fait de recherches pour découvrir la méthode dont les parens ont fait usage pour prévenir cet inconvénient ; mais ce qu'il y a de bien certain, c'est qu'ils y ont remédié très-efficacement ; car actuellement les belles femmes ne font plus rares à la cour de Vienne.

Les choses étant ainsi, il est tout naturel de croire, que la galanterie y est plus dominante qu'elle ne l'étoit du tems de cette Dame, auteur. Mais, abstraction faite de la révolution qui peut s'être opérée dans la façon de penser des femmes, il est sûr qu'elles doivent à cet égard user de la plus grande circonspection, rien n'étant plus odieux aux yeux de l'Impératrice. Elle paroît vouloir, que celles de la cour, semblables à l'épouse de César, soient non-seulement exemptes de faute ; mais, ce qui est encore plus difficile, qu'elles le soient même de soupçon ; toutes les fois qu'il court quelques bruits défavantageux sur leur compte, cette Princesse a soin de leur faire connoître, par la manière dont elle en agit à leur égard, qu'elle en est informée.

Quant à ce que Milady nomme des mariages en sous-ordre, dont elle a rendu un compte singulier ; je crois qu'ils sont assez rares à présent, au moins dans toute l'étendue de sa description : mais il est assez ordinaire, que des femmes mariées témoignent le plus vif attachement & la plus tendre amitié pour d'autres hommes que leurs maris, & qu'elles vivent avec eux dans la plus grande intimité, sans que cela nuise à leur réputation, ou les fasse soupçonner même par les personnes de leur sexe, de s'être écartées en rien des règles de la modestie la plus scrupuleuse.

Un soir, étant chez le Comte de Thune, où la compagnie étoit assez nombreuse, je m'apperçus qu'une Dame, qui en faisoit partie, étoit extrêmement triste; je demandai à une de ses intimes amies, qui s'y trouvoit aussi, si elle savoit la cause de son affliction?.... oui, sans doute, me repliqua-t-elle. M. De.... qu'elle aime tendrement, devroit être ici depuis un mois; hier au soir elle a reçu une lettre de sa part, par laquelle il lui apprend qu'il ne pourra s'y rendre pour le plutôt que dans quelques semaines; mais je vous prie, lui ai-je dit, le mari de votre amie sait-il la violente passion qu'elle a pour M. De?.... oui, sûrement, m'a-t-elle répondu, il en est informé, & il partage sincérement son affliction; il fait tout ce qu'on peut attendre d'un époux tendre & affectionné pour consoler sa femme; il l'assure que son amour pour M. De.... passera avec le tems. Elle, de son côté, prétend qu'elle l'espéreroit en vain, d'autant plus qu'elle s'apperçoit qu'il augmente tous les jours. Mais, au fond, a-t-elle ajouté, cela lui fait bien de la peine ; car, malheureusement, il aime sa femme à la folie ; & elle, qui est la meilleure créature du monde, plaint infiniment son pauvre mari; car elle a beaucoup d'amitié & d'estime pour lui ; .... mais elle ne sauroit se défaire de cette malheureuse passion pour M. De....

Je n'aurois du tout point été surpris qu'un contretems de cette espèce eût un peu affecté cette Dame ; mais j'avoue que j'ai été, on ne peut pas plus, scandalisé, qu'elle parût en public dans une pareille occasion; qu'elle étalât sa douleur aux yeux des étrangers, & en fût tout-aussi vaine qu'une jeune veuve l'est de son grand deuil. Ici ses amies prenoient part à son affliction, & la plaignoient d'une passion qu'elles envisageoient comme un malheur. En Angleterre, si je m'en souviens bien, les malheurs de cette espèce passent généralement pour des fautes énormes.

LETTRE LXXXVII.

Presbourg.

LE Vicomte de Laval m'ayant derniérement proposé de faire avec lui un petit tour en Hongrie, j'y ai consenti sur le champ, & nous sommes arrivés ici hier matin.

Presbourg, Capitale de la Basse-Hongrie, a, comme Vienne, des fauxbourgs plus magnifiques que la ville. C'est ici que les Etats de Hongrie tiennent leurs assemblées; le Souverain est couronné dans la cathédrale.

L'Impératrice régnante se réfugia à Presbourg, lorsque l'Electeur de Bavière fut déclaré Empereur à Prague, au moment où ses alliés l'abandonnèrent, & où la France méditoit sa ruine. Sa constance, l'amitié généreuse de la Grande-Bretagne, & le courage des Hongrois ses sujets, rétablirent à la fin ses affaires, & lui assurèrent, ainsi qu'à sa postérité, l'état & la fortune brillante qu'elle conserve encore en Europe.

Quel est le politique qui eût osé soutenir,

en 1741, qu'au bout d'un petit nombre d'années l'Impératrice deviendroit l'alliée de la France, & qu'une de ses filles se trouveroit placée sur le trône de cette nation?.... Si un prophète de Boston prédisoit que Jean Hancock, ou son fils, demanderoient avant peu en mariage une Princesse d'Angleterre, ne penseriez-vous pas que celui qui prouveroit le contraire auroit un grand avantage?

Nous sommes montés ce matin, M. de Laval & moi, dans le château, qui est un noble édifice gothique, de forme quarrée, avec une tour à chaque coin. Les marques de la royauté de Hongrie, qui sont la couronne & le sceptre de Saint-Etienne, son premier Roi, y sont déposées. Ils sont soigneusement gardés sous sept serrures, dont les clefs sont entre les mains d'un pareil nombre de Seigneurs Hongrois. Nul Prince n'est réputé par la populace, Souverain légal, qu'il n'ait préalablement ceint le diadème du Roi Etienne, & ils sont persuadés que le sort de la nation dépend de la conservation de cette couronne. En conséquence, elle a toujours, dans toutes les occasions périlleuses, été mise en lieu de sûreté.

LETTRE LXXXVII.

Les Turcs, connoissant toute la force d'un pareil préjugé sur l'esprit du vulgaire, ont, à ce qu'on prétend, fait plusieurs tentatives pour s'emparer de ce *Palladium*.... Le sort de la Hongrie paroît actuellement fixé ; de sorte qu'indépendamment du cas qu'ils font de leur couronne, comme d'une des plus précieuses reliques de l'antiquité, il doit leur être fort égal qu'elle reste dans ce château, ou qu'elle soit transportée dans le palais Impérial de Vienne.

Suivant la constitution de ce Royaume, le trône est encore électif : tout le monde est d'accord sur ce point. La seule chose sur laquelle on insiste, c'est que l'héritier de la maison d'Autriche, toutes les fois qu'il est vacant, ne néglige pas de se faire élire.

Le château de Presbourg, est la résidence ordinaire du Prince Albert de Saxe, qui a épousé une des Archi-Duchesses, Princesse aussi belle qu'accomplie à toutes sortes d'égards. Comme M. de Laval & moi entrions dans un des appartemens, nous apperçûmes ces époux à la fenêtre : nous reculâmes d'un air de surprise, & fûmes sur le point de nous retirer, étant en frac & en bottes. M. de

Laval avoit eu l'honneur de voir, peu de jours auparavant, leurs Alteſſes à Schonbrun, où il les croyoit encore. La Princeſſe nous fit rappeller par un domeſtique qu'elle avoit chargé de nous conduire dans tous les appartemens du château; elle-même a quitté celui où elle étoit, & a paſſé dans un autre pour que nous puſſions l'examiner tout à notre aiſe.

Toutes les Princeſſes de la maiſon d'Autriche ſe diſtinguent par leurs attentions, & un genre de politeſſe qui eſt d'autant plus remarquable, que celle que l'on acquiert ordinairement dans les Cours n'a rien d'attrayant. La ſplendeur & les diſtinctions dont l'on y jouit, inſpirent fréquemment une vanité préſomptueuſe, & contribuent plus que tout le reſte à tourner la tête aux femmes, ſur-tout à celles de la Cour, particuliérement lorſqu'elles ſe prêtent aux caprices des Reines & des Princeſſes dont elles ſont les lâches complaiſantes; alors elles ſe rendent aiſément ridicules par les airs arrogans qu'elles affectent avec le reſte du monde, & tandis qu'elles s'arrogent les prérogatives & l'importance de leurs maitreſſes, elles ſont autant haïes que méprifées de toutes leurs connoif-fances.

On a, de ce château, une vue très-étendue, qui préfente les vaftes & fertiles plaines de la Hongrie.

Ayant diné à l'hôtellerie, & nous étant régalés à peu de fraix de vin de Tokay, nous avons été vifiter une maifon de plaifance, diftante de quatre milles de Presbourg, qui appartient à un Seigneur Hongrois. Elle eft dans une fituation délicieufe; .... les jardins en font un peu trop réguliers ; .... mais le parc & les campagnes des environs, où on a moins fait ufage de l'art, déploient avec profufion les beautés de la nature.... Tandis que nous parcourions ces lieux enchantés, nous fommes entrés dans un boccage retiré ; comme nous avancions, nous avons découvert un vénérable vieillard avec une longue barbe, qui nous a fait figne de la main de le fuivre à un hermitage que nous avons apperçu tout près de nous.

Le Vicomte, impatient de faire connoiffance avec un homme dont l'extérieur affable le prévenoit en fa faveur, eft couru à lui & m'a devancé ; lorfqu'il en a été proche, il s'est arrêté subitement, comme très-piqué; &, à mon grand étonnement, il lui a donné, de l'air du monde le plus indigné, un grand coup de pied.

Je ne sache pas, de ma vie, avoir été plus scandalisé que je le fus alors; j'étois en même tems confondu d'une pareille violence, si peu analogue au caractère & à la façon de penser de M. Laval.... Je n'ai pourtant pas tardé à prendre mon parti du traitement que ce vieux drôle avoit reçu, lorsque j'ai reconnu que ce vénérable personnage n'étoit point tel que nous nous l'étions d'abord imaginé, mais un franc imposteur, composé de bois peint & vêtu de la robe d'un hermite pour tromper les passans.

Sur la porte étoit une inscription d'Horace :
Odi profanum vulgus.
Et en dedans de la porte :
Fata volentes ducunt, nolentes trahunt.
Et dans un endroit de l'intérieur de l'hermitage :
Omnes eòdem cogimur: omnium
Versatur urna, serius ocius
Sors exitura, & nos in æternum
Exilium impositura Cymbæ.

Il s'y en trouvoit auſſi pluſieurs autres tirées de Ciceron, en faveur du dogme de l'immortalité de l'ame, que je ſuis fâché d'avoir négligé de tranſcrire.... Nous ſommes revenus coucher en ville, & partirons demain pour nous rendre chez le Prince Eſtherhazi.

LETTRE LXXXVIII.

Vienne.

Après avoir quitté Presbourg, nous avons fait huit poſtes dans un pays très-fertile, au bout deſquelles nous ſommes arrivés au palais d'Eſterhazi, réſidence du Prince de ce nom. Il tient le premier rang parmi la nobleſſe Hongroiſe, & eſt l'un des plus riches & des plus puiſſans particuliers qu'il y ait en Europe. Il a ſes propres gardes-du-corps, compoſées de beaux hommes, magnifiquement vêtus à la Hongroiſe.

Le palais eſt un édifice ſuperbe, qui n'eſt fini que depuis peu de tems, & ſitué près d'un beau lac. Les appartemens n'en ſont pas moins commodes que somptueux; les meubles en sont plus précieux qu'aucun de ceux que j'ai vus jusqu'à présent. Il y a dans celui du Prince plusieurs pendules très-artistement travaillés; une, entr'autres, qui a la forme d'un oiseau, & siffle toutes les heures un air.

Tout auprès du palais, est un théatre destiné à représenter des opéra & des comédies, & dans les jardins, une salle spacieuse avec des appartemens commodes pour le bal.

A peu de distance, se trouve un autre théatre pour des marionnettes; il est plus grand & plus commode que beaucoup de ceux de nombre de villes de province; & j'ose assurer que c'est le plus superbe qui ait jusqu'à présent été construit en Europe pour des acteurs de cette espèce: nous avons été bien fâchés de ne pouvoir pas les faire jouer, d'autant plus qu'ils ont la réputation d'être les meilleurs comédiens de la Hongrie.

Nous avons eu la curiosité de regarder derrière la toile, & nous y avons vu les Empereurs, les Rois, les Turcs & les Chrétiens, paisiblement rangés les uns à côté des autres.... Nous y avons observé le Roi Salomon, retiré dans un coin, en tête-à-tête suspect avec la Reine de Seba.

On distingue, parmi un grand nombre de curiosités, une maison de bois, placée sur des roues : elle contient une chambre, avec une table, des chaises, un miroir, une cheminée; il s'y trouve en outre, plusieurs cabinets, avec toutes les commodités imaginables.... Il arrive quelquefois que le Prince invite une douzaine de personnes à manger dans cette habitation; la table est assez grande pour qu'ils puissent être assis fort à leur aise autour, & toute la compagnie peut faire, de cette façon, le tour des allées du jardin & d'une partie de celles du parc, qui sont aussi unies qu'un jeu de boule, sans sortir de sa place. La machine, quoique chargée de tout ce monde, est aisément tirée par six ou huit chevaux.

Le Prince ayant appris que M. De Laval étoit dans le jardin, nous a fait inviter à l'opéra, qui devoit se représenter le même soir; mais, comme nous n'avions point apporté avec nous d'autres habits que ceux que nous avions sur le corps, qui n'étoient pas assez décents pour une pareille occasion, nous avons été obligés de refuser cette invitation :.... le Prince nous a ensuite envoyé une voiture, qui nous a servi à faire le tour du parc & des jardins. Ils sont de la plus grande étendue, & au-dessus de toute description. Les berceaux, les fontaines, les allées, les côteaux, & les vallées, s'y trouvent confondus & forment le plus agréable mélange.... Si vous vous donnez la peine de relire dans l'ariofte, la description des jardins de l'isle enchantée d'Alcine, vous aurez une juste idée des campagnes charmantes qui entourent ce palais. Elles sont aussi peuplées d'habitans du même genre :

> *Ira le purpuree rose è i bianchi gigli,*
> *Che trepid aura freschi ognora serba,*
> *Si curi si vedean lepri è conigli.*
> *E cervi con la fronte alta e superba,*
> *Senfa temer che alcun li uccida ò pigli,*
> *Pascono, è stansì ruminando l'erba :*
> *E saltan' dainì è capri snelli è destri,*
> *Che sono in copia in quei luoghi campestri.*

M. De Laval étoit enthousiasmé des jardins d'Esterhazi. Dans l'excès de son admiration, je lui ai demandé, s'il les trouvoit en quelque manière comparable à ceux de Versailles ?

Ah !

Ah! parbleu, Monsieur, m'a-t-il répondu, « Versailles étoit fait exprès pour n'être » comparé à rien »…. Il est cependant convenu de bonne foi, qu'à l'exception de la France, aucun des pays qu'il avoit vû jusqu'alors n'étoit aussi beau que celui-ci.

Après nous être promenés plusieurs lieues, nous sommes retournés à notre hôtellerie, où un domestique du Prince est venu nous faire des complimens, & nous a apporté, de la part de son maître, un panier contenant deux bouteilles de vin de Tokay, autant de Champagne & de vieux vin du Rhin. Nous avons été bien sincérement fâchés de n'avoir pas l'honneur de rendre nos devoirs à ce généreux Prince, & de le remercier nous-mêmes de ses politesses.

Il se trouvoit alors à l'hôtellerie une bande de chanteurs & de musiciens Italiens qui devoient exécuter l'opéra. Tout le monde étoit occupé aux préparatifs pour la réception de l'Impératrice, & de toute sa cour, qui doivent bientôt venir passer quelques jours chez le Prince. Quoique la famille Impériale & plusieurs personnes de sa suite aient leur logement dans le palais, cela n'empêche pas que toutes les chambres de cette spacieuse & commode auberge ne soient déja retenues par celles qui sont invitées à prendre part à ces fêtes.

La Hongrie est un pays où l'on vit à bon marché, le sol en étant extrêmement fertile, & produisant dans quelques endroits les vins les plus estimés de toute l'Europe. Elle est enrichie de lacs, arrosée par le Danube, par nombre de petites rivières & de ruisseaux qui viennent se perdre dans ce fleuve majestueux. Les forêts d'Hongrie nourrissent une race de chevaux, les plus vifs, les plus vigoureux, & les plus infatigables qu'il y ait au monde relativement à leur taille. Ils sont très-propres à la guerre; les hussards & la cavalerie légère Autrichienne n'ont pas d'autre monture.

Les Hongrois sont en général beaux & bien faits. Leur bonne mine est encore réhaussée par leur habillement, qui comme vous savez, est singulier & très-avantageux.

Miladi Montague assure que les femmes Hongroises sont beaucoup mieux de figure que les Autrichiennes; pour moi je pense des femmes comme M. De Laval pense de Ver-

LETTRE LXXXVIII.

failles, qu'on ne sauroit les comparer à rien,....
pas même l'une à l'autre. Ainsi, sans m'hasarder à les mettre en opposition, je me contenterai de dire en général, que par-tout où les hommes sont beaux & bien faits, il est naturel d'imaginer qu'il doit en être de même des femmes; car les parens à l'ordinaire donnent autant d'attention à la taille & aux autres agrémens de leurs enfans de l'un & l'autre sexe. Pour confirmer la vérité de cette doctrine, je puis vous assurer, que j'ai vu en Hongrie tout autant de belles femmes que de beaux hommes, & selon moi une des plus grandes beautés qu'il y ait actuellement à la cour de Vienne est Hongroise.

De tous les sujets de l'Impératrice, ce sont les Hongrois, sans contredit, qui paient le moins d'impôts, & qui jouissent d'un plus grand nombre de privilèges. Ils les doivent en partie à la reconnoissance que cette Souveraine a conservée de leur loyauté, & de l'attachement qu'ils lui ont marqué dans les jours de sa détresse. Mais en supposant que ce sentiment ne seroit pas aussi profondément gravé dans son cœur qu'il l'est réellement, des raisons de pure politique de-

T 2

vroient l'engager à les leur continuer, rien n'étant plus dangereux que de mécontenter les habitans d'un pays limitrophe, avec celui d'un ennemi invétéré.... Rien en effet ne plairoit davantage aux Turcs, que de voir la maison d'Autriche s'aliéner le cœur des Hongrois.

La compagnie de M. De Laval & le séjour de ce pays m'ont paru si agréables, que j'aurois souhaité que notre course eût été prolongée; mais il est obligé de partir dans peu pour Chambery, où il doit aller rendre ses devoirs au Comte d'Artois, qui y est attendu, & où il va chercher sa future épouse la Princesse de Savoie. En conséquence nous sommes retournés en droiture d'Esterhasi à Vienne.

LETTRE LXXXIX.

Vienne.

LE sort du pauvre est donc finalement décidé, & il reconnoît à présent qu'être totalement ruiné n'est point une affaire aussi indifférente qu'il se l'étoit une fois imaginé. Je ne vois ni comment il lui sera possible de se tirer du gouffre dans lequel il s'est précipité, ni de quelle manière il supportera sa situation présente. Accoutumé à toutes les aisances que procurent la fortune, comment souffrir les inconvéniens attachés à la pauvreté ? Etourdi & dissipé depuis son enfance, comment pourra-t-il trouver les moyens de subsister?.... Sa belle humeur, sa jolie figure & sa politesse, faisoient qu'il étoit par-tout le bien venu.... Tandis qu'il n'exigeoit aucun service de ses amis, sa compagnie paroissoit très-agréable à plusieurs d'entr'eux, qui se trouvent actuellement en place; savoir s'il en sera de même actuellement, qu'il ne lui reste d'autre ressource que leur protection ; c'est ce qu'il faudra voir. Et je pense réellement qu'il vaut autant pour lui qu'il en fasse l'épreuve dans ce moment, que cinq ou six années plus tard.

Il y a long-tems que je prévoyois son malheur.... Il étoit inévitable, & il falloit nécessairement que cette catastrophe arriva tôt ou tard; car il n'avoit, en jouant, ni prudence, ni plan formé, ni objet déterminé....

Il ne jouoit que par habitude; de tous les hommes c'étoit peut-être celui qui defiroit le moins d'immenfes richeffes, &, à l'exception du jeu, il ne dépenfoit pas, à beaucoup près, fes revenus; non qu'il cherche à théfaurifer, mais uniquement parce qu'il n'avoit pas le goût de la dépenfe.... Combien de fois ne l'avons-nous pas vu perdre des fommes exorbitantes contre des gens qui, s'il les leur avoit gagnés, n'auroient jamais été en état de lui en payer la moitié, & contre plufieurs auxquels il avoit prêté l'argent même qu'ils jouoient contre le fien.

Combien n'y a-t-il pas de jeunes gens riches, nonchalans, qui jouent de la même manière, & par les mêmes motifs que notre malheureux ami.... Qu'en arrive-t-il?.... L'argent circule quelque tems parmi eux, & finit à la fin par s'arrêter entre les mains de ceux qui penfent tout différemment qu'eux, & dont le caractère n'a rien de commun avec le leur.... Je ne veux pas fuppofer qu'aucun de ces joueurs, conftamment heureux de notre connoiffance, aient corrigé la fortune ou employé des moyens qui paffent pour frauduleux: je fuis, au contraire, persuadé qu'on s'en sert plus rarement dans les cotteries de Londres que dans toute autre assemblée de jeu du monde entier.... Mettant à part toute espèce de tricherie & de filouterie avérée; on pourra cependant supposer que, parmi un grand nombre de jeunes gens riches, distraits & peu attentifs, il s'en trouvera quelques-uns de prudens, de réfléchis & de fins, qui sauront déguiser, sous un air de distraction & d'étourderie, une attention réelle & un projet formé; qui sont parfaitement maîtres d'eux-mêmes; savent profiter de la fortune toutes les fois qu'elle leur est favorable, & s'arrêter lorsqu'elle leur est contraire; qui ont calculé les différentes chances, & savent parfaitement tous les jeux qui exigent quelque réflexion.

S'il y en a réellement de cette dernière espèce, la probabilité qu'ils gagneront n'est-elle pas tout-à-fait de leur côté?.... Cette probabilité n'équivaut-elle presque pas à une certitude, comme s'ils avoient effectivement pipé les dés ou arrangé d'avance les cartes? ... Je sais que vous vivez tous les jours familièrement avec des gens qui sont précisément dans ce cas, & je vous ai ouï dire que quelque fortunés qu'ils aient été, vous étiez fortement convaincu que rien au monde ne pouvoit être moins suspect que leur façon de jouer. Je ne les accuse point aussi de se procurer d'autres avantages que ceux dont j'ai fait mention, mais j'en appelle à votre propre expérience;.... daignez réfléchir, je vous prie, & je suis bien trompé si vous ne convenez que la plus grande partie de ceux qui ont fait leur fortune par le jeu, & qui ont su ensuite la conserver, étoient des gens réfléchis, de sang froid, rusés & égoïstes.

Si quelques-uns de ces joueurs fortunés étoient jugés impartialement, qu'on demandât par quels moyens ils ont accumulé de si grosses sommes, tandis qu'un si grand nombre d'autres ont entiérement perdu, ou du moins fort diminué leur fortune, (si par le mot esprit on entend cette adroite supercherie qui leur est si familière) ils pourroient répondre, en se servant des expressions de la Maréchale de Concini, lorsqu'on vouloit qu'elle dit de quels charmes elle avoit fait usage pour fasciner l'esprit de la Reine?.... De l'ascendant, répondit-elle, qu'un esprit supérieur a toujours sur les esprits foibles.... Certainement il'ne sauroit y avoir de plus grande foiblesse que celle d'un homme d'une fortune honnête & indépendante, qui joue assez gros jeu pour s'exposer à la perdre, en courant le risque de doubler ou de tripler ses revenus;..... car l'augmentation de la somme de bonheur qu'on supposeroit devoir être une conséquence nécessaire de celle de la fortune, quelle considérable qu'elle pût être, ne sauroit jamais, à beaucoup près, être comparée à la misère & à l'infortune qu'éprouveroit celui qui se verroit dépouillé de tout son bien.

Cette seule considération devroit, du moins je le pense, détourner un homme sensé d'une conduite aussi foible & aussi absurde: il y en a cependant encore plusieurs autres capables de donner un nouveau poids à cet argument; les tristes effets que l'habitude continuelle du jeu a souvent produite dans les parties essentielles du caractère & dans les dispositions de l'ame, en détruisant toute idée économique, en remplissant tous nos momens, en corrompant les principes les plus vertueux, pervertissant les qualités du cœur en nous rendant insensibles à la ruine de nos connoissances, & nous laissant même partager, avec une dureté sauvage, les dépouilles de nos imprudens amis.

Les exemples particuliers, que vous & moi connoissons, où l'habitude enracinée du gros jeu n'a pas produit des effets aussi funestes, prouvent que certains individus n'ont pas encore perdu tout sentiment d'honneur & de probité, & peuvent servir d'exception à la règle générale ; mais on ne sauroit les citer pour justifier la conduite des joueurs de sang froid. Si les gens riches & de bon sens s'étoient fait une habitude du jeu, d'après des principes raisonnés, il y auroit beaucoup plus de probabilité de pouvoir les en guérir en faisant usage des mêmes moyens; mais plusieurs d'entr'eux s'adonnent au jeu sans aucune vue ou plan déterminé d'augmenter leur fortune, mais simplement parce qu'ils le regardent comme un amusement à la mode, ou peut-être ne s'y livrent que pour étaler leur libéralité & le peu de cas qu'ils font de l'argent.

Je n'oserois pas même assurer, que plusieurs d'entr'eux n'eussent pris pour de l'admiration la surprise que l'on témoigne toutes les fois que quelqu'un a perdu une somme considérable. Et cette erreur peut avoir contribué à les familiariser avec l'idée de devenir à leur tour les objets de cette même admiration. Ensuite, tâchant de regagner ce qu'ils avoient si puérilement perdu, ils se sont peu-à-peu fait une habitute du jeu, au point qu'il est à la fin devenu leur seule ressource contre l'ennui, auquel les gens nés avec une grosse fortune, & qui n'ont pas su de bonne heure acquérir l'art de s'amuser sans le secours de personne, sont beaucoup plus sujets que d'autres. Ceux qui n'ont point eu en naissant de pareilles fortunes, quelles que soient d'ailleurs leurs dispositions naturelles, sont continuellement tirés de leur indolence par des vocations qui ne leur en laissent pas le loisir. La poursuite de cet état d'indépendance, objet des desirs de presque tous les hommes, & dont le prix n'est ignoré que de ceux qui en ont toujours joui, est souvent regardée comme indispensable, & les hommes en général s'en font un amusement. Cette occupation, jointe aux autres devoirs de la vie, suffit pour remplir leurs idées, & leurs momens en les préservant des chagrins & des suites nécessaires d'un désœuvrement absolu.

Outre que la poursuite des richesses seroit un soin inutile & superflu pour ceux qui en regorgent, & sont placés de manière à en acquérir autant qu'ils veulent, elle seroit encore tout-à-fait indécente; privés de cette ressource, qui est un objet si considérable pour les autres hommes, ils ont un plus grand besoin de quelque objet qui y supplée. Je ne sâche rien qui le puisse faire aussi complétement, & produire un pareil effet, que le goût des lettres & l'amour des sciences. Je crois, par conséquent, que l'un & l'autre sont plus essentiellement nécessaires au bonheur des gens du premier rang & opulens, qu'à ceux dont la gracieuse situation est plus ou moins bornée.

Si l'indépendance est le but général des desirs de tous les hommes, la route des connoissances n'est ni la plus sûre, ni la plus courte pour l'obtenir. Ceux qui posèdent déja l'une, ont un grand besoin de l'autre pour apprendre à en jouir dignement & avec satisfaction, & pour empêcher que les

dons de la fortune, au lieu d'être pour eux des sources de bonheur, n'en deviennent de misère. S'ils sont ambitieux, l'étude des lettres, en ornant leur esprit & étendant leurs facultés, facilitera l'exécution de leurs projets, & les mettra en état de remplir dignement les postes élevés auxquels ils aspirent. S'ils n'éprouvent point cette passion, ils ont encore plus de facilité pour s'y appliquer ; elles sont un préservatif infaillible contre l'ennui de la retraite, & contre l'oisiveté....
Quod si non hic tantus fructus ostenderetur, & si ex his studiis delectatio sola peteretur, tamen, ut opinor, hanc animi remissionem, humanissimam ac liberalissimam judicaretis.

Cet amour des lettres, considéré comme simple amusement & comme un moyen de remplir agréablement les momens de loisir de la vie, me paroît absolument nécessaire à ceux qui ont des fortunes immenses ; il leur est plus difficile de s'en passer, qu'à ceux qui n'en ont aucune :.... à ceux qui sont sans ambition, qu'à ceux qui sont dévorés de cette passion active, & plus généralement aux Anglois qu'aux Allemands & aux François.... Les Allemands n'ont pas besoin d'une grande variété : ils supportent facilement la fade uniformité de la vie avec tranquillité, & même souvent avec satisfaction. Ils montrent dans la disgrace une sérénité tout-à-fait étonnante.... Quoique les François soient moins renommés qu'eux pour leur patience, ce sont pourtant de tous les hommes ceux qui sont le moins susceptibles de chagrin. Les affaires politiques, si propres à troubler le repos de plusieurs honorables Bourgeois de Londres, ne leur causent pas la moindre inquiétude : si les armes de son Prince sont victorieuses, le François s'en réjouit de tout son cœur :.... si elles sont malheureuses, il ri & se moque des Généraux qu'il emploie. Si sa maîtresse est complaisante, il célèbre sa bonté, & loue la justesse de son goût :.... lui est-elle cruelle, il s'en console entre les bras d'une autre.

Jamais nation n'a eu un plus fort penchant pour les amusemens, & n'a été aussi aisée à amuser. Le plaisir paroît être l'unique objet de ses vœux, & elle trouve moyen de s'en procurer, & de le tirer de mille sources où jamais personne n'avoit pensé à le chercher. Je ne sais où j'ai trouvé les vers suivans, ils m'ont paru naturels & coulans, & peindre la conduite & les sentimens de toute la nation :

> M'amuser, n'importe comment,
> Fait toute ma philosophie ;
> Je crois ne perdre aucun moment,
> Hors le moment où je m'ennuie ;
> Et je tiens ma tâche finie,
> Pourvu qu'ainsi, tout doucement,
> Je me défasse de la vie.

Nos compatriotes, qui se sont appliqués à l'étude des lettres, ont poussé chaque branche de littérature aussi loin qu'elle pouvoit aller, & avec tout autant de succès qu'aucun de leurs voisins. Mais ceux d'entr'eux qui n'ont recherché que les amusemens, sans s'attacher à aucune science particulière, n'ont certainement pas été aussi heureux que les François. Plusieurs des choses qui amusent ces derniers, paroissent frivoles & insipides aux premiers. Les Anglois voient les objets à travers une lunette plus sombre : moins touchés que leurs voisins des plaisirs, ils sont plus affectés des peines de la vie ; s'en laissent trop vîte abattre. Ils sont bientôt excédés & rassasiés d'une uniformité qui leur avoit d'abord parue agréable. Quelle que puisse être la cause de l'engourdissement de leurs esprits animaux, il devient lui-même à son tour celle des résolutions désespérées, & des habitudes vicieuses.

Un homme riche donc, qui a acquit un goût assez vif pour les sciences, pour que l'étude qu'il en fait devienne un de ses plus chers amusemens, se procure par-là une félicité plus durable, que s'il avoit obtenu la possession d'une seconde fortune toute aussi considérable que celle qu'il possède déja. Je suis presque convaincu qu'un goût de cette espèce est la seule chose qui puisse rendre un homme opulent, sur-tout si ses richesses sont excessives. Passablement indépendant & heureux pendant toute sa vie, quelle que soit la branche de littérature qu'il choisisse, sa curiosité sera toujours excitée,..... une variété inépuisable d'objets intéressans se présentera à sa vue, ...; son esprit sera entiérement occupé de leur idée, & même dans l'âge où l'ambition n'a plus rien qui nous flatte, il aura des antidotes plus efficaces contre l'ennui, &, toutes choses supposées égales, plus de chance de passer agréablement le reste de ses jours que la vicissitude des événemens de ce monde ne sembleroit le promettre.

LETTRE XC.

Vienne.

Vous me témoignez, par votre dernière lettre, tant de passion pour les anecdotes, & paroissez si fort desirer que je vous dépeigne les mœurs & les caractères, que je crains de vous avoir déplu par ma longue épître sur un sujet absolument opposé à ce que vous exigez. Mais vous devez vous rappeller que, dès le commencement de notre correspondance, j'ai eu soin de vous prévenir que je me réservois le privilège de faire d'aussi longues & d'aussi fréquentes digressions qu'il me plairoit, & que je vous entretièndrois aussi souvent dans mes lettres de ce que je penserois, que de ce que j'aurois vu. Cependant il ne sera question, dans celle-ci, que de ce dernier objet.

Je commencerai par vous faire le récit de la première chose que j'ai vue après mon arrivée à Vienne, qui est la fête de St. Etienne, jour auquel l'Empereur dîna en public avec les Chevaliers de cet Ordre.

Il étoit au haut de la table ; son frère & son beau-frère se trouvoient à ses côtés, les autres Chevaliers étoient placés suivant leur rang d'ancienneté ; les Archi-Duchesses, & quelques-unes des premières Dames de la cour, étoient sur un balcon dans l'intérieur de la salle pour voir cette cérémonie tout à leur aise!.... L'Empereur & tous les Chevaliers étoient revêtus des habits de l'Ordre. Les gardes Hongroises, le sabre nud à la main, entouroient la table.

Les Hongrois ont seul le privilège de servir l'Empereur le jour de cette solemnité. Toutes les fois qu'il demandoit à boire, un gentilhomme de cette nation, versoit un peu de vin dans une coupe & le goûtoit ; ensuite il en remplissoit une seconde, qu'il présentoit en touchant la terre d'un de ses genoux. L'Empereur souriait souvent à ce gentilhomme pendant la cérémonie, & paroissoit indiquer, par toute sa conduite, combien il regardoit ces marques de soumission, d'un homme envers son semblable, comme déplacées,

& qu'il ne souffroit ces momeries que pour se conformer aux anciens usages.

La foule de curieux, qui étoient venus voir cette fête, étoit très-considérable, & ce ne fut pas sans peine que je parvins à y être admis; quoique dans le fond tout ce qu'il y avoit de remarquable ne consista que dans les riches parures de gens qui mangeoient avec assez d'appétit un très-bon dîner.

Depuis la fête de Saint-Etienne nous avons été témoins de l'anniversaire qu'on célèbre tous les ans de la victoire remportée sur les Turcs, lors de la levée du siège de Vienne par Jean Sobieski, Roi de Pologne. La famille Impériale, & la noblesse du premier rang des deux sexes, se rendent, dans cette occasion, en procession à l'église de Saint-Etienne, où elles assistent à une messe solemnelle. Au milieu de la rue, qui va du palais à l'église, étoit une espèce de trottoir en forme de terrasse, sur lequel les gens, dont la procession étoit composée, marchoient.... Les gardes Impériales étoient rangées en haie le long des rues; les fenêtres, & le haut des maisons, étoient occupés par une foule de spectateurs.... Le Duc d'H....

& moi avons trouvé moyen de nous placer commodément à une fenêtre avec l'Ambassadeur de Venise.

Cette cérémonie auroit été trop fatigante pour l'Impératrice; en conséquence, elle s'en est dispensée...... L'Empereur, l'Archi-Duc, les Archiduchesses, & toute la Cour y ont assisté. Une suite prodigieuse d'Evêques, de Prêtres & de Moines, formoient cette procession, & une bande nombreuse de musiciens l'accompagnoit.

Ce jour étant consacré à la joie, on croit ne pouvoir mieux exprimer sa gratitude qu'en se parant des habits les plus brillans. Les Dames, dans cette circonstance, ont étalé leur dévotion de la manière la plus splendide : leur esprit n'étoit cependant pas si fort occupé d'idées célestes qu'elles oubliassent entiérement leurs connoissances terrestres qui se trouvoient aux fenêtres, & qu'elles refusassent en passant de leur sourire & de leur faire des signes de tête.

Le lendemain, la famille Impériale a dîné en public, & beaucoup de monde s'est empressé de l'aller voir. Je n'ai pas jugé à propos d'être du nombre, personne, cepen-

dant, ne lui souhaite plus de bonheur que
moi. J'ignore les raisons qui ont pu engager
la Maison Royale de France, & celles des
autres Rois d'Europe, à adopter l'usage de
manger en public ; pourroient-ils imaginer
que les spectateurs, en les voyant mâcher
& avaler leurs morceaux, conçussent pour
eux une plus grande admiration ? Il est certain
que personne ne douteroit qu'ils eussent
la faculté de s'acquitter de ces fonctions indispensables,
quand même une nuée de témoins
ne seroit pas admise à pouvoir attester
la vérité de ce fait. Si les spectacles de cette
espèce n'ont d'autre but que celui d'amuser
les sujets, on pourroit en trouver mille tous
différens, beaucoup plus propres à remplir
ce but ; car, quelqu'intéressant que puisse
être dans une fête le rôle de celui qui y
représente lui-même, celui du spectateur est
sûrement un des plus insipides qu'on puisse
imaginer.

Il y eut le même soir un grand bal masqué
à Schonbrun, qui fut, en général, beaucoup
plus amusant. On distribua à cette occasion
quatre mille billets.... Un corps assez considérable
de dragons fut posté le long du

LETTRE XLI.

Il seroit heureux pour l'humanité que ce pouvoir illimité se trouvât toujours placé entre des mains aussi équitables que celles du Margrave de Baden, qui ne s'en sert que pour le bonheur de ses sujets dont il est adoré.

Ce prince fait tous ses efforts pour encourager l'Industrie & établir des manufactures dans ses états.... Il s'y trouve un grand nombre d'ouvriers Anglois qui y travaillent à la quinquaillerie, & enseignent aux gens du pays à imiter les articles de ce commerce qu'on fabrique à Birmingam. Il a aussi engagé plusieurs horlogers de Geheve à s'y établir, en leur donnant des gratifications & leur accordant des privilèges; il profite de toutes les occasions qui se présentent pour assurer le bonheur de ses peuples. Un prince de ce caractère est certainement un bien inestimable pour ses sujets, qui ne sauroient faire assez de vœux pour sa conservation: plus heureux encore ceux qui vivent sous un gouvernement assez puissant pour les protéger, indépendamment des bonnes qualités & malgré les mauvaises dispositions de leur souverain.

Lorsque nous sommes partis de Karelsrhue,

LETTRE XLI.

le margrave a donné ordre qu'on nous conduisît par un chemin qu'on venoit de finir, à travers une superbe forêt qui a plusieurs lieues de longueur. Après l'avoir traversée, nous nous sommes trouvés dans la route ordinaire de la poste, sommes entrés dans les terres de l'évêque de Spire, nous avons passé près de la ville de ce nom pour nous rendre dans l'électorat Palatin, & sommes arrivés le même soir à Manheim.

Tous les pays que je viens de nommer forment une plaine fertile ; il s'y trouve peu de maisons de plaisance qui varient le tableau ; on n'y voit que le palais du prince & les chétives habitations des paysans ; les gentilshommes vivent à la cour, dont ils occupent les différens postes, les marchands & les manufacturiers dans les villes.

LETTRE XLII.

Manheim.

Cette ville passe pour une des plus belles de l'Allemagne. Les rues en sont on ne peut pas plus droites, étant tirées au cordeau, & se coupant les unes les autres par des angles droits. Au premier coup-d'œil on est enchanté de cette régularité, ensuite elle fatigue beaucoup plutôt que celle d'une ville moins régulière. Après l'avoir parcourue pendant quelques heures, on cherche en vain à se distraire; les mêmes objets paroissent se mouvoir à mesure qu'on avance, comme si l'on avoit été pendant tout ce tems confiné à bord d'un vaisseau.

On compte que le nombre d'habitans se monte à vingt-quatre mille, y compris la garnison qui consiste en cinq mille hommes. Cette ville a trois belles portes ornées de bas-reliefs très-bien exécutés: nous nous sommes promenés pendant une heure le duc & moi tout à notre aise sur les remparts, dont nous avons

LETTRE XLII.

fait le tour. Les fortifications sont en bon état & bien ordonnées ; la ville est d'autant plus forte qu'elle est entourée par le Neckre & le Rhin, & située dans une plaine qui n'est commandée de nulle part. Il seroit peut-être plus avantageux pour ses habitans qu'elle fût toute ouverte & sans fortifications. Les efforts que l'on feroit pour la défendre pourroient fort bien occasionner la ruine des maisons des particuliers & du palais de l'électeur. Un édifice de cette conséquence est toujours déplacé au milieu d'une ville fortifiée ; une simple menace de l'ennemi de le bombarder suffit pour engager la garnison à capituler.

Le palais électoral est un superbe bâtiment, situé au confluent du Rhin & du Neckre.... Le cabinet de curiosités naturelles & la galerie de tableaux sont fort estimés. J'ai eu beaucoup de plaisir à voir l'un & l'autre.... Si j'entreprenois de les décrire, je craindrois d'être ennuyeux.

L'électeur est personnellement un homme de goût & magnifique, circonstances de son caractère plus satisfaisantes pour sa personne & les étrangers qui traversent ses états que pour ses sujets.

LETTRE XLII.

J'ai accompagné le duc chez un des officiers de la cour, dont les fonctions sont de présenter les étrangers. Je n'ai encore vu personne aussi versé qu'il l'étoit dans la science de l'étiquette. Il nous a parlé avec beaucoup d'érudition sur ce sujet.... Jamais je n'ai vu le Duc bâiller de si bon cœur.... Lorsque nous avons eu fini notre visite, il a prétendu qu'elle avoit duré deux heures.... En consultant sa montre, il a reconnu qu'il ne s'étoit trompé que d'une heure & quarante minutes.

Nous avons été présentés le lendemain à l'Electeur & à l'Electrice. Ce Prince portoit l'habit uniforme de ses gardes, il paroissoit âgé d'environ cinquante ans, & a un air mâle & spirituel, qui, à ce qu'on m'a dit, donne une juste idée de son caractère.

Le Prince héréditaire est jeune, il est instruit & d'un jugement mûr. Il m'a surpris en me parlant des débats & des différens événemens qui ont occupés récemment l'Angleterre, de manière à me prouver qu'il en étoit très au fait.... Bien des gens en Allemagne font venir nos gazettes & nos brochures politiques. L'acrimonie & la licence

LETTRE XCI.

plus grande générosité, & de donner aux autres plus que sa fortune ne le lui permet.

Il n'en est pas de même d'un Souverain.... Ce qu'il dissipe n'est point à lui, c'est l'argent du public.... Il sait qu'il soutiendra sa pompe & sa magnificence, & que ce ne sera pas lui, mais ses sujets, qui ressentiront les effets de sa prodigalité : toutes les fois donc que j'entends dire qu'un Roi a donné de grosses sommes à quelque particulier, d'après la somme donnée, de la personne qui la reçoit, des motifs de ce don, & des autres circonstances, je suis en état de juger s'il l'a bien ou mal placée ; dans aucun de ces deux cas, on ne sauroit traiter cette disposition de générosité.

Cette vertu consiste à savoir se priver soi-même d'une chose en faveur d'un autre. Il ne sauroit y avoir de générosité à donner à Jean ce que Jaques doit remplacer le moment d'après. Ce que l'on nomme générosité chez les Rois, consiste bien souvent à donner l'argent, qu'ils ont arraché à la partie industrieuse de leurs sujets, à celle qui est oisive & absolument inutile. J'ai ouï des joueurs de violon, & des danseurs d'opéra, louer un

Prince de fa conduite noble & généreufe envers eux, tandis qu'il laiffoit des gens de mérite & à talens, qui approchoient de fa perfonne, languir dans la misère & mourir de faim.... L'Empereur ne connoît fûrement pas cette efpèce de générofité.

Son habit ordinaire (le feul que je lui aie jamais vu porter, excepté le jour de la fête de St. Etienne) eft un uniforme de drap blanc avec des revers rouges.... Lorfqu'il fe rend à Luxembourg, à Schonbrun, & à d'autres endroits voifins de Vienne, il fe fert ordinairement d'une chaife à deux chevaux qu'il conduit lui-même, & il n'a qu'un domeftique derrière fans aucune autre fuite.... Il permet rarement à la garde de prendre les armes lorfqu'il fort de la ville.... Jamais perfonne n'a cherché plus que lui à s'inftruire par des queftions utiles. Toutes les fois qu'il entend parler d'un homme de mérite quel que foit fon pays ou fa naiffance, il a le plus grand empreffement de s'entretenir avec lui, & trouve le moyen de faire rouler la converfation précifément fur le talent dans lequel il excelle, & d'en tirer toutes les informations qu'il croit pouvoir lui être utiles.

LETTRE XCI.

De tous les moyens d'acquérir des connoissances, celui-ci est peut-être le plus, efficace, & celui dont un homme de son rang auquel ses occupations indispensables laissent peu de tems à donner à l'étude, peut plus convenablement faire usage.

Il paroit penser que la vanité & l'ignorance de plusieurs Princes, ne dérivent souvent que des formalités auxquelles ils se tiennent scrupuleusement attachés, & de la privation volontaire des avantages dont jouissent les autres hommes, en s'entretenant familièrement avec leurs semblables, & en se faisant mutuellement part de leurs idées. Il est persuadé qu'à moins qu'un Roi ne trouve le moyen de se former une société avec laquelle il vive sur un pied d'égalité, & où son mérite seul, sans aucun égard à sa dignité, puisse lui donner la prééminence, il ne sauroit jamais parvenir à se connoître lui-même, ou à connoître les autres.

Un soir, chez la Comtesse De Walstein, la conversation étant tombée sur ce sujet, l'Empereur cita quelques exemples remarquables & plaisans des inconvéniens que l'étiquette avoit récemment occasionnés à certaine cour.

Un de ceux qui s'y trouvoient préfens fit un réfumé des moyens efficaces dont Sa Majefté avoit fait ufage pour les éviter en l'aboliffant à la fienne ; à quoi il repliqua : il feroit réellement bien cruel, que ma qualité d'Empereur, me priva des plaifirs de la fociété auxquels je fuis fi fenfible. Toutes les fimagrées, & toute la pompe auxquelles les perfonnes de mon état font accoutumées depuis leur berceau, ne m'ont pas rendu affez vain, pour imaginer qu'aucune qualité effentielle m'ait rendu fupérieur aux autres mortels ; & pour péu que j'euffe quelque penchant à le croire, le feul moyen de me guérir de cette idée, feroit celui dont je fais ufage, en me répandant dans le monde, où j'ai tous les jours occafion d'appercevoir combien les talens de ceux que j'y rencontre à chaque pas font fupérieurs aux miens. Convaincu de cette vérité, ce feroit pour moi une pauvre fatisfaction, que d'affecter des airs avantageux, qui ne me conviendroient point, & dont j'aurois trop à rougir. Je fais donc tous mes efforts pour plaire & pour qu'on me plaife ; & autant que les inconvéniens de ma place peuvent le permettre pour jouir

LETTRE XCI. 319

comme les autres hommes des agrémens de la société, convaincu que celui qui se séquestreroit, & croiroit se dégrader en se livrant aux douceurs de l'amitié, renonceroit en même tems au bonheur, & se priveroit par-là des moyens d'acquérir des connoissances.

Cette façon de raisonner n'est point rare parmi les pauvres philosophes; mais il l'est que les Princes l'imitent, & encore plus qu'ils profitent des conséquences qu'on en peut tirer.

Peu de jours après, on a donné un feu d'artifice au Prater. Cet ainsi qu'on nomme un parc très-spacieux, planté d'arbres, & entouré du Danube, sur lequel est un pont de bois. Comme on ne permet à aucune voiture d'y passer, les gens qui s'y rendent laissent le carrosse à un des bouts, & y entrent à pied. On trouve un sentier étroit fermé de barrières à l'un des côtés du pont. Bien des gens le prennent fort mal à propos; l'entrée en est facile; il n'en est pas de même de la sortie, car il ne peut y passer qu'une seule personne à la fois. En conséquence ce sentier a bien-tôt été embarrassé, les malheureux passagers se trouvoient obligés d'avancer à pas de tortue,

& dans la situation la plus gênante & la plus désagréable ; tandis que ceux qui avoient pris le plus large du milieu du pont, semblables aux gens heureux & opulens à qui tout réussit dans ce monde, marchoient tout à leur aise, sans faire attention aux tristes circonstances dans lesquelles les autres se trouvoient.

Un petit nombre de ceux confinés dans le passage étroit, moins gros & plus alertes que leurs compagnons, se traînoient sur le ventre, & passoient sous la balustrade, d'où ils gagnoient le chemin du milieu ; mais tous ceux qui étoient grands & avoient de l'embompoint, étoient obligés de rester & de se soumettre à leur destinée. Un Anglois que l'Empereur avoit rencontré chez la Comtesse de Walstein, lorsque je m'y trouvai avec lui, étoit du nombre des derniers, s'appercevant que ceux qui étoient les moins grands se tiroient d'affaire, tandis que notre compatriote demeuroit fixé dans la situation du monde la plus gênante, il lui a crié : »ah, Monsieur !
» je vous avois bien dit, qu'il étoit souvent
» incommode d'être trop grand,.... à pré-
» sent vous voilà dans le cas de penser com-
» me

» me moi ; malheureusement, ne pouvant rien
» pour votre service, je me borne à vous
» recommander à St. George. »

Il y a des gens qui ayant ouï parler de l'extrême affabilité de l'Empereur, & du mépris qu'il témoignoit pour tout ce qui n'étoit que fastueux & de pure parade, choses pour lesquelles les hommes en général ont une forte inclination, m'ont assuré que c'étoit affectation de sa part ; mais si le sens des paroles & celui des actions de quelqu'un doivent passer pour n'être pas l'expression de ses sentimens, j'ignore comment l'on pourra parvenir à connoître son véritable caractère : il est vrai que ceux qui ont un goût décidé pour un objet particulier, sont très-portés à croire que ceux qui pensent différemment qu'eux ne sont pas sincères.

Je ne me rappelle pas vous avoir jamais dit : que notre ami R.... qui aime la bouteille par dessus tout, & qui, je crois, vous estime plus qu'il n'estime personne, m'a dévoilé une particularité de votre caractère, que je n'aurois jamais soupçonnée.

Un jour après dîner, son amitié ayant été réchauffée par une couple de bouteilles de vin qui lui ôtèrent toute espèce de réserve, il fit l'énumération de toutes vos bonnes qualités; il con clut en disant, que vous n'étiez point un bûveur d'eau. Je connois quelle est la force de cette expression dans la bouche de R.... Je fis un mouvement de surprise, & lui repliquai, que je vous avois rarement vu boire à vos repas plus de trois verres de vin.... Ni moi non plus, ajouta-t-il; mais vous pouvez m'en croire, je vous donne ma parole, il est trop galant-homme pour ne pas faire cas du bon vin; & je suis sûr que dans le fond, prétendue sobriété n'est que pure affectation.

LETTRE XCII.

Vienne.

JE reviens depuis très-peu de tems du château du Prince de Lichtenstein, nommé Felberg, situé en Autriche, où j'ai passé quelques jours très-agréablement. La famille de ce Prince est, soit qu'on la considère du côté de l'ancienneté, de l'opulence ou de la noblesse, l'une des premières de ce Royaume : outre les terres qu'il possède en Autriche, il en a encore de très-considérables en Bohême, en Moravie, & dans la partie de la Silésie qui appartient à l'Empereur. Il a, ainsi que le Prince Esterhazi, ses propres gardesd-u-corps.... Je crois que ce sont les seuls particuliers en Europe qui jouissent d'une pareille distinction.

Felberg est un bel édifice antique, distant environ quarante milles de Vienne; les appartemens en sont spacieux, commodes, & meublés avec cette magnificence que l'on remarque ordinairement dans les maisons des grands Seigneurs de ce pays. La compagnie étoit composée du Prince & de la Princesse, du Comte de Degenfeldt & de son épouse, femme du plus grand mérite; du Duc d'H...., de M. M.....officier Anglois, d'un autre gentilhomme notre compatriote, & de votre serviteur. Nous y avons été traités à tous égards splendidement; la livrée y étoit extrêmement nombreuse. Quelques grands Seigneurs Autrichiens se piquent sur ce point du plus grand luxe, & le portent à un excès que les plus riches particuliers d'Angleterre ne sauroient atteindre ; car, chez nous, un laquais coûte plus à entretenir que quatre ici.

Le lendemain de notre arrivée on a porté, suivant l'usage, à chacun de nous son déjeûner dans son appartement ; nous nous sommes ensuite rendus à une seconde maison de plaisance de ce Prince, éloignée de six milles de la première, où il se proposoit de procurer au D.... l'amusement de la chasse. La Princesse, la Comtesse Degenfeldt, le D.... & le Capitaine M.... étoient dans un carrosse ; le Prince, le Comte & moi dans un second ; les jeunes Princes, avec leur gouverneur & le gentilhomme Anglois dans un troisième ; nous avions une suite nombreuse de domestiques à cheval.

Comme la journée étoit déja assez avancée à notre arrivée, je m'étois imaginé que la chasse commenceroit tout de suite : mais tout se fait ici méthodiquement & avec ordre, & on a jugé à propos de dîner avant tout. Après avoir mangé tout à notre aise, nous sommes sortis de table ; j'ai cru que nous allions, sans perdre de tems, nous rendre au lieu de l'action, & que les Dames attendroient au logis notre retour.... Je n'ai

LETTRE XCII.

pas tardé à m'appercevoir que j'étois dans l'erreur : .... elles ne devoient point nous quitter, & étoient destinées à nous accompagner ; mais comme il falloit nécessairement traverser une vaste forêt, dans laquelle les carrosses ne pouvoient entrer, on avoit préparé des voitures plus convenables.... Je ne me rappelle plus le nom qu'on leur donne : elles sont en forme de bancs, garnis & rembourés, sur lesquels six à huit personnes, les unes derrière les autres, peuvent se placer. Elles sont tirées par quatre chevaux, & coulent sur la terre comme un traineau, passant sans inconvénient dans des sentiers & des chemins qui seroient impraticables pour des voitures à roues.

Après avoir traversé de cette manière la forêt, & nous être avancés fort au-delà, nous sommes parvenus dans une campagne spacieuse, ouverte, où l'on avoit pratiqué plusieurs petits retranchemens circulaires d'arbres & de taillis, assez éloignés les uns des autres.... Jusqu'alors notre chasse n'avoit pas été bien pénible ; car nous avions fait toute la route en carrosses ou en traineaux, ces derniers sont encore moins fatigans que les premiers. Enfin, depuis le déjeûner, à l'exception du dîner, nous avions été on ne peut pas plus paffifs.

Mais lorfque nous fûmes parvenus à cette vafte plaine, on me dit que la chaffe alloit bientôt commencer; j'imaginai qu'après un fi grand repos, nous allions avoir un exercice violent, & je craignis que les Dames fuffent hors d'état de le fupporter; mais, quelle ne fut pas ma furprife! en voyant les domeftiques du Prince préparer quelques chaifes portatives, & les placer à peu de diftance d'un des haliers dont je viens de parler. La Princeffe, la Comteffe, & le refte de la compagnie prirent place, & lorfque tout le monde fut affis, on m'affura que l'on alloit lancer fur le champ.

J'avoue que ma curiofité étoit au plus haut point, & j'étois, on ne peut pas plus impatient, de voir le réfultat d'une chaffe dont les préparatifs avoient été fi différens de ceux que j'avois imaginé devoir précéder cet amufement. Tandis que je me perdois dans mes conjectures, je découvris à un grand éloignement, une longue chaine de gens s'avançant vers le petit bois, près duquel la

LETTRE XCII.

compagnie étoit assise. A mesure qu'ils en approchoient, ils formoient graduellement un segment de cercle, dont le centre étoit occupé par le bois. J'ai su depuis que ces gens étoient des paysans avec leurs femmes & leurs enfans, qui, en s'avançant de cette manière, effarouchoient le gibier qui se réfugioit naturellement dans le bois, composé d'arbres & de buissons. Aussi-tôt qu'il y fut entré, ils s'y rendirent tout-à-coup par le côté opposé à celui où nous étions postés, & le firent partir : ce fut alors que le massacre commença.

Chacun de nous étoit pourvu d'un fusil, & il y en avoit plusieurs autres à portée tout prêts à servir. Les domestiques, à mesure que l'on tiroit, s'occupoient à les recharger; de sorte que le feu fut continuel tant qu'il chercha à s'envoler ou à s'enfuir.... Le Prince ne manqua presque pas un seul coup.... Il tua à lui seul plus de trente perdrix, quelques faisans & trois lièvres.

Je fus assez étonné, au commencement de cette scène, de voir un laquais remettte un fusil à la Princesse qui, avec beaucoup de sang froid & sans se lever de sa place, enjoua une perdrix qui tomba fur le champ....; Elle tua dix ou douze, tant perdrix que faifans avec la même facilité ; ce qui fut tué par le refte de la compagnie n'étoit pas bien confidérable.

Quoique je l'euffe ignoré jufqu'alors, j'appris que les Dames Allemandes étoient très-accoutumées à chaffer, & qu'elles aimoient à manier les armes à feu. Il eft vraifemblable que l'attention que les hommes ont dans ce pays pour le fexe, les a engagé, par égard pour leur délicateffe, à rendre cet exercice moins fatigant.

Nous nous fommes enfuite approchés de quelques autres petits retranchemens, d'où l'on a fait fortir quelque gibier, qui a été tué comme le précédent.... Le lendemain le Prince nous a conduit dans une autre de fes terres où eft une très-belle forêt ouverte, peuplée de toutes fortes de bêtes fauves, dont quelques-unes d'une beaucoup plus groffe efpèce qu'aucune de celles que j'aie jamais vues. Il y avoit auffi un grand nombre de fangliers, l'un defquels le Duc tua après en avoir obtenu la permiffion du Prince.

Rien ne fauroit égaler la politeffe & la

LETTRE XCII. 329

magnificence avec lesquelles toute notre compagnie a été traitée pendant tout le séjour qu'elle a fait ici. La Princesse est du plus charmant caractère, & a beaucoup d'esprit; elle élève ses enfans & conduit sa maison avec autant de prudence que de sagacité.

Cette famille, & plusieurs des premiers Seigneurs qui ont été jusqu'à présent dans leurs terres prendre l'air de la campagne, sont sur le point de retourner à Vienne. M. de Pergen, son épouse & sa famille, sont ici depuis quelque tems. Cette Dame est intime amie de la Comtesse de Thune; &, à-peu-près, les mêmes gens qui forment la société de cette dernière s'assemblent deux fois par semaine chez la première : elle a un bon sens & plusieurs qualités estimables qui font qu'on ne sauroit la comparer qu'à elle sans lui causer la moindre jalousie; elles partagent mutuellement l'estime des honnêtes gens de cette Capitale. Le pied aisé & agréable sur lequel y est la société, & le nombre de bonnes liaisons que nous y avons contractées, font que ce n'est qu'à regret que je pense à quitter Vienne; mais le Duc d'H.... a envie de passer son hiver en Italie, & si nous attendions plus long-tems, il faudroit renvoyer ce voyage d'une année, ou s'exposer aux inconvéniens qu'il y a à se trouver en route dans les grands jours d'été, ce que l'on ne sauroit trop éviter dans un climat aussi chaud.

LETTRE XCIII.

Vienne.

JE ne vous ai point encore parlé des troupes Autrichiennes, craignant de ne vous avoir que trop ennuyé par les détails militaires que vous avez reçu de moi de Berlin, où j'avois continuellement devant les yeux le sujet principal de mes lettres. L'Empereur, tout au contraire de ce Monarque, a fort peu de troupes en garnison à Vienne. Ses soldats ont la plus belle apparence, & la tenue en général de son armée est plus sensée que celle d'aucune que j'aie vue jusqu'ici.

Au lieu de justaucorps à longues basques, leur uniforme consiste en une camisole ou court gillet de drap blanc, avec une veste & une culotte de même couleur; chaque soldat a un surtout de gros drap gris, qu'il met toutes les fois qu'il pleut, ou que le tems est froid. Quant il fait beau, il le roule & le porte derrière le dos, il l'embarrasse peu ou point dans sa marche; au lieu de souliers, ils ont de petites bottines; & en guise de chapeaux, des bonnets de cuir boulli avec une espèce de devant de cuivre ordinairement retroussé; quoique dans l'occasion il leur soit loisible de l'abaisser pour garantir leurs yeux des rayons du soleil.

A l'exception d'un petit nombre d'Hongrois qui font le service dans le palais, il n'y a point de corps particuliers au service Autrichien qui ait une plus forte solde que les autres, & jouisse de privilèges exclusifs sous la dénomination de gardes-du-corps; tous les régimens indifféremment forment à tour de rôle la garnison de Vienne, & s'acquittent les uns après les autres de ce service.

L'insolence des gardes Prétoriennes à Rome (si souvent redoutable aux Empereurs) les fréquentes révoltes des Jannissaires de

Conftantinople, & les révolutions effectuées par les gardes des Czars à Pétersbourg ne montrent que trop le danger d'un pareil établiffement. Ces exemples peuvent avoir engagé le Gouvernement Autrichien à renoncer à un fyftême qui paroît tendre à rendre certains régimens moins utiles & plus dangereux que les autres.

On compte que l'armée Autrichienne fe monte à plus de deux cens mille hommes; on prétend qu'il n'y a jamais eu à ce fervice un fi grand nombre d'excellens officiers qu'actuellement ; de forte qu'en cas de guerre avec la Pruffe, ces deux Puiffances feroient plus égales en tout, qu'elles ne l'ont jamais été. Il feroit malheureux pour cette Cour qu'elle vînt à éclater dans ce moment où les payfans de Bohême ont témoigné quelque mécontentement, ce qui a produit une inquiétude générale ; cette fédition a été funefte à plufieurs particuliers auxquels elle a caufé des pertes confidérables. Un Seigneur du premier rang a eu fon château & fes meubles réduits en cendres, ainfi que toutes fes granges, écuries & autres dépendances.

LETTRE XCIII.

Ces excès, si l'on croit ce que quelques-uns en disent, ne procèdent que de l'humeur capricieuse & du penchant du peuple à mal faire; d'autres assurent, qu'ils ont été occasionnés par la tyrannie des Seigneurs, qui a réduit ces pauvres malheureux au désespoir. Je ne saurois décider lequel de ces deux rapports est le véritable; ce qu'il y a de certain, c'est qu'il me paroît qu'il seroit beaucoup plus avantageux aux premiers, aussi bien qu'aux derniers, que ceux-ci, au lieu d'être serfs, fussent déclarés libres. A présent ils paient leurs redevances en travaillant pendant un certain nombre de jours fixes de la semaine, & s'entretiennent eux & leur famille des profits de ceux qui leur restent : vous croirez aisément qu'ils font plus d'ouvrage dans un des jours qu'ils emploient pour eux-mêmes, que dans deux de ceux où ils sont occupés pour leurs maîtres: ceux-ci en contractent de l'humeur, ils maltraitent leurs paysans, qui à leur tour les détestent, & cherchent par leurs révoltes à se venger & à s'affranchir du joug.

Si les terres en Bohème étoient affermées, à un prix raisonnable, à des hommes libres, la liberté & la propriété feroient naître l'industrie parmi ce peuple indolent & paresseux. Ils travailleroient alors tous les jours avec plaisir & de bonne volonté, & je suis sûr que les revenus des propriétaires augmenteroient considérablement. En conséquence de cet arrangement, les paysans deviendroient vraisemblablement tout aussi attachés par choix aux terres qu'ils cultiveroient, qu'ils le sont à présent par nécessité.... Ne voyons-nous pas des familles en Angleterre cultiver pendant plusieurs générations les mêmes terres, quoique le propriétaire y ait la liberté de pouvoir changer de fermier, & celui-ci celle de quitter son maître à l'expiration de son bail ?

Dans presque tous les pays de l'Europe, l'Angleterre seule exceptée les habitans sont astreints par quelques loix à persister dans la situation où la naissance les a placés, & dont il ne leur est jamais permis de sortir. Le manque total d'éducation force la plus grande partie à gagner leur pain à la sueur de leur front. Les préjugés nationnaux empêchent que d'autres ne s'élèvent jamais au-dessus de la sphère où le sort les a placés, quel que sublime que soit leur génie, ou quelles que profondes que soient les connoissances qu'ils ont acquises : mais dans notre isle, la porte des sciences, & conséquemment celle des honneurs & des dignités, est ouverte à presque tous les individus. Les villages même les plus isolés ont soin de procurer quelque éducation aux plus pauvres de leurs habitans.

Ceci peut être de peu ou de point d'importance à quatre vingt dix sur cent de ces malheureux ; & si le petit nombre d'entr'eux qui, sachant tirer parti de cette petite portion de connoissances, s'élèvent au-dessus de l'état dans lequel ils étoient nés, très-peu parviennent à un certain degré d'éminence, la raison en est, que les génies supérieurs sont rares, & que la providence en est avare : on doit pourtant convenir, que la plus grande partie des habitans d'un même pays & du même climat naissent presqu'avec les mêmes talens naturels, & que les différens degrés d'éducation & les autres moyens de s'instruire forment graduellement toute la différence que l'on remarque entr'eux pendant le reste de leur vie ; cependant je ne saurois adopter le sentiment d'Helvétius, qui prétend que le génie est uniquement le fruit de l'éducation.

Je suis pleinement convaincu que la nature est constamment occupée à produire dans chaque nation quelques individus dont l'organisation est plus perfectionnée, qui ont beaucoup plus de capacité pour les sciences de toute espèce, & dont les esprits sont plus susceptibles d'idées sublimes & profondes que les hommes ordinaires ne sauroient, malgré toute leur application, jamais le devenir : cette supériorité naturelle est ce que je nomme génie. Tous ceux qui s'en trouvent doués d'une portion considérable n'ont besoin que d'un peu de culture ; mais il en faut absolument pour qu'il se développe.

Lorsque ce génie existe dans l'esprit des paysans Russes, Polonois & de ceux de quelques parties de l'Allemagne, il reste sans effet, parce qu'il est négligé ou étouffé sous l'oppression. Mais en Angleterre l'éducation qui y est à présent générale, quelle que médiocre qu'elle soit, suffira à réveiller, à animer & à donner de l'activité à celui qui est au-dessus du médiocre ; la nature impartiale est tout aussi disposée à en placer la semence dans l'ame l'ame d'un paysan que dans celle d'un Prince. Il ne faut par conséquent pas calculer le nombre des hommes distingués & supérieurs qui peuvent naître dans un pays d'après celui de ses habitans ; mais d'après le nombre de ceux qui reçoivent le degré de culture nécessaire pour mettre au grand jour des talens qui, sans ce secours, seroient toujours restés dans l'obscurité.

En supposant qu'un royaume contienne huit millions d'habitans, & un autre le triple, on peut s'attendre que le premier, où l'éducation est soignée, produira beaucoup plus d'hommes d'un génie original & à talens que le second. En Angleterre, par exemple, presque tous les individus peuvent être compris dans cette classe ; mais dans les autres pays dont j'ai fait mention, les paysans qui en forment la plus nombreuse doivent en être retranchés.

LETTRE XCIV.

Vienne.

JE me garderai bien de décider si c'est à l'exemple que donne l'Impératrice ou à quelqu'autre cause qu'on doit attribuer le zèle & l'attachement pour la Religion, & la piété que l'on remarque à Vienne plus que dans toute autre capitale de l'Allemagne. Ce qu'il y a de certain, c'est que le contentement & le bonheur y paroissent aussi plus ordinaire que par tout ailleurs où la dévotion est moins fervente & moins générale. Il est assez naturel de penser que le contentement & le bonheur soient les suites & les fruits de la vraie piété.

L'irréligion & le pyrrhonisme, outre les tristes influences qu'ils peuvent avoir sur les mœurs ou sur le sort futur des hommes, empoisonnent encore leur bonheur temporel, en affoiblissant ces espérances, seules capables de les consoler dans de certaines situations. Quel que soit le point de vue sous lequel ils se considèrent, & quelle que soit la supériorité qu'ils s'arrogent au-dessus des autres, s'ils se moquent ouvertement, & tournent en ridicule les opinions que leurs compatriotes regardent comme sacrées, il est sûr que cette présomption est souvent compensée par les doutes fâcheux dont leur esprit est secrétement troublé. L'incertitude sur le plus intéressant de tous les objets, ou la persuasion d'un anéantissement total, répugnent également à la plus grande partie du genre-humain; il cherche tôt ou tard à se mettre en état de prétendre aux brillantes récompenses que la religion promet aux fidèles. Si l'idée de l'anéantissement a paru ne faire aucune peine à un petit nombre de philosophes, c'est tout ce qu'on peut alléguer de plus fort en sa faveur; une pareille situation d'esprit ne sauroit jamais procurer de satisfaction ou de vrais plaisirs. Les gens sensibles ne la supportent pas long-tems; le desir naturel qu'ils ont pour l'immortalité renverse l'édifice que le scepticisme s'étoit efforcé d'élever dans leur imagination; ils ne sauroient persister dans une doctrine qui arrache du cœur une espérance qui y étoit profondément enracinée, détruit tous ces liens d'humanité, d'affection, d'amitié & de charité qu'ils avoient passé toute leur vie à former, & qu'ils espéroient devoir être éternels. Puisque la sensibilité donne de l'éloignement pour le pyrrhonisme, & incline à la piété, il est naturel que les femmes soient plus généralement dévotes que les hommes ; on en a trouvé bien peu parmi elles qui aient été capables d'envisager d'un œil fixe une perspective terminée par un triste néant ; & le petit nombre de celles qui ont possédé ce degré de force philosophique n'étoient sûrement pas les plus aimables de leur sexe.

Aucune des femmes de ma connoissance de Vienne ne sont dans ce cas, plusieurs au contraire ont encore mêlé & ajouté quelque pratique superstitieuse de leur invention au vaste champ que la Religion Catholique leur présente. Il y a peu de jours que, me trouvant chez une Dame de condition, je mis la main sur un livre que je vis sur la table : .... il sortit d'entre les feuillets une petite mignature sur vélin, représentant la Vierge Marie ; sous ce portrait étoit l'inscription suivante, que je traduits littéralement.

LETTRE XCIV.

« Ceci est présenté par....... à sa très-
» chère amie......... comme une preuve de
» sa très-sincère estime, & de son affection;
» elle la prie, toutes les fois qu'elle contem-
» plera ce portrait de la bienheureuse Vierge;
» de daigner mêler un sentiment d'affection
» pour son amie absente, aux mouvemens
» de reconnoissance & d'admiration qu'elle
» éprouvera pour la mère de Jesus. »

Elle m'a appris, qu'il étoit d'usage entre les intimes amies de s'envoyer mutuellement de pareils présens toutes les fois qu'elles étoient sur le point de se séparer, & qu'elles craignoient de ne se revoir de long-tems.

Cette façon de confondre ainsi les sentimens d'amitié avec ceux de la dévotion, & de tâcher ainsi, par une espèce de consécration, de préserver la première des effets du tems & de l'absence, m'a paru avoir quelque chose de délicat & de pathétique : la lecture de cette inscription m'a rappellé certaines liaisons que j'ai laissées en Angleterre, & ce souvenir m'a plus affecté que je ne saurois vous le dire.

J'ai remarqué chez cette Dame un autre beau portrait de la Vierge, orné d'un superbe cadre & garanti de la poussière par un rideau de soie : je me suis apperçu qu'elle ne le regardoit qu'avec un air de vénération & de tendresse, & ne passoit jamais devant, lorsque le rideau étoit ouvert, sans lui faire une révérence.... Elle m'a dit qu'il y avoit long-tems qu'il étoit dans sa famille, qui en avoit toujours fait le plus grand cas ; que sa mère & elle étoient redevables des événemens les plus heureux de leur vie à la protection de la bienheureuse Vierge ; elle ne paroissoit même pas éloignée de croire que ce portrait contribuoit beaucoup à l'engager à lui continuer ses bontés. Elle m'a assuré que la confiance qu'elle avoit dans les bons offices & la protection de la Mère du Sauveur, étoit une des consolations les plus efficaces de sa vie ; qu'elle étoit la seule à qui elle pût ouvrir librement son cœur & recourir dans ses afflictions, & qu'après un pareil épanchement, elle se trouvoit toujours plus forte & très-soulagée.

Je lui ai observé que les véritables Protestans éprouvoient les mêmes consolations toutes les fois qu'ils avoient recours à l'Etre-Suprême.

LETTRE XCIV.

Elle m'a répondu qu'elle ne comprenoit pas comment cela pouvoit être.... Dieu le Père étoit si grand & si terrible, le respect qu'il lui inspiroit étoit mêlé d'une si grande crainte que toutes ses idées se trouvoient confondues toutes les fois qu'elle osoit s'hasarder à en approcher; mais que la Vierge étoit d'un caractère si indulgent, si doux & si compatissant qu'elle s'adressoit à elle avec plus de confiance.

Elle a ajouté qu'elle savoit qu'il étoit de son devoir d'adorer le Créateur de l'univers, & qu'elle s'en acquittoit le mieux qu'il lui étoit possible; mais qu'elle ne sauroit vaincre une certaine timidité dans le culte qu'elle lui rendoit, ainsi qu'à notre Seigneur; que la bienheureuse Marie étant du même sexe qu'elle, & connoissant parfaitement les foiblesses & les imperfections auxquelles il n'étoit que trop sujet, elle avoit moins de peine à lui ouvrir son cœur qu'elle n'en auroit à s'adresser à aucune des personnes qui composent la Sainte-Trinité. « Regardez sa physionomie, a-t-elle ajouté en me montrant son portrait, mon Dieu qu'elle est douce, mon Dieu qu'elle est gracieuse! »

Ces sentimens, quoique peu conformes à la doctrine des Protestans & aux sentimens des philosophes, ne sont cependant pas étrangers au cœur humain.... Voltaire dit que l'homme a toujours témoigné du penchant à se créer un Dieu conforme à sa propre image; cette Dame s'est formée une idée de la bienheureuse Vierge d'après le portrait que le peintre en a tracé & la description que les Evangélistes en ont donné; sa religion admettant le culte de la Mère de Christ, la ferveur de sa dévotion s'est naturellement tournée du côté de celle dont la puissance & le crédit lui paroissoient suffisans à protéger ses adorateurs dans ce monde, & après leur mort, à leur faire obtenir la vie éternelle, & dont le caractère lui sembloit, à quelques égards, avoir de la conformité avec le sien.

Quelques Protestans zélés seront peut-être scandalisés des opinions théologiques de cette Dame; cependant, comme c'est en toute autre chose une femme d'un excellent naturel, & qui suit avec autant d'exactitude les préceptes de l'Evangile, que si sa confession de foi avoit été rectifiée par Luther

& doublement rafinée par Calvin, j'espère qu'ils ne condamneront pas l'excès de charité qui me porte à croire que de simples erreurs spéculatives pourront lui être pardonnées.

LETTRE XCV.

Vienne.

LA préférence que les individus des pays Catholiques Romains accordent à certains Saints, procède quelquefois d'une prétendue ressemblance qu'on suppose entre les caractères des Saints & ceux de leurs adorateurs; les hommes attendent plus de faveur & d'indulgence de ceux qui leur ressemblent, & les admirent naturellement pour les qualités qu'ils ont en commun avec eux.

Un François, officier de Dragons, étant à Rome, voulut voir la statue de Moyse du fameux Michel-Ange. L'artiste a transmis dans ce chef-d'œuvre, si l'on en croit quelques connoisseurs, toute la dignité dont la forme & les traits humains sont susceptibles;

il s'eſt efforcé de donner à cette ſtatue l'air convenable à ce grand légiſlateur des Juifs, le favori du Ciel, qui avoit converſé face à face avec la Divinité. L'officier ſe trouva par haſard inſtruit de l'hiſtoire de Moyſe, mais il fit peu d'attention à ces différentes circonſtances, il l'admira beaucoup plus à cauſe d'une aventure dans laquelle il penſoit que ce légiſlateur en avoit agi en homme de courage, & comme il ſe ſeroit conduit lui-même.... « Voilà qui eſt terrible ! voilà qui » eſt ſublime ! » s'écria-t-il en fixant la ſtatue ; & après une courte pauſe, il ajouta : « On » voit là un drôle qui a donné des coups de » bâton en ſon tems, & qui a tué ſon homme. »

Les crucifix, les ſtatues & les portraits des Saints, dont les égliſes catholiques ſont pleines, y ont ſans doute été placés pour réveiller la dévotion qui s'endormoit & pour inciter les ames à la reconnoiſſance & à la vénération pour les ſaints perſonnages qu'ils repréſentent ; mais l'on ne ſauroit nier que l'imagination groſſière de la généralité des hommes ne ſoit très-ſujette à oublier les originaux & à transférer leurs adorations aux figures inanimées qu'ils contemplent, & devant leſquelles ils fe profternent : de forte que quelle que fût d'abord leur intention, & quel que foit l'effet que ces ftatues & ces portraits puiffent produire fur l'efprit des Catholiques Romains fenfés & réfléchis, il eft certain qu'ils deviennent fréquemment l'objet d'une idolâtrie auffi complète que celle qui ait jamais été pratiquée à Athènes ou à Rome devant les ftatues de Jupiter ou d'Apollon.

Quel autre principe pourroit engager un fi grand nombre de gens de cette religion de tous les pays de l'Europe à fe rendre en foule en pélerinage à Lorette ? Toute autre ftatue de la Vierge leur rappelleroit tout auffi efficacément la mémoire de la Mère de notre Seigneur ; & on pourroit tout auffi bien l'adorer dans les églifes paroiffiales qui lui font confacrées, que dans fa chapelle de Lorette.... Il faut donc que les pélerins foient perfuadés qu'il y ait quelqu'influence ou intelligence divine dans la ftatue qu'on y conferve, qui foit inftruite de toutes les fatigues qu'ils ont effuyées & de tous les accidens auxquels ils ont été expofés dans leur long voyage, uniquement pour pouvoir fe profterner, par préférence à toute autre, devant fon image.

C'est, vraisemblablement, en conséquence de ce penchant de l'esprit humain, qu'il fut défendu aux Juifs de se faire aucune image taillée. Cette méthode paroit en effet avoir été la seule propre à préserver ce peuple superstitieux de l'idolâtrie, & malgré le sens absolu de ce commandement, le zèle ni les remontrances de leurs juges & de leurs prophètes n'eurent pas toujours la force de les empêcher de se faire des idoles ou de les adorer par-tout où ils en trouvèrent déja d'établies.

Les statues & les portraits des Saints, existans depuis long-tems dans des maisons particulières, y sont en général gardés avec beaucoup de soin & d'attention; les propriétaires ont souvent pour eux un attachement semblable à celui que les anciens Païens avoient pour leurs Dieux pénates.... Ils les considèrent comme des Divinités tutélaires ou domestiques, dont leur famille se promet la protection ; lorsqu'une suite d'événemens malheureux arrive dans une maison, on présume souvent que la statue a perdu de son crédit. Cette opinion est déja fort ancienne; Suétone nous apprend que la flotte d'Auguste ayant été difperfée par une tempête, & ayant perdu plufieurs de fes vaiffeaux, l'Empereur défendit que la ftatue de Neptune fût portée en proceffion avec celles des autres Dieux; il penfoit que le Dieu de la mer lui étoit contraire, ou qu'il n'avoit pas le pouvoir de protéger fes forces maritimes ; dans l'un ou l'autre de ces cas, il croyoit qu'il étoit inutile de lui témoigner le moindre refpect.

La doctrine primitive de la Religion Catolique Romaine, n'autorife certainement aucune des pratiques fuperftitieufes dont je viens de faire mention ; elles font ordinairement le partage des ignorans & des bigots de la dernière claffe.... On en trouve pourtant quelquefois des exemples chez les gens d'un rang plus élevé: un François, fort au-deffus du commun, avoit une petite figure de notre Seigneur fur la croix, très-artiftement travaillée ; il offrit à un Anglois de ma connoiffance de la lui vendre; après lui avoir vanté l'habileté de l'ouvrier, il ajouta, qu'il gardoit depuis très-long-tems ce crucifix avec le plus grand foin ; qu'il n'avoit jamais ceffé en particulier de lui adreffer de ferventes prières, qu'en retour il s'étoit flatté qu'il lui accorderoit quelque faveur, & le protégeroit; que tout au contraire, il avoit dans ces derniers tems été très-malheureux, que tous les billets qu'il avoit pris à la lotterie étoient sortis blancs, & qu'ayant eu un très-gros intérêt dans la cargaison d'un vaisseau revenant des Indes Occidentales, il l'avoit recommandé de la manière la plus particulière à son crucifix, & que pour ne pas l'offenser, en paroissant manquer de foi, il ne l'avoit point fait assurer, que malgré toutes ses précautions, ce bâtiment avoit fait naufrage, & la cargaison avoit été totalement perdue, quoique les matelots, à la conservation desquels il n'avoit aucun intérêt, se fussent sauvés.... Enfin, Monsieur, s'écria-t-il d'un air indigné mêlé de regret, & pliant les épaules: « il m'a manqué, & je vends mon Christ. »

Que les Chrétiens de toute espèce de dénomination seroient heureux s'ils pouvoient s'en tenir aux préceptes simples, raisonnables & bienfaisans de l'Evangile, en rejettant toutes les imaginations ridicules de la superstition, qui ne servent qu'à défigurer la Religion & à souiller sa pureté.

LETTRE XCVI.

Vienne.

Les diffentions qui règnent entre nous & nos colonies ont été le principal sujet des conversations que nous avons eues depuis notre départ d'Angleterre ; la chaleur avec laquelle on en parle augmente tous les jours.... Actuellement les habitans du continent paroissent aussi impatiens que les Anglois même d'apprendre des nouvelles de ces contrées, avec cette différence que tout le monde ici est du même sentiment.... Tous s'accordent à prier pour le succès des Américains, & à se réjouir des malheurs qui nous arrivent.

Que les François soient enchantés des troubles qui, en affoiblissant & en nuisant à la Grande-Bretagne, leur procurent les mêmes avantages que nous avons obtenus par la dernière guerre, cela est très-naturel ; mais que toutes les autres nations prennent parti contre nous, & épousent la querelle de l'Amérique, c'est ce que je ne conçois pas.

Je le leur pardonnerois, & penferois même, autant que l'honneur, & le bonheur de ma patrie me le permettroit, comme eux ; fi ce fentiment procédoit de leur amour pour la liberté, & d'une généreufe partialité pour des hommes, cherchans à fe fouftraire à l'oppreffion, & combattans pour maintenir leur indépendance.... Mais ici ce n'eft pas le cas.... Ceux qui ne fauroient retirer aucun efpèce d'avantage de la révolte de l'Amérique, ceux qui n'ont pas la moindre idée de ce que l'on entend par liberté civile ; & feroient même fâchés qu'elle s'établît dans leur patrie ; ceux qui favent uniquement que cette difpute doit ruiner à la fin l'Angleterre, tous fe joignent aux Américains, & deviennent leurs alliés, non par amour pour eux, mais feulement par la haine qu'ils nous portent.

Au commencement, lorfque je m'apperçus de cette difpofition défavorable, je crus qu'elle ne venoit que de ce que les étrangers étoient révoltés de la préférence que les Anglois donnoient à leur ifle & à leurs compatriotes fur tous les autres pays ; mais ce préjugé nous eft commun avec toutes les autres

LETTRE XCVI.

autres nations du globe, toutes ont ces idées avantageuses d'elles-mêmes. Il est certain qu'il règne plus en France que par tout ailleurs.... A peine y a-t-il un seul pyrrhonien à cet égard dans tout le royaume....: C'est une confession de foi reçue, que la France est le plus beau pays du monde, le peuple François le plus ingénieux & le plus aimable, celui qui excelle dans tous les arts, aussi respectable dans la paix que dans la guerre, que Paris est la plus polie de toutes les villes, & le centre des connoissances, du génie & du goût.

Cette satisfaction générale, occasionnée par les désastres de la Grande-Bretagne, ne sauroit conséquemment procéder d'une cause commune à tous les pays. Il faut donc en chercher la source dans l'opulence & dans la jalousie qu'on a conçue du pouvoir de la nation Angloise : je crois cependant qu'elle vient encore plus du peu de soin que nous prenons de nous concilier l'affection des étrangers, & de diminuer l'envie & la mauvaise volonté qu'une prospérité soutenue fait souvent naître. Le François, quoique peut-être le peuple le plus vain qu'il y ait au monde des avantages dont li jouit, ne laisse pas de témoigner une sorte d'égard pour les opinions, & l'amour-propre de ses voisins. Un François tâche de les engager à reconnoître la supériorité de sa patrie, en faisant l'éloge de tout ce qu'il y a d'excellent dans le leur. Nous, au contraire, sommes sujets à fonder le panégérique de l'Angleterre sur la pauvreté & la misère des autres nations.... Le climat de l'Italie est trop chaud, les auberges y sont détestables, & le pays fourmille de moines & d'autre vermine.... En France, le peuple est esclave & sot, la musique en est exécrable, ils y cuisent trop leur viande; il ne s'y trouve point de bierre forte, & celle qu'on y boit ne vaut pas grand chose.... En Allemagne, les Princes n'ont guère plus de revenu qu'un simple gentilhomme Anglois, on s'y sert de poëles au lieu de cheminées, on y mange du *saurkraut*, & on y parle Allemand. On rappelle aux Danois & aux Suédois qu'ils sont à une trop grande distance de l'équateur, & on se plaît à exagérer les inconvéniens des climats froids.... Je penserois qu'il conviendroit sur-tout de se taire sur ce der-

LETTRE XCVI.

nier article, puisque, si l'on venoit jamais à régler les rangs par la température du climat, plusieurs petits Etats auroient le pas sur nous.

Cette considération n'a pas la moindre influence sur mon honnête ami Jean Bulle, qui, dès qu'il est de mauvaise humeur, n'épargne pas ses meilleurs amis & ses plus proches voisins, même dans le cas où il a le plus besoin d'eux, & quoique ceux qui en sont un peu plus éloignés, aient conjuré sa ruine.... Quand même sa propre sœur Margot témoigneroit quelque disposition à oublier les anciennes querelles & à vivre en bonne intelligence avec lui, & déclareroit que tous ceux qui renonceroient à son amitié deviendroient ses ennemis, & qu'elle seroit résolue à vaincre à ses côtés, & dans le cas où il auroit le dessous à périr avec lui.... Non, morbleu, diroit-il, point de tes cajoleries;.... va-t-en au diable! tu es plus au Nord que moi:... garde ta situation... Ensuite il jetteroit à la tête de Margot ses propres paumes de neige, & s'éloignant d'elle, il attaqueroit Louis le Singe, Milord Strut, Milord Pierre, & saisissant leurs soupes maigre, leurs *ollios*, & leurs *maccaronis*, il les leur jetteroit à la face.

Sans pouffer plus loin l'allégorie, il eft fûr que la fatisfaction que témoigne toute l'Europe de voir l'Angleterre perdre fes Colonies, n'eft certainement pas entiérement le fruit d'une faine politique, mais en grande partie celui de cette réferve qui empêche les Anglois de cultiver l'amitié des étrangers, de cet orgueil qui ne leur permet pas de s'abaiffer au point de flatter leurs préjugés, de cette indifférence qui fait qu'ils s'embarraffent fi peu de l'approbation des autres, & du mépris qu'ils montrent en toute occafion pour les ufages & les fentimens qui ne font pas conformes aux leurs.

Ces chofes-là fe pardonnent difficilement, la fupériorité de génie, la générofité ou la probité ne fauroient les compenfer. Les mêmes caufes qui ont engagé les étrangers à fe déclarer contre nous dans notre difpute avec l'Amérique, décident encore ceux d'entr'eux qui font opulens, & aiment à dépenfer leurs rentes hors de leur patrie, à préférer pour ces raifons la France à l'Angleterre.

LETTRE XCVI.

La différence du climat de Londres à celui de Paris est peu de chose ; les amusemens d'hiver de la première de ces villes, sont plus magnifiques, peut-être même mieux ordonnés ; la plupart des choses de luxe s'y trouvent dans une plus grande perfection. Pendant les mois d'été, par sa supériorité dans l'agriculture & un goût plus rafiné en fait de jardins, l'Angleterre présente des terreins dont la culture, la verdure & la fertilité est fort au-dessus de tout ce qu'on pourroit rencontrer ailleurs : ajoutez à ces avantages ceux que procurent la liberté ; cependant peu ou point d'étrangers, excepté ceux qu'elle entretient à ses dépens, ne séjournent ou ne se domicilient chez nous ; tous ceux qui sont aisés, après avoir passé peu de jours à Londres, retournent dépenser leur argent à Paris.

Outre les considérations pécuniaires, la vanité naturelle des François est flattée de voir préférer leur société à celle de tous les autres peuples, & sur-tout à celle de leurs fiers rivaux.... Laissons-les jouir de cet avantage ; qu'ils attirent dans leur capitale les gens oisifs, dissipés & efféminés de toutes les parties de l'Europe; .... mais, au nom de Dieu, vous & vos amis en parlement, tâchez de trouver quelque méthode efficace pour empêcher qu'ils ne s'affectionnent & ne s'attachent nos industrieux frères les Américains.

Un pareil événement ne pourroit avoir que de tristes conséquences pour la Grande-Bretagne, & probablement pour l'Amérique elle-même. Il se trouve cependant des contrastés si frappans entre le caractère des François & celui des Américains, que je ne saurois imaginer, en supposant qu'ils vinssent à s'allier ensemble, que leur union pût être de longue durée.

Vous conclurez peut-être, de quelques expressions de ma lettre, que les gens de ce pays-ci, sont en quelque manière, acharnés contre nous & partisans déclarés des Américains. Cela n'est pourtant pas ainsi; car, quoiqu'en général ils penchent pour ces derniers, je n'ai vu nulle part autant de modération à cet égard qu'à Vienne. Lorsque quelqu'un demanda à l'Empereur quel étoit le parti qu'il favorisoit; ce Monarque répondit spirituellement: « Par état, je suis Roya-
» liste. »

LETTRE XCVI.

Je voudrois que ceux de nos compatriotes, qui fuivant ce que vous m'en dites, paroiffent pouffer trop loin leur zèle pour les Américains, vouluffent fe rappeller que l'Angleterre leur a donné le jour.

Au moment où j'allois fermer cette lettre, je reçois celle que vous m'écrivez, par laquelle vous m'apprenez que votre jeune ami partira dans peu pour commencer, fuivant l'ufage, fon tour d'Europe. Je profiterai d'une autre occafion pour lui écrire fur le fujet que vous me prefcrivez, pour le moment je me bornerai aux avis fuivans.

J'efpère qu'il n'oubliera jamais que la vertu & le bon fens ne font point les appanages d'un pays plutôt que d'un autre, & qu'une des fins qu'on doit avoir en voyageant, eft de fe dégager des préjugés vulgaires : il doit en conféquence former des liaifons, & cultiver l'amitié des habitans des pays où il paffera; du moins qu'il paroiffe goûter leur fociété auffi long-tems qu'il reftera parmi eux ; cette méthode eft la plus propre à l'en faire chérir & à remplir le but qu'il auroit pu fe propofer.

Nous avons quantité d'exemples d'Anglois

qui, dans leurs voyages, ont choqué les étrangers par la préférence faftueufe qu'ils donnoient à l'Angleterre au-deffus du refte de l'univers, & par leur affectation à ridiculifer les mœurs, les coutumes & les opinions de toutes les autres nations ; cependant, de retour dans leur patrie, la première chofe qu'ils faifoient étoient de prendre eux-mêmes ces mœurs étrangères, & de continuer, pendant toute leur vie, à témoigner le plus grand mépris pour tout ce qui étoit Anglois.... J'efpère qu'il évitera foigneufement cette affectation ridicule & condamnable.

Le goût des lettres que l'on lui a fait contracter à l'Univerfité, ne fera, j'ofe le dire, point diminué par la vue de l'Italie ; qui eft une efpèce de terre claffique, & il ne fera point détourné par un vain enthoufiafme pour la mufique ou par quelqu'autre paffion auffi frivole, des études plus férieufes, convenables à un jeune gentilhomme Anglois.

S'il cherche à mériter la confiance de fes amis, à conferver fa réputation & fa tranquillité d'efprit, qu'aucun exemple ne le féduife & ne l'engage à fe livrer au gros jeu ;

en l'évitant, il s'assurera une espèce d'indépendance & conservera l'habitude qu'il s'est faite de l'étude, & insensiblement elle deviendra un de ses amusemens favoris.....
Il ne ressemblera point à ces tristes mortels qui, pour supporter les momens d'ennui dont cette vie est remplie, sont continuellement obligés, pour les dissiper, de recourir aux autres; cette heureuse tournure d'esprit, en ajoutant à son bonheur, le rendra en même tems plus utile à la société dont il ne sera pas dans le cas de dépendre.

Vous pouvez, si vous le jugez à propos, communiquer mon sermon à votre jeune voyageur, en l'assurant des vœux sincères que je fais pour son bonheur.

Ayant prolongé de plusieurs semaines le séjour que nous nous étions proposés de faire ici, uniquement par la répugnance que nous avions à quitter une ville où nous avons eu tant d'agrémens, nous nous sommes à la fin décidés à partir pour l'Italie.... Nous prendrons notre route par les Duchés de Stirie & de Carinthie, elle est beaucoup plus courte que celle du Tirol. Comme le tems que nous avons encore à rester à Vienne sera uniquement destiné aux arrangemens nécessaires pour notre voyage, & au devoir pénible de prendre congé de nos amis, vous ne devez attendre à recevoir de mes nouvelles qu'après notre arrivée à Venise.... Jusqu'alors, je suis, &c.

F I N.

www.ingramcontent.com/pod-product-compliance
Lightning Source LLC
Chambersburg PA
CBHW071708300426
44115CB00010B/1347